权威·前沿·原创

皮书系列为
"十二五""十三五"国家重点图书出版规划项目

中国社会科学院创新工程学术出版项目

北京蓝皮书

BLUE BOOK OF
BEIJING

北京经济发展报告
（2018~2019）

ANNUAL REPORT ON ECONOMIC DEVELOPMENT OF BEIJING
(2018-2019)

北京市社会科学院

主　编／杨　松

副主编／唐　勇

社会科学文献出版社
SOCIAL SCIENCES ACADEMIC PRESS（CHINA）

图书在版编目（CIP）数据

北京经济发展报告. 2018－2019 / 杨松主编. －－北
京：社会科学文献出版社，2019.5
（北京蓝皮书）
ISBN 978－7－5201－4647－0

Ⅰ. ①北…　Ⅱ. ①杨…　Ⅲ. ①区域经济发展－研究报
告－北京－2018－2019　Ⅳ. ①F127.1

中国版本图书馆 CIP 数据核字（2019）第 065130 号

北京蓝皮书

北京经济发展报告（2018~2019）

主　　编 / 杨　松

副主编 / 唐　勇

出 版 人 / 谢寿光

责任编辑 / 吴　敏

出　　版 / 社会科学文献出版社·皮书出版分社　（010）59367127
　　　　　　地址：北京市北三环中路甲 29 号院华龙大厦　邮编：100029
　　　　　　网址：www.ssap.com.cn

发　　行 / 市场营销中心　（010）59367081　59367083

印　　装 / 天津千鹤文化传播有限公司

规　　格 / 开 本：787mm×1092mm　1/16
　　　　　　印 张：26.25　字 数：395 千字

版　　次 / 2019 年 5 月第 1 版　2019 年 5 月第 1 次印刷

书　　号 / ISBN 978－7－5201－4647－0

定　　价 / 128.00 元

主要编撰者简介

杨　松　现任北京市社会科学院经济所所长、研究员，兼任首都环境建设委员会专家团成员、北京城市副中心专家团成员、北京市西城区人民政府顾问。曾任教于北京师范大学、商业部管理干部学院。长期从事城市经济、贸易经济、经济管理等方面的教学与研究工作。近年来主要研究方向为城市经济、城市治理、市政公用事业市场化等。著有《首都城市公用事业市场化研究——趋势、运营、监管和比较》（中国经济出版社，2010）、《北京市政公用事业特许经营制度创新研究》（知识产权出版社，2012）、《北京建设国际活动聚集之都研究》（知识产权出版社，2012）。在《人民日报》《经济日报》《北京日报》理论版等发表论文100多篇。2012年获北京市第十二届哲学社会科学优秀科研成果二等奖。

唐　勇　经济学博士，北京市社会科学院经济所助理研究员，主要研究方向为宏观经济学和数量经济学。

摘　要

《北京经济发展报告（2018～2019）》是以北京市社会科学院经济所的研究人员为核心团队成员，吸收政府部门、科研机构、高等院校及院内相关研究所等各方面专家、学者共同撰写的关于北京市经济发展、经济形势分析与预测的年度研究报告。

本书对2018年北京市经济发展的整体形势进行了系统性的分析与回顾，并对2019年经济走势进行了预测与研判；聚焦北京市经济社会发展中的全局性、战略性和关键领域的重点问题，运用定量和定性分析相结合的方法，对北京市经济社会发展的现状、问题、成因进行了深入分析，提出了具有可操作性的对策建议。

本书分为总报告、宏观经济篇、战略分析篇、产业发展篇、财政金融篇和区域发展篇。从内容看，对2019年经济形势、重点任务、相关政策等进行了分析、预测和展望，特别是有关北京核心区发展、北京创意发展指数、高精尖产业、科技服务业、金融科技业、文化旅游和体育产业、生态城市建设等重点热点问题进行了深入的研究和分析。

总报告是本书的核心内容，共分四个部分：第一部分主要分析了当前北京经济发展面临的国内外环境。第二部分主要是对2018年北京经济形势进行了回顾与分析。第三部分分析了中美贸易摩擦的理论渊源和现实困境，对中美贸易谈判做出了预判，并在此基础上分析了中美贸易摩擦对北京经济的影响。采用熊彼特模型的框架体系，设计了北京和美国之间的追赶模型并进行了实证分析，认为北京应该优先采用自主创新策略来提高生产率。第四部分对北京2019年经济发展形势进行了预测和展望。

2019年北京全社会固定资产投资将同比增长3.5%，增速有所回升。

2019 年市场总消费将同比增长 8.5%，保持稳定增长并略有提升。2019 年
第二产业增加值增速将小幅下滑，降到 3.8%。2019 年第三产业增加值将稳
步增长，增速将达到 7.6%，比 2018 年略有回升。2019 年消费物价总水平
将同比上涨 3.5% 左右，相比 2018 年小幅攀升，仍然属于可以接受的适度
通胀范围。综合上述分析，预计 2019 年北京 GDP 将实现 6.8% 的增长，呈
现稳步回升态势。

目 录

Ⅳ　产业发展篇

Ⅴ　财政金融篇

Ⅵ　区域发展篇

皮书数据库阅读**使用指南**

总 报 告

General Report

B.1

2018～2019年北京经济
形势分析与预测

北京市社会科学院经济形势分析与预测课题组*

摘　要： 2019年无论是发达经济体还是新兴市场经济体，经济增速都
将小幅趋缓。中美贸易摩擦的走向在很大程度上不仅决定了
中国经济增长的趋势也影响着世界经济增长的趋向。回顾
2018年，北京经济增长稳定运行，物价水平略有上升，新兴
产业快速增长，自主创新能力增强，营商环境大幅改善。中
美贸易摩擦给北京经济增长带来了较大的不确定性。本报告
分析了中美贸易摩擦的理论渊源和现实困境，对中美贸易谈
判做出了预判，并在此基础上分析了中美贸易摩擦对北京经

---

* 执笔人：唐勇，经济学博士，北京市社会科学院经济所助理研究员，主要研究方向为宏观经
济学和数量经济学。

济的影响。采用熊彼特模型的框架体系，设计了北京和美国之间的追赶模型并进行了实证分析，认为北京应该优先采用自主创新策略来提高生产率。最后对北京2019年经济形势进行了预测和展望。

关键词： 中美贸易摩擦　自主创新　北京　经济

一　当前北京经济发展面临的国内外环境

世界经济风起云涌，强国竞争此起彼伏。大国之间的竞争虽然是多方面的，但经济增长是否强劲仍然是主导大国竞争的关键因素。

（一）世界经济增长总体趋缓

先看两大国际权威组织对全球经济增长前景的预测。联合国发布的《2019年世界经济形势与预测》认为，世界经济在2018年增长加速至3.1%之后，2019～2020年将保持3%的增长水平。国际货币基金组织最近对世界经济的展望和预测认为，在2018年全球经济增长达到3.7%之后，2019～2020年将出现增长减缓趋势，预计2019年将增长3.5%，2020年将增长3.6%，这比该组织在2018年10月的预测分别降低了0.2个和0.1个百分点。两大国际权威组织对世界经济增长的具体预测数字虽然不尽相同，但对于2019年世界经济增长将小幅减缓的趋势预测是相当一致的。

再看全球各主要经济体的增长情况。在发达经济体中，美国算是一枝独秀。2018年美国经济增长率估计将达到2.9%，这比2017年大幅提高了0.7个百分点。但随着联邦基金利率的上浮（2018年12月20日美联储宣布将联邦基金利率提高25个基点至2.50%）和财政刺激政策的取消，预计2019年美国经济增长率将下滑至2.5%。英国由于脱欧具体形式的高度不确定，将在很大程度上抵消其财政刺激政策的正面影响，总体来说不确定性较高，

2019 年将大致维持在 1.5% 左右的增长水平。欧元区的经济增长率从 2017 年的 2.4% 下滑到 2018 年的 1.8%，预计 2019 年将进一步下滑至 1.6%，主要原因有德国实行新的汽车尾气排放标准导致工业生产下滑、意大利主权债券收益率高企导致资金借贷成本上升、法国街头抗议活动带来的负面影响等。日本经济从 2017 年增长 1.9% 下滑至 2018 年仅增长 0.9%，主要是受消费税率进一步上调的预期影响，但随着日本政府的财政支持政策出台，预计 2019 年经济增长将回升至 1.1%。

新兴市场和发展中经济体的增长也稳步趋缓。总体增长率从 2017 年的 4.7% 下滑至 2018 年的 4.6%，预计 2019 年将进一步下滑至 4.5%。新兴市场和发展中经济体中体量最大的中国，受中美贸易摩擦的影响，增长率从 2017 年的 6.9% 下滑至 2018 年的 6.6%，预计 2019 年将进一步下滑至 6.2%。与此相反，印度经济增长动力强劲，增长率从 2017 年的 6.7% 上升到 2018 年的 7.3%，预计 2019 年将进一步上升到 7.5%。

2018 年 12 月，摩根大通全球综合 PMI 为 52.7%，较上月走低 0.5 个百分点。摩根大通全球制造业 PMI 为 51.5%，较上月走低 0.5 个百分点；摩根大通全球服务业 PMI 为 53.1%，较上月下行 0.6 个百分点。

综合来看，无论是发达经济体还是新兴市场和发展中经济体，经济增速在 2019 年将小幅趋缓的预期是一致的。联合国秘书长安东尼奥·古特雷斯警告说，世界经济增长的一系列指标虽然总体上还不错，但随着不断累积的金融、社会和环境风险，经济增长的稳定性和可持续性面临较大挑战。这些挑战主要有金融风险累积、极端气候变化、英国脱欧进程艰巨等，但最主要的风险还是来自中美这两个世界最大经济体之间的贸易摩擦。2019 年中美贸易摩擦的走向在很大程度上不仅决定了中国经济增长的趋势也影响着世界经济增长的趋向。

（二）中国经济增长受中美贸易摩擦影响较大

经济增速略见减缓，产业结构稳步提升。2018 年，中国国内生产总值（GDP）达到 900309 亿元，增长 6.6%，比 2017 年下滑了 0.3 个百分点。其

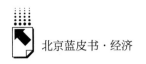

中，第三产业增加值占国内生产总值比重为 52.2%，比 2017 年上升了 0.6 个百分点，表明中国产业结构在稳步提升。

供给侧改革效果初显，发展质量有所改善。其一，重点产业的产能利用率上升。2018 年中国工业产能利用率达到 76.5%，比 2017 年略有下滑，但其中的一些重点改革产业的产能利用率较 2017 年有所上升。其二，商品房去库存成效显著。截至 2018 年底，中国商品房待售面积比 2017 年减少 6510 万平方米。其三，企业经营有所改善。2018 年末，中国规模以上工业企业资产负债率比 2017 年下降 0.5 个百分点，2018 年规模以上工业企业每百元主营业务收入中的成本为 83.88 元，比 2017 年下降 0.20 元。2018 年全年规模以上工业企业实现利润同比增长 21.0%。其四，生态环境保护投资大幅增长。2018 年全国生态保护和环境治理业固定资产投资同比大幅增长 43.0%。

中美贸易摩擦对经济增长影响显著。其一，"三驾马车"之一的净出口对经济增长贡献减弱。受中美贸易摩擦影响，2018 年中国净出口（货物进出口顺差）总额为 23303 亿元，比上年减少 5217 亿元。其中相对于美国的净出口为 21407.5 亿元，占全部净出口总额的比重高达 91.9%。货物和服务净出口对国内生产总值的贡献率为 -8.6%，相比 2017 年 9.1% 的贡献率大幅下降了 17.7 个百分点。其二，热钱流出初具规模。截至 2018 年底，中国外汇储备余额为 30727 亿美元，较上年减少 672 亿美元。实际利用外资金额为 1350 亿美元。使用公式"热钱流入 = 新增外汇储备余额 - 贸易顺差 - 实际利用外资金额"，可以大致估算 2018 年中国热钱流出额为 25325 亿美元。其三，中国股市受中美贸易摩擦影响显著。"股市是经济的晴雨表"，2018 年，中国 A 股三大股指大幅下跌，其中上证指数从 3348.33 下跌至 2493.90，累计跌幅为 25.6%；深证成指从 11178.05 下跌至 7239.79，累计跌幅为 35.2%；创业板指数从 1769.67 下跌至 1250.53，累计跌幅为 29.3%。截至 2018 年 12 月底，上证所 A 股平均市盈率 12.44 倍，深交所 A 股平均市盈率 20.00 倍。2019 年以来截至 2 月底，由于受美国推迟加征中国产品关税且中美贸易谈判将达成协议的利好预期影响，上证指数从 2019 年初的 2465.29 上涨至 2 月底的 2940.95，累计上涨幅度达到 19.3%，深圳成指和创业板指数同期也相应大幅上涨。

扩张性的财政政策和货币政策部分抵消中美贸易摩擦带来的不利影响。从财政收支情况来看，2018年中国一般公共预算收入183352亿元，同比增长6.2%，一般公共预算支出220906亿元，同比增长8.7%。财政支出无论是绝对值还是增长率都高于财政收入，并且财政支出的增长率也比2017年高出了1个百分点。这是扩张性财政政策的必然结果。从货币政策来看，中国人民银行宣布从2018年10月15日起下调金融机构人民币存款准备金率1个百分点。2018年12月，中国CPI同比增长1.90%，而当月1年期定期存款利率为1.50%，以传统算法（1年定存－CPI）计算的实际利率为－0.40%，较上月上升0.30个百分点。综合考虑经济增速、通胀和货币供应量增速走势，2018年四季度货币环境的宽松程度（M2增速－实际GDP增速－CPI）为－0.40，较上季度上升0.50个百分点。这是宽松货币政策的具体表现。积极的财政政策和相对宽松的货币政策从某种程度上抵消了中美贸易摩擦的不利影响，加之现阶段中美贸易谈判有趋向达成协议的可能性，2019年初，中国经济增速有可能具有相对稳定的基础。1月，中国制造业采购经理指数（PMI）为49.50%，较上月上升0.10个百分点；中国非制造业商务活动指数为54.70%，较上月上升0.90个百分点。这是2019年以来显示经济活动比较有利的指标。

总体来说，中美贸易摩擦对于中国出口影响较大，使得2018年中国经济相比2017年有所下滑，但在积极的财政政策和相对宽松的货币政策环境下，部分抵消了中美贸易摩擦的不利影响，使得经济增长维持在6.6%的相对稳定水平上。展望2019年，中美之间的贸易谈判结果难以预料，因此中国经济增长的不确定性也将较大。

二 2018年北京经济形势回顾与分析

2018年是北京全面实施《北京城市总体规划（2016～2035年）》的第一年，也是贯彻落实高质量发展要求的第一年。北京经济围绕"四个中心"

建设，着力于疏解整治促提升，主动实现减量发展，但减量不减速，经济增长仍然稳定运行。

（一）经济增长稳定运行

2018 年，北京全年地区生产总值（GDP）达到 30320 亿元，同比增长 6.6%，略低于 2017 年 6.7% 的增速。从 2008 年国际金融危机以来北京与全国经济增速的对比情况来看，北京经济增速逐渐与全国趋同，尤其是 2012 年以来连续七年 GDP 增速都非常接近全国 GDP 增速（见图 1）。北京地区生产总值增速已经连续四年在 6.5%～7.0% 的区间内窄幅波动，经济增长的稳定性继续增强。

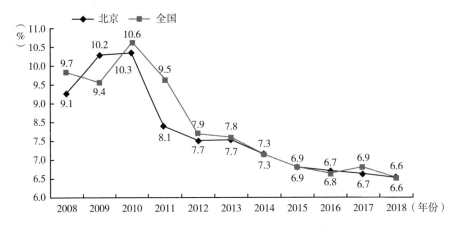

图 1　2008～2018 年北京与全国 GDP 增速

全社会用电量稳定增长。2018 年，北京全社会用电量 1142 亿千瓦时，比 2017 年增长 7.1%。根据多年来北京用电量增长和经济增长的关系来看，二者之间关系密切，虽然个别年份用电量增速会存在一些异常值（比如 2000 年高达 29.3%），但二者之间的长期趋势和周期波动是基本一致的（见图 2）。随着经济结构的变迁、传统高耗能产业的退出和煤改电项目的实施等，用电量增速与 GDP 增速会有一些差异，但从长期来看，不妨将其作为 GDP 增长的一个先行指标，具有一定的参考意义。

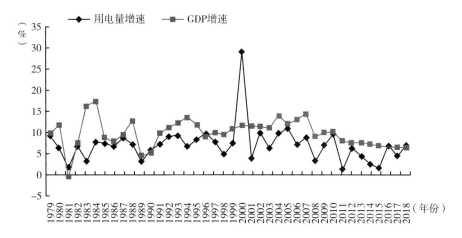

图2　1979～2018年北京全社会用电量增速和GDP增速

（二）固定资产投资大幅下降

2018年，北京完成全社会固定资产投资8001.3亿元，同比下降9.9%，增速比2017年大幅下降15.6个百分点（见图3）。固定资产投资的大幅下滑主要是由于全市基础设施投资大幅下降。2018年，全市基础设施投资完成2117.9亿元，比2017年下降10.7%。其中，能源投资下滑最快，高达45.4%。

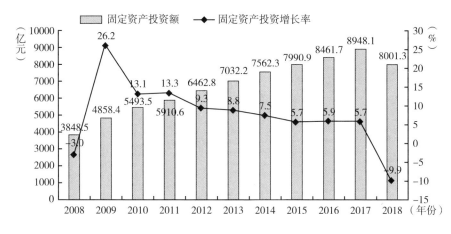

图3　2008～2018年北京固定资产投资增长

从分行业来看，固定资产投资增速最快的是公共管理、社会保障和社会组织，增速达到110.3%；其次是住宿和餐饮业，增速高达40.2%。另外，信息传输、软件和信息技术服务业固定资产投资增长迅猛，增速高达31.2%，这符合首都产业向"高、精、尖"转型的发展方向。2018年随着房地产市场继续调控和即将推出的房产税预期，北京房地产业固定资产投资下降7.8%，体现了房地产开发商在房产税的预期下对房地产业投资的相对谨慎。

从投资来源来看，民间投资下降幅度有所扩大。2018年，北京民间投资同比下降11.2%，下降幅度比2017年扩大7.2个百分点。北京民间投资下降幅度进一步扩大反映了民间投资主体对中美贸易摩擦不确定性后果的强烈担忧。

（三）消费需求增长趋缓

2018年，北京消费总需求增长趋缓。北京市统计局数据显示，2018年北京市场总消费额达到25405.9亿元，同比增长7.4%，超过同期GDP增速。全社会消费品零售总额实现11747.7亿元，同比增长2.7%，增速比2017年下降2.5个百分点。从2008年到2018年，北京市全社会消费品零售总额增速有逐年下滑的趋势（见图4）。

图4　北京2008～2018年全社会消费品零售总额及其增速

消费结构进一步优化。2018年北京市场总消费中，服务性消费达到13658.2亿元，同比增长11.8%。服务性消费在市场总消费中的比重超过53%，这标志着北京市消费结构已经进入以服务性消费为主的新阶段。2018年北京网络购物消费的零售额达到2632.9亿元，同比增长10.3%。在线零售额占全社会消费品零售总额的比重已经达到22.4%，表明网络购物方式依靠其便利性和快捷性已经成为北京市民的重要消费形式。

从商品消费类别来看，日用品类商品和金银珠宝类商品销售增长较快，增速分别达到24.9%和23.8%。更多地购买日用品和金银珠宝类商品，这在某种程度上反映了北京市居民为抵御未来通胀趋势所做的提前配置。同时，汽车类商品销售大幅下滑13.9%，反映了购车"摇号"政策对汽车消费市场的负面影响仍然持续。

（四）新兴产业占比稳步提升

在相关政策大力扶持下，北京新兴产业实现快速增长。2018年，北京高技术制造业增加值增长13.9%，战略性新兴产业增加值增长7.8%，信息服务业增加值增长19%，科技服务业增加值增长10.4%，均高于同期地区生产总值增速。与此同时，高技术产业、战略性新兴产业、信息产业和现代服务业这四大类新兴产业在地区生产总值中的比重也稳步提升。2018年相比2017年，高技术产业占GDP比重提高了0.2个百分点，战略性新兴产业提高了0.1个百分点，信息产业提高了0.9个百分点，现代服务业提高了0.7个百分点（见图5）。另外，北京出台了加快培育发展首都现代金融服务业的若干意见，使得2018年北京科技、信息、金融三大优势服务业对全市经济增长的总和贡献率达到67%。为加快构建北京高精尖产业体系结构，北京出台了"10+3"的高精尖产业发展政策体系，包括十大高精尖产业的发展指导意见以及从土地、财政、人才三个方面的配套支持政策。在细分行业领域，还编制了工业互联网、5G、智能网联汽车、无人机等产业发展行动方案。

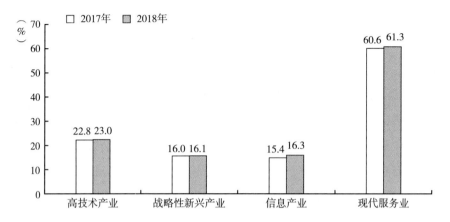

图5 2017年和2018年北京四类新兴产业占GDP比重

（五）物价指数略有上涨

物价稳定是宏观经济政策的四大目标之一。一般来说，小幅温和的物价上涨（一般为5%以内）有利于经济的持续稳定增长，而严重的通货膨胀则会对经济增长造成较为恶劣的影响。尽管物价总水平取决于全国宏观经济形势及中国人民银行出台的相关货币政策，但北京在地域范围内做好农产品和其他食品的供应工作也能相当程度的影响物价指数的上涨。从2011年到2016年，随着经济增速稳步放缓，北京的通货膨胀水平均控制在5%以内，且逐年下降，从2011年的5.6%下滑到2016年的1.4%，2017年和2018年通货膨胀水平稍有回升，但幅度均较小，分别为1.9%和2.5%。温和的物价上涨水平有利于北京经济的稳定运行，但工业生产者出厂价格指数（PPI）很长时间一直小于100，使得处于上游的工业企业长期饱受价格下跌之苦，利润增长受到影响。2008年以来，北京工业生产者出厂价格指数一直在居民消费价格指数的下方运行，尤其是2012年到2016年一直小于100（见图6），即处于通货紧缩的区间。这意味着此段时间内的上游工业企业不能通过价格上涨来获取利润，因此逼迫这些上游工业企业通过提高技术水平、劳动生产率来实现利润增长。2018年，居民消费价格指数和工业生产者出厂价格指数之间的"剪刀差"有扩大的趋势，这有利于下游生产企业通过小幅的价格上涨来增加利润。然而对于处于终端的消费者来说，如果收入上涨的幅度能够超过价格上涨幅度，消费者还是可以忍受的；一旦价格上涨幅度超过了收入上涨幅度，将会极大地影响消费者的福利。

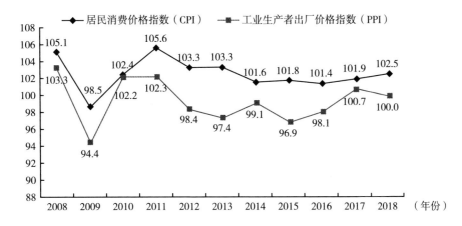

图6　北京2008～2018年居民消费价格指数和工业生产者出厂价格指数

（六）居民收入增长提速

2018年，全市居民人均可支配收入达到62361元，同比增长9.0%，其中城镇居民人均可支配收入为67990元，同比增长8.9%，比2017年增速提高了1.9个百分点（见图7）。城镇居民人均可支配收入增速超过GDP增速2.3个百分点。从图7中可以看到，2008年国际金融危机以前，伴随着北京经济的高速增长，城镇居民的人均可支配收入也实现了大部分年份（2002～2007年）超过10%的高速增长。但2008年以后，随着经济增长降下一个台阶，北京城镇居民人均可支配收入增速也下降了一个台阶，但大部分年份（2011～2017年）都维持在7%左右。2018年，此收入增速突然跨越这个台阶，得到显著提升。北京城镇居民收入增速在2018年的显著提升可能是得益于2018年实行的公务员和事业单位工资改革。

在经济稳定增长的时期，全市城镇居民人均可支配收入的增长提速有利

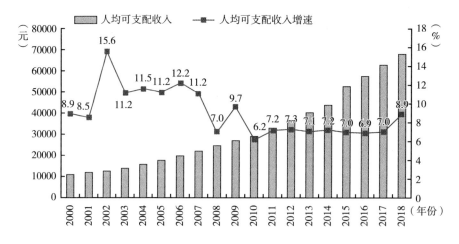

图7　2000~2018年北京城镇居民人均可支配收入及其增速

于促进消费增长从而拉动未来经济增长。2018年，北京城镇居民人均消费支出达到42926元，同比增长6.4%，比2017年提高了0.9个百分点。随着居民收入的不断增长，居民的边际消费倾向会逐渐下降，因此居民的平均消费倾向也会逐渐下降。从图8中可以看出，北京城镇居民平均消费倾向从2000年的82.1%逐渐下降到2018年的63.1%。平均消费倾向的下降一方面是收入消费关系的正常趋势，另一方面也反映了城镇居民由于担心未来疾病、养老等高额费用的支出而多年来形成的消费习惯——克制当前消费多储蓄以备未来不时之需。

恩格尔系数衡量的是食品消费支出占居民全部消费支出的比重，一般来说，随着居民收入水平的提高，其用于购买食物的支出在总支出中所占比重也就越低。这个规律就是经济学上的"恩格尔定律"。从图8中可以看出，北京城镇居民恩格尔系数从2000年的36.3%逐渐下降到2018年的20.0%，这个下降趋势显然是符合恩格尔定律的。联合国曾经对世界各国居民家庭的生活水平划定过评定标准，依据的就是各国家庭平均恩格尔系数。这个划分标准是，当一国家庭平均恩格尔系数大于60%时，为贫穷；处于50%~60%时，为温饱；处于40%~50%时，为小康；处于30%~40%时，属于

图8　2000～2018年北京城镇居民平均消费倾向和恩格尔系数

相对富裕；处于20%～30%时，为富足；20%以下时，为极其富裕。按照这个划分标准，北京城镇居民2000～2014年的时候属于相对富裕阶段，而2015～2018年这个时间段已经进入富足阶段。

（七）商品住宅价稳量缩

2018年北京商品房市场的一个基本特点是价格基本稳定，而实际成交量却大幅萎缩。从商品住宅销售价格情况来看，2018年12月，北京新建商品住宅的销售价格指数同比为102.3，二手住宅的销售价格指数同比为98.1，分别为上涨2.3%和下跌1.9%。具体分月来看，2018年1～12月，北京新建商品住宅价格环比指数微幅上涨（除2月以外），而二手住宅的销售价格环比指数却在大部分月份都呈现小幅下跌态势（见图9）。综合新建商品住宅和二手住宅来看，2018年商品住宅销售价格基本保持稳定。

从商品住宅销售量情况来看，2018年，北京市商品房销售面积为696.2万平方米，同比大幅下降20.4%，其中商品住宅销售面积526.8万平方米，同比下降14%。

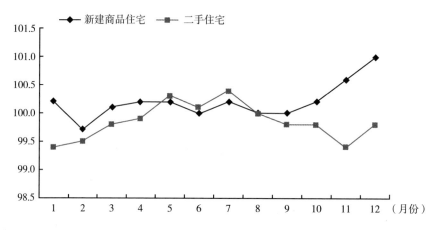

图9 2018年1～12月北京新建商品住宅和二手住宅销售价格环比指数

商品房销售面积大幅下降结合新建商品住宅和二手住宅的环比价格指数的走势，大致可以判断2019年北京商品房市场的走向。一方面，受即将出台的房产税预期影响，拥有多套住宅的房屋所有者会考虑将其名下的投资性房产提前出售，因此二手住宅市场的供给量有所增加，因此降低了二手住宅的市场价格；另一方面，同样由于房产税出台的预期，商品住宅市场投资性需求大幅减少，但由于已建成商品住宅成本价格早已确定，开发商不愿意降价出售，新建商品住宅市场出现价稳量跌的现象。

另外，虽然北京房地产市场刚性需求仍然很大，但一部分刚性需求可以通过申购保障性住房加以解决。2018年，北京保障性住房竣工面积1557.9万平方米，同比增长6.2%，保障性住房施工面积5484.9万平方米，同比大幅增长28.2%。2018年全年北京分配公租房3.23万套，网申共有产权住房2.9万套，极大地满足了一部分住房刚性需求，较好地稳定了新建住宅市场价格。

（八）自主创新能力增强

创新驱动发展指数不断提升。据北京市统计局测算，2017年，北京创新驱动发展总指数为145.7，比2016年提高了7.7个点，指数连续7年稳步提升，年均提高6.5个点。

专利授权量加速增长。衡量一个国家或地区的创新能力，通用的指标是专利授权量。尽管它并不能完全代表该地区的实际创新能力（因为有些授权的专利并不能商业化应用，不能推动实际生产效率的提高），但作为一个国际通用的指标，依然有核心指向意义。2018年，北京专利授权量123496件，比2017年增长15.5%，其中发明专利47878件，比2017年增长3.9%。专利授权量增速较2016年和2017年有了显著的提高（见图10）。

一些重大原创性技术成果出现。2018年，北京自主创新能力进一步增强，马约拉纳任意子、新型超低功耗晶体管等技术成果相继出现。

一些前沿研发机构相继组建。2018年，北京打破了某些体制机制障碍，通过整合创新资源，组建了智源人工智能研究院、北京量子信息科学研究院、脑科学与类脑研究中心等新型研发机构。

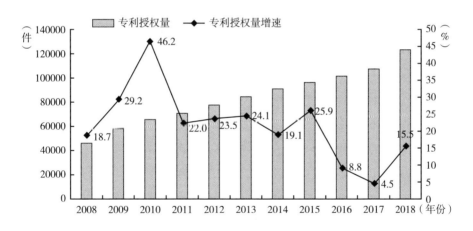

图10 北京2008～2018年专利授权量及其增速

"三城一区"建设深入推进。中关村科学城是国家级科技创新中心示范区，创新要素深度融合。怀柔科学城综合极端条件实验、地球系统数值模拟等大型科学装置和材料基因组等5个交叉研究平台建设取得阶段性进展。未来科学城着力引进开放性科研平台和双创平台。北京经济技术开发区一批重大产业项目落地见效。

（九）营商环境切实改善

2018 年，北京将优化营商环境作为"一把手"工程来抓，出台了"9 + N"系列政策措施，制定了进一步优化营商环境的三年行动计划。一方面，为企业服务的效率大幅提升。目前，在北京市开办企业的时间压缩到了 5 天，大幅减少了新开办企业的时间成本。社会投资项目许可的办理时间缩减至 45 天，大幅减少了投资项目许可的等待时间。北京在中国内地率先启动工业产品许可证制度改革，实现"一企一证"，将发证时间从 60 天压缩到 2 天以内。其中，食品、药品、医疗器械审批事项的平均办理时限从 25.1 天压缩到 14.5 天，食品生产许可和执业药师注册实现全程电子化，审批时限从 20 天压缩到 8 天，食品、药品、医疗器械经营许可审批时限压缩到 5 天。另一方面，为企业服务的费用大幅减免。改革以后，在北京市开办企业已经完全免费。北京已经成为全球开办企业完全免费的两个城市之一。2018 年，北京率先开展小微企业获得电力"零上门、零投资"专项服务，每年为企业节省费用约 12 亿元。

目前，北京在营商环境评价中综合排名第一，使得中国在世界银行发布的营商环境中的排名提升了 32 个位次。北京在此方面做出的相关改革，被世界银行有关专家评价为"令人惊叹的快速且有效"。

营商环境的大幅改善，有效激发了企业主体的市场活力。目前，北京的市场主体已达 215.11 万户，2018 年全年新注册企业 18.33 万户，其中创新型企业增速在 10% 以上，外资企业增速达 15%。

三　中美贸易摩擦对北京经济的影响

有一种观点认为，对外贸易净出口占北京 GDP 的比重很小（2017 年不超过 1%），因此中美贸易摩擦对北京经济的影响微乎其微。但是这种观点是把北京置于一个经济孤岛的境地而得出的结论。事实上，北京经济与全国经济的增长密切相关，具有千丝万缕不可分割的联系，全国经济如果受到影响，北京经济不可能独善其身。

（一）中美贸易摩擦对北京经济增长的影响

中美贸易摩擦对北京经济的影响主要表现在以下三个方面。

第一，进出口贸易短期内受冲击较大。在出口方面，以出口为主的外向型企业将面临更大的竞争压力，在短期内出口产品数量有可能锐减。因此，以出口为主的外向型企业应该致力于提高生产效率，改进产品质量，提高产品的品牌度和美誉度，努力提高产品在国际上的竞争力。在进口方面，进口企业的成本将会更低，在短期内进口产品数量有可能大幅增加。这在短期内将会对生产同类产品的国内企业造成较大的冲击，一些生产效率低下的企业将因此面临利润下滑甚至破产的境地。进口企业会以更低的成本引进更多高技术产品，对于北京提高技术水平和生产效率也有一定的溢出作用。

第二，增强自主创新能力。对于技术水平相对落后的一方来说，要想真正超越美国，关键就是要实现技术水平和创新能力的赶超。而通过中美贸易摩擦带来自主创新能力增强，主要包括两个阶段：第一个阶段，积极引进先进的设施和技术，通过学习、模仿和吸收，积累经验和提高技术水平；第二个阶段，将自主研发和设计作为企业生产过程中的核心和关键环节，通过自主创新实现对先进经济体的赶超。北京是中国知识产权最为集中的地区，"三城一区"的建设也是集中优势力量发展高科技产业的战略规划，因此加强知识产权的保护，不仅有利于北京原创技术发明和专利申请的更快增长，而且有利于专利技术成果向商业化应用的转化，使得北京自主创新能力加快提升。

第三，优化产业结构。更多的外部冲击将提高国内优质企业的竞争能力，同时更多选择的进口产品还能有效解决国内产业结构和产业链条上的一些关键性技术障碍，加速新兴产业的发展，使得产业结构进一步优化。

（二）中美贸易摩擦下北京经济的追赶模型分析

假定只有美国和北京两个经济体。美国经济的生产率代表了世界前沿水

平，其生产率水平用 A 表示。北京经济的生产率代表了追赶的一方，其生产率水平用 B 表示。在美国经济体中采用熊彼特创新模型的基本框架①，可以得到如下结论：

$$A_t = (1 + g) A_{t-1} \tag{1}$$

其中，g 表示生产率的增长率，t 表示时期。

假设北京经济中生产产品的厂商可以通过以下两种方式来促进生产率的提高：一种是通过学习和模仿美国已经存在的前沿技术来提高自身的生产率水平；另一种是北京经济自身的自主创新。对于追赶经济体来说，这两种方式一般来说是同时存在的，因此追赶经济体的生产率可以用如下公式来表示：

$$B_t = \alpha A_{t-1} + \beta B_{t-1} \tag{2}$$

其中，αA_{t-1} 和 βB_{t-1} 分别表示追赶经济体生产率中进行学习模仿和自主创新的部分。一般来说，$\beta > 1$ 总能成立，表明自主创新能使得生产率得到某种程度的提高。

将公式（2）两端同时除以 A_t 并用 ε_t 来表示，然后结合公式（1）的结果，可以得到：

$$\varepsilon_t = \frac{B_t}{A_t} = \alpha \frac{A_{t-1}}{A_t} + \beta \frac{B_{t-1}}{A_t} = \frac{\alpha}{1 + g} + \beta \frac{B_{t-1}}{(1 + g)A_{t-1}}$$

注意到 $\varepsilon_{t-1} = \dfrac{B_{t-1}}{A_{t-1}}$，则可以得到如下关系式：

$$\varepsilon_t = \frac{1}{1 + g}(\alpha + \beta \varepsilon_{t-1}) \tag{3}$$

根据定义可知，ε_t 表示的是北京与美国之间生产率的差距，取值范围是 $0 < \varepsilon_t < 1$，且北京与美国之间的生产率差距越大，则 ε_t 值越接近于 0；相反，北京与美国之间的生产率差距越小，ε_t 值越接近于 1。

---

① 这个模型框架详见《北京经济发展报告（2015～2016）》总报告中的第四部分。

公式（3）的意义在于，当北京与美国之间生产率的差距越小（即 ε_{t-1} 越趋近于1），自主创新对于生产率的相对重要性（β）就越大；反之，当北京与美国之间生产率的差距越大（即 ε_{t-1} 越趋近于0），自主创新对于生产率的提升反而作用不大，学习和模仿才是更好地促进生产率提升的方式。

因此，北京究竟应该采取何种策略来提升生产率呢？答案是只要北京与美国之间的生产率差距小到超过某一个临界值，就应该多采取自主创新的形式来提升生产率。这个临界值就是当 $\varepsilon_t = \varepsilon_{t-1} = \bar{\varepsilon}$ 的时候。根据公式（3）可得此临界值为：

$$\bar{\varepsilon} = \alpha/1 + g - \beta \tag{4}$$

其中，g 就是美国经济长期增长率 $g \approx 0.3$，α 和 β 的值可以通过公式（2）进行实证分析来得到。经过课题组的测算，可以得到 $\alpha \approx 0.05, \beta \approx 1.06$。

将这些参数代入公式（4）可以得到临界值 $\bar{\varepsilon} \approx 0.21$。

现在北京和美国之间生产率的差距据课题组估计应该为 0.6～0.8，远远高于这个临界值。因此现阶段北京提高生产率的最好方式应该是尽量多地进行自主创新。具体到行业而言，对于技术水平与美国之间的差距值小于 0.21 的行业，适宜先进行学习和模仿来快速提高生产率，对于技术水平与美国之间的差距值大于 0.21 的行业，应该尽量通过自主研发和创新来提高生产率水平。

四　2019年北京经济发展预测与展望

（一）固定资产投资增长回暖

2018 年通州城市副中心和新机场等大型项目基本完工、房地产开发投资增速降低、疏解整治促提升专项行动深入推进以及中美贸易摩擦影响民间投资下滑等因素使得北京固定资产投资增速大幅回落。展望 2019 年，预计

北京固定资产投资增速将有所回升。

一是因为 2018 年固定资产投资下滑导致 2019 年的增长基数较低。二是因为 2019 年北京疏解整治的力度相比 2018 年有所减小。2018 年北京腾退的一般制造业企业为 656 家，而 2019 年计划腾退的一般制造业企业为 300 家；2018 年疏解提升的市场和物流中心有 204 个，而 2019 年计划疏解提升的市场和物流中心仅为 66 家。三是城市副中心的二期工程将在 2019 年启动。副中心建设的配套基础设施如副中心站综合交通枢纽、运河商务区、环球主题公园、博物馆、图书馆、剧院、学校、医院等都需要大量的固定资产投资。四是基于对中美贸易谈判的乐观预判，加上北京营商环境的大幅改善将激励更多的民间资本回流。

综合上述分析，预测 2019 年北京全社会固定资产投资增速将同比增长 3.5%，增速将有所回升。

（二）消费需求仍将稳定增长

一是从北京最近几年的消费增速变动趋势来看，虽然增速变化有所波动，但幅度都不大，预计 2019 年消费增速也不会有太大的波动。二是虽然疏解腾退了一些市场和物流中心，但新零售和新消费业态也在积极布局且更加规范，网上购物方式更加深入人心。三是由于对于中美贸易谈判的乐观预判，2019 年进口产品的消费将大幅增长。

综合上述分析，预计北京 2019 年市场总消费同比增长 8.5%，仍将稳定增长并略有提升。

（三）第二产业增长将继续下滑

一是 2019 年北京将继续疏解一般制造业企业数量 300 家以上。二是北京以外的全国各地都在大力吸引优质企业入驻，使得北京一部分不符合首都功能的制造业企业有主动外迁的意愿。三是符合首都产业发展方向的战略性新兴产业在优惠政策下将实现较快增长，北京奔驰的新能源汽车项目将会加快推进。

综合上述分析，预计北京2019年第二产业增加值增速将小幅下滑，降到3.8%。

（四）第三产业增长将稳步回升

2018年，北京第三产业增加值占地区生产总值的比重已经达到81%，比2017年提高0.4个百分点。服务业的增长已经成为北京经济最大的贡献力量。展望2019年，一是继续深入推进中的疏解整治促提升专项行动将对部分服务行业发展产生不利影响。二是信息服务业和科技服务业增速较快，继续引领北京服务业的发展。三是新服务模式和新服务业态不断涌现。信息技术、人工智能、5G、区块链等新技术与服务业不断融合发展，养老、医疗、旅游、健康、家政等特色服务将快速发展。四是营商环境的大幅改善将极大促进北京现代服务业的活跃和繁荣。

综合上述分析，预计北京2019年第三产业增加值稳步增长，增速将达到7.6%，比2018年略有回升。

（五）通胀水平继续小幅攀升

一是全球大宗商品价格略显小幅上涨趋势，美联储进入加息周期以抑制物价水平的上涨。二是中美贸易摩擦引发对中国经济负面影响的担忧，中国政府已经出台积极的财政政策和适度宽松的货币政策来抵御这种不利影响，这些政策在2019年将会推动全国物价水平小幅上涨。三是北京的房屋租售比远低于国际通常水平，房租价格存在较大的上涨压力。总体来看，预计2019年消费物价总水平将同比上涨3.5%左右，相比2018年小幅攀升，仍然属于可以接受的适度通胀范围。

（六）经济增长将实现稳步回升

展望2019年北京经济增长，最大的一个不确定性因素就是中美贸易摩擦的影响。基于课题组对于中美贸易谈判双方的利弊得失分析，认为中美贸易谈判将最终达成一致性协议。为抵御中美贸易摩擦的不利影响，国家层面已经出台了积极的财政政策和适度宽松的货币政策加以应对。而贸易谈判的乐观预判，加上减税降费措施的相继出台将使得中国经济在 2019 年获得恢复性上涨。

从北京来看，虽然 2019 年疏解整治促提升专项行动将继续推进，减量发展和高质量发展战略已经制定，但"三城一区"的大力发展、"高精尖"产业发展的重点扶持，以及营商环境的大幅改善都是经济增长的有利因素。

综合上述分析，根据课题组的测算，预计 2019 年北京 GDP 将实现6.8% 的增长，实现稳步回升。

2019 年北京市主要经济指标预测结果如表 1 所示。

表 1　2019 年北京市主要经济指标预测

指标	2018 年（实际值）	2019 年（预测值）
地区生产总值增长率（%）	6.6	6.8
第一产业增加值增长率（%）	-2.3	-1.5
第二产业增加值增长率（%）	4.2	3.8
第三产业增加值增长率（%）	7.3	7.6
全社会固定资产投资增长率（%）	-9.9	3.5
市场总消费增长率（%）	7.4	8.5
居民消费价格总指数	102.5	103.5

宏观经济篇

Macroeconomy

B.2

北京市2018年经济发展
形势和2019年展望

北京市发展和改革委员会综合处*

摘　要：　2018年，北京市经济社会发展稳中有进、稳中向好，疏功能、稳增长、促改革、调结构、惠民生、防风险各项工作扎实推进，较好地完成了全年主要目标任务，减量发展成效显现，创新发展势头强劲，高质量发展开局良好。2019年，需要继续坚持稳中求进工作总基调和新发展理念，推动高质量发展，以供给侧结构性改革为主线，深化市场化改革、扩大高水平开放，全面对标高质量发展要求，统筹做好稳增长、促改革、调结构、惠民生、防风险、保稳定各项工作，保持

---

*　执笔人：杨丽，经济硕士，北京市发展和改革委员会综合处干部，研究方向为区域经济、宏观经济等；马彩彩，经济硕士，北京市发展和改革委员会综合处干部，研究方向为区域经济、宏观经济等。

首都经济持续健康发展和社会大局稳定。

关键词： 高质量发展　社会　经济　北京

一　2018年经济社会发展基本情况

2018年，北京市经济社会发展稳中有进、稳中向好，减量发展成效显现，创新发展势头强劲，高质量发展开局良好。初步核算，全年地区生产总值30320亿元，增长6.6%，高于年初预期目标，一般公共预算收入5785.9亿元，增长6.5%，全市居民人均可支配收入实际增长6.3%，与经济增长基本同步，居民消费价格指数上涨2.5%。城镇登记失业率1.4%，城镇调查失业率保持在4.5%左右的较低水平。单位地区生产总值能耗下降3.5%左右，全员劳动生产率24万元/人左右，位居全国第一。

（一）坚定不移贯彻中央"六稳"要求，实现经济平稳增长与质量提升互促共进

1. 就业形势保持稳定

开展失业保险援企稳岗"护航行动"，发放稳岗补贴惠及职工195万名，妥善分流安置化解过剩产能企业职工2098人。加大高校毕业生就业创业帮扶力度，本市生源高校毕业生就业率达97%。新增城镇就业42.3万人，促进农村劳动力转移就业6.4万人，均超额完成全年任务。

2. 金融风险防控有力

严格政府债务限额管理，设立政府举债融资"负面清单"，全面梳理隐性债务，本市政府债务率、负债率风险指标均低于全国平均水平。建立健全地方金融风险处置框架，加强交易场所风险防控。深入开展互联网金融风险专项整治工作，建立"一企一档"企业金融风险电子档案，互联网资管领域业务存量压减80%。11月末本市银行业不良贷款率0.35%，低于全国平

均水平。

3. 外资外贸增势良好

出台扩大对外开放、提高利用外资水平的意见，市场准入负面清单制度全面实行，国内首家外资控股飞机维修企业落地运营，新设外商投资企业1639家，增长25.2%，实际利用外资167.4亿美元。进一步提升跨境贸易便利度，完善支持外贸企业提升国际化经营能力政策措施，北京地区实现进出口2.7万亿元，增长23.9%，比上半年高出3.2个百分点。入境旅游持续回暖，完善144小时过境免签和境外旅客购物离境退税政策，入境旅游400.4万人次，增长2%，连续12个月正增长。

4. 内需结构持续优化

落实国家促消费系列政策，文化旅游、教育培训、健康养老等服务消费加快发展，线上线下消费快速融合。全年实现市场总消费额2.5万亿元，增长7.4%，其中服务性消费额增长11.8%，社会消费品零售总额增长2.7%，网上零售额增长10.3%。投资更加注重补短板、强弱项、优供给，交通基础设施建安投资增长30.6%，保障性住房投资增长44.1%，支撑全市有效投资保持增长。出台促进民间经济发展的若干措施，民间投资占全社会固定资产投资比重三成左右。

（二）坚定不移落实城市总体规划，以疏解非首都功能为重点的京津冀协同发展取得新成效

1. 规划实施重点任务加快落实

认真贯彻落实中央批复精神，城市总体规划102项任务有序推进，45项年度任务全部完成。以分区规划编制为切入点，促进各区优质减量发展，16个重点功能区综合提升方案和重点区域控制性详细规划加快编制，启动36项市级专项规划编制工作。强化全域规划总量管控，研究制定生态控制线和城市开发边界管理办法，出台城乡建设用地供应减量挂钩工作实施意见，建设用地规模减少约34平方公里。出台加强城市设计指导意见，不断提高规划及建筑设计水平。修订《北京市城乡规划条例》，完成2017年度

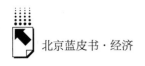

城市体检，依法强化规划严肃性和权威性。

2. "疏解整治促提升"专项行动扎实有序

把疏解非首都功能作为落实城市总体规划、促进京津冀协同发展的"牛鼻子"，坚持疏解与提升并重，更加注重在疏解中增强群众获得感。修订并发布新增产业禁限目录，整治"开墙打洞"8622处、无证无照经营2.7万户，疏解提升市场和物流中心204个，疏解退出一般制造业企业656家。北京城市学院等高校新校区加快建设，天坛医院老院区整体搬迁、新院区正式开诊。制定腾退空间管理和使用意见，腾退土地实现还绿1683公顷，新增一批城市森林公园和休闲公园。完成中心城区及通州区1141条背街小巷环境整治提升任务，实现80公里道路电力架空线和165公里道路路灯架空线入地。出台利用地下空间补充完善便民商业服务设施的指导意见，建设提升基本便民商业网点1529个，超额完成年度任务。

3. 两翼联动发展着力推进

城市副中心控制性详细规划获中央正式批复，通州区总体规划、镇域规划以及和北三县地区协同发展规划加紧深化完善。235项重大工程全面推进，在施129项，竣工37项，完成投资755亿元。行政办公区一期工程全面竣工，北京学校等配套工程开工建设，第一批市级机关正式入驻。城市绿心完成1000亩绿化工程并基本确定剧院、图书馆和博物馆建筑设计方案，运河国际商务中心建设完工。全力支持雄安新区规划建设，制定"交钥匙"项目实施暂行办法，支持3所学校和1所综合医院建设，4所对口帮扶学校挂牌，12家中关村企业入驻。

4. 协同发展中期目标开局良好

编制实施推进京津冀协同发展新三年行动计划，签订三地新一轮战略合作协议。一体化交通网络加快构建，北京大兴国际机场正式命名，航站楼主体工程基本完工，市域内3条国家高速公路"断头路"全面消除。生态环境协同治理成效不断巩固，永定河综合治理与生态修复积极推进，新增京冀生态水源保护林10万亩。"4+N"产业协作取得积极进展，曹妃甸协同发展示范区累计签约北京项目约130个，天津滨海—中关村科技园挂牌以来新增注册企业770余家。加强京津冀协同创新共同体建设，年内输出到津冀的技术合同成交额227.4亿元。冬奥会、冬残奥会场馆建设积极推进，国家速滑馆、国家高山滑雪中心、国家雪车雪橇中心等新建主要竞赛场馆全面施工。世园会主要场馆主体建设全部完成，筹办工作进展顺利。

5.以区域发展行动计划加快规划落地

出台第三轮促进城市南部地区加快发展行动计划，再次按下城南发展"快行键"。发布实施优化提升回龙观、天通苑地区公共服务和基础设施三年行动计划，天通苑地区综合文化中心等一批项目完成移交，自行车专用路等项目开工建设。制订新首钢地区打造新时代首都城市复兴新地标三年行动计划，首钢主厂区北区、东南区开发有序推进。编制乡村振兴战略规划，深入实施美丽乡村建设专项行动计划，完成1081个美丽乡村创建村环境整治，新一轮山区农民搬迁工程全面启动。出台推动生态涵养区生态保护和绿色发展的实施意见，统筹实施"两山三库五河"生态保护，系统推进"一城两带多园"绿色发展（见表1）。

表1 推动区域协调发展系列专项行动

区域	出台政策	主要举措
城南地区	8月30日，印发实施《促进城市南部地区加快发展行动计划（2018~2020年）》	聚焦"一轴、两廊、两带、多点"，优化城市服务功能组织，全面提升承载能力，加快培育功能和产业，促进城乡融合发展和区域协调发展，构筑科技成果转化、改革创新、扩大开放新优势，逐步将城市南部地区打造为首都功能梯度转移的承接区、高质量发展的试验区、和谐宜居的示范区
回龙观、天通苑地区	7月29日，印发实施《优化提升回龙观天通苑地区公共服务和基础设施三年行动计划(2018~2020年)》	加大投资力度，努力让回龙观、天通苑地区成为城市修补更新的典范。计划涉及4个领域共计17项具体任务 公共服务领域将实施26个教育项目、5个医疗卫生项目、6个文化体育项目和8个养老项目 交通领域将实施安立路、北清路"一纵一横"主干路快速化改造等交通贯通工程 市政基础设施领域将实施64处自备井置换，建设4个110千伏输变电工程，实现区域内所有小区全部接入自来水供水管网 社区治理领域将着力打造便民服务网络，支持实体书店、剧场等文化休闲设施建设，因地制宜布局多种形式的高品质商业综合设施

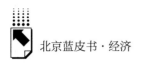

区域	出台政策	主要举措
新首钢地区	12月27日,印发实施《新首钢地区打造新时代首都城市复兴新地标行动计划(2019~2021年)》	完善规划体系,完成首钢南区规划优化,推动首钢地区及周边22.3平方公里规划拼图整合
		强化工业遗存保护再利用,不搞大拆大建,能保则保、能用则用,重点建设3号高炉改造工程
		做好冬奥服务保障,高标准建设首钢滑雪大跳台及配套设施
		构筑国际化特色产业生态,结合国家体育产业示范区、新首钢国际人才社区建设,培育现代时尚消费新业态
生态涵养区	10月20日,印发实施《推动生态涵养区生态保护和绿色发展的实施意见》	统筹实施"两山三库五河"生态保护,系统推进"一城两带多园"绿色发展。着力将生态涵养区建设为展现北京美丽自然山水和历史文化的典范区、生态文明建设的引领区、宜居宜业宜游的绿色发展示范区
		强化"守护好绿水青山是生态涵养区的头等大事"功能导向,完善考评指标体系,体现生态环保、资源能源节约的指标占总指标数的67%
		强化"不让保护生态环境的吃亏"功能导向,通过完善生态保护补偿机制让看山、护林、保水的人民群众实现绿岗就业增收,支持生态涵养区绿色产业发展

(三)坚定不移实施创新驱动发展战略,符合首都城市战略定位的现代化经济体系加快构建

1. "三城一区"建设全面提速

坚持多规合一、融通创新、联动发展,高标准开展"三城一区"规划编制。中关村科学城强化基础前沿布局,成立北京脑科学与类脑研究中心、北京智源人工智能研究院等,取得了马约拉纳任意子等一批重大标志性原创成果。怀柔科学城建立健全组织推进机制,综合性国家科学中心建设全面开展,综合极端条件实验装置实现主体结构封顶,5个交叉研究平台项目土建工程全部完工。未来科学城引入多元创新主体,陈清泉院士科创中心、中俄知识产权交易中心启动运营。北京经济技术开发区加强与三大科学城科技成果转化对接,成功举办世界机器人大会,耐威传感器芯片等一批重点项目加快推进;顺义区加快建设创新型产业集群和制造业高质量发展创新引领示范区。

2.文化创新活力不断释放

"一核一城三带两区"重点任务扎实推进，发布实施历史文化名城保护发展规划，加快推进中轴线申遗综合整治。编制完成大运河、西山永定河、长城三个文化带保护建设规划，"三山五园"地区整体保护扎实推进。编制公共文化服务体系示范区中长期规划，出台支持实体书店发展的实施意见，全市实体书店达1011家。出台文化创意产业创新发展意见，利用腾退空间建成21个文化产业园区，文创"投贷奖"平台成功对接融资168亿元。

3.创新创业蓬勃发展

设立规模为300亿元的科技创新母基金，出台支持建设世界一流新型研发机构实施办法。制定实施引进人才管理办法和中关村人才管理改革20条新政，为2300余名优秀科技创新人才办理引进落户，累计提供人才公租房约8.2万套。培育和吸引诺贝尔奖、图灵奖、埃尼奖科学家11名，北京入选全球高被引科学家90人，占全国的36.1%。全市平均每天新设199家创新型企业，80家企业入选全球独角兽榜单，居全国首位。在京"双创"示范基地达20个，中关村创业投资案例数、金额均居全国第一。中关村示范区全年实现总收入超过5.8万亿元，同比增长10%以上。

4.高精尖产业结构加快构建

深入落实"10＋3"高精尖产业发展系列政策，编制工业互联网、5G、智能网联汽车、无人机等产业发展行动方案，中关村创新园等军民融合产业园建设稳步推进。全市高技术制造业和工业战略性新兴产业增加值分别增长13.9%和7.8%，电子设备和医药制造业增加值分别增长16.2%和15.2%。制定加快培育发展首都现代金融服务业的若干意见，金融、信息、科技等优势服务业对全市经济增长贡献率合计达67%。

（四）坚定不移深化改革和扩大开放，经济社会发展活力和内生动力不断增强

1.营商环境改革力度加大

坚持普惠性营商环境改善与"一企一策"重点服务相结合，建立市区

两级对接服务企业机制和重点企业"综合服务包"制度,制定五方面69项政策措施,建立纾困"资金池"。搭建服务企业和项目"双平台",入库项目超过600个,投资额超过9000亿元。精准制定实施"9+N"系列政策,出台进一步优化营商环境行动计划,北京在国家营商环境试评价中综合排名第一(见表2),推动我国世界银行营商环境排名提升32个位次,改善幅度位列全球前三,世行专家评价相关改革"令人惊叹的快速且有效"。

表2 世界银行营商环境评价部分指标排名提升情况

开办企业	设立区级企业开办大厅、推广工商登记"全程电子化"、扩大名称自主预查范围,免费为新设企业刻制公章,北京成为全球开办企业完全免费的两个城市之一。此项指标北京得分提高8.51分,我国排名由第93提升至第28位,上升65个位次
获得电力	开展小微企业"零上门、零审批、零投资"三零专项服务行动,精简用电报装资料种类和数量,取消小微企业内部工程图纸审核及中间检查,将低压供电容量由100千瓦提升到160千瓦,中国与日本、阿联酋成为世界上仅有的三个电力接入全免费国家。此项指标北京得分提高25.23分,我国排名由第98位提升至第14位,上升84个位次
办理建筑许可	推进工程建设项目审批制度改革试点,构建"多规合一"协同平台预沟通预协调、"多图联审"、"多验合一"、实施分类施策管理等工作机制。此项指标北京得分提高13.07分,我国排名由第172位提升至第121位,上升51个位次
登记财产	开展"一窗受理"改革,全市共设置不动产登记综合窗口42个,推广"互联网+不动产登记",简化房屋交易程序。此项指标北京得分提高5分,我国排名由第41位提升至第27位,上升14个位次
纳税	制定办税事项"最多跑一次"清单,推行涉税业务全市通办。根据世行评价,本市企业纳税次数从9次精简为7次,纳税时间从207小时大幅压缩至142小时。此项指标北京得分提高6.23分,我国排名由第130位提升至第114位,上升16个位次
跨境贸易	与天津建立联动工作机制,实施"单一窗口""一站式阳光价格清单",根据世行评价,天津港货物从抵港到提离全流程实现48小时进口通关,进口单证办理时间由80小时压缩至24小时办结,进口环节边界费用由690美元下降至315美元,出口单证办理时间压缩了2/3。此项指标北京得分提高13.85分,我国排名由第97位提升至第65位,上升32个位次
保护中小投资者	股东诉讼便利度指数上升1分,股东权利指数上升4分,所有权和管理控制指数上升2分。该项指标北京提升11.67分,我国排名由第119位提升至第64位,上升55个位次

2. "放管服"改革深入推进

市区两级审批服务事项压缩一半以上,公布各级政府权力清单和行政审批中介服务事项清单、涉及企业群众办事创业证明目录。北京成为全球开办企业完全免费的两个城市之一，涉企证照实现"二十四证合一"，全面推开"证照分离"。发布实施"一网一门一次"改革任务清单，市区两级政务服务事项网上可办率均达到90%。累计将4.5万法人和13.5万自然人列入失信被执行人"黑名单"，为企业营造更加公平的诚信法治环境。

3. 重点领域改革不断深化

严格落实中央批准的机构改革方案，精简市级党政机构17个。出台深化国资国企改革、推进高质量发展三年行动计划，处置"僵尸企业"117家，完成企业公司制改革72家。医药分开综合改革积极推进，印发医耗联动实施方案，紧密型医联体试点数达34个。发布实施新版定价目录、定价项目再减少5项，降低企业电费负担31亿元。出台深化投融资体制改革实施意见，修订政府核准投资项目目录，核准事项减少58%。

4. 开放发展新优势加快形成

圆满完成2018年中非合作论坛北京峰会服务保障任务。印发实施全面深化改革、扩大对外开放重要举措的行动计划，服务业扩大开放综合试点三年两轮226项任务基本完成，国家会议中心二期等项目加快推进。金融业开放取得新进展，亚投行总部等重大项目建设加快推进。获批全国深化服务贸易创新发展试点城市和跨境电子商务综合试验区，服务贸易进出口额全年突破1万亿元。印发实施本市推进共建"一带一路"三年行动计划，全年对外直接投资额70亿美元，同比增长15%。

（五）坚定不移践行以人民为中心的发展思想，群众获得感、幸福感、安全感进一步增强

1. 大气污染防治任务严格落实

制订实施打赢蓝天保卫战三年行动计划，开展第二次污染源普查。淘汰国Ⅲ标准柴油货车4.7万辆，将低排放区扩展到全市域。整治"散乱污"企业498家，道路尘土残存量同比下降14%。完成450个村"煤改清洁能源"，全市集中供热清洁化比例达到99%，平原地区基本实现无煤化。修订

实施重污染应急预案，抓早抓小，力保"削峰降速"。细颗粒物年均浓度51微克/立方米，下降12.1%，全年首次无持续3天及以上重污染。

2. 生态环境建设持续加强

新增造林26.9万亩，"一绿"郊野公园全部提升为城市森林公园，新增城市绿地600公顷、健康绿道100公里。发布总河长令，建立湖长制，密云水库蓄水总量超过25亿立方米，创近20年新高，平原区地下水位回升近2米。新建污水管线和再生水管线904公里，改造雨污合流管线220公里，完成非建成区84条（段）黑臭水体治理任务。垃圾分类示范片区覆盖率提升到30%，密云绿色循环经济产业园和通州、顺义等6个垃圾处理设施投入运行，生活垃圾资源化率达到58%。

3. 交通治理任务加快落实

6号线西延、8号线三期南段及四期建成通车，轨道交通运营总里程达到636.8公里、在建里程320公里，市郊铁路开行238公里。建成北辛安、手帕口等一批城市道路，完成天坛医院新址、木樨地等345个交通堵点治理。聚焦群众对重点区域交通环境关切，实施北京南站、北京西站、北京站71项整治任务。完成1.7万个停车位施划，东城区、西城区和通州区支路以上路侧停车电子收费实现全覆盖。建设10条信号灯绿波带，推出首批自动驾驶开放测试道路，进一步提高智慧交通发展水平。中心城绿色出行比例提高到73%。

4. 公共服务补短板精准推进

落实第三期学前教育行动计划，实施责任督学挂牌督导，全年新增学前教育学位3万个。持续推进集团化办学和学区制改革，在重点区域启动新建一批优质学校，扩大郊区优质教育资源覆盖面。健康北京建设全面推进，创建60个全民健身示范街道和体育特色乡镇，推动15家公立医疗机构向康复转型。完善"三边四级"养老服务体系，新建182家城乡社区养老服务驿站。完善残疾人"两项补贴"和康复补贴制度，为农村地区困难残疾儿童和老年人示范性配置康复辅助器具。

5. 社会保障和社会治理水平持续提升

31 项重要民生实事全部落实。平稳实施城乡居民基本医保制度，全市384.1 万城乡居民实现参保及持卡就医。稳步推进户籍制度改革，首批 6019 人实现积分落户。坚持"房住不炒"定位，商品住房价格保持总体稳定，筹集建设各类保障性住房 5.45 万套，棚户区改造完成 3.43 万户，均超额完成年度任务。推广街巷长制，在 16 个区 169 个街乡开展"街乡吹哨、部门报到"试点，创新经验获得中央深改委肯定。制定实施城市安全隐患治理三年行动计划，全市火灾数量同比下降 15.9%。

二 对2019年经济社会发展的基本判断

2019 年是新中国成立 70 周年，是全面建成小康社会关键之年，大事多喜事多，首都经济社会发展面临诸多有利条件：一是国家围绕推动高质量发展、建设现代化经济体系、深化供给侧结构性改革、扩大有效内需等方面出台了一系列宏观调控政策，影响持续健康发展的结构性问题正在逐步得到解决，支撑高质量发展的条件不断改善，为首都发展创造了良好环境；二是首都经济发展韧性包容性不断增强，功能疏解、区域整治为转型升级积累了更大的发展空间，协同发展、"一核两翼"为首都高质量发展提供了更好的发展格局；三是营商环境改革取得突破性进展，全市上下优化营商环境的思想认识高度统一，服务意识明显提升，工作氛围日益浓厚，国内外高度评价激励全市掀起新一轮改革浪潮；四是全国科技创新中心建设深入推进，"三城一区"建设力度加大，影响力、号召力、辐射力不断扩大，高端人才和创新动能加速集聚，科技创新迎来了新的发展机遇期；五是分区规划和专项规划即将陆续编制完成，重点区域、重点领域行动计划不断推出，有利于推动新的经济增长点增长极增长带不断形成；六是庆祝新中国成立 70 周年、第二届"一带一路"国际合作高峰论坛、2019 年北京世园会等重大活动的举办，使全国和世界目光更加聚焦北京，有利于增强发展信心和激发发展活力，进一步提高北京开放发展水平。

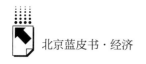

三 2019年经济社会发展的重点工作

（一）深化改革开放，全面提升首都国际化发展水平

以营商环境改革和服务业扩大开放为突破口，以更宽视野、更高标准、更大力度把改革开放不断推向深入，充分发挥举办重大活动的带动作用，全方位提升首都城市核心竞争力和国际影响力。

1. 推动营商环境持续改善

深入落实进一步优化营商环境行动计划，制定实施"9＋N"政策2.0版。深入推进政务服务"一网一门一次"改革，推动更多的服务事项实现"全市通办"。实现80%的事项"一门"办理、70%的事项"一窗"分类受理，推动政务服务从"找部门"向"找政府"转变。企业和群众办事需提供材料减少60%以上，各级100个高频事项实现"一次不用跑"或"最多跑一次"。持续深化"证照分离"改革，加快企业开办"e窗通"平台建设，扩大简易注销范围，优化企业退出机制。加强政务诚信建设，推进"个人诚信分"工程。

2. 支持民营企业发展壮大

出台促进民营经济健康发展意见，进一步提高民营企业生产经营舒适度。全面落实国家减税降费政策，对小微企业和科技型初创企业实施普惠性税收减免，扎实推进增值税和个人所得税改革。出台改善小微企业融资环境的具体政策措施，用好纾困"资金池"，设立规模超过100亿元的市级融资担保基金。完善市、区两级对接服务企业机制，深入落实重点企业"综合服务包"制度，做精做实"管家式"服务。注重激发和保护企业家精神，健全企业家参与涉企政策制定和实施机制，为企业营造公开透明、公平竞争的市场环境。

3. 深入推进重点领域改革

确保3月底前基本完成区级机构改革任务，加强总结验收和评估。促进国资国企高质量发展，改组设立国企改革结构调整基金，分层分类推动企业混合所有制改革。组建高精尖产业创新投资公司，处置"僵尸企业"50户以上。深化医药卫生体制改革，健全紧密型医联体内部治理机制，提升院前急救水平，积极稳妥推进医用耗材联动综合改革。落实好去产能任务，关闭大安山煤矿，退出煤炭产能120万吨。把握好价格改革节奏，研究建立非居民天然气上下游价格联动机制。

4. 更高水平推进对外开放

全面落实新一轮服务业扩大开放综合试点方案，打造"负面清单＋正向激励""产业开放＋园区开放"新模式，吸引一批外资企业来京设立区域总部。制定服务贸易创新发展试点工作方案，办好2019年京交会，持续提升服务贸易竞争力。全面推进跨境电子商务综合试验区建设，国际贸易进出口主要业务"单一窗口"申报覆盖率达到100%，进一步降低进出口合规成本，全面提升空港口岸便利化水平。实施本市推进共建"一带一路"三年行动计划，引导企业海外集群化发展。

（二）坚持规划引领，深入推进京津冀协同发展

坚持"一张蓝图绘到底"，牢牢牵住疏解非首都功能这个"牛鼻子"，推动京津冀协同发展取得新的突破，开拓高质量发展重要动力源。

1. 狠抓城市总体规划实施

细化城市总体规划2019年度任务实施方案，全面推进各区控制性详细规划、重点地区及专项规划编制工作，完善重点地区城市设计，继续开展年度城市体检并用好体检成果。统筹协调推进分区规划落地，制定建设用地减量实施方案，全年城乡建设用地规模减小30平方公里以上。出台城市有机更新办法，编制城市有机更新规划，强化存量建设用地更新利用，存量建设用地供给占供地规模比例不低于55%。完善产业用地集约节约标准，细化产业用地弹性年期出让、先租后让等出让制度，积极推广"预申请供地"模式。

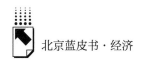

2. 坚定有序推进疏解整治促提升

坚持先立后破、整提并举，扎实推动专项行动取得新成效。持续深化违法建设治理，坚持"随拆随绿"，新建一批口袋公园、小微绿地。疏解提升区域性专业市场和物流中心 66 家，退出一般制造业企业 300 家以上。基本实现违法群租房、地下空间散租、占道经营等动态清零。基本完成同仁医院亦庄院区扩建工程，持续推进北京城市学院等 5 所高校新校区建设。完成中心城区和通州区 739 条背街小巷环境整治提升任务，推进街巷治理向街区更新转变。加强老旧小区综合整治，加快推进老楼加装电梯。落实腾退空间管理和使用意见，统筹一批腾退空间规划利用，完善便民服务和城市功能，加快推进产业转型升级。

3. 推动城市副中心高质量发展

按照"以副辅主、主副共兴"的要求，制定副中心建设指导意见、控规实施方案和行动计划。实施行政办公区一期配套工程，有序推进二期工程开工建设。加快建设城市绿心、推动森林入城，开工建设剧院、图书馆、博物馆和城市副中心站，推进环球主题公园主体工程建设。编制 2019 年重大工程行动计划，建成通车 7 号线东延和八通线南延，推进安贞医院通州院区二期等项目建设，确保北京学校小学部按期交付使用。开展通州老城区城市修补和生态修复，先行启动南大街项目，推进新老城区融合发展。坚持统一规划、统一政策、统一标准、统一管控，推动交通基础设施、公共服务和产业向北三县延伸，共同建设潮白河流域大尺度生态绿洲。

4. 推进协同发展重点任务落实

积极支持雄安新区发展。开工建设 4 所"交钥匙"学校医院，加快雄安新区中关村科技园区规划建设，建成京雄城际，力争京雄高速开工建设。全力保障北京大兴国际机场建设，确保顺利通航，外围骨干交通项目同步建成投用。打造京津石中心城区与新城、卫星城之间"1 小时通勤圈"、京津保唐"1 小时交通圈"，构建便捷高效的交通网络。推进京津风沙源治理二期工程，建设 10 万亩京冀生态水源保护林。加强永定河综合治理与生态修复。完成北京大兴国际机场临空经济区起步区保通航项目建设，加快金隅集团曹妃甸示范产业园、首钢京唐二期、京津冀大数据综合试验区等项目建设。

（三）坚持扩内需、优供给，努力推动首都经济高质量发展

出台推动高质量发展实施方案，坚持扩内需和补短板相结合，大力培育市场需求，充分发挥消费基础作用和投资关键作用，推进先进制造业与现代服务业深度融合，推动首都经济在高质量发展上走在全国前列。

1. 系统谋划推进消费升级

大力实施促进消费提升计划，统筹扩大商品和服务消费。发展便民消费，建设提升基本便民商业网点1000个，进一步丰富网点服务功能。扩大信息消费，出台扩大和升级信息消费的实施意见，优化线上线下协同互动的消费生态。激发时尚消费，推进传统商圈改造升级和10个特色示范街区建设。打造北京购物品牌，建设高水准国际购物小镇。支持跨境电商向市中心延伸，促进境外消费回流，增加离境退税商店数量，吸引境外游客消费。促进健康养老消费，打通"政策最后一公里"，支持社会力量提供多层次多样化的医疗、养老服务。升级文化旅游体育消费，加快建设综合型文化体验消费中心，支持实体书店、书屋发展，打造书香北京，营造全面阅读氛围。鼓励绿色消费，继续实施节能减排促消费政策，丰富绿色产品多元供给体系。

2. 精准加力有效投资

切实抓好已出台专项行动计划项目落地，安排市政府重点工程300项，带动全社会固定资产投资约三成。加强重点领域项目储备，在基础设施、高精尖产业、公共服务等重点领域加大补短板、强弱项力度，完善重大项目库，形成储备一批、开工一批、建设一批、竣工一批的梯次结构，推动投资持续企稳回升。全面梳理一批存量项目，促进低效闲置产业用地项目早处置、早开工。狠抓投资绩效管理。完善分领域投资标准，进一步控制政府投资成本。激发民间投资活力，深入实施扩大民间投资政策机制，向民间资本持续集中推介一批有市场潜力和投资回报的优质项目。

3. 实体经济提质增效

制定实施制造业高质量发展规划，加快推进中芯北方及燕东集成电路生产线等项目竣工投产，实施新一轮重大技术改造升级工程。加快发展新一代人工智能产业，实施北京智源行动计划，推动人工智能、大数据等现代信息技术和制造业深度融合。制定医药健康领域新技术新产品目录，鼓励市属医疗机构采购应用目录产品，加快促进生物医药产业发展。深入落实5G产业发展行动方案，加快建设国家网络安全产业园，促进电子信息产业持续快速增长。建设"无人机小镇"，打造具有特色的无人机产业集群。深入实施领军企业创新升级领航计划，加大千亿级航母企业培育力度，带动相关企业集群发展。

4. 发展现代服务业

制订实施产业质量提升行动计划，加快发展优势服务业，进一步提升服务经济发展水平。推进石景山、海淀国家服务业综合改革试区区建设，及时总结推广典型试点经验。积极构建现代金融体系，推动"新三板"改革，统筹科技金融、绿色金融、文化金融优质资源，服务好国家金融管理中心功能。提升商务服务业高端服务能力和专业服务水平，促进商务服务业专业化、国际化发展，加快构建全球化服务网络。

（四）强化双轮驱动，充分发挥创新支撑引领作用

坚持把创新作为发展的第一动力和唯一出路，兼顾原始创新和技术创新，以开放的思维和全球化的视野全力打造国际一流的创新环境。

1. 进一步发挥中关村创新龙头作用

用好中关村改革"试验田"，健全以知识价值为导向的分配制度，为实体经济发展提供强劲动力。在促进科技成果转化、知识产权保护运用、科技金融创新等方面争取实施新一批试点政策。编制一区十六园统筹发展规划，建立企业跨区转移分享机制。推进科技成果转化立法，建立健全科研项目绩效激励奖励机制，赋予科研人员更大科研经费使用自主权。支持中关村企业精准引才，实施中关村雏鹰人才计划，重点支持一批30岁以下青年创新创

业人才成长。大力支持科技型中小企业发展，培育更多"专精特新"的隐形冠军。完善知识产权保护和海外维权机制，加大对中小企业申请国外专利的服务支持力度。

2. 高水平建设"三城一区"主平台

中关村科学城积极打造中关村大街和北清路"创新主轴"，推动产生一批世界领先的颠覆性原创成果，打造享誉全球的科技创新出发地、原始创新策源地和自主创新主阵地。怀柔科学城加快建立高效、开放、可持续的管理体制和运行机制，加快建设高能同步辐射光源等5个国家重大科技基础设施，着力建设世界级原始创新承载区。未来科学城注重"一企一策"盘活存量资源，鼓励和引导央企研发机构进行混合所有制改革，加快中关村生命科学园三期建设，打造全球领先的技术创新高地。北京经济技术开发区、顺义区持续推动与三大科学城对接，重点创建智能车联、新型显示等20个技术创新中心，带动大兴、通州、房山等北京东南部地区发展，打造高精尖产业主阵地。

3. 扎实推进全国文化中心建设

加强历史文化名城保护，编制实施老城整体保护规划，推进中轴线文化遗产保护条例立法工作，深化中轴线申遗综合整治规划实施计划。统筹推进三个文化带保护建设，制订"三山五园"重点地区整治提升三年行动计划。持续推进公共文化服务体系示范区建设，完善公共图书、文化活动、公益演出三大服务配送体系，丰富市民精神文化生活。编制实施文化产业引领区建设发展规划，提高国家文化产业创新实验区发展质量，组建文创银行、设立文化发展基金，推动文化与科技融合发展。落实台湖演艺小镇功能定位，逐步启动小镇规划建设。

（五）聚焦重点领域，扎实有效推进三大攻坚战

坚持集中力量、分类推进，努力化解重点难点问题，为全面建成小康社会收官打下决定性基础。

1. 坚决防范化解重大风险

按照稳定大局、统筹协调、分类施策、精准拆弹原则，制定落实国家防范化解重大风险攻坚战三年行动方案的实施细则。健全举债同偿债能力相匹配的政府举债融资制度，完善政府举债融资"负面清单"。深化地方金融管理体制改革，完善地方金融监管体系，充实监管力量和手段。深入开展非法集资专项排查整治和案件风险处置攻坚，全面提升非法集资风险监测预警和处置水平。加强国有企业资产负债约束，多措并举促进高负债企业资产负债率逐步回归合理水平。

2. 扎实推进精准扶贫

落实全面深化扶贫协作三年行动实施意见和行动计划，制订"一县一策一方案"帮扶计划，健全长效机制。加强扶贫资金管理，确保80%以上资金用于扶贫特别是建档立卡贫困人口，新增资金全部投向脱贫攻坚。支持在京企业到受援地投资兴业，并建立产业带贫脱贫机制。深化携手奔小康行动，推动结对帮扶向行政村、学校、医院等基层单位延伸。加强健康扶贫力度，不断探索和完善工作模式，加大"组团式"援藏力度。巩固脱贫成果，建立防止返贫机制，再助力一批受援贫困县脱贫摘帽。

3. 持续加大污染防治力度

全力打好蓝天保卫战、碧水攻坚战、净土持久战，努力创造健康宜居的生活家园。落实打赢蓝天保卫战三年行动计划，加大柴油货车治理力度，鼓励淘汰高排放老旧柴油货车，巩固平原地区无煤化成果，全市煤炭消费总量保持在420万吨以内。进一步落实"河长制"，完成污水治理和再生水利用第二个三年行动方案，巩固黑臭水体治理成效，建成海淀上庄再生水厂等污水处理设施，全市污水处理率提高到94.5%。完善垃圾全过程管理体系，垃圾分类示范片区覆盖率达到60%，基本建成房山区循环经济园等垃圾处理设施。制订实施土壤污染防治三年行动计划，建成土壤污染信息管理平台，建立分类管理机制。

（六）加强城乡统筹，激发城乡区域发展新活力

统筹推进城乡融合发展和区域联动发展，加大对薄弱地区发展支持力

度，逐步形成南北均衡发展、城乡共同繁荣的良好局面。

1. 深入实施乡村振兴战略

落实北京市乡村振兴战略规划，再启动实施1000个左右村庄环境整治，推进"清脏、治乱、增绿、控污"，集中连片打造美丽乡村"风景线"。以打造农产品绿色优质安全示范区为抓手，推进农业供给侧结构性改革，建设平谷国家现代农业科技园区，大力发展绿色产业，促进农民增收。以土地制度改革为牵引推进农村改革，强化农村承包地确权登记颁证成果应用，推动闲置农宅有序盘活利用。

2. 积极推进区域协调发展

坚持把中心城区作为全市工作重心和服务重点，积极发展创新型总部经济、楼宇经济、研发经济，推动中心城区成为全市高质量发展标杆。实施促进城市南部地区加快发展行动计划，积极落实编制南中轴地区控制性规划等重点任务，启动南苑森林湿地公园等重点项目建设。实施新首钢地区打造新时代首都城市复兴新地标三年行动计划，积极引入国际顶尖产业要素，形成一批工业遗存更新改造示范工程。深入实施优化提升回龙观、天通苑地区公共服务和基础设施三年行动计划，建成回龙观至上地自行车专用路。研究制定推动新城发展的政策措施，支持各新城结合地域特点和资源禀赋，主动对接中心城功能疏解。

（七）办好民生实事，让广大群众有实实在在的获得感、幸福感、安全感

深入践行以人民为中心的发展思想，认真落实"七有"和"五性"要求，精心办好群众身边事，着力解决好群众反映强烈的突出问题。

1. 不断提高就业收入水平

深入开展失业保险援企稳岗"护航行动"，建立公益性岗位应急储备机制，统筹社会公共管理服务岗位资源，确保零就业家庭动态清零。实施高校毕业生就业创业促进计划，建立企业职工分流管理制度，做好城镇新增就业促进工作。加强市场价格监测预警，制定粮油市场供应和价格波动应急调控

预案。落实进一步激发重点群体活力带动城乡居民增收的若干政策措施，扩大中等收入群体规模。健全低收入村低收入农户帮扶政策体系和工作机制，确保低收入农户人均可支配收入增速达10%。

2. 完善社会保障体系

健全多层次社会保障制度体系，进一步扩大社保覆盖范围，研究推进第三代社保卡建设。建立促进房地产市场平稳健康发展的长效机制，完善住房市场体系和住房保障体系，研究建立租赁房与公租房衔接机制，完成1200公顷住宅供地，多渠道建设筹集租赁住房5万套（间）、政策性产权住房6万套，完成棚户区改造1.15万户。全面建设适度普惠社会福利体系，推进社会救助政策创新。加强困境儿童保障，开展未成年人保护条例修订工作，加强城市无障碍环境建设。

3. 努力提供优质公共服务

深入实施第三期学前教育行动计划，全年新增学前教育学位3万个。加强教育资源市级统筹，推动中小学优质教育资源均衡布局，推行区管校聘、交流轮岗、学区走教等教师资源配置方式改革。深化"平安校园"建设，开展全市中小学校安全大排查，为孩子平安健康成长创造良好环境。深入推进"双一流"建设，加强高校科技创新。扎实推进"健康北京2030"行动计划，铺设100公里健康绿道，推进中医药服务"身边工程"，推广中医治未病理念，做实做细家庭医生签约服务。完善"三边四级"养老服务体系，新建养老服务驿站150个。研究制定养老服务业标准体系，鼓励社会资本举办养老机构。推进医养结合以及老年连续医疗服务模式，加强医养结合试点区建设，支持养老机构开办内设医疗机构。

4. 更好满足群众亲绿近绿需求

实施新一轮百万亩造林绿化工程，新增造林绿化25万亩，力争在每个区的城区建设1处以上具有一定规模的城市森林。推进朝南万亩森林公园等12处绿隔公园，构建大尺度绿色空间。构建环首都森林湿地公园环，基本建成官厅水库八号桥等湿地，实现舞彩浅山郊野公园开园，开工建设霞云岭国家森林公园等项目。推进生态沟域建设，加强山区乡村旅游重点区域生态环境整治提升。

5. 加大交通综合治理力度

编制轨道交通新一轮建设规划，轨道交通运营总里程达到 699.3 公里。实施清理代征道路用地加快建设城市道路三年计划，推进核心区次支干路、保障房等重点地区配套道路建设。科学精细施划公交专用道 40 公里以上，优化调整 80 条公交线路，完成 850 公里自行车道治理。持续做好智慧交通建设，新建 10 条信号灯绿波带，推动二维码支付在公共交通领域广泛应用，在重点区域推进智慧交通试点建设。建设全市停车资源管理和综合服务应用平台，深入推进路侧停车管理改革，实现全市支路以上路侧停车电子收费。完善综合交通方案，持续改善"三站两场"综合交通环境。

6. 提高城市精细化管理水平

推进新型智慧城市建设，建设大数据管理平台，加强"北京通"与医疗、民政等服务体系深度对接。健全城市网格化管理体系，建设完善市、区、街道（乡镇）三级网格化城市管理云平台，完善网格化管理问题处置机制。强化城市多元共治，用好街巷长、小巷管家等力量，推动形成齐抓共管、共商共治的城市治理新格局。坚持重心下移，做实基层，强化"街乡吹哨、部门报到"，加强基层综合执法平台建设，优化执法流程，提高执法效能。实现三级公共法律服务实体平台全覆盖。

B.3

2018年北京市经济形势
分析与2019年展望

刘岚芳　奚　春*

摘　要： 2018年，北京市经济增长在合理范围之内，经济结构持续优化，外需增长强劲，内需消费主导格局进一步巩固，"高精尖"产业结构加快形成，经济整体运行效率和发展动力持续改善。2019年，世界环境发生深刻变化，国内经济下行压力加大，北京市依然处于主动调整转型的势能积蓄期，结构优化升级中总需求将有所分化，供需双双放缓下工业增速将下降，服务业增速将保持平稳，预计全年经济增长将回落到6.3%左右。

关键词： 经济增长　价格指数　需求结构　产业结构

2018年以来，北京市经济运行总体平稳，全年GDP增长6.6%，经济结构、运行效率和发展动力均有所改善，高质量发展的基础进一步夯实。2019年，经济运行面临国内外环境稳中有变和自身主动减量发展的双重压力，预计全年经济增长将回落到6.3%左右。

---

* 刘岚芳，北京市经济信息中心研究部主任、高级经济师，主要研究方向为宏观经济；奚春，北京市经济信息中心研究部经济师，主要研究方向为宏观经济、产业经济等。

一 2018年北京市经济运行形势

（一）经济运行总体平稳

经济增长在合理范围之内。在减量发展、加速转型的新阶段，2018年北京市更加重视疏解整治与提升同步推进，在功能疏解中优化发展环境，在结构调整中聚焦高端产业。全年经济增长6.6%，经济运行总体平稳，发展质量持续提升，新旧动能加速转换，科技创新正迈入"速稳质升"的高质量发展阶段，新经济增加值占全市GDP的比重保持在1/3左右。消费价格温和上涨，生产价格涨幅回落。在房租、食品、成品油价格上升带动下，全年CPI上涨2.5%，涨幅比2017年提高0.6个百分点，为近五年同期最高水平。受国际环境和国内需求不足影响，PPI保持较长时间的低位运行态势，全年PPI与上年持平。就业形势基本稳定。经济平稳运行为就业稳定创造了有利条件。就业结构不断优化，在深化"放管服"改革背景下，以"互联网+"为基础的平台经济、共享经济、数字经济迅猛发展，创造更多新就业需求，就业质量稳步提升，城镇新增就业42.3万人，全年城镇调查失业率仍然稳定在5%以内。

（二）经济结构持续优化

外需增长强劲，内需结构持续优化。消费主导格局进一步巩固，全年实现总消费2.54万亿元，增长7.4%，占比过半的服务消费实现11.8%的高速增长，对总消费增长的贡献率为82.6%，成为消费增长的主引擎，从单一商品消费到商品和服务业消费并重，从简单流通方式到多种业态线上线下融合发展，北京消费升级特征正进一步显现。投资创近十年来最大降幅，下降9.9%，但投资更加注重优供给、补短板，信息服务业、科技服务业投资增速均达到双位数，保障性住房投资增长44.1%，占房地产开发投资的31.7%，同比提高9个百分点。全年进出口2.72万亿元，增长23.9%，其

中货物出口增速达到近十年来高点,服务业扩大开放及"一带一路"倡议带动服务贸易出口增速明显提高。

高精尖经济结构加快形成。新旧动能加速转换,新兴产业蓬勃发展,新经济增加值占全市 GDP 的比重保持在 1/3 左右。全年规模以上工业增加值增长 4.6%,工业多点支撑结构持续巩固,代表新一轮科技革命方向、有利于技术积累的高技术制造业和战略性新兴产业分别增长 13.9% 和 7.8%,继续引领工业增长。第三产业稳中向好,增加值比上年增长 7.3%,高于地区生产总值增速 0.7 个百分点,对经济增长的贡献率达到 87.9%;金融、科技服务、信息服务等优势行业在全市地区生产总值中的比重为 40.1%,贡献率合计达到 67%,比上年提高 12.9 个百分点;新兴产业发展势头良好,信息服务业和科技服务业增加值分别增长 19% 和 10.4%。

(三)运行效率和发展动力持续改善

运行效率有所改善。劳动生产率持续提升,1~11 月规模以上工业企业劳动生产率为 44.8 万元/人,同比提高 5 万元/人。能源利用效率进一步提升,全年规模以上工业单位增加值能耗下降 2.5%;能源清洁化程度不断提高,天然气和电力占规模以上工业能源消费的比重超过七成,同比提高 3 个百分点。动力变革取得积极进展。科技创新正迈入"速稳质升"的高质量发展阶段。2011 年以来,北京创新驱动发展指数连续七年稳步提升,创新驱动效果进一步显现。1~11 月,大中型重点企业 R&D 经费支出 523.8 亿元,同比增长 16.2%,增速比上年同期提高 4.8 个百分点。从创新产出看,1~11 月,大中型重点企业拥有有效发明专利 7.1 万件,增长 38.5%,同比提高 16.1 个百分点。

二 需要关注的问题

(一)中美贸易摩擦对北京经济的不利影响

一是北京市产业结构与美国加税的领域高度耦合,本市重点发展的新一代信息技术、集成电路等产业是美国本轮贸易摩擦针对的主要对象，贸易摩擦将抑制全市高科技产品出口。二是小米、联想、中芯国际等龙头企业均有不可替代的核心元器件进口自美国，双方互加关税后企业面临原材料进口成本增加的风险，相关技术授权、技术转移限制也会造成新技术应用放缓。三是贸易摩擦将从汇率、国际资本流动等多个渠道冲击金融市场，影响市场信心与投资消费预期。四是贸易摩擦使得部分企业开始谋求在中国以外的地区设厂生产，甚至有跨国企业调整未来全球发展战略，对国内产业链生态造成深远影响。本市总部经济特征突出，企业的外埠分支机构所受影响传导到总部有一定滞后性，对北京经济的影响将在 2019 年进一步显现。

（二）内需增长支撑乏力将向供给端传导

2018 年以来，北京市内需增长显疲态。一是在国家去杠杆、防风险背景下，房地产调控力度不减，基础设施 PPP 政策收紧，土地供应大幅放缓，投资要素供给趋紧，加之项目接续不足的影响，全社会固定资产投资增速降到近十年来低点。二是居民偿债压力大对消费产生挤出效应，农村消费潜力释放仍存在较多障碍，高品质商品和服务供给不足，商品消费月度增长甚至下降到不及2%，服务消费增长也出现小幅回落。需求放缓显示市场对丁经济前景的担忧，将通过价格效应和预期进一步传导至供给端，对产业生产形成不利影响。

（三）经济效益放缓值得关注

一是物价上涨加快吞噬收入增长红利，居民人均可支配收入实际增速低于经济增长，必将削弱消费意愿和消费能力。二是劳动力、房租、环境成本上升，导致企业盈利能力大幅压缩，规模以上工业企业利润增速由正转负，服务业法人单位利润由 2016 年的双位数增长波动回落到目前的不及 5%。三是经济下行边际加快，减税降费逆周期调节加强，加剧了财政减收增支的矛盾。

（四）实体经济发展面临困难

一是受重点产业项目"缺大少新""新旧断档"影响，加之企业盈利水平有所下降，工业投资持续下降，工业后续发展动力不足。二是随着表外融资需求向表内转移、资金链条与监管考核趋严，市场偏好风险下降，民营企业、中小企业获取信贷资金难度加大。三是在北京加快疏解的过程中，其他省市加强对优质企业和人才的争夺，北京规模以上工业企业数量持续减少，产业链分割、断裂现象明显，难以形成规模经济。四是减轻税费政策获得感不强，"营改增"过程中存在规范征管给部分要求抵扣的小微企业带来税负增加的现象。

三 2019年经济运行面临环境分析

2019 年是新中国成立 70 周年，是全面建成小康社会的关键之年，也是推动高质量发展的重要之年，北京市经济发展面临的国内外环境正在发生深刻变化，自身调整转型也在稳步推进。

世界经济环境发生深刻变化，全球经济调整风险有所加大。受美国单边主义和贸易保护主义影响，2019 年全球贸易投资保护主义加剧，主要国家货币政策由正常转向紧缩的拐点已经出现，加大了全球经济调整风险，世界经济或将越过本轮增长周期的顶点。国际货币基金组织最新预计 2019 年全球经济增长 3.7%，全球贸易增速为 4%，比 7 月预计值分别下调 0.2 个和 0.5 个百分点；联合国贸易和发展组织预计 2019 年全球 FDI 将继续下滑。同时，国际经济政治格局面临重大调整，联合国、G20、APEC 等国际组织的影响有所削弱，国际政策协调的难度将进一步加大，地缘政治冲突使得能源和大宗商品价格存在较大不确定性。

国内经济运行下行压力加大，稳杠杆与防风险下"稳"是我国宏观调控的主基调。2019 年中国经济依然处于调整期，中美贸易摩擦影响逐步显现、部分企业经营困难较多、产业体系面临重构、金融动荡风险等问题导致国内经济下行压力有所加大，世界银行、国际货币基金组织等机构对 2019 年我国经济增长率的预测普遍在 6.2% ~6.4%。在这种背景下，宏观调控政策将坚持"稳"字当头，货币政策重在改善金融环境，通过宏观审慎措施控制信贷增速和金融风险，结构性宽松为中小企业、民营企业提供流动性。财政政策主要着力点体现在加大减税降费力度、降低实体经济成本上，以支持中小企业发展、促进创业创新、稳定就业为重点，更好地支持实体经济发展。

北京市将继续推进减量发展，加快建设体现首都优势和特点的现代化经济体系。2019年北京市将继续深入落实新版城市总体规划，更加聚焦疏功能、稳增长、促改革、调结构、惠民生、防风险，推动经济向高质量发展方向大步迈进。一方面，积极落实京津冀协同发展三年行动计划和新版产业禁限目录，加快一般制造业企业疏解退出步伐，严控与首都功能不匹配的新增产业，并把支持雄安新区建设作为分内之事，紧密对接雄安新区各项规划，推动资源要素向雄安布局。另一方面，强化创新驱动，优化创新创业环境，推动技术与资本融合，推进高精尖产业"10＋3"系列政策落地生效，推动新旧动能加速转换，建设体现首都优势和特点的现代化经济体系，提升首都发展核心竞争力。

四 2019年多情景下的北京市经济展望

2019年，北京市经济将面临外部环境趋紧和自身主动减量发展的双重压力，经济运行将呈现稳中趋缓态势。

（一）经济周期下行压力有所强化

一是工业库存周期步入下降期，需求减弱影响下PPI持续下行、企业利润增速由正转负，工业步入被动补库存阶段。二是设备更替周期力度偏弱，虽然装备制造等领域有转好迹象，但在资金偏紧、需求放缓等因素影响下，复苏力度不强。三是信贷占GDP比重仍处于高位，去杠杆攻坚战取得积极进展，进入稳杠杆阶段，流动性多以定向方式进行投放，"大水漫灌"的宽松货币政策不会出现。

（二）北京市经济增长多方案情景

2019年，经济运行面临的不确定因素较多，中美贸易摩擦是否会进一

步升级及其影响程度、国家稳增长举措实施力度、北京市减量发展推进力度及新旧动能接续顺畅与否是判断经济增长的重要因素，这些因素的变化情况将会带来不同的增长情景。

1. 中经济增速情景

中美贸易摩擦延续当前边打边谈的态势，互加关税的范围没有进一步扩大，也没有升级为全面的金融战、科技战，全国经济在稳就业、稳金融、稳外贸、稳外资、稳投资、稳预期政策带动下，保持 6.2% ~6.4% 的增长；本市非首都功能疏解持续推进，促提升力度不断加强，高精尖产业发展系列政策效果逐步显现，经济发展质量变革、效率变革、动力变革持续推进，优化营商环境措施落地实施，在这种情景下，全市经济有望实现 6.3% 左右的增长。

2. 高经济增速情景

中美贸易谈判取得满意进展，国家减税政策取得实质性突破，货币政策较为宽松，向实体经济传导受阻的问题有所改善，我市支持高精尖产业发展用地政策得到有效落实，科技创新引领经济发展的工作局面进一步打开，新旧动能加速转换，市场主体活力进一步激发，新动能积蓄的势能进一步释放，投资需求明显改善，增速实现由负转正，消费需求进一步释放，全市经济将实现 6.6% 左右的平稳增长。

3. 低经济增速情景

中美贸易摩擦继续升级，互加关税的范围进一步扩大，对华科技封锁持续加强，资本市场动荡风险向金融系统蔓延；全国经济下行幅度加大，物价上涨和就业的压力有所上升，用地减量、环保硬约束和安全稳定等硬约束进一步显现，在此情景下，北京市经济将出现一定幅度减速，预计将下降至6% 左右。

综合考虑各种因素变化、我市发展的阶段性特点以及各项改革举措对经济发展的带动，我们认为，2019 年我市依然处于主动调整转型的势能积蓄期，呈现中经济增速情景的概率较大。

（三）北京市经济增长或将实现6.3%左右的增长

结构优化升级中总需求将有所分化。固定资产投资在延续下降的态势中降幅有所收窄。以优化首都城市功能为导向的基础设施投资预计增长10%以上，依然是带动投资降幅收窄的主要力量；房地产市场理性回归中，新增土地供应、续建项目特别是保障性住房持续推进将支撑房地产开发投资降幅有所收窄；落实产业禁限目录、建设首都现代化经济体系背景下产业投资降幅收窄。初步判断，2019年全市固定资产投资下降2%左右。总消费保持平稳增长。在消费升级和系列促增收、扩消费、优环境政策作用下，新零售新业态积极布局并不断规范，消费热点持续活跃，预计总消费增长8%左右。其中，服务消费继续保持双位数增长，对消费整体带动作用将不断增强，商品消费增长将延续稳中趋缓态势，预计增长3.5%以上。受全球经济下行、制造业不景气、中美贸易摩擦等影响，我市外贸出口面临较大下行压力，尤其机电产品和高新技术产品出口或将大幅下降。

供需双双放缓下工业增速将下降。2019年，非首都功能疏解下规模以上一般制造业企业的外迁数量将继续增加，加之各地吸引优质企业的竞争更加激烈，企业外迁意愿有所增强。2018年9月以来工业生产已现放缓态势，有效需求不足，工业产销率出现负增长，PMI新订单指数跌破50%的荣枯线，下游终端生活资料价格同比涨幅远低于前端原材料市场价格涨幅，凸显制造业终端消费领域需求不足的问题。但部分行业存在积极的增长势头，电子信息制造业中部分龙头企业技术创新取得新突破，医药制造业在生物医药创新优势作用下将继续保持双位数增长，特斯拉扩大研发规模、北汽奔驰和新能源重组收购，有望带动汽车制造业实现正增长。综合判断，2019年我市工业增速将有所放缓，预计全年规模以上工业增长4%左右。

服务业增速将保持平稳。2019年，服务业进一步扩大开放将推动新兴产业的国内外合作，金融开放吸引外资进入，将为国内服务业发展带来资金、管理等方面的有益补充，带动服务业快速发展；随着科技创新中心建设的深入推进，系列政策推动科技创新资源整合、优化、辐射，信息技术、数字技术、人工智能、区块链等新技术不断涌现，逐步形成科技金融服务、科技中介服务、创业孵化服务、研发服务的全链条服务，将有力推进现代服务业发展；新服务模式和业态蓬勃发展，平台经济、共享经济等促进服务效率提升，充分挖掘资源配置潜力；养老、医疗、旅游、健康、家政等消费服务市场日趋繁荣。预计全年服务业增加值增长7%左右。

居民消费价格将温和上涨。一是2018年年中猪肉价格经过50个月的走弱达到低点并开启新一轮猪周期，进入温和上升区间。二是中美贸易摩擦将推升大豆价格、食用油和其他大豆相关制品价格上涨。三是用工成本保持上升趋势，推动服务价格上涨。四是房价和房租之比明显低于发展阶段类似国家水平，房租仍存在上涨动力。另外，随着第二批医疗服务价格改革的实施，预计也会带来0.5~1个百分点的影响。粗略估算，翘尾因素对2019年CPI的影响约为1.2%，新涨因素为1.8%~2.3%，CPI全年涨幅为3%~3.5%。

五　政策建议

（一）稳预期、建机制，积极应对贸易摩擦

一是加强对外贸企业的出口信用保险支持，将受美国加征关税影响较大的重点商品和企业纳入人民币出口卖方信贷优惠利率政策支持范围。二是制订"一带一路"三年行动计划，在沿线国家打造新型外贸基础设施。支持企业开拓新市场，鼓励企业优化国际市场布局，加大对产品品牌的宣传力度，推进出口市场多元化。三是瞄准国际创新前沿，强化核心技术自主研发，逐步实现国产替代，摆脱进口依赖。另外，全面及时跟踪、测算、分析中美贸易摩擦对宏观经济、微观主体的影响，及时调整应对策略，并加大政策宣传力度，协助企业做好预警，稳定企业预期。

（二）强实体、优生态，塑造更具竞争力的微观企业主体

一是积极落实减税降费政策，充分考虑征管机制变化过程中企业的适应程度和带来的预期紧缩效应，确保企业社保缴费实际负担有实质性下降，引

导社会预期向好。二是进一步落实好研发费用加计扣除、高新技术企业认定、创新创业发展相关税收优惠等政策，改善信息不对称、申报程序复杂、税收优惠政策缺乏长期性等问题。三是指导企业用好政策性融资担保基金，对暂时困难的中小微企业要提供增信支持，对受影响的上市公司进行合理的临时性救助。同时，利用大数据、人工智能等技术，对金融产品、服务渠道、服务方式、风险管理、授信融资、投资决策等进行全产业链变革，促进金融科技赋能中小微企业。四是推进北京效率、北京服务、北京标准、北京诚信四大示范工程，持续优化营商环境。

（三）升传统、育新兴，加快实现产业动能转换升级

一是深化互联网、大数据、人工智能等信息技术在传统优势制造领域的应用和创新，加快落实工业互联网三年行动计划，加快生产方式向数字化、网络化、智能化、柔性化转变。二是推进核心技术研发，强化创新驱动，促进高精尖产业发展"10 + 3"系列政策落地显效，培育占领全球价值链中高端环节的高科技产业和生产性服务业，建成现代产业体系。三是使用大数据等信息技术对北京市现有产业链进行全覆盖、全景式扫描，分析北京市与周边县市产业重合程度和互补深度，为下一步在更精细化维度上补齐产业链、强化产业链打好基础。

参考文献

［1］"中国宏观经济形势分析与预测"课题组：《中国宏观经济形势分析与预测年度报告（2018～2019）》，上海财经大学高等研究院，2018年12月。

［2］《中共北京市委　北京市人民政府关于印发加快科技创新　构建高精尖经济结构系列文件的通知》，2017。

［3］国家信息中心：《中美贸易摩擦长期影响将逐步显现》，2018。

［4］北京市统计局、国家统计局北京调查总队：《北京统计年鉴》，中国统计出版社，2018。

B.4
2018年北京市投资形势
分析及2019年展望

司 彤*

摘　要：　2018年，北京市投资增长转负，全社会固定资产投资下降
9.9%，创近十年来新低。在城市减量集约发展背景下，投资
更加注重契合首都发展方向，持续加码补短板和改善民生投
资，优化投资布局，但投资增长面临较大下行压力、民间投
资活力不足、土地利用方式不灵活、投资理念转变导致的投
资效率回落等问题仍值得关注。展望2019年，投资将继续发
挥对经济稳增长的支撑作用和引领经济结构转型的关键作用，
更加注重有效投资，推动投资降幅大幅收窄，预计全社会固
定资产投资下降2%。

关键词：　投资增长　投资运行　有效投资　质量效益

在减量集约发展背景下，北京城市建设从快速扩张转向平稳推进。北京
市投资经历着由速度规模型向质量效益型的深刻转变，投资增长受资源环境
承载力的刚性约束日益明显。2018年投资增长年内呈负增长态势，投资结
构持续改善，补短板与改善民生投资稳步推进，投资布局趋于优化。2019
年，投资仍将发挥对优化供给结构的关键性作用，在不断提升投资质量和效

* 司彤，北京市经济信息中心研究部经济师，研究方向为固定资产投资、财政税收等。

益的基础上，持续促进有效投资平稳增长，推动全社会固定资产投资降幅收窄。

一 2018年北京市投资增长大幅下降

（一）北京市投资增长为2008年以来新低

2018年全年投资名义增速与实际增速均创2008年以来新低，全年固定资产投资名义增速下降9.9%，实际投资增速下降13.2%，在下半年实施促进民间投资、加大基础设施领域补短板力度、培育新动能等一系列稳投资举措带动下，年内投资增长呈现降幅收窄态势，但仍处近十年来的最低位。具体看，一是代表有效投资的建安投资保持良好增势。2018年一季度、上半年、前三季度建安投资增长分别为－2.1%、0.8%、0.5%，在四季度1000多亿元建安投资计划落地带动下，全年建安投资实现3.6%的增长，支撑全年固定资产投资降幅收窄。二是各重点领域投资降幅有所收窄。交通、生态、居民生活等领域基础设施建设投资建设加快，带动全年基础设施投资降幅收窄至10.7%；各类政策性住房加快建设，带动全年房地产开发投资实现由负转正的增长；较多亿元以上高技术制造大项目进展顺利，带动全年工业投资降幅小幅收窄至44.1%。三是全年投资快速增长动能明显不足，加之在经济下行压力加大、企业利润增长下滑、部分企业经营困难增多背景下，企业投资意愿不足，特别是民间投资下降至2012年以来低位，难以支撑投资降幅大幅收窄。

（二）投资运行中的积极变化不断显现

符合首都发展方向的投资结构持续改善。北京市建安投资占比持续上升，2018年建安投资占全社会固定资产投资的比重为41.8%，明显高于前几年20%～30%的水平；保障房投资占房地产开发投资的比重达到31.7%，同比提高9个百分点；高技术制造业完成投资占制造业投资比重过半，信息、科技等高端服务业投资保持快速增长，对投资增长的贡献明显提升。补短板和改善民生的投资持续加码。加大缓解交通拥堵的投资力度，推进轨道交通全年通车里程630公里以上（2017年608公里），推动腾退代征道路用地建设城市道路三年计划、自行车慢行系统建设规划投资落地。推进提升生态环境质量的投资，落实污水治理和再生水利用第二个三年行动方案，加快阿苏卫等生活垃圾焚烧厂建设投资，有序推进新一轮百万亩造林绿化投资。增加保障性住房、普惠性幼儿园、妇幼保健院、社区养老服务驿站等民生投资，落实回龙观、天通苑地区公共服务和基础设施优化提升三年行动计划，建设提升基本便民商业服务网点约1400家，"一刻钟社区服务圈"覆盖率提高至90%以上。投资布局趋于优化。着眼城市功能重组的投资区域布局更趋协调，中心城区疏解整治促提升投入力度持续加大，平原新城承接中心城区功能人口与城镇化同步推进，山区新城生态环境保护与绿色发展等投资力度增强，"三城一区"重大产业项目有序推进。京津冀协同发展投资继续加快，2018年1~11月北京对津冀新增出资额同比增速上升30.2个百分点至2.7%，总体呈现较快增长态势；同时，"一核两翼"布局同步推进，以"副中心质量""雄安质量"的高标准落实各项规划，有序建设城市副中心，推进京雄铁路等交通一体化项目，加码京津风沙源治理工程等生态保护投资，推进雄安新区中关村科技园建设，支持雄安新区高水平建设首批3所学校和1所综合医院。

（三）激发社会投资的营商环境更加友好

一是持续深入推进"放管服"改革，出台深化投融资体制改革实施意见，探索实行企业投资项目承诺制，健全投资项目清单管理制度，实施进一步优化营商环境深化建设项目行政审批流程改革意见，构建多规合一协同平台。二是构筑有利于发挥企业自主性的市场体系。缩减政府核准范围，对接产业禁限目录，减少58%的核准事项，科学合理划分核准权限，构建以备案为主、核准为辅的企业投资项目管理体系。三是营造支持社会投资的资金环境。聚焦民生改善、环境提升、城市治理领域，发挥政府投资引导带动作用，形成"模式＋政策＋项目"的PPP推广方式吸引社会资本；创新融资机制，支持中关村银行、百信银行等新型投融资平台建设，完善上市挂牌扶持政策体系，稳步推动"投贷联动"试点等金融机构服务创新。

二　需要关注的问题

（一）投资增长面临较大的下行压力

一是投资项目缺大少新。一方面，随着城市副中心、新机场、世园会等大体量投资项目陆续竣工，后续同等规模投资项目接续不足；另一方面，在疏解整治的同时，促提升的高精尖产业项目引进不足，落地较慢，并未跟上做减法的步伐。二是投资增长的要素约束不断强化。北京作为全国第一个减量发展的城市，对人口规模和建设规模严格执行双控，作为保障投资基本要素的经营性土地供应规模逐年大幅降低，在经济增长放缓和金融环境总体较紧背景下投资资金增长转负。三是部分规划不清晰及持续性不足等因素影响投资落地。当前新版城市总体规划的各专项规划、分区规划及控制性详细规划尚未全部出台，部分规划设计方案仍需调整，同时投资项目征拆补偿方案和资金平衡方案的不断调整等都影响了相应投资项目建设进程。

（二）民间投资活力仍显不足

一是减量发展背景下民营企业加快调整转型，对民间投资产生一定阶段性影响。北京民间资本逐步退出不符合首都功能的行业和领域并向津冀地区转移，近年占民营企业比重较大的批发零售业、农林牧渔业市场主体数量大幅下降，近三年北京在津冀两地的认缴出资额累计超过5600亿元，其中大部分为民间投资。二是短期内扭转民间投资下滑态势面临较大压力。受房地产调控政策持续收紧影响，近八成全为房地产开发投资的民间投资持续16个月负增长，2018年同比下降11.2%，较上年同期降幅扩大7.2个百分点，而金融、创新等领域民间投资虽增长较快，但占全社会固定资产投资比重较小，短期内难以弥补"缺口"。在经济深刻转型与房地产调控常态化背景下，民间投资结构由"一业独大"向"多点支撑"转变优化既是必然趋势又是长期过程。三是现有统计口径下民间投资活力不能得到全面反映。北京市民间投资较为活跃的文化、体育、互联网、科技创新等民营企业普遍具有轻资产的特征，投资更多表现为技术研发、人力资本积累、管理创新、品牌培育等软性投资，这类投资在固定资产投资中比例很低，在现有民间投资统计指标中难以体现。

（三）土地利用方式亟待创新

一是土地流拍率有所上升，2018 年北京市供应土地中流拍 8 宗，与 2017 年全年流拍 2 宗相比，流拍率大幅上升，流拍土地均为共有产权房或限价房用地。究其原因，一方面是"限房价、竞地价"的交易方式挤压开发商利润空间，另一方面是较高配建比例的共有产权房只能在刚需购房人之间流转，缩小了购房人群范围，影响开发商拿地积极性。二是腾退空间使用效率仍然较低，受发展规划不细、土地产权分散、地块位置不佳等因素影响，多数腾退空间尚处于闲置状态，当前大兴、顺义等区的探索能产生直接经济效益的较少，亟须创新盘活腾退用地方式。三是支持高精尖产业用地的政策有待进一步明确，如北京市出台的《关于加快科技创新构建高精尖经济结构用地政策的意见（试行）》规定，对园区产业用地实行最长 20 年的弹性年期出让机制，政策执行过程中遇到出让金合理定价及续期不明确等问题，导致企业拿地积极性不高。

（四）客观认识新阶段投资效率的回落

一是以投资为主的增长方式将难以持续。随着城市建设进入平稳推进期，投资也迈向提质增效阶段，形成当期实体投资的规模有所减少，对经济增长的直接支撑作用有所减弱，投资效果系数从 2010 年的 0.37 降低至 2017 年的 0.26，投资需求对 GDP 的拉动从 2010 年的 5.8 个百分点下降至 2017 年的 2.5 个百分点，这与后工业化阶段世界城市经济发展规律一致。二是更加注重投资的社会效益导致投资率进一步下滑。在追求经济高质量发展和经济增长方式转变背景下，北京市投资更加注重产生的社会效益，投资着力点也更多在实现结构更优、质量更高、与城市功能定位和人口资源环境协调上，这也决定了投资的效益将在长期内逐渐显现，短期内投资不能带来往常较高的经济效益，通过柯布—道格拉斯生产函数与索罗模型测算，北京市投资资本回报率从2010年的25.4%下降至2016年的20.8%，资本回报率的持续下降加速投资率的下降，这也符合高质量发展阶段投资的变化规律。

三　2019年北京市投资降幅收窄

2019年，北京市将以推动首都高质量发展为导向，以更加突出首都特点安排固定资产投资，发挥投资在城市规划建设中的抓手作用，进一步优化调整投资结构，充分引导更多资金支持实体企业投资，着力激发社会投资活力，持续提升投资质量和效益；同时发挥投资对经济稳增长的支撑作用，持续提升有效投资，推动投资增长降幅收窄。初步预计全年全社会固定资产投资增长－2%。

（一）契合首都城市功能的基础设施投资仍将发挥重要支撑作用

2019年，在国家出台加强基础设施领域补短板力度指导意见和各项促进民间投资政策背景下，北京市基础设施投资仍有增长潜力。一是优化城市区域布局的投资潜力仍大，城市副中心投资空间仍大，实施第三轮城南行动计划及生态涵养区生态保护和绿色发展意见有望带动较大规模投资。二是提升公共服务的投资将继续加码，新建及续建轨道交通项目仍较多，百万亩造林绿化工程、缓解交通拥堵、清洁空气、污水处理及再生水利用投资持续推进。三是持续保障改善民生投资顺利开展，建设30万套保障性住房（含棚户区改造及共有产权住房），增加更多城市绿地公园及更多便民服务设施，落实垃圾分类治理行动计划。四是京津冀协同发展投资稳步推进，建设多条互连互通交通线路，有序推进冬奥会场馆建设，启动城市副中心二期工程建

设。初步估算各领域能形成总量近 2800 亿元的投资规模，预计全年基础设施投资增长 10%，带动全社会固定资产投资增长约 3 个百分点。

（二）房地产开发投资降幅有望继续收窄

2019 年，北京市仍将坚持"房住不炒"调控思想，探索完善多主体供给、多渠道保障、租购并举的房地产长效机制，推动房地产市场回归理性。一是新增土地供应仍可带动部分新开工项目投资建设。2018 年，全市各类建设用地成交 509.5 万平方米，根据土地交易走势领先于新开工面积及施工面积 1 年左右的历史规律，较多房地产开发项目有望于 2019 年落地建设。二是续建项目投资将支撑房地产开发投资。2018 年房地产新开工面积同比下降 6.2%，降幅较上年同期收窄 5.8 个百分点，施工面积增长转正且增长较快，全年实现 2.8% 的增长水平，有利于支撑 2019 年房地产投资增长。三是持续推进保障房投资对稳定房地产开发投资发挥重要作用，2019 年将继续建设满足中低收入家庭及各类人才住房需求的 30 万套保障性住房（包括产权类住房、租赁住房及棚户区改造住房）。综合估算，预计房地产开发投资全年降幅 4%，下拉全社会固定资产投资约 2 个百分点。

（三）符合构建首都现代化经济体系的产业投资降幅将收窄

2019 年，在中美贸易摩擦倒逼更深层次改革、更高水平开放背景下，北京将着力建设体现首都优势和特点的现代化经济体系，落实"10 + 3"高精尖产业发展系列政策，结合新一版禁限目录和政府核准的投资项目目录，引导投资投向符合城市战略定位的产业领域，助力新经济、新业态、新商业模式发展。一是传统产业与新兴产业投资延续良好增势将带动产业投资降幅收窄。一方面，在高技术制造业投资项目储备不断增加及中关村高端智能制造研发等亿元以上大项目不断推进带动下，制造业投资降幅有望收窄；另一方面，占比三成以上的交通运输、仓储和邮政业有望延续两位数的高增长水平，具有首都特色的租赁和商务服务业投资增长有望转正，彰显科技创新与文化创新双轮驱动战略的信息服务业、科技服务业投资有望继续保持高速增长。二是产业投资内生动力有望增强。系列支持民营企业政策带动下，北京市民间投资的转型进程有望加快，投向符合首都功能定位的产业投资将保持良好增势，带动产业投资降幅收窄。预计工业投资降幅将收窄至30%，但总体仍延续负增长态势，下拉全社会固定资产投资近3个百分点。

四 发挥投资引领经济结构转型的关键作用

（一）持续扩大有效投资

一是精准发力推动重大项目投资落地见效。将市区两级重点工程项目全部纳入市政府绿色审批通道，在供地安排、规划指标、市政府固定资产投资支持等方面优先予以保障，推动项目顺利开工、尽早竣工。二是推进已供地未开工地块建设进程，避免逾期未开工和明显"捂地"行为等现象出现，对集体土地租赁住房项目，制定优惠政策支持其加快落地建设。

（二）进一步激发投资内生动力

一是探索建立向民间资本推介重点领域项目的长效机制，重点在交通、生态环保、社会事业等基础设施补短板领域，选择符合国家产业政策和相关规划要求、投资回报机制明确、商业模式创新潜力大的项目引入民间资本。二是推动民间投资健康发展，细化落实民间投资"27＋5"政策机制，聚焦养老医疗、文化教育、便民商业、旅游体育、保障性住房等重点领域，持续放宽市场准入，继续实施减税降费政策、清理规范涉企收费，助力民间资本降本增效、创新发展。三是创新投融资渠道，鼓励通过建立民营企业贷款风险补偿机制、开展"银税互动"等多种方式，营造良好上市发展及股权融资环境，形成促进民间投资的有利态势。

（三）加大土地政策创新力度

一是研究土地开发成本跨区域、跨项目统筹实施办法，合理确定分摊机制，创新减量发展的项目实施模式。开展土地收益分配方式改革试点，增强土地开发资金区级统筹能力。二是完善产业用地高效利用机制，探索实行土地全生命周期管理，推广产业用地弹性出让、先租后让，细化用地准入标准，加快推进闲置低效用地盘活。三是完善城市有机更新政策体系，分类、分区域细化腾退空间资源再利用的准入标准，制定促进"腾笼换鸟"的支持政策，促进腾退空间资源合理配置使用。

（四）提升投资质量效益

一是加码保障民生的投资，确保保障性住房投资顺利落地，推动北京鲜活农产品流通中心建设，建设更多"一刻钟社区服务圈"和"社区之家"。二是持续加大对城市短板领域的投资力度，引导更多资金投向棚改及环境整治、自行车交通系统建设、海绵城市建设等公共服务领域。三是注重提升生态环境质量的投资，保障新一轮百万亩造林工程、蓝天保卫战等项目投资，持续加大水体污染治理力度，加快建设建筑废弃物资源化利用中心。

（五）持续优化投资管理

一方面，持续优化投资营商环境，深入推动"放管服"改革，理顺项目前期规划、征地拆迁等流程，规范实施标准，建立各主管单位的信息共同共享机制，扩大企业投资项目承诺制试点范围，将更多投资项目纳入"一会三函"审批范围。另一方面，多措并举吸引一批投资项目落地北京，对符合首都功能定位项目制定明确的优惠政策，在土地、资金、财税等方面出台更多政策支持投资项目建设。

参考文献

［1］王维然等：《2018 年北京市经济形势分析与预测》，中国财政经济出版社，2018。

［2］李扬：《中国经济增长报告（2014～2015）》，社会科学文献出版社，2018。

［3］白重恩、张琼：《中国资本回报率及其影响因素分析》，《世界经济》2014 年第 10 期。

［4］雷辉：《我国资本存量测算及投资效率的研究》，《经济学家》2009 年第 6 期。

［5］陈昌兵：《可变折旧率估计及资本存量测算》，《经济研究》2014 年第 11 期。

［6］北京市发展和改革委员会、北京市规划和国土资源委员会：《关于印发北京市 2018 年度建设用地供应计划的通知》，2018 年 6 月 8 日。

［7］北京市发展和改革委员会、北京市规划和国土资源委员会：《关于印发北京市 2018 年重点工程计划的通知》，2018 年 3 月 12 日。

［8］安邦智库：《北京市城市经济发展相关研究》，2018 年 6 月 21 日。

B.5
2018年北京市服务业形势分析与2019年展望

范轶芳[*]

摘 要： 2018 年，北京市服务业运行平稳，金融业、信息服务业、科技服务业等优势行业发挥主要带动作用，文化、教育、卫生等行业增速可观，交通运输业、批发零售业、房地产业处于调整期，企业盈利能力总体下滑，空间格局不断优化。2019年，在全国经济下行预期增强，城市间服务业竞争加剧背景下，北京市服务业发展压力增大，但也面临改革红利持续释放、扩大开放有序推进、新技术及其应用不断扩大等利好因素，预计全年服务业发展稳中趋缓。

关键词： 服务业 信息服务业 科技服务业 金融业

2018 年，北京市立足首都城市战略定位，着力推进供给侧结构性改革，深化减量、提质、创新发展，全年服务业运行总体平稳，全年增速为7.3％。展望 2019 年，改革红利持续释放、扩大开放有序推进、新增长点不断涌现、空间布局加快优化等利好因素是服务业平稳增长的重要基础，信息服务业、科技服务业等优势行业虽有所回落但仍保持较高增速，与此同时，全国经济下行压力加大、城市间服务业竞争加剧等不利因素将影响服务业增

---

* 范轶芳，博士，北京市经济信息中心经济师，主要研究方向为服务业、科技创新、园区等。

速，尤其是房地产、批发零售等传统产业增长乏力，初步判断2019年服务业增速在7.1%左右。

一　2018年北京市服务业发展特征

（一）服务业发展总体平稳

2018年服务业实现增加值24553.6亿元，增速7.3%，基本稳定在2014年以来7%~7.5%的波动区间，与上年持平，高于地区生产总值增速0.7个百分点，对全市经济增长的贡献率达到87.9%。金融业、信息服务业、科技服务业等优势行业继续发挥主要带动作用，增加值占GDP的比重为40.1%。在系列政策作用下，文化、体育与娱乐业呈现良好增长势头，规模以上企业全年收入增长9.7%，处于行业前列。前三季度科技服务业、租赁和商务服务业新设企业占全部新设服务业企业的比重提高到55.5%；1~8月，规模以上战略性新兴服务业和高技术服务业收入分别增长17.9%和16.2%，均远高于服务业收入增速。

（二）重点行业走势分化明显

在新技术助力、投资带动、需求激增等利好因素带动下，信息服务业2018年实现增加值3859.0亿元，增速19%，比上年同期提高6.4个百分点，增速创近五年新高。科技服务业延续近五年两位数增长趋势，增速为10.4%，小幅回落0.3个百分点。受大宗商品价格波动等因素影响，交通运输业增速7.0%，批发零售业增速0.6%，较上年分别回落5.1个和6.1个百分点。金融业一季度受全球信贷收缩、宏观降杠杆、国内股市汇市债市波动等内外部影响较大，后两季度在降准、放宽信贷等干预措施下，全年增速达到7.2%，高于上年同期0.2个百分点。房地产业受政策调控影响及近几年政策效果逐步显现，延续负增长走势，增速为-0.4%。商务服务业市场趋于活跃，但在经济整体下行环境下，增速为1.9%，比上年回落1.3个百分点。

（三）企业盈利能力总体下滑

2018 年规模以上第三产业法人单位实现利润总额 22703.7 亿元，同比增长 2.1%，较上年上升 2.0 个百分点，较前五年平均增速仍下降明显。2018 年宏观经济稳中有变，整体市场需求不足表现明显，房租、人力等要素刚性成本提高，这是服务业盈利能力下滑的主要因素。2018 年企业收入利润率为 20.5%，比前五年企业平均收入利润率低 2.5 个百分点。

（四）空间格局不断优化

一是服务业在中心城区的集聚度有所下降，2018 年规模以上企业单位数占比为 79.29%，收入占比为 82.46%，利润总额占比为 93.88%，均比上年全年有所下降。二是"三城一区"成为高端服务业集聚的潜在区域，怀柔科学城成为聚集世界级原始创新承载区，项目进展成效显著；未来科学城着力发展成为新兴生产性服务业的潜在集聚区；北京经济技术开发区制造业与服务业融合发展态势明显。三是非首都功能疏解腾退空间在文化创意、众创空间、新零售等方向及领域的再利用，促进原有空间内部优化调整。

二 需要关注的主要问题

（一）国际贸易环境对服务业的影响需持续关注

国际复杂贸易环境尤其是中美贸易摩擦加剧，对我市服务业形成多方面影响，需要持续关注。一是通过制造业—服务业产业链传导机制影响生产性服务业发展，对金融、贸易、信息服务等行业需求造成直接削减，进而对其增速形成下拉力量。二是海外投资并购难度增加、技术授权和转移受限、海外高层次人才招募困难等因素使人工智能等高技术服务业受到一定冲击。三是贸易紧张局势会引起美国跨国企业在华业务布局调整，进而影响我市总部、研发、商务服务等服务业重点领域发展。

（二）城市间服务业竞争加剧削减核心竞争优势

随着我国服务业增加值占比超过50%及其对经济增长贡献率提高，大城市产业竞争正在由制造业向服务业竞争转变。一是当前各大城市大力实施"招才引智"战略，成为吸引现有高端人才迁出和硕博毕业生等潜在留京人才留京意愿降低的重要拉动力，加之北京人才政策门槛较高，正在削弱北京市中高端人才聚集的服务业发展。二是区域协同尤其是非首都功能疏解战略下，企业正在由被动疏解向主动迁移转变、由禁限目录疏解企业向高精尖企业项目扩大，将削减我市服务业核心竞争优势。

（三）国内外资本市场风险加剧金融业波动

在金融业等服务业加快扩大开放背景下，北京作为金融总部集聚地和国际交往中心，更易受到国内外资本市场风险的影响。一是美联储加息进程、全球利率上行等因素将使全球金融市场出现振荡的风险加大，可能导致新兴市场国家资本流出、本币贬值、债务压力加大等问题。二是2018年以来我国资本市场波动较大，股市、债市、汇率波动带来的影响和风险仍需持续关注。三是谨防金融业开放可能出现的国有银行业网点密布优势削弱，外资设立、持股商业银行，证券行业市场竞争加剧，内资保险行业市场份额短期迅速流失等潜在风险。

（四）部分新兴产业领域政策亟待完善

在新技术应用驱动下，服务业新产业、新业态、新模式、新平台迅猛发展，迎来发展机遇的同时，也带来一些影响甚至制约服务业有序健康发展的问题。2018年以来在P2P、共享出行、长租公寓、视频直播等新兴产业领域相继爆发商业欺诈、无序竞争、违规经营等一系列问题，反映出部分快速发展的新兴产业领域在规则制定、行业自律、监督管理等方面存在诸多不足，亟须完善政策，加强监管，保障新经济健康有序发展。

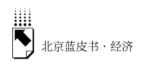
三　2019年北京市服务业面临的发展环境

在全国经济下行预期增强、城市间服务业竞争加剧的背景下，2019年北京市服务业发展面临更大压力；同时，也面临改革红利和政策红利不断释放、新技术及其应用持续扩大等利好因素。综合两方面因素，2019年服务业发展挑战与机遇并存明显，总体呈稳中趋缓态势。

（一）全国经济下行预期增强，服务业发展面临压力增大

近年来，我国经济运行保持总体平稳、稳中有进态势，2018年呈现稳中有变的运行态势，多家经济形势分析权威机构预测2019年我国GDP增速保持在6.2%~6.4%的区间内；加之中美贸易摩擦常态化、全球利率上升等全球经济环境变数增加会给我国经济运行增加不确定性，一是加大服务业发展环境的整体压力；二是造成企业悲观预期，进行裁员或缩减招聘规模，进而影响居民收入预期，直接减少服务业需求；三是制造业企业倾向采取压缩产能、降低投入等谨慎缩减发展战略，减少对金融、研发、商务等生产性服务业的引致需求。

（二）政策红利不断释放，服务业发展存在新利好

一是政策环境持续优化，我国实施积极财政政策，推动企业实质性减税降费；实施稳健货币政策，有效防范化解金融风险。二是开放有红利，《深化服务贸易创新发展试点总体方案》《深化服务贸易创新发展试点开放便利举措》等政策措施加大金融服务、电信服务、旅行服务、专业服务开放度，《完善促进消费体制机制实施方案（2018~2020年）》等政策措施促进养老、医疗、旅游、家政等细分行业开放发展。三是不断深化"放管服"改革，大力改善营商环境，加强知识产权保护，深化服务业供给侧结构性改革，使得服务业发展市场环境持续优化。

（三）新技术及其应用持续扩大，不断引导服务业高质量发展

北京作为科技创新资源高度集聚地，新技术、新产业、新业态、新模式蓬勃发展。大规模5G基站建成带动5G各层面产业链大力发展，对信息服务业及其他服务业形成新的经济增长点。AI正在强化并且由实验室走向实际使用，增强服务业对其设备和服务的应用，有效降低对人力资源的依赖，对冲因人力成本上升的负面影响。大数据、云计算技术发展加快，管理更加规范，金融云、工业云等应用发展进展加快，不少项目已筹备运营。"互联网+"使得各种新业态、新模式发展更加迅猛，智能化大幅提升消费服务业的投入产出效率，服务业规模不断壮大。随着文化中心建设不断推进，文化产业强化与科技融合，形成特色突出的高质高速发展趋势。

（四）载体新建—优化—更新共发力，空间格局不断优化调整

一是服务业新空间加快建设。高水平建设"三城一区"，为信息服务业、科技服务业等高技术服务业提供了重要的新空间，通州副中心建设及搬迁增加了服务业向通州布局的吸引力，新机场建设为北京市临空服务业发展提供了重要新空间，全球面积最大的北京环球影城预计2019年开业将有力带动文化娱乐等产业强劲发展。二是原有空间加快优化升级。北京经济技术开发区重视制造业与服务业融合发展，将部分原有的工业用地创新为众创空间、工程研究中心等服务业用途。非首都功能疏解释放的大量空间资源，部分用作新零售、众创空间、文化体育娱乐空间等业态发展空间，这些优化与更新都促进原有空间内部结构优化升级，扩大服务业潜在发展空间。

四 2019年全市服务业运行呈稳中趋缓

2019年北京市服务业发展质量稳步提升，经济活力不断增强，内部结构持续优化，金融业、信息服务业、科技服务业等重点行业仍保持较高增

速，商贸流通等传统产业增长乏力，文化、教育等行业增速潜力较大，总体判断，全年服务业增速有望保持在 7.1% 左右。

（一）金融业有望实现企稳

2019 年，随着金融业持续扩大开放，"降杠杆"政策更加灵活，金融监管政策日益规范化，金融业有望实现企稳。一是金融业扩大开放有望拉动增长。北京地区金融需求旺盛，资本回报率高，金融开放下境外金融资本将加快在京布局，提高金融业增加值，提升行业效率，将成为拉动增长的新增量。二是传统金融业压力减小。为应对流动性紧张及全国经济下行压力等局面，有效提升金融支持实体经济能力，央行综合施策，保持流动性合理充裕，形成金融业利好环境。证券服务业修复回调态势明显，保险业持续健康发展，低评级、非国有和私募债的集中到期导致的信用风险需关注。三是金融创新发展加速。随着金融监管加强，互联网金融向有序规范化发展转型，行业集中度提升，内部结构将进一步优化。消费金融、科技金融、文化金融等适应当前北京发展特色的新型金融服务模式不断涌现，中关村银行、北京银行科技金融创新中心、首个文化金融服务中心等将成为新增长点。

（二）信息服务业平稳增长

在投资有力、需求旺盛、创新强劲、产业深度融合等预期利好下，2019年信息服务业整体将延续近年较快增长态势。一是主要拉动点凸显。随着互联网经济的快速发展和提速降费政策的落实，北京市电信业务总量仍旧在不断攀升。2018 年底 300 站规模 5G 基站建成，支撑层、基础层、传输层、应用层、场景层等各层面的 5G 产业链及产业环节将全面拉开。网络直播流量等增量因素仍将延续上年增长态势。"互联网 +"向"人工智能 +"快速演进，人工智能、大数据、云计算（私有云、行业云）等领域重点项目发展加速、成果频现，也成为未来发展的重要带动点。二是企业创新发展势头强劲，自主创新能力不断提升，产生大量原创技术，经过转化和产业化将形成大量可观增长点。如四维图新公司为戴姆勒提供 2020～2024 年在华销售全部乘用车的导航服务、百度自动驾驶平台"阿波罗2.0"为金龙客车量产无人驾驶微循环巴士搭建自动驾驶系统，均是企业科技创新成果产业化与深度融合发展的典型案例，将成为2019年的重要增长点。

（三）科技服务业稳健向好

随着科技创新中心建设的深化推进，政策环境持续向好、要素服务能力不断增强、前沿技术不断突破，预计2019年科技服务业发展稳健向好。一是政策环境持续向好，助力科技服务业深化发展。2018年，北京市出台《加快科技创新发展科技服务业的指导意见》《北京市重点产业知识产权运营基金管理办法》等政策，持续优化科技服务业发展政策环境。《北京市促进科技成果转化条例》加快立法，将从法律角度解决本市科技成果转化中的制度障碍和突出问题，有助于科技服务业繁荣发展。二是要素服务能力不断增强，助力科技服务业强劲发展。中国（北京）和中国（中关村）两个知识产权保护中心建成，有效提升我市知识产权法律服务和保障能力。2018年北京市成立300亿元规模的科技创新母基金，经过二级市场放大到1500亿元左右，有效撬动社会资本共发力，将显著提升科技创新的资金保障能力。中关村—巴黎大区产业创新中心、北京前沿国际人工智能研究院等一批国际国家创新平台成立，以及"知识众包""研发设计众包"等新型服务平台大力发展，将为高技术服务业集聚和创新创业提供重要载体。此外，前沿技术不断突破，有望在试验和产业化环节形成新的增长点。

（四）商贸流通业增速回落

商贸流通业正处于调整优化期，存量萎缩依旧明显，新兴业态频现但增量有限，预计2019年商贸流通业增速持续回落。在非首都功能疏解、城市环境整治等背景下，传统商贸流通业加速淘汰，传统批发零售业持续萎缩，小型住宿、餐饮企业持续减少，大量物流仓储企业持续向京冀等外埠区域布局。同时，本市商贸流通业正处于转型升级过程中，新模式、新平台频现，新业态发展势头良好，"互联网+"电子商务主导下的线上批零、餐饮规模

可观，增速尚可。电商与传统消费产业融合发展程度加深，京东好邻居、盒马鲜生等社区新零售频现，正成为新的增长点。

（五）公共服务整体延续较快增长态势

随着居民消费升级，公共服务供给改革凸显，引致细分产业发展强劲，预计2019年公共服务领域增速仍保持较快增速。"回天行动"、"第三轮城南计划"、通州副中心搬迁、新机场建设等计划行动，将有力带动教育、医疗等公共服务业实现增长。学前教育普及普惠制度，使得普惠性幼儿园成为重要增长点。此外，非基本公共服务仍保持较好发展势头，将成为潜在增长点。婴幼儿托管、亲子教育、学前教育、中小学培训、特长班等需求依旧旺盛，尤其是2018年北京市新中高考改革将学生综合素质评价作为重要参考，将带来艺术素养、社会实践等教育培训业态进一步大力发展。2018年新医改将进一步促进2019年"互联网＋"医药零售、虚拟药房、便民医疗等新业态大力发展。个税改革政策的落地，将刺激教育、医疗、养老服务支出增加，显著提升相关服务业需求，促进其增长。

五　政策建议

（一）加快提高服务业扩大开放水平

深化北京服务业扩大开放综合试点建设，推动新一轮扩大开放措施，积极参与国际竞争。一是进一步扩大航空运输业，广播、电视、电影、音像业、文化艺术业等文化教育服务业，健康管理、养老服务、商务和旅游服务业，健康医疗服务业等领域的开放程度，制定实施方案，尤其要重点落实国家对金融业开放整体部署，加快首都金融业开放步伐，防范外资进入带来的风险。二是大力支持服务贸易新业态、新模式、新路径创新发展，鼓励运用云计算、大数据、物联网、移动互联网等新技术推进服务贸易数字化。三是探索形成适应服务贸易开放、创新发展的体制机制，加快构建内外资统一的市场准入负面清单制度，通过明细条款增强负面清单的可操作性和透明度。四是实施服务业双向开放政策，加快新兴服务业出口步伐，鼓励新兴服务业企业通过参与国际标准制定，建立海外研发中心等路径增强国际竞争力。

（二）大力破解制约科技创新关键环节

根据北京经济发展阶段和服务业高质量发展目标规律，仍需加大力度破解制约自主创新尤其是原始创新的关键环节，促进其大力发展。一是借鉴《促进科技成果转化法》实施以来的经验教训，突出北京特色，加快《北京市促进科技成果转化条例》颁布，破除科技成果转化体制机制障碍。加快试点科技成果所有权赋予科研人员，解决科技成果转化过程中的知识产权评估、公司注册等难题，显著提升科技成果转化效率。二是充分发挥北京市科技创新基金、各区科技创新基金在支持服务业关键技术、核心技术等自主创新过程中的作用，持续支持民间资本以新方式、新路径参与科技创新及成果转化，完善资本获利和退出机制，增强民间资本投资信心。三是以中国（北京）知识产权保护中心和中国（中关村）知识产权保护中心建设为契机，培育知识产权运营试点单位，实现在部分高精尖产业领域开展专利快速审查、快速确权和快速维权，加快提升知识产权专业化服务能力。四是针对城市间服务业竞争加剧导致北京市高端人才流失严重和潜在留京人员意愿降低等问题，形成结构化人才激励机制。

（三）加强对新经济的支持、引导和监管

一是针对 AI、5G 等发展潜力巨大的战略性新兴产业，出台促进其发展的多种支持政策；针对新零售等生活型服务业新业态，以宽容态度持续鼓励和引导其发展；放宽养老、医疗、体育、文化等领域新业态的准入限制，鼓励其繁荣发展。二是针对重点领域、问题突出的领域形成全过程监管方式，建立行业协会，制定行业内部标准，出台地方法规，为新兴服务业健康有序发展创造良好环境。针对 P2P 等问题频发的细分领域，系统制定金融风险防控、金融突发事件应急预案等政策，强化对信贷、债市、股市、汇市、互

联网金融等方面的综合监测。三是逐步探索形成与互联网经济时代相适应的法律制度。四是探索简化服务业创新创业企业的注销程序，进一步降低市场退出成本。

参考文献

［1］北京市统计局、国家统计局北京调查总队：《北京市月/季度数据》，北京市统计局网站，2019 年 1 月 23 日。

［2］北京市统计局、国家统计局北京调查总队：《北京统计年鉴 2018》，中国统计出版社，2018。

［3］陈吉宁：《政府工作报告》，2019 年 1 月 14 日。

B.6
北京市总消费运行特征与2019年展望

张　萌[*]

摘　要：　现阶段北京市总消费中服务消费的主引擎作用愈发突出，消费分级趋势逐步显现，多元化、个性化需求渐成主流，新兴消费日趋活跃。展望2019年，影响消费增长的有利和不利因素并存，预计总消费将在商品消费增速低位回升、服务消费较快增长的共同作用下保持平稳增长的运行态势。

关键词：　总消费　商品消费　服务消费　消费分级

一　现阶段消费运行特征

（一）服务性消费主引擎作用更加突出

2018年，北京市总消费增长小幅下降，全年实现25405.9亿元，同比增长7.4%，较上年回落1.1个百分点。其中，商品消费在消费升级背景下呈现出趋势性回落态势，再加上区域批发市场疏解以及集团消费、耐用品消费下滑的持续性影响，社零额增速较上年同期回落2.5个百分点至2.7%，处于近年来最低水平；服务消费需求随着消费结构升级、消费品质持续提高而快速增加，服务消费延续良好增势，2018年全年实现13658.2亿元，同

＊　张萌，北京市经济信息中心经济师，主要研究方向为消费、价格。

比增长 11.8%，在总消费中占比升至 53.8%，对总消费增长的贡献率达到 82.6%，支撑作用更加突出。

（二）消费分级趋势逐步显现

现阶段居民消费理念更加理性多元，收入差距拉大造成消费层次进一步拉开。部分消费者继续追求高端消费，带动奢侈品以及高价汽车、高价服饰、高端家电销量提升。也有相当一部分消费者摒弃了"贵即好"的消费观念，同时受制于生活成本过高带来的巨大压力，在提升对商品品质要求的同时更倾向于像 Zara、H&M、优衣库等快时尚品牌以及名创优品、网易严选、小米等高性价比的商品消费，同时愿意选择二手商品以及共享单车、共享汽车、共享充电宝、共享办公、共享住宿等新兴模式来满足各类消费需求。

（三）个性化需求渐成主流

随着"二孩政策"实施和老龄化进程加速，北京市人口结构两头多、中间少的特征更加突出。受不同年龄层消费能力、审美偏好、生活方式、成长背景等多种差异化因素的综合影响，北京市消费主体正逐步演化为诸多个性化的消费群体。其中，正在成为新一代消费主力军的"80 后""90 后"比较推崇小众化、原创类商品以及能够参与上游设计的定制产品；年轻潮男人群相对偏好时尚消费、数码电子产品、服饰箱包、护肤品；亲子消费群体相对偏好母婴产品、儿童娱乐、家居用品、日用百货；老年旅游人群相对偏好户外运动、休闲旅游、保健养生、营养预防；独居群体比较注重节省时间、提升效率，带动便利店、自动售卖机以及迷你 KTV、迷你版健身房、简易版站式牛排等快餐式商业模式兴起。

（四）新兴消费日趋活跃

围绕消费者对品质、效率、服务的需求以及互联网技术、物流业的发展，盒马鲜生、超级物种、7FRESH、苏鲜生等新零售模式快速扩张。借助大数据、云计算、人工智能、区块链、无人机等新兴技术，多家小麦便利店、EAT BOX、缤果盒子等无人超市在京开业。电子商务与家政、餐饮、出行、医疗等传统生活服务业深度对接，在线票务、在线咨询、网上政务等多种服务模式逐渐成熟，均为居民生活带来极大便利。线下企业通过多元化业态融合实现转型升级，形成家具店＋零食铺、护肤品＋咖啡厅、KTV＋火锅、书店＋甜品等多种混搭经营模式，消费场景和消费体验更加丰富。

二　消费增长的有利和不利因素并存

（一）系列政策实施有利于消费稳定增长

一是新个税法将于2019年全面实施，居民养老保障、社会保障待遇及最低工资等标准将适当上调，技能人才、新型职业农民、科研人员等重点群体增收政策加紧落实，工资性收入提高有望提振消费。二是在国家全面启动消费升级行动计划、完善促进消费体制机制的背景下，北京市将加大促消费政策支持力度，着力增加商品和服务消费有效供给、构建更加成熟的消费细分市场、破解消费体制机制障碍、培育壮大新的消费热点，促进居民消费在更高水平上实现供需平衡，增强消费对经济发展的基础性作用。三是2019年电子商务法正式实施后个人业余代购数量减少、代购商品价格优势下降有利于增加国内电商平台消费，再加上北京市加快建设跨境电子商务综合试验区和国际消费城市，商品进口渠道将进一步畅通，境外消费回流趋势有望显现。

（二）生活服务配套设施不断完善

一是随着促提升工作持续深入，城区便民商业服务设施加快填补，加之新修订的产业禁限目录对部分民生保障和城市运行相关产业不再禁限，居民基本生活和消费需求将得到进一步满足。二是随着未来两年城南地区教育、医疗、交通等领域基础设施加快建设，薄弱地区公共服务和便民设施加快补充,北京市公共服务均等化水平将逐步提高,发展新区、涵养区以及农村地区的消费潜力将加速释放。三是北京市将进一步促进便利店业态发展,2020年底前本市便利店将实现社区全覆盖,全市门店数量将达到6000家。

(三)消费增长的不确定性有所增加

北京市经济下行压力有所加大,叠加用工成本上升、原材料价格上涨、融资环境偏紧的影响,居民经营性收入增长乏力。国际形势复杂多变,金融市场波动加剧,居民财产性收入增长面临较大不确定性。中美贸易摩擦影响下部分企业批量裁员也可能影响部分居民的就业和收入。居民消费价格涨幅维持高位还将拉低实际收入增速,教育、医疗、房租等生活成本提高成为消费能力提升的重要掣肘。此外,居民部门长期债务增长压力不断加大对消费空间形成挤压,北京市居民可支配收入与家庭部门债务之比达到1:1.28,明显高于全国1:1.07的水平。

(四)商品和服务有效供给能力不足

一是高端消费品供给不足加剧购买力外流。随着消费者日益重视商品的专业性和安全性,在国内产品质量、价格、设计、性能等多方面均不占优的情况下,消费者对国外知名品牌的认可度大幅提升。再加上本市传统零售业萎缩、老字号品牌经营不善,以及海淘、代购等境外消费渠道增多的影响,境外购物已不再局限于手表、首饰、箱包等奢侈品,还包括大量护肤品、服饰、食品、日用百货等普通商品,产品来源也逐步向美、英、德、日、韩、澳、新西兰等多国化发展,消费"内冷外热"的特征愈发突出。二是公共服务资源供给短缺难以满足多元化消费需求。"二孩政策"全面放开后学前教育市场托育机构数量不足、标准制度缺失、服务管理混乱等问题更加突出;高端幼教、校外培训、职业教育等个性化教育有待进一步发展。随着居民健康保养意识提升,保健品行业、第三方体检以及口腔、眼科等专科医疗服务存在较大供给缺口,优质医疗资源供不应求、分布集中,难以满足居民的健康管理需求。北京市户籍人口老龄化程度居全国第二位,按照"9064"

的养老模式来看，目前养老驿站、照料中心、社区卫生服务中心、老年餐桌服务商等居家养老服务机构数量还远远不足，养老服务项目的精细化、专业化程度不够，市场供给与老年人整合式、个性化需求匹配难度较大。

（五）部分政策制度与消费升级趋势不相适应

一是监管体制存在漏洞。如网约车市场集中出现随意涨价、信息泄露、人身伤害、虚拟客服、违规违章车辆上路以及支付款项权责不清等问题，旅游市场虚假宣传、强制购物、黑导游、非法一日游等现象屡禁不止，住房租赁市场中长租公司竞争性"圈地"、高价哄抢房源、分隔房间提高收益，预付卡领域金融套现、商业陷阱、关门跑路现象增多，相关现象严重扰乱市场秩序，影响消费者信心和预期。二是质量和标准体系建设滞后。新零售、共享经济等新兴消费领域行业规范存在空白，智能产品、定制产品、绿色产品等消费品标准体系以及家政、养老、信息等服务质量标准亟待完善，消费者面临消费纠纷、权益受损时取证、维权难度较大。三是土地政策支持力度不够。近几年北京市新增商业面积受城市管理政策影响总体呈现下降趋势，加之部分腾退土地性质转换受限，便民商业网点、新零售企业、智慧门店等开店选址普遍面临较大困难，成为业态扩张的主要制约因素。

三　2019年消费形势展望

2019年北京市总消费有望平稳增长，预计增速为7.5%左右。其中，社零额增速低位回升至3.5%左右，服务消费有望保持11%左右的增长水平。

（一）商品消费增速低位小幅回升

目前北京市社零额基数较大，新零售、智能产品等新兴消费热点体量相对有限，难以支撑商品消费高速增长，北京市社零额增速从2013年开始逐年下滑，年均降低1.5个百分点。2019年耐用品消费难有明显起色，其中，燃油车购车指标与2019年持平，但因2020年北京市家用小客车将实行国六排放标准，新款车型需求增加而市场供给仍以国五车型为主，消费者观望情绪可能加重，进而影响汽车销量；家用电器、家居建材、装饰装潢等与住房相关的商品消费在二手房市场新增供需低迷、2018年新房市场集中成交透支2019年需求的影响下有所分流。另外，网络消费逐渐步入成熟期，增长速度将有所回落。受此影响，北京市社零额增速将继续处于近年来较低水平。但是，商品消费也面临一些积极因素，一是新能源汽车受2018年指标有效期延长影响部分需求推迟到2019年释放，消费较上年可能稍有好转；二是智能家居体验店增多，品牌影响力不断扩大，相关产品消费可能相对较好；三是便民消费随着服务设施覆盖率不断提升而保持平稳增长；四是北京市计划出台系列促消费政策，着力发展夜间经济，激发时尚消费、品牌消费。总体来看，2019年北京市商品消费增长有望低位回升，预计增速小幅回升至3.5%左右。

（二）服务消费将继续保持较快增长

随着消费结构优化升级、消费品质不断提升，服务需求快速增加，服务消费自2015年以来一直保持10%以上的增长水平。2019年，北京市服务消费有望保持较快增长。教育消费增长点不断壮大，学前教育学位逐年提升，亲子教育、智力开发、婴幼儿托管等服务消费将持续增长。小升初学区房政策逐步淡化、中考考试科目增加、高考试点综合评价模式，对学生在校成绩和综合素质的要求都在提升，K12阶段的课外辅导、文艺特长培训、升学服务等市场将持续火爆。高校研究生招生规模扩大、部分在职研究生学费标准提高，将增加学费、外语培训、考研辅导等教育支出。文娱消费稳中向好，2019年北京市将继续发放不低于5000万元的惠民文化消费电子券，带动戏剧演出、电影观映、图书音像等消费增长；西单、王府井等重点商业区域将增加汇集艺术表演、阅读分享、观影体验等多种业态的文化商业综合体，消费体验持续优化升级；旅游品质不断提升，京郊游等旅游产品加快发展，文旅融合趋势进一步增强，加之世园会举办将增加入境游吸引力，旅游消费呈向好态势。信息消费在量增价减影响下平稳增长，随着交通出行、上门服务、餐饮外卖等消费加快向线上转移，农业电商、工业电商逐渐兴起，在线医疗、在线教育等民生类消费市场提质扩容，直播、短视频、手游等新兴移动应用层出不穷，与信息相关的服务及数据流量消费规模将持续扩大，但提速降费计划深入推进将进一步降低宽带、数据流量等价格水平，预计信息消费将平稳增长。交通消费增长受新增服务带动有望小幅提速，2019年四季度北京大兴国际机场将投入运营，快速直达专线、定制商务班车、地铁等地面公交也有较多新增线路，年底市政府集中搬迁后通勤需求增加也将支撑交通消费增长。总体来看，服务消费中占比较大的交通和通信类以及教育、文化和娱乐类将保持较快增长，预计2019年服务消费将增长11%左右。

四　政策建议

（一）迎合消费升级趋势，完善多层次供给体系

一是调整产品结构。加大生物医药、电子信息、电动汽车、个性化设计、柔性制造及可穿戴设备、智能家居、数字媒体等智能消费品创新研发力度，加大文化、教育、旅游、医疗健康等服务供给方面的创业创新力度，提升多样化的产品供给能力。二是加强品牌建设。以市场化手段引导资源向优质产品和企业集中，加强市场营销和宣传，尽快形成一批具有较强国际竞争力的知名品牌。三是促进便民服务业态优化布局。加大对新零售、无人零售等新业态的政策支持力度，加强便利店、社区商业综合体、"一站式"便民服务中心建设。四是鼓励社会资本参与公共服务供给。适当放宽医疗、养老、教育、文化、体育等公共服务领域市场准入，激发社会投资活力，通过增加民办机构比例优化提升产品质量和服务水平。

（二）深入挖掘消费潜力，积极培育新兴消费趋势

一是针对不同群体的潜在需求精准施策。通过落实个税改革、加大社会保障力度、稳定物价水平等途径提高中低收入群体的消费能力，通过稳定房

价预期、增加优质商品供给、完善消费渠道等途径提升中高收入群体的消费意愿。二是大力发展消费金融。利用金融科技使消费金融社会化、产品化、多元化、产业链化，特别要围绕养老、健康、信息、休闲旅游、教育文化、体育等消费热点推出特色消费贷款服务，同时完善社会征信体系，加强风险防控。三是积极做好宣传引导工作。利用购物节、展销会、博览会等平台为消费者提供体验项目了解品牌文化和产品价值，充分发挥新闻媒体以及微博、微信公众号等网络和新媒体平台的作用，对新产品、新门店、新业态进行宣传推广，引导形成新的消费趋势。

（三）聚焦消费热点领域，深入开展促消费行动

一是提升养老服务能力。根据《关于全面放开养老服务市场进一步促进养老服务业发展的实施意见》，加快制定实施细则，重点解决养老机构用地难、申办难、融资难、运营难等问题；加快养老服务O2O模式发展，有效对接餐饮、出行、家政、就医等供求信息，针对个性化需求提供实时响应的定制服务。二是推进信息消费扩大升级。加快物联网、云计算、工业互联网等信息基础设施建设，推动光纤宽带和4G网络全面覆盖，提升基础设施支撑能力；加大网络降费优惠力度，通过开展培训、组织竞赛、举办体验活动等方式提升消费者信息技能，拓展信息技术在民生领域的广泛应用。三是优化提升医疗健康消费水平。引导"重治疗、轻预防"向大健康管理理念转变，丰富健康咨询、疾病预防、专业体检等相关服务；继续推进部分医疗机构向远郊区疏解布局，加快发展远程医疗服务，推进优质医疗资源整合共享；深化医药分开综合改革，配合调整公立医院补偿机制、薪酬制度、分级诊疗等相关规定，完善医保支付等配套政策，进一步理顺医疗服务和保障体系。

（四）完善消费体制机制，优化消费市场环境

一是加快推进重点领域产品和服务标准建设。扩大内外销产品"同线同标同质"工程的实施范围，适时开展新业态、新兴消费及服务消费质量

检测专项行动，加快推进产品标准体系制修订工作。二是建立健全消费领域信用体系。落实《北京市公共信用信息管理办法》等系列政策文件，依托信用联合奖惩信息管理系统、旅游行业信用监管平台，完善消费领域企业奖惩机制，推动金融、旅游、影视演艺、房屋租赁等信用大数据创新应用示范项目尽快落地。三是推进消费者维权机制改革。强化零售商、服务提供商、电信运营商、互联网平台经营者主体责任，建立与企业、消费者协会等多部门的沟通协调机制，加大侵权行为的打击惩戒力度，尽快形成企业自治、行业自律、社会监督和政府监管相结合的消费共同治理机制。

参考文献

［1］王维然等：《2018北京市经济形势分析与预测》，中国财政经济出版社，2018。

［2］丛亮等：《2017年中国居民消费发展报告》，人民出版社，2018。

［3］徐翔：《我国高端消费外流现象的成因分析及对策研究》，《商务营销》2016年第8期。

［4］任泽平、罗志恒、马图南：《消费升级降级并存与社会分层》，恒大研究院，2018。

［5］21世纪经济研究院：《2018中国零售趋势半年报》，艾瑞咨询，2018。

战略分析篇

Strategic Analysis

B.7

落实北京新版总规
提升核心区发展品质

金 晖*

摘　要： 首都功能核心区发展品质这一范畴是仅限于北京市东城区、
西城区使用的专属概念，是与北京新版总规确定的核心区功
能定位、发展目标相匹配的综合质量概念，涵盖了核心区政
治、经济、文化、社会、生态建设诸方面的品质，体现为
"创新、协调、绿色、开放、共享"的新发展理念在核心区
的实现程度。落实北京新版总规、提升核心发展品质，是核
心区面临的一项长期的重大政治任务，就是要突出其主体功
能，夯实基础功能，推动高质量发展，率先全面建成"国际

* 金晖，中共北京市东城区委员会副书记、北京市东城区人民政府区长，主要研究方向为宏观
经济、战略管理、城市治理等。

一流的和谐宜居之区"。就东城区而言，就是要坚持以文化为魂，以提升首都核心功能、做好"四个服务"为核心，深化改革、开拓创新，努力开创东城区高质量发展的新局面，做到发展品质提升与迈向"两个一百年"奋斗目标和中华民族伟大复兴中国梦的历史进程相契合，不断满足人民群众美好生活的需要。

关键词： 新版总规　首都功能核心区　发展品质

2017 年 2 月，习近平总书记在视察北京重要讲话中明确指出："疏解北京非首都功能，不是说北京不要发展了，北京要发展，而且要发展好，只是发展动力要转变、发展模式要创新、发展水平要提升。"同年 9 月，《北京城市总体规划（2016～2035 年）》（以下简称北京新版总规）颁布实施，减量集约发展成为新时代首都发展的鲜明特征。当前，落实北京新版总规、提升核心发展品质，是东城区面临的一项重大现实课题。本研究紧扣北京新版总规要求，从探讨发展品质的内涵入手，深入分析了研究的意义及东城区现存的问题，着眼长远并结合工作实际，提出了加快建设国际一流和谐宜居之区的对策建议。

一　北京新版总规与首都功能核心区发展品质之间的关系

（一）首都功能核心区发展品质的内涵

城市发展品质既受城市功能定位的直接影响，又体现城市功能定位的目标要求，内涵十分丰富，主要涵盖城市政治、经济、文化、社会、生态等各方面的发展品质，是特定城市一定时期内经济社会各方面发展水平和质量的

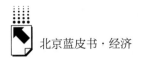

综合反映。

现阶段，首都功能核心区发展品质这一范畴是仅限于北京市东城区、西城区使用的专属概念，其内涵既具有一般城市发展品质的内涵，又具有首都功能核心区的特殊性，是与北京新版总规确定的核心区功能定位、发展目标相匹配的综合质量概念，涵盖了核心区政治、经济、文化、社会、生态建设诸方面的品质，体现为"创新、协调、绿色、开放、共享"的新发展理念在核心区的实现程度。

（二）提升核心区发展品质是落实北京新版总规的应有之义

首先，核心区发展品质的基本内涵是由北京新版总规确定的。北京新版总规确立了"核心区是国家政治中心、文化中心和国际交往中心的核心承载区，是历史文化名城保护的重点地区，是展示国家首都形象的重要窗口区"，明确了建设政务环境优良、空间布局优化、非首都功能疏解、人居环境一流的发展目标，这决定了核心区发展品质不仅包含"都"特有的全国政治中心、文化中心和国际交往中心的功能品质，而且兼具作为特大型城市的"城"所具有的经济、社会和生态方面的基础功能品质。

其次，提升核心区发展品质是落实新版总规的必然要求。在创新、协调、绿色、开放、共享理念指导下，北京新版总规紧紧围绕统筹推进经济社会"五位一体"总体布局和协调推进"四个全面"战略布局，紧密对接"两个一百年"奋斗目标，立足京津冀协同发展，坚持以人民为中心，坚持可持续发展，坚持一切从实际出发，注重长远发展，确立了2020年、2035年、2050年三个首都发展的阶段性目标，涵盖了政治、经济、科技、文化、民生、城建、生态、城市治理以及国际化等方面，其中提升城市发展质量作为规划的指导思想，贯穿国际一流的和谐宜居之都建设的全过程。

因此，提升核心区发展品质，就要紧紧立足核心区功能定位，紧扣北京新版总规各方面要求，践行新发展理念，统筹推进经济社会"五位一体"建设，全面打造"政务环境优良、文化魅力彰显、人居环境一流"的首善之区。

二　落实北京新版总规、提升核心区发展品质的重要意义

当前，落实北京新版总规、提升核心发展品质，是核心区面临的一项长期的重大政治任务，具有极其重要的现实意义。

（一）贯彻落实以习近平同志为核心的党中央关于首都发展重大决策部署的必然要求

北京新版总规描绘了新时代首都未来发展的宏伟蓝图，为建设伟大社会主义祖国首都、迈向中华民族伟大复兴的大国首都、建设国际一流的和谐宜居之都指明了前进方向。落实北京新版总规、提升核心区发展品质，就是要深入落实习总书记两次视察北京重要讲话精神，落实总书记提出的"转变城市发展方式、完善城市治理体系，有效治理'大城市病'，不断提升城市发展质量、人居环境质量、人民生活品质、城市竞争力，实现城市可持续发展"的要求，坚持从国家和首都发展大局出发，自觉服从和服务于京津冀协同发展、城市副中心建设、河北雄安新区建设等战略需要，正确处理"都""城""群"，"一核"与"两翼"等重大关系，推动党中央重大决策部署在东城区落地生根、开花结果。

（二）为建设国际一流的和谐宜居之都贡献东城智慧、东城力量

北京新版总规赋予核心区在首都整体格局中的"一核"地位，这是核心区与其他兄弟区最大的不同。特殊的地位和使命决定了核心区在建设国际一流和谐宜居之都的历史进程中必须处于领跑位置，在全市乃至全国经济社会发展中起到示范引领作用。落实北京新版总规，提升核心区发展品质，是东城区顺应首都减量发展的新形势、履行核心区的责任担当、审时度势提出的一项着眼长远的战略构想，旨在以优化提升"都"的功能为主，谋划"城"的发展为辅，并以"城"的高水平发展来服务和保障"都"功能的

发挥，形成一批符合核心区更高要求的"东城标准""东城品牌""东城高
地"，带动全市发展品质的整体提升，为建设国际一流和谐宜居之都、建设
以首都为核心的世界级城市群做出应有的贡献。

（三）治理"大城市病"、实现东城区高质量发展的现实需要

北京超大城市治理的难题，也是"大城市病"的根源，就在于城市功
能过度超载、各类资源错配并占据着大量城市空间，加剧了人口与资源环境
的矛盾，制约着经济社会发展的质量。落实北京新版总规、提升核心区发展
品质，就是要紧紧抓住疏解非首都功能这个"牛鼻子"，落实坚定有序地把
非首都功能向河北雄安新区等地疏解，将不适宜在核心区配置的首都功能向
北京城市副中心疏解，切实把人口、建筑、商业、旅游"四个密度"降下
来，加强"一核"与"两翼"之间的产业联动、创新互动和人才流动，发
挥核心区的辐射带动作用，在疏解整治中破解各种难题，守住人口规模上
限、生态红线和城市开发边界，实现高质量发展，不断满足人民群众美好生
活的需要。

三 东城区现存的主要问题

2014 年以来，在中央和市委、市政府领导下，东城区坚持以习近平总
书记视察北京重要讲话精神为根本指导，紧紧抓住疏解非首都功能这个
"牛鼻子"，围绕"一条主线、四个重点"战略任务，统筹谋划、系统施策，
加快落实首都"四个中心"城市战略定位，稳步推动从聚集资源求增长向
疏解功能谋发展转变，很多工作走在全市前列。但是，与新时代面临的新形
势、新任务、新要求相比，与新时代首都人民群众美好生活的期盼相比，与
北京新版总规各项要求相比，我区经济社会发展还有不少问题和短板，一些
难题亟待解决，主要体现在以下五个方面。

一是科技创新、文化创新带来的"双轮驱动"效用还不强，科技创新
主要指标在全市占比过低（2017 年东城区的专利申请量仅为全市的

5.3%），"高精尖"产业结构尚在形成中，文化产业与其他产业融合发展程度不高，区域经济总体实力还需提升。二是政治、文化功能的主体地位不突出，与经济、社会、生态功能不协调，南北城区发展还不均衡，城市功能和空间布局尚待调整优化，服务保障能力有待提升。三是统筹推进历史文化名城保护的体制机制还不健全，协调推进非区属产权文物腾退进展较慢，部分平房区的"大城市病"问题依然突出，丰富的文化资源活化利用不足，区域文化影响力和文化魅力没有充分展现。四是对外开放的广度与深度还需要拓展，国际交往中心功能还不完善，区域国际化水平有待提升。五是城市精治、共治、法治的标准还不高，多元参与不足，公共服务总体品质还不高，示范引领作用不突出，政务环境、人居环境品质有待提升。

四　落实北京新版总规、提升核心区发展品质的主要目标和基本原则

首都功能核心区具有政治、经济、文化、社会、生态功能，其中政治功能、文化功能是主体功能，经济功能、社会功能、生态功能是基础功能。落实北京新版总规、提升核心区发展品质的主要目的，就是要突出其主体功能，夯实基础功能，推动高质量发展，率先全面建成"国际一流的和谐宜居之区"。

（一）主要目标

强化政治功能，营造安全、优良的政务环境，为中央党政军领导机关工作提供高效、优质服务。

强化文化功能，擦亮首都历史文化"金名片"，全面展示大国首都形象和中华文化魅力。

优化经济功能，推动高质量集约发展，区域经济实力全面提升。

提升社会功能，社会充满活力，社会和谐安定，社会文明程度明显增强。

完善生态功能，提升生态环境品质，"花园东城"美丽形象全面展现。

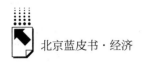

（二）基本原则

结合北京新版总规各项要求，联系工作实际，提升核心区发展品质要遵循以下五条基本原则。

坚持改革创新。进一步深化改革、扩大开放，把创新摆在发展全局的核心位置，推动制度创新、科技创新、文化创新，破解发展的不平衡不充分问题，加快发展动力转换，以一流的创新成果带动更高质量的发展。

加强统筹协调。遵循城市工作规律，围绕服务保障首都功能这个中心，统筹处理"都""城""群"与"一核""两翼"等重大关系，突出主体功能建设，营造一流的政务与人居环境，切实提升"四个服务"水平。

坚持整体保护。牢固树立"整体保护、全面保护、依法保护"理念，坚持以文化为魂，统筹老城历史文化资源，突出两轴政治、文化功能，传承文脉，彰显核心区文化自信和大国首都的文化魅力。

坚持生态优先。践行绿色发展理念，把生态文明建设融入经济社会发展的全过程，以资源环境承载力为硬约束，倒逼发展模式创新，走内涵式集约发展，推动可持续发展。

坚持共建共享。牢固树立城市治理的理念，坚持党建引领，创新方式方法，动员全社会力量，从人民群众对美好生活的"七有"要求与"五性"需求入手，引导人民群众有序参与，推动共建共享，提升公共服务品质，增进民生福祉。

五 落实北京新版总规、提升核心区发展品质的对策建议

站在首都发展新的历史起点上，东城区应始终坚持以习近平新时代中国特色社会主义思想为指导，牢固树立首善意识，遵循城市发展规律，对标北京新版总规，深入践行创新、协调、绿色、开放和共享发展理念，坚持以文化为魂，以提升首都核心功能、做好"四个服务"为核心，深化改革、开

拓创新，努力开创东城区高质量发展的新局面，做到发展品质提升与迈向"两个一百年"奋斗目标和中华民族伟大复兴中国梦的历史进程相契合，不断满足人民群众美好生活的需要。

（一）坚持以改革创新为动力，加快推动文化、科技创新发展，发挥核心区的引领示范作用

坚持深化改革，以破除体制机制壁垒、释放要素活力为导向，切实转变"舍不得""怕麻烦"的保守僵化心态，发挥创新驱动的核心作用，推动高质量发展，努力成为全球科技创新、文化创新的引领者。

推动城市治理创新。紧紧抓住疏解非首都功能这个"牛鼻子"，围绕核心区功能定位，由疏解非首都功能转向疏解非核心区功能，精准推进"规模控制"、"功能减负"和"空间紧缩"，坚定有序地把"疏整促"工作引向深入，不断优化提升首都核心功能。把提升行政效能作为城市治理考核的核心内容，深化城市管理体制和街道管理体制改革，创新城市治理模式，完善"街道吹哨、部门报到"机制，推动管理重心下移，为街道赋权、减负增效，加强条块合作，充分发挥街道统筹调度作用，实现"民有所呼、我有所应"。牢固树立首善意识，以提升城市管理标准为重点，抓紧研究制定反映核心区更高要求的环卫作业、停车管理、道路施工养护等方面的标准体系，加快智慧城市建设，全面提升"精治、共治、法治"水平，修补城市功能，完善城市基础设施，营造一流的政务环境和人居环境。

激发文化创新活力。依托历史文化资源丰富的优势，以前门历史文化节、传统庙会等文化活动为平台，结合现代信息技术新手段，创新皇城文化、老北京民俗文化等特色文化的展览展示形式，结合体验式消费，推动文商旅相结合，提升老字号品牌影响力，让历史文化融入经济社会发展和人民生活，做强"文化东城"品牌。全面实施"文化＋"产业融合行动，促进文化与科技、金融、旅游、商业等产业融合创新，加快推进国家文化与金融合作示范区建设，充分发挥文化驱动的作用，引导企业做大做强，培育新的经济增长点。创新公共文化服务体制机制，完善区、街、社区三级公共文化

服务体系，盘活疏解腾退空间资源，完善要素配置，强化公共文化有效供给，进一步做强"戏剧东城"和其他群众文化品牌，发挥全国公共文化示范区的引领示范作用。

提升科技创新能力。抓住新一轮科技革命和产业变革的契机，完善科技创新配套政策体系，以中关村东城园为龙头，加强科技创新平台建设，完善"苗圃—孵化器—加速器"创新培育链，培育各类创新企业，提升企业核心竞争力。完善创新激励机制，健全以政府投入为引导、企业投入为主体的科技投入机制，依托科技进步带动传统产业升级改造，积极培育符合核心区功能定位的知识技术密集型新兴产业、产业价值链高端环节和高端新兴业态。建立健全"高精尖"人才服务政策，创新人才引进、培养、激励等工作机制，积极培养一大批突破关键技术、引领学科发展、带动产业转型的领军人才。

（二）以加强主体功能建设为重点，提升经济功能，做好政务服务保障

落实首都"四个中心"功能建设各项要求，贯彻协调发展理念，突出"都"的功能建设，加强两轴的政治、文化功能，提升"城"的经济功能，推动由功能城市向文化城市的转变。

统筹推进政治功能建设。加强政治功能建设，是首都"四个中心"功能建设的首要任务。推动建立央地、军地议事协商和定期联络的常态化机制，主动加强与中央国家机关、中央单位、央企、部队的联系，密切央地、军地合作，加快腾退被占用的重要文物，腾退空间优先用于保障中央政务功能需要，为中央单位解决职工职住平衡创造条件，进一步优化提升政治功能。统筹推进政治功能与其他功能建设，以提升"四个服务"水平为核心，将优化功能结构与提高政务服务保障能力有机结合起来，把为中央服务与为群众服务有机结合起来，加强环境综合整治，完善公共服务配套设施，加强城市运行保障，落实建筑控高要求，重塑传统中轴线和长安街的壮美空间秩序，营造一流的政务环境。把维护核心区政务安全放在首位，强化"东城

无小事"的责任意识，加强"平安东城"长效机制建设，严格落实安全生产责任制，深入开展社会矛盾纠纷排查化解，完善群防群治社会治安防控体系，加强与毗邻区的协作，织密社会治安防控网络，全力维护社会安全稳定，高标准完成党和国家重大国事外交活动服务保障任务。

扎实推进文化功能建设。保护好首都历史文化"金名片"，是核心区肩负的神圣使命。坚持规划引领，加快编制统一的老城整体保护规划和核心区控制性详细规划，统筹历史文化资源的保护、开发与利用，以"中轴线申遗"为契机，完善街区更新顶层设计，全面推进"双轴、六片、三网、多点"保护工作，加快文物腾退修缮和环境综合整治，整体提升平房区和老城形象，打造老城复兴的标杆，展示"首都风范、古都风韵、时代风貌"的城市特色与魅力。深入挖掘新文化运动以来的历史文化资源，保护好北大红楼等红色历史文化遗存，紧紧围绕"中国人民站起来、富起来、强起来"这一主题，紧扣重大历史事件纪念节点，与中央、北京市或外省市有关单位联手，通过建立"五四运动"纪念碑、新文化运动风云人物雕塑园、红色文化展示、主体教育、党史研究等形式，传播中国故事、传承红色基因，打造首都文化的"东城高地"，让"五四运动"以来中国共产党建党、建国等光辉历史在首都窗口地区"活"起来。坚持以文化人，促进文化保护传承与文化旅游、文化产业与文化事业协调发展，充分利用辖区内丰富的文化资源，开展丰富多彩的文化品牌活动，不断提升市民文化修养和文明素质，展示东城人的精神风貌，彰显包容自信的文化品位。

提升经济发展品质。认真落实减量发展要求，坚持疏存量、控增量，推动区域经济发展提质增效。突出中关村国际自主创新示范区优势，聚焦"高精尖"发展方向，优化园区产业布局，提升产业的集聚度，加快推动文化与科技、金融融合创新发展，全面提升中关村东城园的发展质量。实现王府井步行街延长，加快王府井地区升级改造与连片发展，完成前门东区修缮整治，整体提升前门地区商业发展活力，全面打造世界知名的商业地标。抓住城南行动计划实施契机，加快推动永外地区、龙潭湖地区经济发展步伐，促进南北地区协调发展。结合"北京标准"制定"东城标准"，进一步提高产业准入门槛和住宿、餐饮、零售等行业标准，淘汰不符合核心区定位的散乱业态，重点发展信息服务、金融和文化产业，尤其是高品质的特色文化产业，完善"高精尖"产业政策支持体系，优化产业结构，提高楼宇产出强度，打造一批"高精尖"领军企业和文化产业示范园区，发挥对全市及"两翼"的辐射带动作用。深入实施"放管服"改革，深化三级政务服务体系建设，破除制约政务服务效能提升的"瓶颈"，完善政务"一张网"建设，打破信息孤岛，实现数据信息共享，率先全面优化营商环境，重点提升对中央企业和中央单位的服务效能，方便企业和群众办事，大幅度提高区域竞争力和市场活力。

（三）坚持绿色发展理念，提升生态环境品质，努力建设天蓝地绿水清、鸟语花香美丽的生态城市示范区

对标北京新版总规绿色发展要求，聚焦生态文明建设的短板弱项，加强生态修复，统筹生产、生活、生态，打造生态城市新地标，推动可持续发展。

加强生态修复。坚持人随功能走、人随产业走，坚决把过度聚集的非首都功能疏出去，把人口密度、商业密度降下来，为生态修复腾出可用的空间。以展现大国首都风范为重点，统筹规划，优化生态空间布局，利用疏解腾退空间，做好天坛周边、大通滨河公园等处的大尺度绿化工作，高品质打造城市休闲公园和社区绿色公共空间、绿色步道等，完善公共绿地设施，健全日常监管与维护机制，提升生态环境品质。坚持水与城协调发展，修复历史水系，严格落实河长制、湖长制，持续加强水体治理，实现龙潭三湖水系连通，打造蓝绿交织、灵动怡人的优美环境。

提高污染防治能力。从区域实际出发，持续加大大气污染治理力度，发扬"一微克一微克去抠"的精神，强化源头质量和系统治理，加强区域协作，全面提升大气污染防治精细化水平，切实改善大气质量。严格控制能源消费、水资源消耗，加强面源污染治理、入河排水污染防治，加强水污染源监管和治理，切实改善水体质量，促进水资源综合治理与合理利用。

（四）坚持"请进来""走出去"，全面提升区域国际化水平，加快建设具有全球影响力的大国首都窗口区

聚焦国际交往中心功能建设，加强软、硬件建设，突出东城特色，以更加开放的胸怀、开阔的视野、自信的姿态走向世界，展示大国首都良好形象和广泛的国际影响力。

加强功能建设。着眼于国际交往中心功能建设，深入挖掘区域历史文化资源，确定辖区内一些具有中国特色、文化底蕴深厚、可作为国事外交活动的场所，纳入重点项目实施高品质建设，完善重要设施，强化国际交往中心功能。引入更多有影响的跨国公司总部、跨国公司、国际机构和专业性国际组织，积极组织或参与国际会议、国际会展、国际活动，推介东城资源，提升核心区的国际知名度和影响力。加强道路交通、旅游服务、提示警示等标识系统的国际标准化、智能化建设，对现有的地方性法规和规章进行清理和完善，提升国际化服务能力和规范化水平，增强国际交往服务保障能力。

深化国际交流与合作。贯彻国家总体外交战略，围绕"一带一路"外交战略格局优化友城布局，加强与周边国家友好往来，按照平等互利原则发展新友城。完善与国际友城中长期合作机制，加强政府高层往来，拓宽文化教育、城市管理、环境保护、经贸往来等领域的交流合作，加深与友城的联系。坚持"请进来"和"走出去"相结合，提升王府井国际品牌节、前门历史文化节等商业品牌的国际影响力，增强外事服务区域经济发展的能力；借助"地坛文化庙会全球行"等文化活动品牌，提升"文化东城"的国际影响力。

营造良好的国际交往环境。以国际安全社区、奥林匹克社区为标杆，加快建设一批符合国际标准、功能完善的国际化社区，建立一支专业化、国际化的社区人才队伍，打造适合国际人才和市场主体发展的"类海外"环境。以公共空间、区文化馆、图书馆、社区图书室等为依托，加快建设国际通用的交流场所，提高街区的社会开放度与适应性。构建多语种咨询

服务体系，提升窗口行业服务人员的外语水平和涉外服务能力，全方位提高市民的国际交往素质与能力，营造高品质的开放多元包容自信的国际化环境。

（五）加强社会建设，推动共治共享，夯实社会基础

坚持共享发展理念，准确把握我国社会矛盾的重大变化，全面贯彻以人民为中心的发展思想，坚持以首善标准加强社会功能建设，发挥示范引领作用，不断满足人民群众美好生活的需要。

提升社会治理能力。健全"党委领导、政府主导、社会协同、公众参与、法治保障"的社会治理体制，完善"多元参与、协商共治"新型社区治理模式，为社区减负增效，深化"小巷管家""守望岗""停车自管会""花友会"等群众自治品牌，完善区、街道两级社会组织服务平台，培育各类社会组织，加强社区工作者和社区志愿者队伍建设，推动政府治理和社会自我调节、居民自治良性互动。

提升公共服务品质。坚持优质均衡发展方向，继续通过深化改革破除体制机制障碍，扩大优质公共服务资源供给，补齐民生短板，提升公共服务品质。认真落实全国、北京市教育大会精神，深入落实立德树人根本任务，以提升各级各类教育质量为核心，以建设高素质的专业化师资队伍为关键，深化素质教育，深化学区制改革，优化学校布局，通过集团化办学、联盟校等创新优质资源共享方式，扩大优质教育资源覆盖面，增加普惠性学前教育资源供给，培育德智体美劳全面发展的社会主义事业接班人，发挥名师、名校长的引领示范作用，打造东城教育高地。牢固树立"没有全民健康就没有全面小康"的理念，深入推进"健康东城"建设，深化医药卫生体制改革，优化分级诊疗制度，加强紧凑型医联体建设，完善社区医疗卫生服务体系，强化社区卫生服务特色，全面提升服务居民的能力；依托医疗卫生资源丰富的突出优势，发挥国家中医药综合改革试验区的示范作用，深入推进医养结合，重点提升服务保障中央驻区单位医疗健康需求的能力，不断提升健康服务质量。结合冬奥会筹办等契机，完善公共体育设施，加强健身活

动公共场所建设，大力发展体育事业，深入开展"一街一品"全民健身活动。

加强社会保障。坚持首善标准，加强民生保障，聚焦就业困难群体，落实就业帮扶机制，拓展残疾人就业渠道，确保"零就业家庭"保持动态为零。按照保基本、抓重点、促提升的工作思路，聚焦建档立卡贫困人口"两不愁三保障"要求，狠抓扶贫项目落地，帮助 5 个受援地区实现率先脱贫。完善最低生活保障制度，扩大社会救助覆盖面，对区内低收入居民实行逐户建档立卡，分类进行精准帮扶，不让一个人在全面小康路上掉队。积极应对人口老龄化，完善居家为基础、社区为依托、机构为补充、社会保障为支撑的普惠型养老服务体系，深化"三级五方联动、分类精准供给"居家养老服务模式，发挥政府与社会合力，整合资源，加强养老驿站、养老照料中心建设和运营管理，深化医养结合模式，全方位、高质量提供养老服务。

落实北京新版总规、提升核心区发展品质，是关系东城区经济社会长远发展的一项系统工程。以习近平新时代中国特色社会主义思想为指导，充分依靠全区广大干部群众，发扬咬定青山不放松的劲头，持续用力，久久为功，用智慧和汗水谱写首都城市治理体系与治理能力现代化的光辉篇章，向党和人民交上一份满意的答卷。

附录：提升首都功能核心区发展品质指标体系（东城区）

本研究基于《北京市东城区统计年鉴》等权威数据来源，参考国内外城市发展品质评价的经典研究成果，根据核心区城市发展品质的核心维度即核心区政治、经济、文化、社会、生态建设诸方面的品质，形成五大一级指标，并根据新版总归对核心区功能定位和城市发展的具体要求将一级指标延展成为三级指标体系。在指标性质的判定中，各指标分别做出正向与负向区分，使之更加契合研究目的，并反映城市发展品质进一步提升的潜力所在。

城市发展品质的评价指标体系主要包括政治功能评价指标、文化功能评价指标、经济功能评价指标、社会功能评价指标、生态功能评价指标5个一级指标体系。其中，政治功能评价一级指标包括外事保障能力和政治参与程度2个二级指标，文化功能评价一级指标包括人口文化素质和文化传承能力2个二级指标，经济功能评价指标包括经济发展品质、创新环境、经济结构多元化3个二级指标，社会功能评价指标包括收入分配、社会保障、公共服务3个二级指标，生态功能评价一级指标包括人居环境改善1个二级指标，具体指标体系详见附表1。

附表1　城市发展品质评价指标体系

一级指标	二级指标	三级指标	单位	指标性质	数据来源
政治功能评价指标	外事保障能力	外事活动经费支出	万元	正向	东城区外事侨务办
		重大外事活动数量	次	正向	东城区外事侨务办
	政治参与程度	选民参选率	%	正向	相关研究报告数据
		每万人拥有社会组织数	个	正向	《北京市东城区统计年鉴》《北京市东城区国民经济和社会发展第十三个五年规划纲要》
文化功能评价指标	人口文化素质	平均受教育年数	年	正向	根据相关数据资料测算
		新增就业人数增长率	%	正向	《北京市东城区统计年鉴》
		引进海外高层次人才创新创业人数	人	正向	东城区人力资源和社会保障局
	文化传承能力	公共图书馆总藏书数	万册（件）	正向	《北京市东城区国民经济和社会发展统计公报》
		举办文化活动数量	次	正向	《北京市东城区国民经济和社会发展统计公报》
		文物保护单位数量	个	正向	《北京市东城区国民经济和社会发展统计公报》
经济功能评价指标	经济发展品质	社会劳动生产率	元/人	正向	《北京市东城区国民经济和社会发展统计公报》
		规模以上企业占比	%	正向	《北京市东城区国民经济和社会发展统计公报》《北京市东城区国民经济和社会发展第十三个五年规划纲要》
		GDP增速的标准差	（无量纲）	逆向	根据相关数据资料测算

续表

一级指标	二级指标	三级指标	单位	指标性质	数据来源
	创新环境	R&D经费支出占GDP比重	%	正向	《北京市东城区统计年鉴》
		中小型企业贷款占总贷款比	%	正向	根据相关数据资料测算
		每万人申请专利数	件	正向	《北京市东城区统计年鉴》《北京市"十三五"时期加强全国科技创新中心建设规划》
		发表科技论文、出版科技著作数	篇(种)	正向	《北京市东城区统计年鉴》
	经济结构多元化	外国籍常住人口占总常住人口比	%	正向	根据相关数据资料测算
		非公有制经济占GDP比重	%	正向	《北京市东城区统计年鉴》
		非公有制经济占总就业比例	%	正向	《北京市东城区统计年鉴》
社会功能评价指标	收入分配	基尼系数	(无量纲)	逆向	根据相关数据资料测算
		劳动工资占GDP比	%	正向	根据相关数据资料测算
		资本收入总额占GDP比	%	正向	根据相关数据资料测算
	社会保障	社会保障支出占财政支出比	%	正向	根据相关数据资料测算
		居民养老保险参保率	%	正向	《北京市东城区统计年鉴》
		保障房覆盖面	%	正向	根据相关数据资料测算
		扶持残疾人数占残疾人总人数比	%	正向	根据相关数据资料测算
	公共服务	社区规范化建设覆盖率	%	正向	《北京市东城区统计年鉴》
		公共交通出行分担率	%	正向	《北京市东城区国民经济和社会发展第十三个五年规划纲要》
		优质教育资源覆盖率	%	正向	东城区教育委员会数据
		全民健身站点数量	个	正向	东城区体育局数据
		平均每千人口拥有执业(助理)医师数	位	正向	《北京市东城区统计年鉴》

续表

一级指标	二级指标	三级指标	单位	指标性质	数据来源
生态功能评价指标	人居环境改善	万元 GDP 能耗	万 tce/万元	逆向	《北京市东城区统计年鉴》
		PM2.5 年均浓度	微克/立方米	逆向	《北京市全年空气质量状况报告》
		平均 TDS 值	PPM	逆向	东城区环保局数据
		污水处理及生活垃圾无害处理率	%	正向	《北京市东城区统计年鉴》
		城市绿地服务半径覆盖率	%	正向	东城区园林绿化局数据
		人均公园绿地面积	平方米	正向	《北京市东城区统计年鉴》

参考文献

[1]《习近平:在北京市考察工作结束时的讲话》,2014 年 2 月 26 日。

[2]《习近平:在北京城市规划建设和冬奥会筹办工作座谈会上的讲话》,2017 年 2 月 24 日。

[3] 张桂林、张雁、闫辉等:《基于 ISO 37120 分析城市可持续发展水平——以 4 个一线城市为例》,《工程管理学报》2018 年 1 月 12 日。

[4] 惠施宇:《北京市东城区文化创意产业发展战略研究》,首都经济贸易大学硕士学位论文,2014。

[5] 郭珅:《社区社会组织参与社区治理研究》,南京大学学位论文,2012。

[6] 伍毅敏:《基于文本挖掘的两版北京城市总体规划公众意见对比分析》,《北京规划建设》,2018。

B.8
北京创意发展指数研究

梅 松　王 鹏　韩忠明*

摘　要：　近年来，随着产业结构的不断优化升级，高附加值、高影响力的文化创意产业正逐渐成为越来越多城市和地区的支柱产业。如何客观衡量和检验一座城市创意发展的水平与潜力，一套科学合理、可量化、可比较的指数体系至关重要。北京创意发展指数研究，旨在突出创意的整合性和独特性，最大限度地科学评估北京市文化创意产业的发展现状与增长活力，找出与国内其他重点城市创意产业发展存在的差异，为引领北京市文化创意产业发展提供参照。

关键词：　创意发展指数　创意指数　文化创意

一　国内外创意指数文献研究

目前比较成熟的创意指数体系包括美国的 Florida 的 3Ts 理论、欧洲创意指数、全球创意指数，以及国内的香港创意指数、上海城市创意指数和深圳的中国城市创意指数等。

梅松，经济学博士，北京市文化创意产业促进中心主任；王鹏，硕士，北京市文化创意产业促进中心副主任；韩忠明，网智天元科技集团股份有限公司大数据研究院院长。

（一）国外相关指数

1. Florida 的3Ts 创意指数

2002 年，美国卡内基梅隆大学教授、区域经济发展研究专家理查德·佛罗里达（Florida）在《创意阶级的兴起》一书中提出为了吸引有创意的人才、产生创意和刺激经济的发展，创意产业必须同时具备人才（Talent）、技术（Technology）和宽容度（Tolerance）三个关键要素，由此建立了由这三个要素构成的"3Ts 创意指数"体系，其提出的人才、技术、包容度三要素成为后续多个城市创意指数构建的重要基础（见表1）。

表1　Florida 的 3Ts 创意指数体系

一级指标	衡量依据
人才	①一个地区拥有学士以上学历人数占总人口的百分比 ②从事创意产业相关工作的创意阶层人口数量
技术	①创新指数：人均专利数 ②高科技指数：地区高技术产业产出分别占全国高技术产业产出的比例、占当地全部产出的比例
包容度	①同性恋指数：地区内同性恋人口占总人口的百分比（间接依据） ②波西米亚指数：地区内从事艺术创作的相对人口（直接依据） ③熔炉指数：地区内外来人口的相对比重

2. 欧洲创意指数

2004 年，佛罗里达（Florida）与艾琳·泰内格莉（Irene Tinagli）合作，将"3Ts 创意指数"框架应用于欧洲，在《创意时代的欧洲》一书中对欧洲 14 个国家的创意经济发展要素进行了研究，并与美国的情况做比较，提出建立了欧洲创意指数（ECI），包括欧洲人才指数、欧洲科技指数、欧洲包容度指数（见表2）。欧洲创意指数目前在全球范围内影响力较大，不仅深刻剖析了创意生产力、经济和国家竞争力直接的动态联系，而且对世界很多国家或地区创意产业发展的比较研究有着重要的启迪作用。

表2 欧洲创意指数（ECI）

一级指标	二级指标	衡量依据
欧洲人才指数	创意阶层	创意职业就业占比
	人才资本指数	25～64岁持有学士学位或更高学历的人口比例
	科学才能指数	每千人中科学研究员和工程师的人数
欧洲科技指数	创新指数	每万人拥有专利的数目
	高科技创新指数	每万人拥有高科技专利的数目
	研究和发展指数	研发支出占国内生产总值的百分比
欧洲包容度指数	态度指数	对少数族群持包容态度的人数占比
	价值指数	问卷调查一个国家对宗教、民族、家庭、女权、离婚以及人工流产等问题的态度
	自我表达指数	问卷调查一个民族对自我表达、生活素质、民主、信任、政治异议、同性恋、休闲、娱乐、移民等问题的态度

3. 全球创意指数

在欧洲创意指数的研究基础上，佛罗里达（Florida）和艾琳·泰内格莉（Irene Tinagli）又建立了全球创意指数（GCI），包括全球人才指数、全球科技指数和全球包容度指数（见表3）。该指数体系测算了45个国家包括绝大多数欧洲国家、经合组织成员国、主要的亚洲国家（如中国及印度）的创意指数。欧洲创意指数和全球创意指数的共同点是基于佛罗里达（Florida）的"3Ts创意指数"。

表3 全球创意指数（GCI）

一级指标	二级指标	衡量依据
全球人才指数	创意阶层	创意职业就业占比
	人才资本指数	25～64岁持有学士学位或更高学历的人口比例
	科学才能指数	每千人中科学研究员和工程师的人数
全球科技指数	创新指数	每万人拥有专利的数目
	高科技创新指数	每万人拥有高科技专利的数目
	研究和发展指数	研发支出占国内生产总值的百分比
全球包容度指数	态度指数	对少数族群持包容态度的人数占比
	价值指数	问卷调查一个国家对宗教、民族、家庭、女权、离婚以及人工流产等问题的态度
	自我表达指数	问卷调查一个民族对自我表达、生活素质、民主、信任、政治异议、同性恋、休闲、娱乐、移民等问题的态度

4. 英国兰德利创意城市指数

2000 年，"创意城市"研究的代表人物、英国学者查尔斯·兰德利（Charles Landry）在《创意城市》（*The Creative City*）一书中提出创意城市的九大测量指标，即关键多数、多样性、可及性、安全与保障、身份认同与特色、创新性、联系和综合效益、竞争力和组织能力。

（二）国内相关指数

1. 香港创意指数

2004 年，香港大学研究人员总结了 Florida 的 3Ts 创意指数、欧洲创意指数和全球创意指数的具体应用，选择了 5 个均等加权的指数组合 5Cs（创意资本理论）作为香港创意指数的框架，即创意效益/成果、结构/制度资本、人力资本、社会资本、文化资本（见表 4）。

表 4　香港创意指数

一级指标	二级指标
创意效益/成果	创意的经济贡献
	经济层面富有创意的活动
	创意活动其他成果
结构/制度资本	司法制度的独立性
	对贪污的感觉
	表达意见的自由
	信息及通信科技的基础情况
	社会和文化基础建设的动力
	社区设施的可用性
	金融基础
	企业管理的动力
人力资本	研发开支和教育开支
	知识劳动人口
	人力资本的移动/流动
社会资本	社会资本发展
	度量网络素质:从世界价值调查得出的习惯与价值
	度量网络素质:从世界价值调查得出的社区事务的参与

一级指标	二级指标
文化资本	文化支出
	度量网络素质:习惯与价值
	度量网络素质:文化事务的参与

香港创意指数强调,结构/制度、人力、社会、文化这四种资本形态的互动是影响创意增长的决定因素,这些决定因素之间的影响和互动的结果表现为创意成果或创意效益。

2. 台湾地区创意绩效指标

台湾地区评估城市创意的指标系统相关研究均主要参考 Florida 与 Landry 的指数。刘维公[①]提出的台湾地区文化创意产业绩效评估指标体系包括绩效评估总指标系统和发展重点指标两部分。总指标系统包含下列八大指标:产业规模、政府投入、经济效益、研究与发展、市场化、竞争力、人力资源以及消费。发展重点指标是包括提升文化创意产业产值一倍、增加文化创意产业就业机会两倍、研发投资金额总数及成长率、文化消费占家庭总支出比重、国际贸易进出口指标、文化创意产业大专以上人力比例、政府投入文化创意产业基础建设资金等。

3. 上海城市创意指数

上海市创意经济中心于 2006 年 7 月编制完成了上海城市创意指数,作为评估上海市创意竞争力的依据。上海创意指数体系借鉴了 3Ts 创意指数、欧洲创意指数、香港创意指数的经验,并结合我国国情和上海地域特点,设立了产业规模、科技研发、文化环境、人力资源、社会环境五个方面共 33 个分指标(见表 5)。其中,产业规模指数的权重最大,显示出上海城市创意指数较重视创意活动对于经济数据的表现。

[①] 刘维公:《台湾地区政府委托"文化创意产业推动绩效指标研究"研究报告》,台湾东吴大学论文,2002。

表5 上海城市创意指数

一级指标	二级指标
产业规模指数	创意产业的增加值占全市增加值的百分比
	人均GDP
科技研发指数	研究与发展经费支出占GDP比值
	高技术产业拥有自主知识产权产品实现产值占GDP比值
	高技术产业拥有自主知识产权拥有率
	每10万人发明专利数
	每10万人专利申请数(按常住人口计算)
	市级以上企业技术中心数
文化环境指数	家庭文化消费占全部消费的百分比
	公共图书馆每百万人拥有量
	艺术表演场所每百万人拥有量
	博物馆、纪念馆每百万人拥有量
	人均报纸数量
	人均期刊数量
	人均借阅图书馆图书的数目
	人均参观博物馆的次数
	举办国际展览会项目数
人力资源指数	新增劳动力人均受教育年限
	高等教育毛入学率
	每万人高等学校在校学生数
	户籍人口与常住人口比例
	国际旅游入境人数
	因私入境人数
	外省市来沪旅游人数
社会环境指数	全社会劳动生产率(按常住人口计算)
	社会安全指数
	人均城市基础设施建设投资额
	每千人国际互联网用户数
	宽带接入用户数
	每千人移动电话数
	环保投入占GDP百分比
	人均公共绿地面积
	每百万人拥有的实行免费开放公园数(按常住人口计算)

4. 北京文化创意指数

2006 年，北京市统计局、国家统计局北京调查总队研究制定了《北京市文化创意产业分类标准》，在此基础上研究建立了北京文化创意指数，分别由文化创意贡献指数、文化创意成果指数、文化创意环境指数、文化创意投入指数、文化创意人才指数五个部分构成[1]（见表 6）。其中，文化创意贡献指数反映了文化创意产业的经济社会贡献和发展规模；文化创意成果指数反映了北京市取得的科技成果和文化创意成果，主要体现城市的创新能力；文化创意环境指数反映了产业发展的文化环境和社会环境；文化创意投入指数反映了企业研发投入和政府在科学、教育方面的投入情况；文化创意人才指数反映了从事文化创意产业的大学及以上学历、中高级技术职称人员和科研人才拥有情况以及高等教育中文化创意人才培养情况。

表 6 北京文化创意指数

一级指标	二级指标
文化创意贡献指数	文化创意产业的增加值占 GDP 的比重
	文化创意产业从业人员占全市从业人员的比重
文化创意成果指数	每万人专利申请数
	每万人技术合同成交额
	每万人新书出现总数
	电影人均制作总数
文化创意环境指数	网民数量占全市人口数量比重
	公共设施的每百万人占有量(如文化馆、公共图书馆、艺术表演场所、电影院、博物馆、文化古迹、公园等)
	文化服务的每万人占有量(如图书馆可借阅图书数、电影放映场次、文艺表演场次等)
	文化娱乐场所的每百万人占有量(如网吧、歌舞娱乐场所、电子游艺场所等)
	人均教育文化娱乐服务支出比重
	文化创意产业集聚区单位数量比例
文化创意投入指数	研究与试验发展经费支出相当于 GDP 的比例
	政府科学支出占 GDP 的比重
	政府教育支出占 GDP 的比重
	文化创意专项资金占政府科学支出比重

---

[1] 张小洁、徐燕、张勇顺等：《北京文化创意指数研究》，北京市统计局网站，2009。

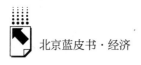

续表

一级指标	二级指标
文化创意 人才指数	高学历人员比重
	中高级技术职称人员比重
	科技活动人员占全市从业人员的比重
	高等教育文化创意人才培养比重

随后，北京创意指数相关研究不断涌现。于启武（2008）提出由产业规模、科技研发、人力资源、文化环境与社会环境5个一级指标组成的北京文化创意指数体系；肖永亮等（2010）提出了由文化产业规模指标、城市管理指标、创意人才指标、文化传统及文化特色指标、技术创新和技术应用指标、工业及服务业指标、居民消费能力和消费习惯指标、居民生活环境与生活质量指标以及信息平台指标9个一级指标、17个二级指标、118个三级指标组成的"城市创意指数"指标体系。

5. 浙江省创意指数及指标体系研究

陈颖等（2010）学者研究提出了浙江创意指数，包括人才资本、文化资本、社会资本、制度资本、创意产出指标。其中，前四种资本是创意增长的决定因素，而这些决定因素相互作用的累积效应以创意产出为表现形式。

6. 杭州创意指数

2011年，杭州市委宣传部与市统计局联合推出了杭州文化创意指数指标体系，分为文化创意发展基础、发展环境、发展产出、发展创新4个一级指标及35个二级评价指标。

7. 深圳—中国城市创意指数(CCCI)

2012年，深圳大学文化产业研究院主持开发了中国城市创意指数（CCCI）模型并首次发布。该指数由要素推动力、需求拉动力、发展支撑力和产业影响力4个一级指标、9个二级指标和18个三级指标构成。该模型的创新之处是在考虑了人才、经费、科技、文化等资源推动的同时，还考虑了文化需求和消费潜力的拉动作用，以及通信、网络等相关行业的支撑作用。2017年，该创意指数的指标体系二级指标扩充到11个，三级指标扩充到28个（见表7）。

表7 中国城市创意指数（CCCI）

一级指标	二级指标
要素推动力	人力资源
	科技创新
	文化资源
	资金投入
需求拉动力	消费能力
	消费支出
发展支撑力	基础设施
	政府政策
	发展机会
产业影响力	产业产出
	发展潜力

（三）国内外创意指数研究比较分析

通过研究发现，目前的城市创意指数及指标体系基本都脱胎传承于佛罗里达的3Ts创意指数，同时还具有明显的"本土化创新"的特征。总体来看，3Ts创意指数、欧洲创意指数、全球创意指数三者所适用的文化背景相似，都认为创意力的关键在于人才、科技、包容。其中，欧洲和全球创意指数在具体指标上比较细化，并且增添了态度、价值观等多个软性指标。香港创意指数是基于亚洲视角的创意产业思维的价值体现，它在3Ts创意指数和欧洲创意指数的基础上，融入了香港本土特色，形成了"5C模型"。上海创意指数、浙江创意指数均以香港创意指数的总体框架为主要原型，只是在具体的"5C"要素表述上略有不同（见表8）。

表8 国内外城市创意指数一览

国内外指标体系	指标内容
Florida的3Ts创意指数	①人才；②技术；③包容度
ECI:欧洲创意指数	
GCI:全球创意指数	

续表

国内外指标体系	指标内容
英国Landry创意城市指数	①关键多数;②多样性;③可及性;④安全与保障;⑤身份认同与特色;⑥创新性;⑦联系和综合效益;⑧竞争力;⑨组织能力
香港创意指数	①结构/制度资本;②人力资本;③社会资本;④文化资本;⑤创意效益/成果
台湾地区文化创意产业绩效评估指标	①产业规模;②政府投入;③经济效益;④研究与发展;⑤市场化;⑥竞争力;⑦人力资源;⑧消费
上海城市创意指数	①产业规模;②科技研发;③文化环境;④人力资源;⑤社会环境
北京文化创意指数	①环境;②投入;③人才;④成果;⑤贡献
深圳—中国城市创意指数	①要素推动力;②需求拉动力;③发展支撑力;④产业影响力
浙江创意指数	①人才资本;②文化资本;③社会资本;④制度资本;⑤创意产出
杭州创意指数	①基础;②环境;③产出;④创新

基于以上文献梳理分析,结合北京城市特色和文化创意产业发展战略定位,本研究借鉴了中国城市创意指数体系中产业、环境、人力资源、文化资源、科技创新、政府政策、资金投入、消费支出、基础设施等共性指标,同时加入了法律环境、文化创意影响力、版权登记等特色指标,构建出具有自身特点的北京创意发展指数,用于评估衡量北京市及国内外其他城市的创意能力。

(四)本指标体系和此前指标体系比较分析

本指标体系结合大数据手段,采用定性和定量相结合的方法,在充分研究国内外相关文献、吸收借鉴前人优秀经验的基础上,综合了国内文化创意、指数研究、大数据算法挖掘领域多位专家、学者的意见,在专家打分法的基础上运用层面分析法得出各指标项和相应权重,具有如下特点:一是继承传统指标维度,结合国内现状和时代特色;二是去除人口因素对各指标的影响,弥补了国内研究的不足;三是小数据和大数据相结合;四是四城市跨度六年的横向纵向实证研究。

二　北京创意发展指数研究

北京创意发展指标体系参考了国内外人才、技术、文化环境、社会环境、产业规模、创意效益等指标，并加入了国际化、版权登记、文化创意影响力等新指标，既体现了指标体系的传承性，又彰显了北京作为国际化大都市的功能定位，肯定了文化创意企业的影响力因素对创意发展指标的贡献度等。

（一）指数的设计原则

1. 前瞻性

指数编制设计首先应具有前瞻性，符合全球创意产业发展规律和趋势，更应满足国内各地方制定创意发展政策的预见性需要。

2. 引领性

在构建指数体系时，本研究采用了国内外共识度高和普遍采用的评价指标，同时瞄准创意发展的趋势和国际先进地区创新发展的方向，结合本市当前创意经济发展的特点，选择符合实际并具有创新性的评价指标，使其具有新时期创意发展的引领和导向作用。

3. 特色性

在设计北京创意发展指数时，本研究突出了北京城市的地方特点，旨在客观评估本地区产业发展能力和发展环境，满足首都制定创意发展相关政策的需要。

4. 准确性

在指标选取过程中，本研究充分参考了政府统计体系和部门统计体系、经济普查数据资源以及各大权威媒体的报道，以保证数据来源全面准确。

5. 一致性

本研究采用政府统计部门数据统计口径，具体来源包括：国家统计局、财政局、北京市统计局、上海统计局、深圳统计局、香港统计局及知识产权

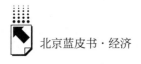
局等部门正式发布的统计数据，以保证数据的一致性和权威性。

6. 可获取性

指数的最终落地实现需要关注各个指标数据获取环节的可行性。每个数据获取环节都应该是可操作、可获取的，才能最终完成指标体系设计的落地目标。

（二）指数的研究方法

北京创意发展指数的整体构建采用了文献调研、专家座谈、大数据分析、实证研究等多种方法相结合。

权重的确定采用层次分析法和专家打分法。为了排除人口因素对各项指标的影响，在计算过程中，先用各项指标除去常住人口，然后按不同的单位进行缩减。

（三）指数的总体框架及指标解释

北京创意发展指数的总体框架包括一级指标 4 个、二级指标 13 个、三级指标 32 个。针对某个指定城市，北京创意发展指数体系从环境与支撑、人才基础、效益产出和文化创意影响力 4 个一级指标进行综合评价，分别用以度量和评价该城市文化创意发展的环境基础、投入因素、创意成果输出和影响力。

1. 环境与支撑

环境与支撑是指一个城市创意发展所需要的文化、政策、法律和科技环境，包括文化环境、政策环境、法律环境和科技基础 4 个二级指标。

（1）文化环境是指一个城市有助于创意发展的公共文化资源、文化消费支出情况，包括以下 4 个三级指标，即：①每万人发明专利拥有量；②人均教育、文化和娱乐支出；③人均公共图书馆藏量；④博物馆参观人次。

（2）政策环境是指一个城市有助于创意发展政策支持和资金投入情况，包括以下 2 个三级指标，即：①新增文化创意相关政策数量；②政府科学技术预算支出。

（3）法律环境是指一个城市对知识产权保护的情况，包括以下 3 个三级指标，即：①专利侵权纠纷立案数量；②专利侵权纠纷结案数量；③查处假冒专利结案数量。

（4）科技基础是指一个城市技术、电商和互联网的发展情况，包括以下 3 个三级指标，即：①技术合同成交额；②城市网民数量；③城市电子商务交易规模。

2. 人才基础

人才基础是指现阶段该城市创意产业所容纳的从业人员数量和研发人员数量，包括人才资源 1 个二级指标、2 个三级指标，即：①创意产业从业人员数量；②科技活动人员数量。

3. 效益产出

效益产出是指一个城市创意发展研发成果与经济效益的实际产出情况，反映该城市取得的经济与科技研发成果和文化创意成果，体现出这个城市的实际创新能力。该指标包括产业规模、专利成果、版权成果、影视产出、国际化 5 个二级指标。

（1）产业规模是指一个城市的创意产业规模现状，主要以该城市文化创意产业的增加值及其占城市 GDP 比重来衡量，包括 2 个三级指标，即：①创意产业增加值；②创意产业增加值占城市 GDP 比重。

（2）专利成果是指一个城市的专利成果现状，主要以该城市的专利申请量与授权数量来进行衡量，包括 2 个三级指标，即：①专利申请量；②专利授权数量。

（3）版权成果是指一个城市的版权登记状况，主要以该城市的版权登记数量来进行衡量，包括 4 个三级指标，即：①城市作品登记数量；②版权合同登记；③输出版权；④引进版权。

（4）影视产出是指一个城市在影视上所获得的成果，主要以该城市的电影票房和观影人次来进行衡量，包括 2 个三级指标，即：①电影观影人次；②电影票房收入。

（5）国际化是指一个城市在创意发展方面所进行的国际交流情况，主

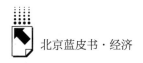
要以该城市的版权引进情况、文化贸易与文化服务的进出口情况等指标进行衡量，包括以下2个三级指标，即：①城市文化贸易进出口总额；②核心文化服务进出口总额。

4. 文化创意影响力

文化创意影响力是指该城市在文化创意领域内所能够吸引到的公众关注度。它能够反映城市在创意领域所取得的社会影响力和关注情况，在本研究中利用关于该城市的创意相关关键词在境内外媒体上的报道量进行衡量，包括文化创意关注度、文化创意产业关注度和文化创意产业园关注度3个二级指标。

（1）文化创意关注度包括2个三级指标，即：①城市文化创意境内关注度；②城市文化创意境外关注度。

（2）文化创意产业关注度包括2个三级指标，即：①城市文化创意产业境内关注度；②城市文化创意产业境外关注度。

（3）文化创意产业园关注度，包括2个三级指标，即：①城市文化创意产业园境内关注度；②城市文化创意产业园境外关注度。

（四）数据来源

本研究选取北京、上海、深圳和香港4个城市作为创意发展指数的评价对象，相关指标的计算数据来自2012～2017年的国家统计局、财政局、国家知识专利局、北京市统计局、上海统计局、深圳统计局、香港统计局及知识产权局，以及《中国区域经济统计年鉴》《中国城市统计年鉴》等。对于少数缺失数据，运用统计学方法进行填补。

（五）指数的权重设计

北京创意发展指数计算是采用加权平均方法，对4个一级指标的指数计算结果进行加权平均得出最终指数结果，二、三级指标的计算也采用同样的方法。权重的确定采用了两个方法：一是德尔菲法（专家打分法），二是对专家确定的权重进一步应用层次分析法（简称 AHP 分析）进行校验。

层次分析法是一种定性和定量相结合的、系统化、层次化的分析方法，将决策问题按总目标、各层子目标、评价准则直至具体的备投方案的顺序分解为不同的层次结构，然后用求解判断矩阵特征向量的办法，求得每一层次的各元素对上一层次某元素的优先权重，最后再用加权求和的方法递阶归并各备选方案对总目标的最终权重，此最终权重最大者即为最优方案。

1. 建立层次结构模型

将决策的目标、考虑的因素（决策准则）和决策对象按它们之间的相互关系分为最高层、中间层和最低层，绘出层次结构图。最高层是指决策的目的、要解决的问题。最低层是指决策时的备选方案。中间层是指考虑的因素、决策的准则。对于相邻的两层，高层为目标层，低层为因素层。

2. 构造判断（成对比较）矩阵

在确定各层次各因素之间的权重时，采用一致矩阵法，即不把所有因素放在一起比较，而是两两相互比较，对此时采用相对尺度，以尽可能减少性质不同的诸因素相互比较的困难，以提高准确度。如对某一准则，对其下各方案进行两两对比，并按其重要性程度评定等级。a_{ij} 为要素 i 与要素 j 重要性比较结果。按两两比较结果构成的矩阵称作判断矩阵。判断矩阵具有如下性质：

$$a_{ij} = \frac{1}{a_{ji}}$$

3. 层次单排序及其一致性检验

对应于判断矩阵最大特征根 λ_{max} 的特征向量，经归一化（是指使向量中各元素之和等于 1）处理后记为 W。W 的元素为同一层次因素对于上一层次因素某因素相对重要性的排序权值，这一过程称为层次单排序。能否确认层次单排序，则需要进行一致性检验，定义一致性指标为：

$$CI = \frac{\lambda - n}{n - 1}$$

$CI = 0$，有完全的一致性；CI 接近于 0，有满意的一致性；CI 越大，不一致越严重。为衡量 CI 的大小，引入随机一致性指标 RI：

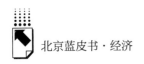
$$RI = \frac{CI_1 + CI_2 + CI_3 + \cdots + CI_n}{n}$$

其中，随机一致性指标 RI 和判断矩阵的阶数有关，一般情况下，矩阵阶数越大，则出现一致性随机偏离的可能性也越大。

考虑到一致性的偏离可能是由随机原因造成的，在检验判断矩阵是否具有满意的一致性时，还需将 CI 和随机一致性指标 RI 进行比较，得出检验系数 CR，公式为：

$$CR = \frac{CI}{RI}$$

如果计算得出的检验系数 CR < 0.1，则认为该判断矩阵通过一致性检验，否则就不具有满意一致性。

（六）指数的计算方法

各指标权重的确定采用专家打分法和层次分析法。为除去人口因素对各项指标的影响，用各项指标除去常住人口，然后按不同的单位进行缩减。如北京 2012 ~ 2017 年 32 个三级指标，分别除以对应年份的常住人口数量（见表9）。其他城市计算方法也相同。

第一步，计算创意发展指数体系 32 个三级指标中每一项的指标值。以三级指标除以常住人口数量，2012 年的三级指标数值为 $x_1(n)$，2012 年的对应城市的常住人口为 $y_1(n)$，则各项副指标的测量值为：

$$m(n) = x_1(n)/y_1(n)$$

第二步，为了方便比较、归纳和计算，先对三级指标进行标准化处理，然后按不同的单位进行缩减，则标准化处理后的值为：

$$b(n) = m(n) \times 10^k (k \text{ 为整数})$$

第三步，计算创意发展指数的 13 个二级指标。对每个二级指标，分别乘以各指标的权重，则各二级指标的测量值为：

$$c(n) = \lambda_1 \times b(1) + \lambda_2 \times b(2) + \cdots + \lambda_n \times b(n)$$

$$(\lambda_1 + \lambda_2 + \cdots + \lambda_n = 1, \lambda_i \text{ 为权重}, i = 1, 2, \cdots, n)$$

第四步，计算创意发展指数的4个一级指标。对每个一级指标，分别乘以各指标的权重，则各一级指标的测量值为：

$$d(n) = \beta_1 \times c(1) + \beta_2 \times c(2) + \cdots + \beta_n \times c(n)$$

其中，$\beta_1 + \beta_2 + \cdots + \beta_n = 1$，$\beta_j$ 为权重，$j = 1, 2, \cdots, n$。

第五步，计算总的创意发展指数。总的创意指数 CI 是一级指标分别乘以各自的权重然后相加的结果。4个一级指标的权重依次为35%、15%、45%、5%。

$$CI = 35\% \times d(1) + 15\% \times d(2) + 45\% \times d(3) + 5\% \times d(4)$$

表9　北京创意发展指数指标体系

北京创意发展指数指标体系

北京创意发展指数 = 35% × 环境与支撑 + 15% × 人才基础 + 45% × 效益产出 + 5% × 文化创意影响力

目标层	一级指标	二级指标	三级指标	计量单位
北京创意发展指数（测量城市文化创意现状及潜力的指标体系）	环境与支撑（35%）	文化环境（40%）	每万人发明专利拥有量（45%）	件
			人均教育、文化和娱乐支出（30%）	元
			人均公共图书馆藏量（15%）	册
			博物馆参观人次（10%）	万人次
		政策环境（30%）	新增文化创意相关政策数量（65%）	部
			政府科学技术预算支出（35%）	亿元
		法律环境（20%）	专利侵权纠纷立案数量（50%）	宗
			专利侵权纠纷结案数量（30%）	宗
			查处假冒专利结案数量（20%）	宗
		科技基础（10%）	技术合同成交额（60%）	亿元
			城市网民数量（20%）	万人
			城市电子商务交易规模（20%）	亿元
	人才基础（15%）	人才资源（100%）	创意产业从业人员数量（60%）	万人
			科技活动人员数量（40%）	万人
	效益产出（45%）	产业规模（30%）	创意产业增加值（55%）	亿元
			创意产业增加值占城市 GDP 比重（45%）	—
		专利成果（20%）	专利申请量（45%）	件
			专利授权量（55%）	件

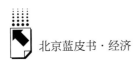

续表

北京创意发展指数指标体系
北京创意发展指数 = 35% × 环境与支撑 + 15% × 人才基础 + 45% × 效益产出 + 5% × 文化创意影响力

目标层	一级指标	二级指标	三级指标	计量单位
		版权成果（20%）	城市作品登记数量（30%）	件
			版权合同登记（25%）	件
			输出版权（25%）	件
			引进版权（20%）	件
		影视产出（15%）	电影观影人次（45%）	人/场
			电影票房收入（55%）	亿元
		国际化（15%）	城市文化贸易进出口总额（40%）	亿美元
			核心文化服务进出口总额（60%）	亿美元
文化创意影响力（5%）		文化创意关注度（20%）	城市文化创意境内关注度（60%）	条
			城市文化创意境外关注度（40%）	条
		文化创意产业关注度（30%）	城市文化创意产业境内关注度（60%）	条
			城市文化创意产业境外关注度（40%）	条
		文化创意产业园关注度（50%）	城市文化创意产业园境内关注度（60%）	条
			城市文化创意产业园境外关注度（40%）	条

三　北京创意发展指数实证及分析

通过研究发现，北京创意发展指数呈现逐年上升态势，2015年和2016年增长幅度较大，2017年的增长幅度有所收窄。北京的文化创意环境处在稳定状态，文化创意影响力仍有较大发展空间，但是人才资源趋于饱和。

（一）北京创意发展指数实证结果分析

使用2012~2017年的数据资料进行北京创意发展指数计算，结果如表10、图1所示。

表10　2012～2017年北京创意发展指数

指标	2012年	2013年	2014年	2015年	2016年	2017年
总指数	71.61	75.58	79.99	87.85	101.71	107.51
环境与支撑	42.22	49.31	54.64	62.35	78.64	89.80
人才基础	56.92	58.76	66.94	69.70	69.62	68.97
效益产出	106.99	109.63	112.42	121.14	136.22	139.42
文化创意影响力	2.98	3.51	4.98	21.25	48.90	59.87

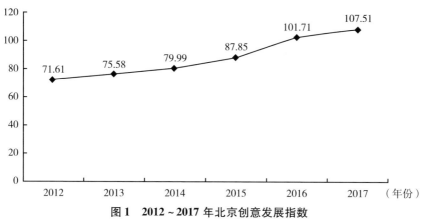

图1　2012～2017年北京创意发展指数

从整体来看，良好的文化科技环境、充足的人才资源为北京文化创意发展提供了持久的增长动力（见图2）。

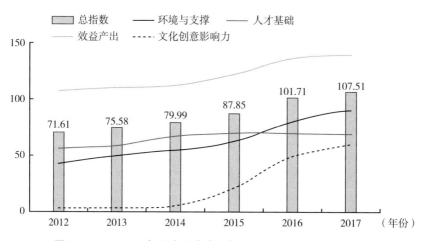

图2　2012～2017年北京创意发展指数及一级指标变化趋势

（二）北京创意发展指数及二级指标同比增速分析

数据显示，北京创意发展指数2013～2017年同比增长较快，均超过5%，其中2016年同比增长达15.77%。2016年环境与支撑指数的同比增长26.12%，创五年新高，2017年增长为14.20%，继续保持高速增长（见表11）。

表11　2013～2017年北京创意发展指数及二级指标同比分析

单位：%

指标	2013年	2014年	2015年	2016年	2017年
总指数	5.55	5.84	9.82	15.77	5.70
环境与支撑	16.81	10.76	14.16	26.12	14.20
人才基础	3.24	13.92	4.12	-0.12	-0.93
效益产出	2.47	2.54	7.76	12.45	2.35
文化创意影响力	17.79	41.69	326.70	130.10	22.45

北京创意发展潜力与文化消费能力紧密相关。文化消费能力的增加为创意发展能力的增强打下了良好的基础。北京创意发展能力的提升还依赖于文化创意产业的发展和文化政策的调整。2015年，北京文化创意产业发展突出"创新驱动、示范带动、项目拉动、要素联动、产业互动"，推动产业稳步增长。2015年，北京创意发展指数同比增长达9.82%，文化创意产业规模、研发成果和效益产出、文化创意产业境内和境外新闻报道量增长较快。2016年北京创意发展指数同比增长15.77%（见图3），增长幅度最大，北京文化创意产业顺应趋势、创新求变，"高精尖"发展态势明显，产业活力持续增强，空间格局更加优化，发展环境不断改善，经济贡献更为突出，为疏解非首都功能、构建首都"高精尖"经济结构、推进全国文化中心建设起到重要推动作用。

2016～2017年，人才基础指数均出现小幅下降，文化创意行业人才逐渐饱和。

从文化创意影响力来看，北京文化创意影响力指数在4个指标中同比增长最为迅速，北京文化创意影响力表现为逐年攀升，外界对北京文化创意产业和北京文化创意产业园区的关注度也越来越高。2016 年涨幅达 130.10%，涨势强劲，2017 年涨幅为 22.45%，增速有所放缓，但未来仍有巨大的提升空间。

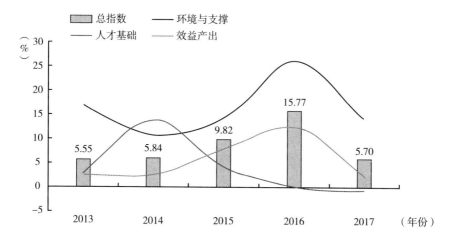

图3　**2013～2017 年北京创意发展指数及二级指标增长率对比**

四　对标城市创意指数实证分析

通过对比北京与上海、深圳、香港的创意发展指数可以发现，北京的文化创意产业增加值体量保持第一，上海排第二，两者差距较小。北京创意发展指数始终排在前列，香港和深圳在第二和第三之间更替，上海排末位。

（一）四城市创意指数对比

2012～2017 年，从整体来看，北京和上海指数增长速度相对稳定；深圳的指数在 2016 年以前增长速度较快，2017 年增速开始放缓；香港的指数增长速度比较缓慢，2017 年出现小幅下滑。

2017 年，上海市委、上海市政府出台了《关于加快本市文化创意产业创新发展的若干意见》，对提升城市创意发展能力起到了较好的作用，但是由于上海的人口数量较多，去除人口因素，人均文化创意水平低于北京、香港和深圳，故排在最后。北京的人均文化创意水平最高，香港和深圳的总体文化能力低于北京和上海，但是人均文化创意水平和资源占有率相对高于上海，低于北京，故深圳和香港的排名处在第二名和第三名（见表12、图4）。

表12 2012~2017年四城市创意发展指数对比

时间	北京	香港	深圳	上海
2012年	71.61	66.79	48.07	45.91
2013年	75.58	67.49	55.03	48.44
2014年	79.99	66.33	62.43	54.37
2015年	87.85	74.35	72.23	55.71
2016年	101.71	79.23	83.01	62.31
2017年	107.51	76.74	82.50	70.57

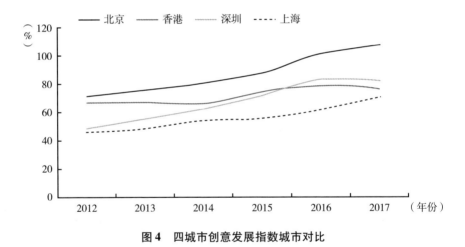

图4 四城市创意发展指数城市对比

（二）四城市一级指标对比

2012~2017年，四城市中北京的效益产出、深圳的人才基础指标较其他三个城市表现更为突出，随着时间的推移，北京文化创意影响力越来越大，对比其他三座城市的优势更加明显；香港的环境与支撑指数始终稳居第一；上海历年的常住人口数量高于其他三个城市，文化资源占有率和人均文化水平略低，相比其他三城市各二级指标未表现出明显的优势（见表13）。

表 13　四城市一级指标对比

项目	2012 年			
	北京	深圳	香港	上海
总指数	71.61	48.07	66.79	45.91
环境与支撑	42.22	47.64	93.55	48.96
人才基础	56.92	61.96	18.79	37.43
效益产出	106.99	48.91	68.71	51.16
文化创意影响力	2.98	1.84	6.20	2.73

项目	2013 年			
	北京	深圳	香港	上海
总指数	75.58	55.03	67.49	48.44
环境与支撑	49.31	59.50	91.96	53.42
人才基础	58.76	62.00	19.35	39.51
效益产出	109.63	55.05	71.44	52.60
文化创意影响力	3.51	2.66	4.97	2.89

项目	2014 年			
	北京	深圳	香港	上海
总指数	79.99	62.43	66.33	54.37
环境与支撑	54.62	72.90	94.72	63.54
人才基础	66.94	68.22	19.72	39.40
效益产出	112.42	58.82	66.25	57.83
文化创意影响力	4.98	4.22	8.25	4.03

项目	2015 年			
	北京	深圳	香港	上海
总指数	87.85	72.23	74.35	55.71
环境与支撑	62.35	91.76	115.92	63.86
人才基础	69.70	70.95	19.68	41.70
效益产出	121.14	64.78	66.96	59.42
文化创意影响力	21.25	6.45	13.99	7.17

项目	2016 年			
	北京	深圳	香港	上海
总指数	101.71	83.01	79.23	62.31
环境与支撑	78.64	113.11	126.34	79.63
人才基础	69.62	77.10	19.63	43.21
效益产出	136.22	69.46	68.59	60.93
文化创意影响力	48.90	12.09	24.02	10.83

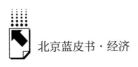

续表

项目	2017 年			
	北京	深圳	香港	上海
总指数	107.51	82.50	76.74	70.57
环境与支撑	89.80	114.78	121.47	90.06
人才基础	68.97	55.13	19.59	46.54
效益产出	139.42	74.27	65.93	67.52
文化创意影响力	59.87	12.72	32.25	33.59

从四城市各指标2013～2017年增长率的平均值来看，深圳文化创意发展指数的平均增长率最高，其次是上海、北京和香港（见表14）。

表14　2013～2017年四城市各指标的平均增长率

单位：%

指标	北京	上海	深圳	香港
总指数	8.48	9.06	11.59	2.97
环境与支撑	16.20	13.27	19.61	5.76
人才基础	4.05	4.49	-1.15	0.85
效益产出	5.51	5.77	8.74	-0.73
文化创意影响力	107.75	76.89	49.75	44.35

（三）四城市文化创意产业增加值和占比对比

北京、上海、深圳的文化创意产业增加值逐年递增，香港处在相对平稳状态。北京的文化创意产业增加值体量保持第一，上海排第二，与北京的差距较小，深圳和香港体量低于北京和上海（见图5）。

从四城市文化创意产业增加值占GDP比重变化趋势来看，北京占比最高，始终保持在12%～14%；上海2014年出现了较大的上升，上升约2个百分点，2015年后稳定在12%左右；深圳无明显波动，占比在10%左右；香港占比保持在5%左右，文化创意产业增加值占GDP比重较小。

综上所述，从文化创意产业增加值和文化创意产业增加值占GDP比重

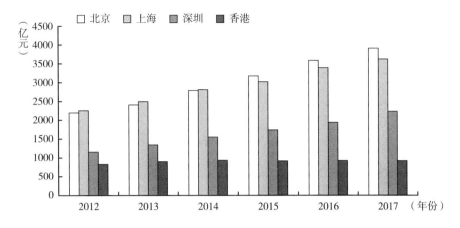

图5　四城市文化创意产业增加值对比

来分析，北京、上海稳居前列，优势突出，深圳排第三，香港处在劣势，和前三座城市差距明显（见图6）。

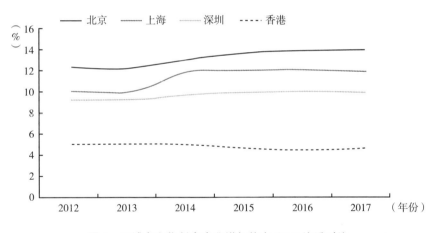

图6　四城市文化创意产业增加值占GDP比重对比

（四）四城市创意指数排名分析

本指标体系在计算中代入了北京、上海、深圳、香港2012～2017年的历史数据进行实证运算，并对四城市做了横向和纵向对比，得出主要结论如下。

一是北京创意发展指数保持逐年上升态势，但人才资源已趋于饱和，文化创意成果的增速出现减缓趋势。北京市当前的优势在于科技基础扎实，人文环境稳定，各项指标保持逐年上升状态，不足之处在于除文化创意影响力增长较快外，环境与支撑、人力资本、效益产出3个指标的增长动力不足，导致创意发展动力出现放缓趋势。

二是从城市整体发展情况来看，北京和上海的文化创意发展水平最高，产业增加值及其占GDP比重在四城市中处在领先地位。深圳和香港分别居第三和第四位，和北京、上海差距较大。

三是从人均创意发展水平来看，上海的文化创意发展水平落后于其他三市。上海常住人口较多，文化创意成果不及北京，去除人口因素，上海创意发展指数排名落后于北京、深圳和香港，排名最低。

五 对北京文化创意产业发展的建议

目前，北京市文化创意产业的发展水平在国内持续领先，但增速出现放缓趋势，部分创意发展指标较弱，在此前研究的基础上，提出如下建议。

一是注重文化创意人才培养，优化文化创意人才服务。北京创意发展指数显示，2016年与2017年北京文化创意人才基础指数增长速度减缓，甚至出现小幅负增长，这反映了北京市文化创意人才增量放缓、趋于饱和的现状。因此，北京市应加大文化创意人才政策支持力度，分层级培养和吸引优秀文化创意人才，通过完善认定标准、优化引进与保障措施、实施培养与奖励计划、努力打造一支首都高素质文化创意人才队伍。

二是加强北京文化创意产业的国际化交流。目前，文化贸易进出口、核心文化服务进出口仍为北京文化创意产业提升的短板。应积极推动文化艺术、广播影视、新闻出版、教育等承载中华文化核心价值的文化服务出口。支持文化服务贸易基地和公共服务平台建设，对文化企业境外参展、进行商业演出以及开展跨境电子商务及文化服务等给予支持。

三是加大宣传力度，进一步提升首都文化创意影响力。北京应在打造文化创意影响力方面继续加大力度，扩大自身优势，结合具体的文化创意产业场景，设置出更多类似于"文化创意产业园区""老旧工业厂房转型升级"等吸引公众关注的议题，进一步提升北京文化创意在国内外的知名度，助力北京文化创意产业发展更进一步。

四是优化集聚发展，打造大北京文化创意圈。不断优化文化创意产业现有发展模式，从文化创意产业内部进行深度结构调整，使集聚发展的效应更加凸显。推动文化创意产业园区和孵化器的发展，鼓励文化创意企业落户园区和孵化器。在京津冀协同发展的大格局下，加大力度打造以北京为核心的"大北京"文化创意产业圈，为北京文化创意产业的持续发展提供势能储备。

五是加强对文化无形资产的保护与利用。北京市每万人发明专利拥有量在四城市中处在领先地位，专利知识产权侵权纠纷案件结案数量逐年增加，版权登记数量也处在稳定提升的状态。应创新文化无形资产管理模式，提高文化企业对无形资产的认知与管理能力，优化文化无形资产评估体系，扶持并认定一批有资质的文化企业无形资产评估机构，加大金融机构及资本市场的支持力度，建立无形资产融资和抵押数据库等。

参考文献

［1］李博婵:《中国创意城市评价指标体系研究》,《城市问题》2008 年第 8 期。

［2］郭永、郝渊晓、任伯虎:《我国城市创意指数测度指标体系设计》,《陕西行政学院学报》2008 年第 3 期。

［3］赵弘、唐勇等:《北京文化创意产业集聚区建设研究》,《北京经济管理干部学院学报》2008 年第 1 期。

［4］Abraham Z.,"Annuities under Random Rats of Interest", *Insurance*:*Mathematics And Economics*, 2001（28）.

［5］厉无畏、王慧敏:《创意产业促进经济增长方式转变——机理模式路径》,《中国工业经济》2006 年第 11 期。

［6］Howkins Jonn,*The Creative Economy*:*How People Make Money from Ideas*, London:

Allen Lane, The Penguin Press, 2001.

［7］理查德·佛罗里达：《创意经济》，中国人民大学出版社，2006。

［8］上海创意产业中心：《上海创意产业发展报告》，上海科学文献技术出版社，2006。

［9］郑美丽：《北京创意产业集聚区空间分布特征及发展模式研究》，《首都师范大学学报》（自然科学版）2015 年第 4 期。

［10］张蔷：《中国城市文化创意产业现状、布局及发展对策》，《地理科学进展》2013 年第 8 期。

［11］金元浦：《我国当前文化创意产业发展的新形态、新趋势与新问题》，《中国人民大学学报》2016 年第 4 期。

［12］刘维公：《台湾地区政府委托"文化创意产业推动绩效指标研究"研究报告》，台湾东吴大学论文，2002。

［13］饶凯斐：《台湾创意城市评量模式建构之研究》，国立台中技术学院事业经营研究所论文，2006。

［14］梁浩彬：《台湾都市文化创意产业竞争力指标之研究》，国立台北大学不动产与城乡环境学系论文，2007。

［15］曾耀莹：《创意竞争力评估体系建构之研究——检视台北、台中与高雄》，逢甲大学土地管理学系硕士班论文，2008。

［16］张小洁、徐燕、张勇顺等：《北京文化创意指数研究》，北京市统计局，2009。

［17］于启武：《北京文化创意指数的框架和指标体系探讨》，《艺术与投资》2008 年第 12 期。

［18］肖永亮、姜振宇：《创意城市和创意指数研究》，《同济大学学报》（社会科学版）2010 年第 6 期。

［19］黄娟、王玉帅：《北京创意指数指标体系构建探析》，《特区经济》2010 年第 9 期。

［20］陈颖、高长春、张科静：《浙江省创意指数及指标体系研究》，《科技进步与对策》2010 年第 2 期。

B.9
北京高精尖产业实证分析
及发展战略研究[*]

杨松 唐勇[**]

摘　要：　通过建立基于五类高精尖产业面板数据的随机前沿分析模型并利用 Stata 软件进行估计，结果表明北京市高精尖产业发展整体上缺乏规模经济性且技术效率相对低下，资本投入仍然是对产出贡献最大的投入要素。加快构建北京高精尖产业结构，需要采取进一步促进北京十六区高精尖产业差异化发展、大力推动高精尖产业"10 + 3"政策落地生根、探索基于产业链解析的高精尖产业指导政策、推动疏解腾退空间向高精尖产业方向转型利用、着力破解制约高精尖产业发展的体制机制障碍、从京津冀大尺度空间合理布局高精尖产业等发展战略。

关键词：　高精尖产业　产业链　北京

一　国内外关于高精尖产业发展的文献综述

高精尖产业是在高技术产业的基础上衍生出来的。目前，国际上对高精

---

　*　本报告为 2018 年度首都高端智库重点课题"北京加快发展高精尖产业的重点、难点与路径研究"的阶段性成果。
　**　杨松，北京市社会科学院经济所所长、研究员，主要研究方向为城市经济、产业经济等；唐勇，博士，北京市社会科学院经济所助理研究员，主要研究方向为数量经济等。

尖产业还没有一个公认的定义，要确认一项技术是否属于高精尖一般借助认定高精尖产品或高精尖产业的间接方法。本课题为研究方便，所指的高精尖产业与北京市统计局所使用的"高技术产业"或"高新技术产业"概念是一致的。

一个经济体的发展在很大程度上要取决于其产业的竞争力水平，而产业的竞争力又取决于产业的技术水平。发展高精尖产业，是北京走向国际化大都市过程中为了增强城市经济竞争力的战略性选择。

高精尖产业的发展问题是 21 世纪以来北京经济发展的重要着力点，也是北京市政府制定经济政策所关注的重要内容。最近几年，北京市在发展资金规模和技术引进力度等方面加大了对各类高精尖产业的投入力度，使得北京高精尖产业增加值快速增长。但是，北京在高精尖产业中发展效率的总体水平与发达经济体相比还存在较大的差距，因此寻找影响北京市高精尖产业发展效率的影响因素，从而使其得到有效提高是本次研究的重点内容。

一是高精尖产业对经济增长的促进作用。这个方面的研究一般都比较简单，运用普通的线性计量模型，研究高精尖产业对经济增长的具体影响。朱慧彬（2007）运用双对数计量模型，考察了安徽省高技术产业与经济增长的数量关系；赵玉林、魏芳（2006）运用灰色关联分析方法，从我国高技术产业总体、高技术产业各部门以及各地区高技术产业发展三个层面，对高精尖产业发展对我国经济增长的带动作用进行实证分析。

二是对高精尖产业发展影响因素的研究。吴伟和陈功玉（2000）运用层次分析法，构造出一个间接 Satty 判断矩阵，对高精尖产业发展影响因素的层次结构和权重进行定量研究，认为影响高精尖产业发展的因素从大到小依次为环境因素、经济因素和能力因素。顾穗珊（2004）运用灰色系统理论对科技投入和高技术产业发展进行了灰色关联研究，发现高技术产业的产值与研发经费投入存在一定的正相关关系，但不明显，而科技人员投入与高精尖产业产值却存在显著的正相关关系。

三是研发投入（包括外资企业和本地企业）对高精尖产业本地企业自

主创新能力的影响。这一方面的研究以张倩肖、冯根福（2007）的研究最具代表性，基于 1995～2005 年我国 16 个四位码高技术产业中大中型企业的面板数据，借助 Pakes 和 Griliches 提出的专利生产函数，对三种 R&D 溢出与我国本地企业技术创新的关系进行了实证分析。

四是对高精尖产业效率及效率影响因素的研究。除了研究高精尖产业的影响因素，国内外研究者还重点研究高精尖产业的效率问题。Coe Helpman（1995）利用以色列和 21 个 OECD 国家 1971～1990 年的数据，发现国内和国外的 R&D 活动对全要素生产率具有重要影响。在进口比重大的国家，国外 R&D 活动对全要素生产率的影响更大；而在工业化七国集团，国内 R&D 活动比较重要。Berndt 和 Morrison（1995）探讨了技术资本和产业绩效之间的关系。Catherine J. Morrison（1995）对美国制造业的高技术资本形成和经济绩效进行了探测性分析。Ellis Connolly 和 Kevin J. Fox（2001）就高技术资本对生产率的影响问题进行了研究（以澳大利亚为例）。邵一华、马庆国（2001）通过定量分析，研究中国高技术产业要素投入对产出增长的贡献，并分析高技术产业与传统产业之间的要素配置效率。龙勇和纪晓峰（2005）运用 DEA 模型，对高技术产业的技术效率和规模效益进行了计量检验，研究表明：第一，高技术产业的规模效益在研究期的八年中有二年不经济；第二，中国高技术产业的技术效率是最高的，即充分利用了高技术产业的各项投入。袁建文（2005）和尤芳湖（2004）运用投入产出表分析了广东和山东的高技术产业的投入产出情况。许玉明（2005）运用增长速度方程测算了高技术产业的科技进步贡献率，认为在高技术产业中，科学技术对资金和劳动都有替代作用，尤其是对劳动要素具有替代作用。

尽管国内外对高精尖产业的研究非常之多，但都缺乏对高精尖产业发展的系统研究，尤其是对于北京这样一个已经进入后工业经济时代的大都市来说，第三产业比重虽然已经超过 70%，但产业内部的结构仍需要进一步优化升级。在此背景下，对北京市高精尖产业的发展问题进行定量研究显得尤为重要和迫切。

模型的选择如下。

目前，国际国内关于发展效率的定量研究主要可以概括为两类方法：一类是非参数方法，另一类是参数方法。非参数方法主要是采用 Charnes、Cooper 和 Rhodes 于 1978 年提出的数据包络分析（Data Envelopment Analysis，DEA）模型；参数方法则主要是采用由 Aigner、Lovel 和 Schmidt、Meeuser 和 Broeck 于 1977 年各自独立提出的随机前沿分析（Stochastic Frontier Approach，SFA）模型。DEA 模型由于无须建立变量之间的严格函数关系，可以进行多投入多产出的多个决策单元的效率评价，比较广泛地应用于效率的定量评价当中。但数据包络分析模型的应用也存在一些不足之处，比如不考虑测量误差的存在、对异常值相当敏感、难以给出具体的政策建议等。随机前沿分析模型从生产者往往并不能达到利润最大化的事实出发，将传统的生产函数转化为对生产边界的分析，采用计量方法对前沿生产函数进行估计，依赖于对数据的随机性假设，有更为坚实的经济理论基础。同时还可判断模型拟合质量，提供各种统计检验值等。因此，随机前沿分析模型在设定合理且采用面板数据（panel data）条件下，会得到比数据包络分析模型更好的估计效果。因此，选择随机前沿分析模型对北京市高精尖产业的发展效率进行实证研究。

二　模型的设定和变量的选取

借鉴 Battese 和 Coelli（1995）的模型设定方法，构建北京市高精尖产业发展效率的随机前沿分析模型如下：

$$\ln Y_{it} = \beta_0 + \beta_1 \ln K_{it} + \beta_2 \ln L_{it} + V_{it} - U_{it}$$

其中，V 为随机变量，代表经济系统中的不可控因素冲击，假定服从正态分布 $N(0, \sigma_v^2)$；U 为非负的随机变量，假定服从截尾正态分布 $N(M_{it}, \sigma_u^2)$。

$$\gamma = \frac{\sigma_u^2}{\sigma_v^2 + \sigma_u^2} (0 \leqslant \gamma \leqslant 1)$$

γ 可以用来衡量技术无效率的程度。因为当 γ 接近于 0 时，表明实际发展产出与其产出边界的差距主要来自于不可控因素造成的噪声干扰，模型实际上可以采用普通最小二乘法（OLS）进行估计，无须采用随机前沿模型；γ 越大越接近于 1 时，表明技术无效率的程度越高，同时也表明采用随机前沿模型进行估计是合适的。通过模型还可以计算出发展的技术效率值：

$$te_{it} = E(Y_{it})/E(Y_{it} \mid U_{it} = 0) = \exp(-U_{it})$$

模型中，下标 i 代表北京市高精尖产业的五大类行业。由于北京市核燃料加工业所占比重非常小，几乎可以忽略不计，再考虑到数据的可获得性，集中考察以下五类行业对经济增长的促进作用：①医药制造业；②航空航天器制造业；③电子及通信设备制造业；④电子计算机及办公设备制造业；⑤医疗设备及仪器仪表制造业。下标 t 代表时间，以年为单位，从 2008 年到 2017 年。

模型中的 Y 代表高精尖产业的产出值。衡量发展产出的指标有很多，我们使用高精尖产业各行业的产业增加值来代替产出值。

模型中的 K 代表高精尖产业发展的资本存量。有些文献如朱有为、徐康宁通过永续盘存法来近似计算资本存量[①]，但计算中还需假定发展价格指数和折旧率的值，过多的假定值使得最后的计算结果可能并不可靠。因此用高技术产业各行业的固定资产投资额作为资本投入的替代变量。

模型中的 L 代表高精尖产业发展的劳动力投入。这个变量可以直接用《中国高技术产业统计年鉴》中的就业人员来进行代替。

三 模型估计结果分析

利用 Stata10 软件中的 xtfrontier 命令，对上述模型进行估计，结果如表 1 所示。

---

① 朱有为、徐康宁：《中国高技术产业研发效率的实证研究》，《中国工业经济》2006 年第 11 期。

表 1　模型估计结果

参数	系数值	P 值	显著性
β_0	5.769	0.001	显著
β_0	0.707	0.000	显著
β_2	0.114	0.657	不显著
γ	0.865		

从模型估计结果可以看出，除 β_2 不显著以外，其余的系数都非常显著。且 $\gamma = 0.865$，比较接近 1，因此用随机前沿模型进行估计是合适的。

从资本投入和人员投入的产出弹性来看（$\beta_1 = 0.707$，$\beta_2 = 0.114$），资本投入的产出弹性远远高于人员投入的产出弹性，表明在高精尖产业发展的现阶段，在人员不可能得到大幅增加的情况下，固定资产的投入量在很大程度上决定了高技术产业的发展产出量。$\beta_1 + \beta_2 = 0.821 < 1$，表明北京高精尖产业的发展整体上是缺乏规模经济性的。

通过模型还可以估计北京高精尖产业各行业发展技术效率平均值（见表2）。

表 2　北京市高精尖产业各行业发展技术效率平均值

项目	医药制造业	航空航天器制造业	电子及通信设备制造业	电子计算机及办公设备制造业	医疗设备及仪器仪表制造业
te	0.323	0.559	0.790	0.732	0.202
各行业平均 te	0.421				

从高精尖产业（行业）整体来看，发展的平均技术效率仅为 0.421，表明北京高精尖产业发展的整体技术效率不高，还有很大的提升空间。从各行业发展来看，电子及通信设备制造业和电子计算机及办公设备制造业这两类行业的技术效率值相对较高，都达到了 0.7 以上；医药制造业和医疗设备及仪器仪表制造业这两类行业的技术效率值相对较低，表明这两类高精尖产业虽然发展较快，但发展技术效率不高是制约其长远发展的重要因素。

四 结论

北京市高精尖产业的投入逐年增长，但发展效率的总体水平与发达经济体相比还存在较大的差距。通过建立基于五类高精尖产业面板数据的随机前沿分析模型并利用 Stata 软件进行估计，结果表明：①北京市高精尖产业发展整体上缺乏规模经济性且技术效率相对低下，这说明，发展资金和发展人员的大量投入虽然是必要的，但资源的配置效率和使用效率才是最关键的因素。②资本投入仍然是对产出贡献最大的投入要素，北京今后应进一步发挥政府资金的导向作用，将有限资金尽可能多地投入在高精尖产业的研发活动中。③在五类高精尖产业（行业）中，电子及通信设备制造业和电子计算机及办公设备制造业的发展效率较高，而医药制造业和医疗设备及仪器仪表制造业这两类行业的发展效率则相对较低。这表明，前者是最近这些年企业自主发展投入量相对较大的行业，其资本投入已经体现出一定的累积效应；后者的发展效率不高，从某种程度上仍然呈现"粗放式"发展的一些特征，其产出的快速发展可能只是由于医药和医疗市场的巨大需求，但发展效率和技术水平的提高是今后努力发展的方向。

综合来看，北京市高精尖产业发展整体上缺乏规模经济性且技术效率相对低下；资本投入仍然是对产出贡献最大的投入要素；医药制造业和医疗设备及仪器仪表制造业这两类行业的发展效率相对较低。

五 加快北京高精尖产业发展的政策建议

进入新时代，北京市将加快"四个中心"功能建设，进一步提高"四个服务"水平，坚定不移疏解非首都功能，加快构建"高精尖"产业结构和经济结构。为更好地促进北京高精尖产业发展，根据上述综合分析，提出如下政策建议。

（一）进一步促进北京十六区高精尖产业差异化发展

借助疏解非首都功能契机，北京十六区都在大力发展适合本区域特点的高精尖产业，各区高精尖产业发展在提速。根据自身独特的资源禀赋和各自的城市功能定位差异，各区初步形成了各具特色的高精尖产业集群。比如，西城区着力发展金融业、高端服务中心和科技金融文化融合示范基地；东城区主打科技和文化融合产业路线；丰台区依托总部基地、中关村丰台科技园区等产业载体，着力发展轨道交通、应急救援和节能环保三大特色优势产业；石景山区正着力构筑以现代金融为核心，以高科技服务、文化创意、高端商务为支柱，现代商贸、旅游休闲、节能环保、健康服务、教育培训为基础的高端服务业产业架构体系；大兴区（亦庄开发区）依托经济开发区、中关村科技园生物医药基地、新能源科技产业园区等，着力发展技术研发和现代制造业；顺义区正着力发展全域临空经济和先进制造业；通州区依托城市副中心的定位，努力推进智能制造、高端商务、文化创意等产业的合理聚集，形成特色产业集群；昌平区以未来科学城、中关村生命科学园为引领，聚焦医药健康、节能环保、先进制造、新材料、电子信息五大高精尖产业；怀柔区聚焦休闲影视、国际会展和科技研发三大产业板块；等等。

但是，我们也观察到，北京十六区在发展高精尖产业过程中，也呈现出不同程度的高精尖产业同质化发展现象。比如，城六区均将文化、金融及相关商务服务业作为重点产业。以金融业为例，西城区的"总部金融"依托金融街，聚集了大量国家级银行总行和非银行机构总部以及金融监管机构总部；东城区依据自身资源优势，以创建国家文化与金融合作示范区为操作平台，打造东城特色文化金融，确立金融发展新品牌的新定位；朝阳区以CBD作为全区经济发展重点区域，是北京外资企业（包括外资金融机构）最为集中的地区；海淀区依托中关村示范区，重点发展以创投公司和私募股权基金为前端、创新型中小银行为支撑的科技金融体系，等等。此外，在总量资源既定的情况下，各区发展高精尖产业势必对资源、信息、人才、项目等的竞争进一步加剧。

差异化的经济发展模式是获取竞争优势的重要途径之一。北京十六区发展高精尖产业必须进一步明确各自定位，坚定走高端化、特色化、差异化发展道路。

一是坚持以"定位、定量、定图、定项目、定机制"的思路，推进高精尖产业政策在各自区域内落地发展。定位，即根据各区发展基础和条件明确每个区未来重点产业方向（见表3）；定量，即在确定全市高精尖产业总体发展目标的基础上，结合各自产业定位，分阶段明确各区高精尖发展规模目标；定图，即促进产业规划与城市空间规划的有效衔接，通过测算各区高精尖产业发展所需保障的土地要素，并与各区规划对标，促进"多规合一"；定项目，即根据各区定位导入重大项目，与各区逐个对接确定重大项目投资周期、规模增速等，推动一批高精尖项目真正落地；定机制，即提供从定位到定项目的体制机制保障。

二是在全市范围内优化高精尖产业布局。进一步完善有利于创新要素自由流动、优化配置的政策机制，推进全市产业向重点园区集聚、重点园区向高精尖产业聚集、高精尖产业向创新型企业聚集，在此基础上，探索建立以高质量发展为核心的评价体系，对各产业园区培育高精尖产业成效进行综合评价，引导优质资源向发展高质量的园区集中，推动发展质量偏低的园区加快"腾笼换鸟"、转型发展步伐。完善土地供应政策体系，推动建立低效用地评价标准，研究腾退空间管理使用、腾退土地指标按比例向园区集中、存量用地盘活以及差别化地价政策，加强全市指标的统筹调配。

三是完善市、区两级高精尖产业发展项目协同推进机制。建立健全从高精尖产业项目发现、项目落地选址、项目具体建设到项目跟踪服务的全过程管理机制，构建形成市级统一调控、市区纵深推进、部门横向联动、社会各方合力协同的重大项目落地推进机制。建立"科—技—产—业"接力机制，贯通创新链、产业链、资金链、政策链，实现科学发现、技术开发、产业化转化和规模化应用生产的有效衔接和接续发展。

四是探索高精尖产业空间利用新模式。特别是在远郊城区，要推动高精尖产业与城市规划、城乡建设融合发展，通过城市织补和服务升级，完善村镇的基础设施和优质均等的公共服务功能，将具有生态优势、文化优势和空间优势的乡镇农村地区，打造为兼具"人才聚集、公共交通、产业聚集、综合治安、绿色低碳、精神培育"等功能、低密度高品质的高端产业空间和社区空间，全面升级原有空间品质，推动"产业＋生活"融合发展，促进产城融合、职住平衡和高精尖产业在远郊区获得发展。

表3　北京十六区高精尖产业差异化发展建议

区	高精尖产业差异化发展建议
东城区、西城区	现代金融、软件与信息服务、文化产业
朝阳区	新一代信息技术、软件与信息服务、文化产业
海淀区	新一代信息技术、人工智能、软件与信息服务、科技服务
丰台区	新一代信息技术、节能环保、智能装备、新材料
石景山区	软件与信息服务、现代金融（保险）、动漫游戏
通州区	软件与信息服务、科技服务业、文化产业
昌平区	医药健康、节能环保、智能装备
顺义区	新能源智能汽车、第三代半导体、航空航天
大兴区	新一代信息技术、医药健康、新能源智能汽车、智能装备
怀柔区	新材料、大科学装置
房山区	现代交通、新材料、智能装备、医药健康
门头沟区	智能装备、节能环保
平谷区	通用航空
延庆区	智能装备、节能环保
密云区	节能环保

（二）大力推动高精尖产业"10＋3"政策落地生根

2017年12月，北京市出台关于新一代信息技术、集成电路、智能装备等十个高精尖产业发展指导意见。2018年1月，北京市政府又出台《关于加快科技创新构建高精尖经济结构用地政策的意见》《关于财政支持疏解非首都功能构建高精尖经济结构的意见》《关于优化人才服务促进科技创新推动高精尖产业发展的若干措施》三项土地、财政、人才政策，简称高精尖产业"10 + 3"政策。

"10 + 3"政策实施一年多，高精尖产业发展效果正逐步显现。但从总体上看，政策红利还未充分释放出来，推进"10 + 3"政策进一步落地实施、发挥政策效应成为当前重要任务。因此，2019 年 1 月，陈吉宁市长在政府工作报告中提出要"狠抓 10 个高精尖产业发展政策落地"①。为此，我们有如下建议。

一是要充分领会政策含义，发挥"10 + 3"政策的导向作用。"10 + 3"政策框架导向十分明确，就是引导主导产业向重点园区聚集、园区向高精尖产业转型发展、高精尖产业与创新型企业相结合，以促成高精尖产业与园区发展、创新发展的紧密结合和协调发展，以此奠定高精尖产业持续发展的基础和条件。因此，"10 + 3"政策不同于以往的政策，不是简单地给政策、给出路、给资金，主要是为高精尖产业发展指方向、给导向。落实"10 + 3"政策，关键在于园区和区级政府如何将政策与园区产业对接，如何将政策转化为引导为本区高精尖产业发展的强劲动力。园区和区级政府是落实"10 + 3"政策的责任主体，也是政策的执行主体。因此，推动"10 + 3"政策落地实施，关键在于园区和区级政府要发挥主动性和能动性，积极作为，充分领会、理解和消化政策。要按照"10 + 3"政策导向，主动调整区内产业结构，促进发展质量偏低的园区转型，为高精尖产业腾出发展空间。

二是要强化土地、财政、人才政策支撑，发挥"10 + 3"政策综合配套效应。《关于加快科技创新构建高精尖经济结构用地政策的意见》《关于财政支持疏解非首都功能构建高精尖经济结构的意见》《关于优化人才服务促进科技创新推动高精尖产业发展的若干措施》三项土地、财政、人才政策，是"10 + 3"政策体系中的重要支撑政策。用地意见明确提出，在我市国务院和市政府批准设立的开发区、产业园区内，进一步完善产业项目准入和退出机制，推行企业投资项目承诺制，健全并实施动态监管和定期评估制度，试点实行产业用地全生命周期管理。产业用地全生命周期管理机制是一项重要制度创新，入园企业可通过租房、租地建房、土地租赁等弹性出让方式，

---

① 陈吉宁：《2019 年政府工作报告》，人民网，2018 年 2 月 2 日。

降低用地成本,解决高精尖产业用地困难。财政意见提出的设立市科技创新基金已于 2018 年正式成立,总规模 200 亿元,其中市政府投资引导基金出资 120 亿元,首科集团、国资中心、亦庄国投等分别出资 20 亿元。科创基金主要投向高端"硬技术"创新、前端原始创新和高端科技成果落地北京孵化"三个引导"目标,预计未来科创基金对高精尖产业项目股权投资将超过 1000 亿元。人才措施提出"不拘一格"引进国内人才,建立多元化的人才筛选机制,截至 2018 年 10 月,已为各类创新主体办理人才绿卡2.6 万个;有 12 万人提交了积分落户申请,6019 人首批通过,引发社会积极反响。土地、财政、人才三项配套政策,有力地保障了十大高精尖产业发展。

三是要加强政策的宣讲、解释和实际应用工作,发挥"10 + 3"政策效果。"10 + 3"政策体系涉及内容十分广泛庞杂,政策性极强,应用程序较为复杂。有些政策,如用地政策、财政政策等还需进一步明确、细化。有些政策在实际应用中操作困难,尚需进一步简化程序和操作流程。有关政策制定部门要加强对区级政府和园区的政策应用指导和培训,推动高精尖产业政策在各区真正落地实施。

(三)探索基于产业链解析的高精尖产业指导政策

毫无疑问,产业政策对于有效发挥政府在资源配置中的重要作用、优化产业结构和促进产业进步十分重要。国内外众多的研究者或从市场失灵的角度(林毅夫,2017),或从经济成长和产业扩散效应角度(罗斯托,1960;赤松要,1965),论证了产业政策的必要性和重要性。同时,也有研究者指出"中国的产业政策存在资源误置效应。产业政策拉大了行业内企业间的生产率离散程度,产生了资源误置效应"[1],因而需要改进产业政策的配置方式和执行方式,促进政策执行效果的提升。

---

[1] 张龙鹏、汤志伟:《产业政策的资源误置效应及其微观机制研究》,《财贸研究》2018 年第12 期。

我们认为，北京制定和出台十大高精尖产业指导政策是十分必要的，政策的正面效应十分显著。但是，现行产业指导政策是按门类（部门）和专业划分的，人为地割断了产业之间的关联，不利于产业耦合、融合发展。从产业理论和未来高精尖产业发展趋势判断分析，我们认为有必要对现行的产业政策及其效果进行跟踪研究和分析检验，也有必要改进产业政策的执行方式，更重要的是要探索并建立基于产业链解析的、遵循产业演化发展规律的高精尖产业指导政策。

未来高精尖产业的发展，应围绕产业内部发展的逻辑关系，深入拆分其基础层面、核心层面、配套服务层面、应用层面、衍生层面等产业链环节，从人口优化、产业升级、要素配置等多个角度，积极筛选适合首都功能定位、能充分发挥首都高端要素的高价值产业链环节，实施差别化的政策配置。基于这种判断和分析，我们有如下建议。①

一是要对北京各高精尖产业链进行深度解析。产业链是产业关联程度的表达，要深入研究不同产业（企业）之间的关联，剖析各产业的基础层、核心层、配套层、应用层、衍生层等产业环节，分析各产业上下游的延伸关系，发挥并拓展产业链的乘数效应。

二是要建立按业态分类的产业准入机制。对产业准入要按业态进行分类管理。产业禁限目录要体现业态管理的要求，不能简单地禁止制造业注册，要去制造化（即制造生产环节），而不是去制造业（特别是产业链的高端环节），应发展无污染、高附加值的高精尖制造、智能制造和智慧产业，引进与制造业相关的工业设计、科技研发、技术交易等环节。要量化产业准入标准，确定不同区域、不同产业的地均用人、地均产出、地均消耗等推荐标准和奖励标准，作为不同区域产业引进的参考和依据。改革和创新产业用地的管理方式，过去对产业用地的管理，主要是按研发用地、工业用地等土地功能划分的平面管理，今后应强化土地的业态管理，根据产业业态和产业链环

---

① 本部分建议参考北京市发展和改革委员会《北京市疏解整治腾退空间资源再利用研究报告》（2018 年 12 月）的部分内容。

节类型，实施差别化的用地政策，建立科学健全的节约集约用地评价手段和考核机制。

三是要建立基于价值产业链环节的针对性准入政策和配套促进政策。围绕特定产业的人才引进、产业服务配套、空间配套等需求，制定相应的、配套的政策体系，从而制定有区别的产业指导政策。

（四）推动疏解腾退空间向高精尖产业方向转型利用

根据《北京市腾退空间使用管理意见》的规定，疏解腾退空间主要有四个方面用途：一是完善设施，补足城市服务功能的短板，增加一些市民反映比较强烈的停车设施和基础教育、养老及文化活动场所；二是要留白增绿，增加一些公共绿地、公共开放空间，让市民有地方进行文化体育活动；三是增加便民服务，服务日常老百姓生活所需，包括便民服务网点等；四是培育高精尖产业，加强创新能力的建设。什么样的腾退空间适合配置高精尖产业、如何推动疏解腾出来的宝贵空间向高精尖产业方向转型利用，确实需要认真研究。

一是要建立高精尖产业与疏解腾退空间的价值匹配关系。疏解腾退空间地理区位不同，导致土地的级差地租、用地价格、房屋租金、人工成本差别巨大；疏解腾退空间基础设施及配套设施的差异，将会影响产业的利用效率，甚至疏解腾退空间周边的环境（市场环境、秩序环境、文化环境等）也会影响空间的价值和利用效率。因此，需要研究不同区域的疏解腾退空间，什么类型的产业能够支付相应的人工成本、土地成本、空间成本和生活成本，按照成本核算原则，建立产业与空间价值匹配关系，而不能搞简单的"拉郎配"。高精尖产业进入疏解腾退空间，也要考虑该空间建设水准、区位、人才、资源要素、人口密度、环境容量等是否符合产业发展的要求。

二是要坚持发展质量和效益的要求，研究和制定高精尖产业进入疏解腾退空间的准入标准。首先，进入的高精尖产业要符合区域功能定位和腾退空间的大致定位。其次，要研究制定腾退空间的地均产出、人均产出、能耗水平等发展质量标准，借鉴浙江"亩产论英雄"① 改革方案中"亩产效益"综合评价方法，按照中心城区、近郊区、远郊区等明确不同腾退空间的地均产出、人均产出、地均人口密度、投资强度、节能环保等标准，确立高精尖产业准入的量化标准。

三是研究和制定不同区域的腾退空间置换方式，建立全市公开统一的腾退空间市场化的置换机制，为腾退空间向高精尖产业转型利用创造条件。由于各腾退空间区位差异、体量大小不同、类型性质各异，对腾退空间的利用客观上存在较大的困难。2018 年 6 月起，本市已着手建立腾退空间管理台账，所有腾退空间都要进行登记、落图、落点，这为建立全市公开统一的腾退空间市场化的置换机制奠定了基础。我们建议，中心城区、近郊区、远郊区可按市场化办法对不便利用或用途暂时不明的腾退空间，采取分散或整体打包的方式，进行置换和市场化交换，避免腾退空间的长期闲置和资源浪费。

（五）着力破解制约高精尖产业发展的体制机制障碍

构建高精尖产业结构，关键是要破除体制机制障碍。要处理好政府与市场、科技创新与社会政策协调等方面的关系。

一是要发挥政府对构建高精尖产业结构的引导作用。新兴产业或高精尖产业有一些共同特征，如技术路线不完善、生产尚未达到经济规模、配套设施和服务体系跟不上、商业模式不成熟、市场认同程度低等问题，这些问题是市场和企业自身不能解决的，需要政府采取税收优惠、组织示范效应、对用户进行补贴等，为突破产业化瓶颈提供政策支持。政府政策支持有两种手段——供给侧政策和需求侧政策，要同步发力、协调配合。从供给侧入手支持创新，主要是支持关键共性技术研发和科技成果转化，增加产品的供给；从需求侧入手，主要是支持创新成果的运用，培育市场环境、消费环境。政策支持不管是从供给侧还是从需求侧出发，都要按照公共财政的原则，主要

---

① 2018 年 2 月，浙江省发布《关于深化"亩产论英雄"改革的指导意见》。要求到 2020 年，浙江全省所有工业企业和规模以上服务业企业，以及产业集聚区、经济开发区、高新园区、小微企业园区、特色小镇全面实施"亩产效益"综合评价。

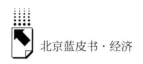
用于支持市场机制不能有效配置资源的公共科技创新活动。

二是要发挥市场机制对构建高精尖产业结构的决定性作用。要遵循科学研究、技术创新和产业发展的内在规律，推进以科技创新为核心的全面创新，使市场机制在资源配置中起决定性的作用，激发全社会创新活力和创造潜力。

三是督促国有企业履行对构建高精尖产业结构所肩负的重要责任。国有资本投资运营要服务于国家战略目标，更多投向关系国家安全、国民经济命脉的重要行业和关键领域，重点提供公共服务、发展重要前瞻性战略性新兴产业，要利用其强大的资金实力和资源配置能力，以战略视角布局新技术、新产业的发展。

四是要发挥中小企业对构建高精尖产业结构的独特优势。高精尖产业往往具有探索性、风险性、不确定性等特征，而中小企业具有敏锐的价值发现能力、分散灵活的决策机制、勇于创新敢于冒险，是技术创新的生力军。因此政府要激发中小企业的创新活力，解决好中小企业市场准入、融资、经营管理等方面的发展瓶颈。

五是要建立高精尖产业发展的利益共享机制。首先是北京市内跨区的利益分享机制。本市各区之间需要在全市层面进行产业链统筹布局，否则很容易引发同质化竞争。在落实各区产业定位时，要针对各地具体产业发展的实际情况，从产业链层面进行市级统筹，协调好各区之间的协同发展，建立市级层面的跨区利益分享机制。其次是跨省市之间的利益分享机制。北京的高精尖产业或者某些产业链环节可能会以各种方式外迁到津冀地区。这种情况下，迁出地和迁入地之间有无建立利益分享制度安排，直接关系到相关企业的区域流向与未来发展。目前跨区域的利益分享机制并不能够很好地建立与运转，这无疑阻碍了产业创新和企业发展，需要建立北京与外省市利益分享机制。

（六）从京津冀大尺度空间合理布局高精尖产业

长期以来，由于京津冀三地缺乏跨区域的产业规划，京津冀三地产业发展片面追求"大而全"，三地产业定位高度趋同，存在较为严重的重复投资、重复建设情况。比如，京津冀三地一般都将文化创意产业、战略性新兴产业、生产性服务业、金融业、物流服务业等作为各自重点发展的产业。2019年1月，习近平总书记视察京津冀地区，对推动京津冀协同发展提出了六点要求。因此，京津冀产业协同发展过程中，必须切实落实中央关于京津冀三地产业定位的要求，彻底摒弃"一亩三分地"思维定式，坚决避免产业同质化发展和重复建设。

一是要努力形成"4 + N"产业合作新格局。聚焦曹妃甸协同发展示范区、新机场临空经济区、天津滨海—中关村科技园、张承生态功能区四大战略合作区，形成"4 + N"产业合作格局，推动产业有序转移承接，形成区域产业对接协作的集聚效应和示范效应。其中，曹妃甸协同发展示范区作为首都产业转移的主要承接地，要推动高端制造业与生产性服务业共同发展，形成循环共生的产业链。新机场临空经济区要在基础设施建设、能源和水资源供应、生态环境建设等方面实现统一规划、统一建设、统一推进，建成国家临空经济发展引领区。天津滨海—中关村科技园主要是推进科技成果转化基地和交易信息服务平台建设，构建跨区域的创新创业生态系统，打造全国先进制造研发、中试基地。张承生态功能区主要是打造成为自然文化旅游胜地、京津冀休闲度假目的地，引导绿色产业发展。

二是要以京津冀协同创新引领区域间高精尖产业协同发展。根据京津冀三地产业基础及要素资源状况，从统筹规划、顶层设计上理顺三地产业发展链条，形成区域间高精尖产业合理分布和上下游联动机制。从产业分工来看，京津冀三地可以重点围绕汽车制造产业链、装备制造产业链、电子信息产业链、医药卫生产业链、大数据产业链等，形成京津冀区域内上下游衔接、大小配套、结构合理、分工细致的大规模产业集群。

三是要推动以中关村为代表的创新要素向雄安新区和城市副中心集聚转移，打造创新高地和科技新城。雄安新区和城市副中心是北京的"两翼"，从产业布局和定位看，两地都定位于发展高精尖产业。雄安新区通过承接符合新区定位的北京非首都功能，积极吸纳和集聚创新要素资源，高起点布局高端高新产业。对城市副中心，习近平总书记要求，以北京市级机关搬迁为契机，高质量推动北京城市副中心规划建设。要集聚和利用高端创新资源，积极开展重大科技项目研发合作，打造我国自主创新的重要源头和原始创新的主要策源地。① 因此，以中关村为代表的北京高精尖产业需要在"一体两翼"空间上进行合理配置。

参考文献

［1］ 张军、章元：《对中国资本存量 K 的再估计》，《经济研究》2003 年第 7 期。

［2］ 刘元春：《经济制度变革还是产业结构升级——论中国经济增长的核心源泉及其未来改革的重心》，《中国工业经济》2003 年第 9 期。

［3］ 金碚：《高技术在中国产业发展中的地位和作用》，《中国工业经济》2003 年第 12 期。

［4］ 李新春、宋宇、蒋年云：《高科技创业的地区差异》，《中国社会科学》2004 年第 3 期。

［5］ 史丹、李晓斌：《高技术产业发展的影响因素及其数据检验》，《中国工业经济》2004 年第 12 期。

［6］ 蒋殿春、夏良科：《外商直接投资对中国高技术产业技术创新作用的经验分析》，《世界经济》2005 年第 8 期。

［7］ 王红领、李稻葵、冯俊新：《FDI 与自主研发：基于行业数据的经验研究》，《经济研究》2006 年第 2 期。

［8］ 闫冰、冯根福：《基于随机前沿生产函数的中国工业 R&D 效率分析》，《当代经济科学》2005 年第 6 期。

［9］ 叶蓁、刘志迎：《中国高技术产业技术效率影响因素分析——基于随机前沿生产函数分析》，《科技与经济》2006 年第 5 期。

［10］ 朱有为、徐康宁：《中国高技术产业研发效率的实证研究》，《中国工业经济》2006 年第 11 期。

［11］ 赵玉林、魏芳：《高技术产业发展对经济增长带动作用的实证分析》，《数量经济技术经济研究》2006 年第 6 期。

---

① 《推动京津冀协同发展取得新的更大进展——习近平总书记在京津冀协同发展座谈会上的重要讲话引起热烈反响》，新华网，2019 年 1 月 20 日。

［12］刘志迎、叶蓁、孟令杰：《我国高技术产业技术效率的实证分析》，《中国软科学》2007 年第 5 期。

［13］王玉海、田建国、聂梅、冯瀚钊：《北京市构建"高精尖"经济结构的提出背景、作用定位及其内涵界定研究》，《领导之友》（理论版）2017 年第 12 期。

［14］北京市发展和改革委员会：《北京市疏解整治腾退空间资源再利用研究报告》，2018 年 12 月。

B.10
"一带一路"背景下北京市
外贸战略研究

孙天法*

摘　要：　"一带一路"是相关国家进行合作的战略平台，更给相关国家的企业和产业带来了发展机遇。作为中国的经济重镇和科技中心，北京资金充裕、技术创新能力强劲，必须利用"一带一路"建设带来的重要战略机遇，加速中外经济的融合，促进北京外贸事业的健康发展。北京市外贸出口存在滑坡严重、私营企业和外资企业出口份额过小、商品出口价格降低等问题。北京必须发挥资金、技术、人才与信息优势，扩大外贸出口，发挥外贸对经济发展的拉动作用。第一，根据中央关于"一带一路"的设想和布局，发展和加强"一带一路"国家的外贸关系。第二，根据北京后工业社会的特点，深化与"一带一路"国家互补性经济合作。第三，发挥北京技术研发能力强的优势，开发符合国际市场需求的新产品等。

关键词：　"一带一路"　贸易逆差　技术研发　战略定位

---

* 孙天法，经济学博士，北京市社会科学院智力开发部主任、研究员，研究方向为产业组织、国际贸易。

一 当前北京市外贸发展存在的问题

北京市不仅技术创新能力强、资金充足,经营外贸的外向型人才资源也绝非其他经济发达省市可以比拟。但是统计资料显示,北京外贸发展存在贸易逆差大、外贸滑坡严重、商品出口价格降低等问题。

(一)贸易逆差巨大

北京是一个央企总部和外企总部云集的首都城市,一直以来央企对北京市进出口的贡献超过50%。由于央企采取集中进口和分散出口的政策,央企的进口被计算在北京的进口总额中,而央企分散在各省份的分公司的出口则被计入所在省份的外贸出口中。这样,北京必然存在巨大数量的外贸逆差(见表1)。

表1 北京市的对外贸易状况

单位:亿元,倍

年份	进出口总额	出口额	进口额	贸易逆差	进口/出口
2006	12670.7	3039.9	9630.8	-6590.9	3.2
2007	14831.0	3764.7	11066.3	-7301.6	2.9
2008	19113.6	4044.2	15069.4	-11025.2	3.7
2009	14648.2	3301.9	11346.3	-8044.4	3.4
2010	20478.2	3766.1	16712.1	-12946.0	4.4
2011	25303.9	3835.4	21468.5	-17633.1	5.6
2012	25765.2	3766.8	21998.0	-18231.2	5.8
2013	26691.0	3920.1	22770.9	-18850.8	5.8
2014	25417.9	3829.4	21688.6	-17859.2	5.7
2015	19827.7	3395.0	16432.6	-13037.6	4.8
2016	18652.2	3433.5	15218.6	-11785.1	4.4
2017	21923.9	3962.5	17971.4	-14008.9	4.5

资料来源:根据北京市统计局《北京统计年鉴》(2017)统计资料计算。

从表 1 可以看出，2012 年北京进出口差额高达 18231.2 亿元，2013 年高达 18850.8 亿元，即使是差额较低的 2006 年也达到 6590.9 亿元。2006~2017 年北京市累计外贸差额达到 157314 亿元。2006~2017 年，北京市进口对出口的比率基本维持在 3 倍以上。只有 2007 年为 2.9，低于 3 倍。进口/出口比之最大的年份是 2012 年和 2013 年，北京市外贸进口是出口的 5.8 倍。

（二）存在明显的外贸滑坡

作为中国的经济重镇，北京不仅是最先跨入人均 GDP 超过万美元的省份之一，也是第三产业比重超过 70% 率先进入后工业社会的直辖市。[①] 无论是技术发展水平，还是经济实力，北京都应该是全国外贸发展的楷模，但近年北京存在明显的外贸滑坡现象。从表 1 可以看出，2013~2016 年，北京的进出口总额、进口总额和出口总额都呈下降趋势。

2013~2016 年北京市的进出口总额呈明显的下降趋势。2013 年北京进出口额从 26691.0 亿元下降到 2014 年的 25417.9 亿元，2015 年则降为 19827.7 亿元，2016 年进一步降为 18652.2 亿元。在出口额方面，2013 年出口 3920.1 亿元，2014 年 3829.4 亿元，2015 年降为 2010~2016 年的最低点，仅为 3395.0 亿元。在进口方面，2013~2016 年则呈直线下降的态势，2017 年出现较为明显的上升。2013 年进口 22770.9 亿元，2014 年降为 21688.6 亿元，2015 年为 16432.6 亿元。2016 年降到 2010 年以来的低点，进口 15218.6 亿元。2017 年出现回升，达到 17971.4 亿元。

2014 年、2015 年、2016 年的进出口总额同比分别下降 3.35%、23.13%、11.60%；同期，北京出口总额分别下降 4.81%、4.67%、3.84%，进口额分别降低 3.72%、25.04% 和 12.99%。

北京进出口额占全国进出口额的比重也是衡量北京市外贸是否出现滑坡的重要指标之一。从表 2 可以看出，从 2009 年开始，北京出口占全国出口

---

① 根据《北京统计年鉴》，2006 年北京市第三产业产值达到 5580.8 亿元，占地区生产总值的 70.9%。

的比重呈逐年下降的趋势。2009 年，北京出口占全国出口的比重为 4.03%，而后逐年下降。

表 2   北京市出口额及其占全国比重

单位：亿元，%

年份	北京出口	全国出口	北京出口占全国出口的比重
2006	3039.9	77597.87	3.92
2007	3764.7	93627.14	4.02
2008	4044.2	100394.94	4.03
2009	3301.9	82029.69	4.03
2010	3766.1	107022.84	3.52
2011	3835.4	123240.56	3.11
2012	3766.8	129359.25	2.91
2013	3920.1	137131.43	2.86
2014	3829.4	143833.75	2.66
2015	3395.0	141166.83	2.40
2016	3433.5	138419.29	2.48
2017	3962.5	153311.19	2.58

资料来源：根据《北京统计年鉴》（2016）及《中国统计年鉴》（2016、2015）数据及国家统计局 2018 年数据。

从 2006 年开始，北京外贸出口占全国外贸出口的比重基本呈直线下降的趋势。2006 年，北京外贸出口占全国外贸出口的比重为 3.92%，2007 年达到 4.02%，2008 年为 4.03%，2009 年降为 4.03%，此后呈直线下降的趋势，2010 年降为 3.52%；2011 年降为 3.11%；2012 年跌破 3%，降为 2.91%；2013 年降为 2.86%；2014 年降为 2.66%；2015 年降为 2.40%；2016 年为 2.48%；2017 年小幅增 0.1 个百分点，回升到 2.5% 以上。北京必须采取有效措施，扭转这一趋势。

（三）北京商品的出口价格大幅跌落

一些研究人员认为，出口导向战略容易引起出口商品价格的跌落和贸易条件的恶化。尽管出口导向战略并不必然导致贸易条件的恶化，但北京

2015～2016年出口商品的价格降低简直匪夷所思。根据北京市统计局的数据，2016年相比2015年，北京市几乎所有具有较高标准性的出口商品的价格都呈急剧下降的趋势。

表3选择了2015年和2016年北京市主要出口商品中标准化程度较高的商品，通过计算可以发现，北京商品出口价格降低幅度平均达到8%。即使考虑出口品种结构变化导致的价格降低的影响，北京市出口商品价格降低的现象也十分严重。

表3　北京市主要出口商品的价格

出口商品	2015 年			2016 年			2016 年/2015 年价格比（%）
	出口数量（吨）	出口金额（万美元）	单价（美元）	出口数量（吨）	出口金额（万美元）	单价（美元）	
煤炭	89	9243	103.9	3533	26378	7.5	7.2
焦炭、半焦炭	241	37238	154.5	1399	19235	13.7	8.9
成品油	1280	713910	557.7	26072	1120797	43.0	7.7
铁合金	2	16492	8246.0	8	6417	802.1	9.7
钢材	570	347852	610.3	4992	260781	52.2	8.6
未锻造的铝及铝材	4	12753	3188.3	91	29575	325.0	10.2
金属加工机床	2	15625	7812.5	16	8995	562.2	7.2
液晶显示板	1320	71256	54.0	14538	49203	3.4	6.3
电动机与发电机	220	9738	44.3	2277	11928	5.2	11.8
变压器	50	24186	483.7	862	21118	24.5	5.1
蓄电池	1182	6301	5.3	3421	3526	1.0	19.3
电话机	2601	429374	165.1	15618	265664	17.0	10.3
电线与电缆	5	53651	10730.2	38	37143	977.4	9.1
汽车	5	112008	22401.6	54	104216	1929.9	8.6
鞋类	2	18848	9424.0	18	26229	1457.2	15.5
塑料制品	5	28220	5644.0	64	35948	561.7	10.0

资料来源：根据《北京统计年鉴》（2017、2016）统计数据计算。

（四）出口严重落后于发达省份

北京是第一批人均GDP超过1万美元的省级行政单位。尽管2017年北京的人均 GDP 在全国各省份中排第一位，但出口额低于很多发达省份。根据各省份统计年鉴和社会经济发展统计公报，2017 年北京出口总额为 3962.5 亿元、上海为 45766.3 亿元、江苏为 24607.2 亿元、浙江为 19446.0 亿元、福建为 7114.1 亿元、广东为 42186.8 亿元、山东为 9965.4 亿元。北京在人均 GDP 排名前 10 的省份中排倒数第 4 位（见表 4）。

根据历史统计资料，每年央企占北京出口的半壁江山。[①] 如果按央企占北京出口额的 50% 计算，2016 年北京市非央企的出口仅为 1716.75 美元。这样，剔除央企出口的影响，即按照出口额的 50% 计算，2017 年北京市出口额低于天津、重庆等城市。

表 4　2016 年、2017 年 GDP 排前列相关省份出口总额

单位：亿元

省份	2016 年出口额	2017 年出口额	2017 年排名	2017 年北京出口/各省出口
北京	3433.5	3962.5	7	1.0
上海	1834.67	45766.3	1	11.5
江苏	3193.44	24607.2	3	6.2
浙江	2598.01	19446.0	4	4.9
福建	1036.73	7114.1	6	1.8
广东	5802.22	42186.8	2	10.6
山东	1331.21	9965.4	5	2.5

资料来源：根据 2016 年及 2017 年相关省份统计年鉴及社会经济发展统计公报数据计算。

二　北京外贸发展较慢的原因

从上面的分析可以看到北京市外贸出口存在的问题。导致北京外贸出口滞后的原因则是多方面的，主要包括长期依赖中央在京企业的出口、缺乏发展外贸的临海区位优势、在京大型央企和外企采取分散出口的经营模式，以及相对忽视产品营销等。

---

① 肖玮、林子：《前八月北京进出口额超六成来自央企》，《北京商报》2016 年 9 月 28 日。

（一）长期依赖中央在京企业

北京是首都城市，正是基于这一原因，绝大多数的央企在北京设立总部。由于技术先进、规模巨大，央企对北京的经济发展和外贸出口做出了巨大贡献。也正是央企对北京经济和外贸的重要贡献，近年来北京市属外贸企业和私营企业以及合资企业的培育不全面、发展不充分。

根据表5和表6，2017年54家在京企业被列入全国外贸500强名单。2017年54家在京500强外贸企业进口总额达到2965.9亿元，出口624.21亿元，进口2341.9亿元。

仅在全国500强外贸企业排名前10以内的中国石油化工股份有限公司、中国石油天然气集团公司、中国海洋石油总公司和中国中化集团公司4家在京央企的进出口总额就达到1613亿元。在京央企的外贸业绩成为北京市的依靠，它们的耀眼表现也可能在一定程度上麻痹了北京人，使北京市在促进非公外贸企业扩大对外经济交往方面所下的功夫不足。

（二）非总部性外贸企业发展滞后

北京市作为一个央企林立、总部扎堆的首都城市，不仅有众多的技术先进、实力雄厚、营销网络完整的在京中央企业，也有很多牢固把握国内外市场的外资企业总部。北京总部型外贸企业对北京外贸发展做出了巨大贡献，但从另一个角度看，北京市非总部型外贸企业的发展并不充分。2017年北京市属企业进入全国外贸企业500强的企业有54家，其中绝大多数均为在京央企和外企等总部型外贸企业。54家500强外贸企业中，在京央企总部外贸企业31家，非央企外贸企业23家。这23家非央企外贸企业中，也仅有为数不多的几家为市属外贸企业。即使在这些为数不多的市属外贸企业中也只有小米通讯技术有限公司属于私营企业。北京不仅要大力鼓励私营企业出口原创产品，更要发展私营性外贸专业公司。

（三）在京大型国企和在京大型外企采取集中采购、分散出口

相较而言，进口比较好控制，而出口则需要各个方面的信息和深入踏实的基础工作。所以，中央在京企业和外企在京企业必定采取集中进口、分散出口的政策。这样就会导致北京外贸出现巨大的逆差。

从表5可以看出，由于采取分散出口和集中进口的策略，16家中央在京企业的贸易逆差超过10亿元。其中，中国石油化工股份有限公司逆差658.6亿元，中国石油天然气集团公司逆差322.5亿元，中国海洋石油总公司106.3亿元，中国中化集团公司111.7亿元，逆差均超过100亿元。中国五矿集团公司（24.6亿元）、中国北方工业公司（16.3亿元）、中粮集团有限公司（14.8亿元）、中国通用技术（集团）控股有限责任公司（13.7亿元）、中建材集团进出口公司（21.2亿元）、中国医药集团总公司（23.1亿元）、中国工艺（集团）公司（21.5亿元）、国航进出口有限公司（14.9亿元）、中国原子能工业公司（14亿元）、中国中信集团公司（28.1亿元）、中国中纺集团公司（17.7亿元）、中国农业发展集团总公司（11.5亿元）等的贸易逆差均超过10亿元。

从表5可以看出，北京的巨额外贸逆差是由外贸巨无霸企业的总部型经营模式引起的。2017年外贸逆差超过100亿元的在京央企有中国石油化工股份有限公司、中国石油天然气集团公司、中国海洋石油总公司、中国中化集团公司4家。仅此4家在京央企的外贸总逆差达到1199.1亿元。

表5　在京500强外贸央企出口额与逆差

单位：亿元

排名	企业名称	进出口额	出口额	进口额	逆差
1	中国石油化工股份有限公司	814.6	78.0	736.6	-658.6
3	中国石油天然气集团公司	438.6	58.0	380.5	-322.5
9	中国海洋石油总公司	182.7	38.2	144.5	-106.3
10	中国中化集团公司	177.6	32.9	144.6	-111.7
20	中国机械工业集团公司	98.1	54.7	43.4	11.4
28	中国五矿集团公司	74.7	25.1	49.7	-24.6

续表

排名	企业名称	进出口额	出口额	进口额	逆差
38	中国船舶工业贸易公司	55.6	47.4	8.2	39.2
42	中国远洋运输(集团)总公司	53.9	36.4	17.5	18.9
53	中国电子进出口总公司	47.2	27.7	19.6	8.1
84	中国北方工业公司	34.8	9.2	25.6	-16.3
91	中国通用技术(集团)控股有限责任公司	33.4	9.8	23.5	-13.7
93	中国航空工业集团公司	32.8	19.9	12.9	7.0
94	中粮集团有限公司	32.7	9.0	23.7	-14.8
104	中建材集团进出口公司	29.8	4.3	25.5	-21.2
106	中国医药集团总公司	28.9	2.9	26	-23.1
108	中国中信集团公司	28.7	0.3	28.4	-28.1
110	中国工艺(集团)公司	28.2	3.3	24.9	-21.5
119	中国国际海运集装箱(集团)股份有限公司	26.9	23.5	3.4	20.1
124	中国烟草国际有限公司	25.8	8.6	17.2	-8.6
139	中国广核集团有限公司	23	9.3	13.7	-4.4
160	中国中纺集团公司	20.6	1.5	19.2	-17.7
169	中国港湾建设(集团)总公司	19.9	15.8	4.1	11.7
181	国航进出口有限公司	18.5	1.8	16.7	-14.9
190	中国原子能工业公司	17.5	1.7	15.8	-14.0
208	中国中钢集团有限公司	16.1	7.4	8.7	-1.3
242	中国远大集团有限责任公司	14	4.6	9.3	-4.7
255	中国农业发展集团总公司	13.5	1	12.5	-11.5
308	中国船舶重工集团公司	11.3	9.8	1.5	8.2
314	中国恒天集团公司	11.2	1.8	9.4	-7.6
392	中国农业生产资料集团公司	9	2.7	6.4	-3.7
409	中国北方工业集团公司	8.7	3.6	5.2	-1.6
	合　计	2428.3	550.2	1878.2	-1328.0

资料来源:根据中国对外经济贸易统计学会《中国外贸500强》(2018)数据计算。

从表6可以看出,北京市非央企500强外贸企业出口很少,所列23家非央企500强外贸企业出口额仅占出口总额的15.9%。其中,2017年宝马(中国)汽车贸易有限公司、梅赛德斯-奔驰(中国)汽车销售有限公司、中储粮油脂有限公司、瑞钢联集团有限公司、中国化工油气股份有限公司等企业出口额为零。

表6 2017年北京市属外贸500强企业出口额与逆差

单位：亿元

排名	企业名称	进出口额	出口额	进口额	逆差
22	宝马(中国)汽车贸易有限公司	89.7	0	89.7	−89.7
27	梅赛德斯－奔驰(中国)汽车销售有限公司	74.9	0	74.9	−74.9
45	瑞钢联集团有限公司	51.5	0	51.5	−51.5
67	丰田汽车(中国)投资有限公司	40.1	0	40.1	−40.1
72	北京奔驰汽车有限公司	38.3	0.4	37.9	−37.5
89	中储粮油脂有限公司	33.9	0	33.9	−33.9
121	中国首钢国际贸易工程公司	26.7	8	18.6	−10.6
179	日产(中国)投资有限公司	18.8	13	5.8	7.1
225	威讯联合半导体(北京)有限公司	14.7	8	6.7	1.4
227	北京索爱普天移动通信有限公司	14.7	10.3	4.4	5.9
240	拓速乐汽车销售(北京)有限公司	14.1	0	14.1	−14.1
257	小米通讯技术有限公司	13.3	13.3	0	13.3
261	拜耳医药保健有限公司	13.1	0	13.1	−13.1
266	佳能(中国)有限公司	12.9	0	12.9	−12.9
282	科园信海(北京)医疗用品贸易有限公司	12.3	0.1	12.2	−12.1
361	中色国际贸易有限公司	9.8	0.6	9.2	−8.5
385	西门子(中国)有限公司	9.1	0	9.1	−9.1
386	路易达孚(中国)贸易有限责任公司	9.1	0.1	9.0	−8.8
415	北京京东方显示技术有限公司	8.6	5.2	3.4	1.8
429	华润北约空港(北京)国际贸易有限公司	8.4	0.4	8.0	−7.6
450	中国航空油料有限责任公司	8.1	8.1	0	8.1
456	北京京东方光电科技有限公司	8	6.4	1.6	4.8
484	中国化工油气股份有限公司	7.6	0	7.6	−7.6
合　计		537.7	73.9	463.7	−389.6

资料来源：根据中国对外经济贸易统计学会《中国外贸500强》（2018）数据计算。

拓速乐汽车销售（北京）有限公司、拜耳医药保健有限公司、佳能（中国）有限公司、西门子（中国）有限公司、中国化工油气股份有限公司出口额极低，几乎可以忽略不计。2017年，宝马（中国）汽车贸易有限公司、梅赛德斯－奔驰（中国）汽车销售有限公司、瑞钢联集团有限公司、丰田汽车（中国）投资有限公司、北京奔驰汽车有限公司、中储粮油脂有限公司等公司的贸易逆差总额达到327.6亿元。

（四）北京市出口企业的成分结构不合理

根据北京市统计局披露的信息，国有企业占北京市出口总额的58.45%，外商投资企业的出口占北京市出口总额的23.71%，而民营企业的出口仅占17.54%（见图1）。报关企业和类型企业的出口分别占北京市出口总额的0.15%和0.16%。

正是由于外商投资企业、民营企业的出口较低，央企的出口额才会占北京出口总额的半壁江山以上。

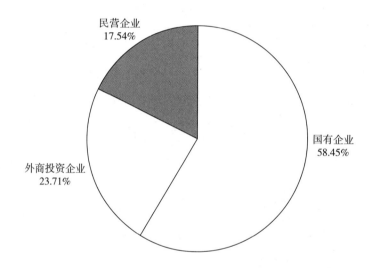

图1 北京市各类外贸企业出口额所占比例

资料来源：根据《北京统计年鉴》（2018）数据计算。

三 北京贸易战略调整

（一）深化"一带一路"沿线国家的经济合作

支持和加入"一带一路"建设的国家都与中国有良好的双边关系，中国在基础设施建设、资金融通、技术转让、经济援助等方面对这些国家给予一定的优惠。北京市深化与"一带一路"沿线国家的经济合作不仅是对国家"一带一路"建设的有效支持，而且可以给北京带来巨大的经济效益。

丝绸之路经济带和海上丝绸之路经济带涉及东盟 10 国、西亚 18 国、南亚 8 国、中亚 5 国、独联体 7 国、中东欧 16 国以及中国的近邻蒙古国等 65个国家，几乎涉及整个欧亚大陆。

"一带一路"沿岸 65 个国家，人口众多、消费需求旺盛，是北京乃至整个中国开展对外经济贸易合作的重点。

第一，借助"一带一路"的经济活动，向相关国家展示文化和经济成就。中国和"一带一路"国家必然在国家层面开展一系列的活动与交流。借助于包括北京高层官员在内的党和国家领导人对"一带一路"国家的访问、中国对"一带一路"国家的经济援助，积极向"一带一路"国家展示北京的技术和经济发展成就，让这些国家看到与北京市合作的利益和潜力，激发它们进口北京商品的强烈冲动。

第二，通过各种渠道，掌握"一带一路"国家的真实需求，通过技术研发，及时向相关市场主体提供所需的商品和技术。

一方面，"一带一路"国家基本上属于经济相对不发达的国家，这些国家的经济与北京经济有较大的互补性。另一方面，"一带一路"进入亚丁湾和红海水域，直接与经济不发达的非洲相接，这也是北京与不发达国家加强经济合作的有利条件。只有提供它们所需的价廉物美的商品，北京市才能与其建立牢固和互惠的合作关系。

第三，借助"一带一路"平台，进一步加强与发达国家的合作。"一带一路"越来越受到世界其他非域内国家的赞同和支持。根据有关报道，目前希腊、法国、德国、意大利，甚至英国也表现出对"一带一路"建设的浓厚兴趣。"一带一路"最终把整个世界联系起来，使中国与整个世界市场进行深度的经济合作。

（二）发挥北京的技术经济优势

北京是中国率先进入后工业社会的省份。2017 年北京的人均地区生产总值为 12.9 万元，地区生产总值达到 28014.9 亿元，第三产业产值达到 22569.3 万元，第三产业的比重达到 80.6%，基本与美国持平。北京的经济发展水平和特点决定了其外贸出口结构和政策。尽管一个行政区域内的外贸企业可以经营其他区域内的产品，但毕竟销售所在区域的商品是外贸企业的责任和优势所在。

1. 北京产业结构与出口结构的差异

由于创新不足北京出口商品并不能反映北京第三产业高度发达的这一经济特征。2017 年产值占北京地区生产总值超过 5% 的行业主要有制造业（3316.3 亿元，占 11.8%）、批零业（2486.8 亿元，占 8.9%）、金融业（4655.4 亿元，占 16.6%）、房地产（1766.2 亿元，占 6.3%）、租赁与商业服务业（1935.5 亿元，占 6.9%）、科研与技术服务业（2859.2 亿元，占 10.2%）。

根据 2018 年《北京统计年鉴》的统计资料，2017 年北京市出口总额占全市出口总值 0.4% 以上的商品主要有成品油（1476689 万美元，占 4.6%）、钢材（263553 万美元，占 0.8%）、电话机（235911 万美元，占 0.7%）、集成电路（191613 万美元，占 0.6%）、汽车零件（141657 万美元，占 0.4%）、服装（187152 万美元，占 0.6%）。

2. 税收贡献与出口的差异

2017 年，北京市完成国税征收 9605.7 亿元，其中第三产业完成国税征收 8265.1 亿元，占全部国税收入的 86.04%。第三产业中实现国税征收最高的行业分别是金融业（4115.8 亿元，占 49.8%），批零业（1645.7 亿元，占 19.9%），计算机服务业（371.4 亿元，占 4.5%），交通、运输和邮电业（239.3 亿元，占 2.9%）。同期，北京完成国税征收 3683.1 亿元。其中，第三产业完成地税征收 3288.9 亿元，占全部国税收入的 89.18%。第三产业中实现地税征收最高的行业分别是金融业（429.4 亿元，占 49.8%）、房地产（938 亿元，占 28.5%）、批零业（238.9 亿元，占 7.26%）、计算机服务业（192 亿元，占 5.84%）。

从以上几组数据可以看出，北京市的出口与其经济发展水平和经济结构不相适应。尽管第三产业主要是一些服务行业，但包括软件在内的很多产品

都是可以独立出口的。2017 年北京市软件与计算机服务行业完成国税征缴
371.4 亿元，占全部国税收入的 4.5%，完成地税征缴 192 亿元，占全部地
税收入的 5.84%。①

从 2017 年北京市主要出口商品名录来看，软件可谓名不见经传。这是
一个很大的问题，必须尽快解决。

同样，作为中国重要的科技中心，北京市在医药品、纺织机械与零件、
金属加工机床、自动化处理设备及其部件、液晶显示板、电动机及发电机、
变压器、蓄电池、医疗仪器和机械、电线与电缆、汽车整车及部件等高精尖
行业产品的出口方面都有巨大的潜力。这是北京今后经济工作的重点，也是
北京外贸发展的关键。

3. 发挥北京上市公司创新能力

北京是一个技术创新能力和经济实力十分强劲的首都城市。但作为现
代经济的代表，北京的上市公司在技术研发和开拓国际市场方面有着其他
企业类型无法比拟的优势。截至 2019 年 3 月 4 日，北京市地域范围的上市
公司达到 315 家。除了大唐电讯（600198）被 ST 以外，其他 314 家上市
公司都处于较好的经营状态。315 家北京上市公司股票的平均价格达到
11.54 元/股。上市公司是北京财富的重要载体，也是北京市生产力的直接
体现。

作为一种公开募集资金的现代企业，上市公司资金充裕、可以聘用技术
创新能力强的科研人员。因此，只要加以正确的政策引导，上市公司将会是
北京技术创新开拓国际市场的生力军。截至 2019 年 3 月 4 日，北京有 139
家公司在上海证券交易所挂牌交易。其中股票以 600 和 601 开头的上市公司
有 110 家，这些上市公司基本上都是市值超过千亿元的巨无霸型企业。北京
在深圳证券交易所挂牌上市的大型企业也有不少。同样，截至 2019 年 3 月
4 日，北京市有 95 家公司在创业板上市。这些在创业板上市的公司是具备
较强技术能力的中小型企业。

---

① 根据北京市统计局《北京统计年鉴》（2018）公布数据计算。

有鉴于此，北京市应该采取以下措施。

第一，政策支持。北京市应该出台政策措施，引导上市公司加大技术创新力度，提高企业的技术创新能力，开发出更多符合市场需求的新产品。

第二，营销和技术指导。上市公司的基础研发能力相对较弱的特点制约其技术创新能力。作为中国的技术中心，北京市应在市场需求动态、技术开发的基础科技研究方面对上市公司给予指导和支持。

第三，支持开拓国际市场。尽管上市公司资金相对比较充裕，但在开拓国际市场方面仍然会遇到铺摊设点需要巨额费用的问题。北京市可以通过资金支持和整合外贸企业等支持上市公司将新产品销售到国际市场。

（三）鼓励发展外向产业，以外贸带动产业发展和技术研发

发展经济学将投资、消费和外贸视为经济发展的"三驾马车"。世界各国每年支付巨额的出口退税补贴，以期加速国内产业发展并带动相关技术的创新和进步。

当今世界各国都对外贸出口给以一定的包括出口退税和出口信贷在内的政策优惠。一个国家的外贸出口政策优惠一般都是由国家层面决定的。一般地说，北京市并不可能减少和增加对外贸出口的优惠水平。在目前世界经济竞争的条件下，各国都采取出口退税政策。虽然出口退税能够激发相关主体扩大出口的积极性，但只要各国都实行相同的政策，该措施就不会对价格产生扭曲作用。出口退税实际上就是不征税不补，是当前世界各国普遍采用的贸易政策。相应地，出口退税不会给出口导向战略带来不利的影响。在国家外贸经济政策不变的条件下，北京不可能加大或降低出口退税的比率。2018年10月8日，国务院常务会议决定加大出口退税力度，全面提高出口退税的比例。这是北京市扩大出口的重大利好。

相对于其他省区而言，北京市资金充裕、人才充沛、社会服务完善，可以利用这个契机，鼓励北京投资参与外贸出口业务。目前北京市外贸企业没有得到很好的培育，外贸企业的数量和规模都小于外贸发达的省份。目前北

京中小企业不懂或者没有精力去享受政策红利。为了鼓励出口，国家及有关部门制定了很多优惠政策、采取了很多的方便举措，如快速通关、无纸化退税等。

外贸经营者可以通过外贸综合服务平台完成很多工作，原有的很多很复杂的报关、退税业务基本上都可以通过外贸综合服务平台完成。不仅缩短了相关工作周期、降低了工作强度，更重要的是拆除了滋生腐败和导致"管、卡、要"的信息基础。

为了促进外贸经济的发展，北京市应该降低外贸从业门槛，使更多的中小企业能够加入外贸行业。必须通过宣传使广大的潜在投资者知晓这方面的信息，并积极投入北京的外贸出口事业。

（四）解决中小外贸企业发展的难题

根据研究文献，在当前的信息和公共服务条件下，中小型外贸企业开展国际贸易存在商机寻找困难、流通成本高、利用政策难、金融支撑获取难、信用屏障高五个方面的难题。北京市政府及外贸主管部门应该研究对策，为中小型外贸企业发展解决问题、排除障碍。

在研究文献所罗列的北京市中小外贸企业存在的五个问题中，寻找商机难是最主要的问题。如果能够解决这个问题，流通成本高、利用政策难、金融支撑获取难、信用屏障高四个问题基本能够比接好地得到解决。落实了进口商，组织货源相对较为容易，流通成本也能够降低。同样，通过外贸综合服务平台也可以较好地解决利用政策难的问题。

对于金融支撑获取难和信用屏障高的问题，只要外贸企业签订了出口合同，并提供信用证或其他相应的担保措施，银行发放出口信贷基本上不存在任何大的风险，这两个问题基本上能够较好地得到解决。针对这两个问题，北京市政府应该出台文件，规定所属的商业银行必须提供信贷和信用支持。由于中小型外贸企业的规模比较小，一般的国有商业银行可能不愿意做这样的小单业务。北京市所属的北京银行或其他银行也应该提供这两个方面的支持。

（五）解决同行压价问题

在国际贸易中，同行压价是造成价格跌落和贸易条件恶化的最主要的因素。尽管发展中国家的外贸经营者和管理者都清楚，马歇尔—勒纳条件证明，在进出口弹性系数之和小于1的条件下发展中国家不能通过本币贬值措施改善其国际收支[①]，但是在国际贸易实践中，很多外贸企业仍然采取价格竞争手段以期占领更多的市场。一些理论研究人把价格降低归结为自由竞争的固有特征。尽管几乎不可能完美地解决同行竞争的问题，但从经济发展的角度，国家不仅要消除竞争不充分带来的高额垄断利润，而且要解决过度竞争带来的普遍亏损问题。

1. 通过竞标方式把北京的特色产品的出口交给某个外贸企业和外贸企业联合体

从整体上看，在国际贸易条件下，一个企业独占能够获得最好的价格。一般应通过缴纳特殊经营费且竞标的形式，将市场需求稳定的特色产品的出口交给一个外贸企业。

2. 企业划片经营

对于一些资质不高、实力较弱的外贸企业，可以通过登记经营地域的方式，进行划片经营，尽可能避免众多的企业拥挤在消费能力强劲的国家或地区。

3. 发挥行业协会的协调作用

行业组织是介于政府与企业之间、商品生产者与经营者之间，并为其服务、咨询、沟通、监督、公正、自律、协调的社会中介组织。通过协会领导协调和成员企业协商等方式，较好地解决同行压价的问题。一方面，通过协商，行业协会可以协调成员企业之间的经营区域问题，使其成员企业各营一方、各管一片，互不侵扰。另一方面，行业协会通过协商确定最低价格，避免无利销售。

4. 出台限制无利经营的法规

由于实施出口导向贸易战略的国家一般通过出口退税的方式来鼓励企业

---

① Marshall, A., Money, *Credit and Commerce*, London：Macmillan, 1923.

和外贸经营者扩大出口，客观上助长了经营者实行无利销售的行为。无利销售不仅减少了出口的利润，更重要的是给进口国实施反倾销处罚的借口。国家应该通过立法和出台政策规定禁止和约束外贸出口企业无利销售的行为。如果外贸企业的利润率低于同期银行存款利率，就可以判定外贸企业无利销售，这时，国家就应该拒绝接受其出口退税申请。

参考文献

［1］Zhao Xudong, "The Belt and Road and the Rediscovery of Reciprocity-Based Anthropology", *Social Sciences in China*, 2019.

［2］罗伯特·劳伦斯·库恩：《"一带一路"合作实现了共赢》，《人民日报》2019年3月18日。

［3］潘萌、刘雪莲：《"一带一路"支点选择视阈下的中国—伊朗合作探析》，《青海社会科学》2019年第2期。

［4］李媛、李孟佳：《中国对"一带一路"沿线国家投资潜力与方向研究》，《沈阳工业大学学报》（哲学社会科学版）2018年第11期。

［5］景跃军、李涵：《"一带一路"背景下中国产业结构调整面临的挑战及对策》，《社会科学战线》2018年第12期。

［6］杨蕾、张恒瑄、刘静怡：《"一带一路"背景下中小型外贸企业融资困境破解策略——基于北京"政保贷"案例》，《农村金融研究》2018年第3期。

［7］朱菲娜、张倪、李征琴等：《外贸增长仍面临较大压力》，《中国经济时报》2014年4月。

［8］李娜：《"一带一路"背景下我国外贸企业核心竞争力问题研究》，《金融经济》2016年第11期。

［9］郝丽萍：《我国外贸企业管理问题及对策研究》，《商业经济》2016年第2期。

B.11
"四个中心"定位下北京
生态城市建设策略研究

丁 军*

摘 要： 生态城市建设是当前北京市"四个中心"定位下的重点发展
方向之一，对其进行深入细致的分析具有重要意义。在生态
城市建设过程中，生态文化的培育、高精尖生态产业体系的
构建、生态空间的优化、生态功能的提升、生态环境保护政
策的完善，都是加速建设进程的有力措施。为使北京市建设
成为绿色宜居的现代化生态都市，必须进一步完善北京市生
态城市建设策略。

关键词： 北京 生态城市 生态文化

一 引言

2017 年习近平总书记视察北京时指出，"疏解北京非首都功能是北京城
市规划建设的'牛鼻子'"，这句话生动形象地表现出了疏解非首都功能对
于北京市未来规划建设以及京津冀协同发展的必要性。要放眼长远、从长计
议，稳扎稳打推进。同时，总书记提出，北京城市规划建设必须明确"四
个中心"战略定位："坚持和强化首都作为全国政治中心、文化中心、国际

---

* 丁军，北京市社会科学院经济所副研究员，主要研究方向为区域生态经济。

交往中心、科技创新中心的核心功能，深入实施人文北京、科技北京、绿色北京战略，努力把北京建设成为国际一流的和谐宜居之都。"为了更好、更快地完善"四个中心"建设，则不可避免地要着眼于北京生态城市建设。

生态城市建设主要依赖于环境保护力度的提升、节能减排技术的革新、产业制度的创新、城市空间布局的优化、文化发展观念的转变等手段，借此达到经济、社会、环境三者和谐统一，共同走上可持续发展之路的城市建设目的。致力于生态城市建设，是从生态发展角度回答"建设一个什么样的首都，怎样建设首都"这一重大问题，是充分落实北京城市总体规划（2016～2035年）的必由之路。

二 "四个中心"定位下北京建设生态城市的科学阐释

（一）生态城市是政治中心重要的落地载体

自新中国成立以来，北京就被界定为我国的政治中心，是为政府机关提供重要服务的区域所在，旨在保障我国首都的政治安全以及推动国家重要活动的顺利进展。政务服务离不开良好的工作生活环境，而生态城市建设正是为了打造宜居适度的生活空间，提高民生保障和服务水平，强化生态系统服务功能，为政治中心建设提供环境保障。

1. 绿色空间体系的健全有助于提升政治中心的建设品质

一个良好的政治环境需要以健全的生态系统为前提保障，而构建多元化的绿色空间体系是完善生态系统的基础，层层建设以绿为体、林水相依的绿色景观系统，为政务工作者提供游憩空间，使其免受环境因素的困扰，让政务工作在良好的生态环境中充分有效地展开。

2. 城市空间布局的优化为政治中心建设提供便利

通过综合考量北京市的生态环境容量及生态承载力，统筹把握生产、生活、生态空间的内在联系，优化空间结构布局，加强城市生产系统和生活系统循环链接，能够实现更有创新活力的政治中心建设，使政务工作更加顺利地开展。

3. 节能减排技术的革新是政治中心建设的基础保障

政务工作的开展离不开能源供应，失去了持续充足的能源供应，政治中心的建设将无法继续。无论是石油等不可再生能源，还是电力等可再生能源，对于政治中心建设来说都是不可或缺的。大力建设生态城市，加快革新节能减排技术，将为政治中心的建设提供持续的基础保障（见表1、表2）。

表1　2011～2017年北京市政府节能环保预算支出

单位：亿元

年份	节能环保政府预算支出	年份	节能环保政府预算支出
2011	94.51	2015	303.26
2012	113.54	2016	363.38
2013	138.17	2017	458.44
2014	213.36		

资料来源：《北京统计年鉴》（2018）。

表2　北京市能源消费总量及万元地区生产总值能耗统计

年份	能源消费总量（万吨标准煤）				万元地区生产总值能耗（吨标准煤）	万元地区生产总值能耗下降率（%）
	第一产业	第二产业	第三产业	生活消费		
2011	98.3	2160.1	2818.9	1320.0	0.419	6.95
2012	98.1	2082.1	2967.0	1416.9	0.399	4.75
2013	97.3	2079.2	3109.1	1438.3	0.38	4.88
2014	91.7	1998.4	3236.5	1504.6	0.36	5.29
2015	84.6	1902.7	3312.6	1552.7	0.338	6.13
2016	80.4	1870.8	3414.4	1596.1	0.275	4.87
2017	72.0	1844.2	3519.3	1697.3	0.264	4.01

资料来源：《北京统计年鉴》（2018）。

（二）生态文化是建设文化中心的重要组成部分

倡导生态文化，构建绿水青山、两轴十片多点的城市景观格局，这正是生态城市建设的重要组成部分，其本身代表了先进文化的发展方向。

1. 生态城市建设能够增强北京作为文化中心的凝聚力

人民群众的满意程度是衡量一个城市建设是否合格的重要标志。一个山水格局被充分保护、城市建设与自然景观融为一体的城市，是能够激发市民对于这个城市的归属感的。加强北京市的文化中心功能建设，离不开对历史文化遗产这一张"金名片"的精心保护，更离不开为每一位市民提供绿色宜人、活力四射的城市生活空间。通过培育生态文化，对北京市城市建筑布局和景观风貌的精心规划设计以及保护提升，让市民不仅能领略到富有文化魅力的历史建筑，而且能够欣赏到赏心悦目的现代建筑，不仅能望得见山，而且能够看得见水，对于文化中心的建设有着不可替代的重要作用。

2. 生态城市建设能够集中展示地域文化多样性

培育生态文化、打造两轴十片多点的城市整体景观格局，是对中华文化精髓的深入挖掘，是对历史文脉的延续传承，是对时代特征的重点体现。生态文化建设能够将北京这座城市的形象气魄、地域文化多样性毫无保留地展示在世人面前，这将会大大增强北京作为文化中心的可识别性。

3. 生态城市建设是帮助转变文化发展观念的重要举措

首先，保护并修复自然生态系统、加强自然资源可持续管理、整合生态基础设施等，这一系列生态城市建设措施都能够有效提高北京的城市生活品质，让生态文明意识在市民的心中生根发芽，实现市民的生活方式和消费模式的绿色转型；其次，加强生态宣传，强化生态发展教育，进一步增强全民生态文明意识，转变市民文化发展观念，必然能够大力推动文化中心的功能建设。

（三）生态宜居城市是成为国际交往中心的重要落脚点

国际交往中心的构建是推动我国迈向世界舞台的关键一步，也是营造和谐友好外交氛围的必要前提。同时，它也是实现我国对外开放国策的重要一环，为国际合作项目的达成奠定良好基础。放眼世界，重要的国际交往中心都十分注重城市的生态建设与发展。例如，纽约在城市转型过程中，将绿色发展作为转型的基本方向。生态友好、低碳宜居始终是纽约在城市转型过程中的重要特征。不论是楼顶，还是墙体，甚至连高架铁路和立交桥，都被建设成为"绿色屋顶"，使这座城市成功地集美观、低碳、环保、舒适于一体；德国的"绿色之都"弗莱堡市为了贯彻执行可持续发展方针，早在20世纪80年代就开始大力研究太阳能的利用，如今以太阳能为首的一系列清洁能源已经成为弗莱堡市进行生态建设的技术支撑点；土耳其在城市发展过程中也曾遭遇人口大量涌入、绿地面积过少、城市服务功能低下等典型的"大城市病"，为了缓解以上现象，土耳其政府先后出台了一系列政策法规，构建了NCCS方案框架，最终实现了可再生能源利用比例的提高；丹麦的哥本哈根市通过细化环境指标、设立生态交易日、开展环保主题教育等综合性生态城市建设项目，实现了城市密集区的可持续发展。

可见，生态城市建设对于如今集聚国际交往功能的大城市来说意义非凡，北京同样应该大力借鉴国际优秀的生态城市建设经验，去粗取精，进行符合中国国情、具有中国特色的生态城市建设，为我国的城市生态建设建立示范与榜样。

（四）绿色科技创新是建设科技中心的重要内容

科技创新是推动社会发展与文明进步的关键动力，科技创新中心的构建是极其重要的，不仅要利用既有的资源来加速创新型国家的建设进程，更需要不断地提升科研能力来提高在国际社会中的竞争优势。自2005年开始，北京市提出构建高精尖经济结构，建设现代化经济体系，绿色产业是其中的重要内容之一。因此，北京建设全国科技中心，离不开绿色科技创新（见表3）。

表3 北京市2017年规模以上工业战略性新兴产业总产值

单位：亿元

项 目	总产值
节能环保产业	350.4
新一代信息技术产业	1429.6
生物产业	976.7
高端装备制造业	502.8
新能源产业	152.7

项　目	总产值
新材料产业	459.9
新能源汽车产业	210.8
数字创意产业	27.3
相关服务业	5.4
合　计	4115.7

资料来源:《北京统计年鉴》(2018)。

1. 科技创新要把"环境友好"放在重中之重的位置

科技创新中心的建设,会带来经济的增长,但同时可能会带来一系列环境问题。当前我国的科技发展,是要谋求经济发展与环境保护的和谐统一,"绿水青山就是金山银山",绿色科技创新已经成为当前我国发展的潮流趋势,更是北京加强建设科技创新中心的必然选择。

2. 绿色科技创新将成为北京建设科技创新中心的关键支撑

面对国内外形势的变化,《中国制造2025》明确将绿色发展作为建设制造强国的重要着力点,强调加快制造业绿色改造升级,积极构建高效、清洁、低碳、循环的绿色制造体系。同样地,要使北京成为全球科技创新引领者,必须重点鼓励绿色科技创新,形成绿色科技创新空间格局,才能保障北京市建设科技创新中心的支撑力量。

3. 绿色科技创新是北京建设科技创新中心的必然趋势

为加快促进北京市作为科技创新中心的建设,必须坚定不移地以低碳化、高端化、集聚化、融合化、服务化作为发展方向,大力推广以绿色、智能、协同为特征的创新能力,形成完善的科技创新生态系统。

三　北京生态城市的建设策略

(一)培育生态文化

1. 培育生态环境保护的理念

生态文化培育对于人们的生活、生产方式来说都是一项重大变革,是一项需要全民参与的、以转变理念为基石的复杂而艰巨的系统工程。首先，要在全市范围内开展生态文化教育活动，让生态文化培育的理念深入人心；其次，通过灵活多样的形式大力开展环境保护知识的宣传教育，如通过社区公益讲座、社区知识竞赛、学校和企业内征文等，进一步强化人们的环保意识；最后，强化对于环保主题的文学、影视作品的创作鼓励，全面营造"环境保护光荣，环境破坏可耻"的社会氛围，让环保的价值理念在全社会蔚然成风。

2. 完善生态文化建设的法律制度

从根本上讲，生态环境保护的有效实施，势必要以规范健全的法律规定为保障前提。构建文明和谐的生态文化，严谨规范的制度法规是不可或缺的。让生态文化建设法制在试验区先行推广，不断探索形成全面的生态补偿和常态化机制，并最终在全市甚至全国范围内推广实行。

3. 培育生态环境保护的物质文化

不断强化生态文化建设的外在表现，如青山碧水蓝天等，以此作为反馈，激发人们保护环境的切身受益感，在潜移默化中增强全社会自觉开展生态环境保护的积极性。

（二）构建高精尖为主的生态产业体系

1. 建设绿色科技中心

促进绿色科技创新，需要政府、企业和公众的齐心协力，共同创造。首先，要强化政府顶层设计。政府通过制定绿色科技建设的政策法规，引导企业在环境保护的基础上进行科技创新，主导社会共同营造绿色创新的良好氛围。其次，企业要积极响应政府号召，加大绿色科技创新的投入力度，将其作为一项考核指标纳入企业考核体系，体现出企业尊重环境、保护环境的社会责任感。最后，公众以监督者和消费者的身份，强化督促企业的绿色科技创新行动。

2. 建设生态涵养区

生态涵养区不仅是北京市的重要资源保证地，也是产业结构优化调整的重点地区，更是构建北京市城乡一体化发展的重要区域。建设生态涵养区，最首要的就是坚持生态优先发展，提高生态服务质量以及改进生态屏障的性能。以保护生态环境为基础来发展市场经济，重视循环经济发展；在此基础上，让生态资源效益得到最大化的发挥，构建生态服务型经济，加快实现传统产业升级转型。

3. 推动减量发展

对于北京来说，疏解非首都功能，减量发展是一个必然选择。其目的并非是减少发展，而是减负发展，是为了提高北京市总体可持续发展能力。北京市必须抓住京津冀协同发展战略契机，突出把握减量集约发展的方向，建立完善推动减量发展的体制机制，通过引导、倒逼、激励、刚性约束、管控等手段，探索出人口经济密集地区优化开发的新模式，为实现首都长远可持续发展奠定坚实基础。

（三）优化生态空间

1. 完善评价体系，修复生态空间

建立统一的空气质量、碳足迹、绿地覆盖率、水质达标率、人均水资源及垃圾处理等生态环境评价体系，制定合理有效的生态评估体系，挖掘其中存在的各种问题并予以针对性见解。完善生态系统的功能和内涵，划定生态控制线、永久基本农田保护线、生态保护红线，探索出一套完善的生态修复支持机制，大幅度提高生态规模与质量，全面优化生态空间。

2. 完善市域绿化空间体系

打造完善的市域绿化空间结构。重点实施平原地区植树造林，提高森林覆盖率，建设森林城市；构建由公园和绿道相交织的游憩绿地体系，优化绿地布局，着力建设以绿为体的绿色景观系统，不断扩大绿色生态空间。

（四）提升生态功能

1. 疏解非首都功能，改善人居环境

疏解腾退区域性商品交易市场，改造提升疏解空间，转型业态，进行城

市修补，建设社区基础服务设施；引导鼓励大型医院、高校在外围地区建设新院区、新校区；整治提升背街小巷，创建清净、舒适的街巷胡同空间；打造便利化、规范化、连锁化、品牌化的社区商业服务网络，提高生活性服务业品质，营造一流人居环境。

2. 扩大绿色空间范围，提高生态服务质量

落实绿隔地带的规划建设，提高绿色开敞空间占比；大力推进郊野公园建设，提高第二道绿化隔离地区绿色空间比重，形成环状绿化带；提高绿化实施保障水平，推动低效用地腾退还绿，完善绿地实施和养护机制，提升绿化质量，提高绿地生态功能和休闲服务功能。

（五）完善生态环境保护政策

1. 着力攻坚大气污染治理

目前北京市最亟待解决的"大城市病"之一就是大气污染问题，必须通过制定一系列强有力的政策措施，严格控制燃煤污染物排放，逐步实现无煤化、鼓励新能源汽车上路，强化机动车数量管控、大幅削减工业污染排放总量，推进节能减排技术创新等，加速降低北京市大气中细颗粒物浓度，并达到国际先进水平。

2. 严控能源消费总量

完善碳排放总量和强度控制政策，严格节能、节水、节地标准，强化用电用水量监控，大力执行环保标准约束，推进能源资源全面节约，创建绿色的生态文明城市。

3. 京津冀协同治理水环境

完善水环境质量检测评价考核体系，对京津冀区域进行严格的监测评价考核；严格管理饮用水源地，建立健全饮用水源区域的保护法规，大力管控保护区内污染物排放；制定农村污水处理排放标准，促进农村水环境质量达标的水污染防治工作考核机制，基本解决农村地区生活污水收集处理问题。

参考文献

［1］ 米凯、彭羽：《国外生态城市指标体系及其应用现状分析》，《中国人口·资源与环境》2014 年第 24 期。

［2］ 北京市人民政府：《北京城市总体规划（2016～2035 年）》，2016。

［3］ 陶懿君：《德国弗莱堡的生态规划与建设管理措施研究》，《绿色建筑》2015 年第 7 期。

［4］ 李剑玲：《北京生态城市建设策略研究》，《河北学刊》2015 年第 6 期。

［5］ 梁昊光、方方：《生态城市建设的国际经验及其启示》，《北京规划建设》2014 年第 2 期。

［6］ 杨明、周乐、张朝晖等：《新阶段北京城市空间布局的战略思考》，《城市规划》2017 年第 11 期。

［7］ 施良卫：《北京城市总体规划编制的时代特征与转型探索》，《城乡规划》2017 年第 12 期。

［8］ 石晓冬、杨明、和朝东等：《新版北京城市总体规划编制的主要特点和思考》，《城市规划学刊》2017 年第 11 期。

［9］ 董惠：《新时期北京绿色空间体系规划策略》，《北京规划建设》2018 年第 1 期。

［10］ 朱跃龙、李金亚：《北京如何强化全国文化中心功能》，《投资北京》2018 年第 8 期。

［11］ 《北京市国民经济和社会发展第十三个五年规划纲要》，北京市人大常委会公报，2016。

B.12
北京新一轮服务业扩大开放背景下金融科技生态系统解析及优化政策*

何 砚**

摘 要：

摘　要： 本文通过分析新一轮服务业扩大开放背景下北京市构建金融科技生态系统的现实条件，阐释金融科技生态系统内涵与运行机理，构建出金融科技生态系统的理论运行基础模式，力求理顺北京市服务业对外开放、金融科技和金融服务业开放三者之间的关系，引导金融科技发展与金融服务业开放的良性互动，进而以金融服务业对外开放为工作主攻方向，带动北京新一轮服务业对外开放，助力北京发展"高精尖"产业，实现首都高质量发展，彰显中国进一步扩大开放的决心。在总结当前北京市金融科技生态系统顺畅运转制约性问题的基础上，提出了提升北京市金融科技生态系统运行效率的政策优化建议。

关键词： 金融科技生态系统　北京　服务业扩大开放

一 引言

一方面，自2017年起，北京市先后出台配套服务业对外开放的优化营

* 基金资助：2019年北京市社会科学院青年课题"新时期北京市金融服务业对外开放战略"阶段性研究成果。
** 何砚，金融学博士、应用经济学博士后，北京市社会科学院经济所助理研究员，主要研究方向为金融科技。

商环境 26 项措施、136 条政策清单和"9 + N"等系列政策，截至 2018 年底在经过两轮服务业扩大开放综合试点政策实施后，在总部经济、金融业、科技创新、消费领域、公共服务等方面获得的成效明显。另一方面，北京作为全国科技创新中心和国家金融管理中心，兼具创新资源与金融两个优势要素禀赋，具有发展金融科技的现实基础和客观需求。2018 年 11 月 9 日，经北京市政府同意，由中关村管委会、北京市金融工作局和北京市科学技术委员会联合发布了《北京市促进金融科技发展规划（2018～2020)》，明确提出"努力把北京建设成为具有全球影响力的国家金融科技创新与服务中心，形成'首都特色、全国辐射、国内示范、国际标准'的金融科技创新示范体系"。

据此，在现实基础、客观需求和政策引导的协同推动下，未来北京具备在新一轮服务业扩大开放背景下，以服务业扩大开放拓展金融科技生态系统发展空间，以通过构建金融科技生态系统支撑新一轮服务业扩大开放，使构建金融科技生态系统成为新一轮服务业扩大开放政策抓手之一，助推北京高精尖产业快速发展和首都高质量发展，为中国企业"走出去"提供高端服务业和金融科技系统的支撑。特别是在中美贸易摩擦背景下，借助北京服务业扩大开放彰显中国进一步扩大开放的决心，为全面深化改革开放蹚出一条新路。

本文主体内容将进一步回答：第一，为什么要在新一轮服务业扩大开放背景下构建北京市金融科技生态系统；第二，什么是金融科技生态系统；第三，在新一轮服务业扩大开放背景下如何提升北京市金融科技生态系统运行效率。

二 新一轮服务业扩大开放背景下北京市构建金融科技生态系统的现实条件分析

（一）新一轮服务业扩大开放北京市所取得的政策效果和经济成果

自北京市启动新一轮服务业扩大开放，取得了以下一系列政策成果和经

济成果。

首先，放宽市场准入，北京逐步培育出与首都功能定位相契合的服务业新业态。例如，放宽航空维修业外资准入限制，国内首家外资控股的飞机维修合资公司在京运营；取消外商投资设立演出经纪机构股比限制，加速聚集了北京市一批国际知名文化项目；支持外资机构依法申请设立银行卡清算机构；放宽外商投资性公司设立条件。

其次，推动新兴产业国内外合作，瞄准国际先进标准提高水平。强化跨国地区总部和研发中心开放在京集成；支持引进境外先进创新创业孵化平台，以微软创投加速器、中美创新中心等为代表的国际顶级孵化器和创业服务平台加速聚集。

再次，加强重点环节改革攻坚，力促投资贸易便利化。在企业设立环节，在全国省级层面首创外资企业设立备案登记"一单受理"，网上填报同一表格即可完成商务部门和公审部门的备案和登记，该做法经国务院常务会议决定在全国推广；实行外贸领域"十五证合一"，大幅减少企业从市场准入到投入运营的时间。在企业运营环节，积极开展通关便利化改革。

最后，强化全方位服务保障，营造良好营商环境。简化企业开办手续，在全国率先实现工商登记全程电子化——该做法已经被确定为全国推广版本，加大人才保障力度，为北京外籍高层次人才提供了更加宽松和便捷的出入境、停居和留住政策服务环境。

（二）北京市构建金融科技生态系统的基础条件剖析

北京作为全国科技创新中心、国家金融科技创新中心和国家金融监管部门所在地，拥有发展金融科技系统的独特优势，主要表现在以下方面。

首先，金融科技研究处于全国领先地位。在京诸多高校和科研院所发起、成立了多所金融科技高端研究机构。

其次，金融要素集聚与辐射能力突出。近年来，北京在资金流动总量规模及增速等方面都居全国首位，北京金融街的金融资产总规模达99.5万亿元，占全国的40%。①

再次，金融科技企业数量位居全国前列。北京的人工智能企业约占全国的1/3，2017～2018年陆续有20余家企业进入毕马威发布的"中国领先金融科技公司50强"榜单，数量居全国首位。民生银行、光大银行、中国移动、百度、京东、小米等金融机构和大型互联网企业加快在北京布局金融科技业务。

最后，金融基础设施建设具备国内比较优势。北京辖内拥有网联清算有限公司、中央债券综合业务系统、中国证券登记结算系统、全国中小企业股份转让系统、中证机构间报价系统和北京股权交易中心等金融市场基础设施。

（三）北京市新一轮服务业扩大开放背景下构建金融科技生态系统的战略价值展望

2018年9月28日北京启动新一轮的服务业扩大开放试点，金融服务业开放就是其中重要的任务安排。但是在北京启动金融服务业开放过程中，摆在北京面前的首要任务包括：明确金融服务业开放的定位、政策抓手和工作主攻方向；创造金融开放的新实操平台，形成与上海、深圳和毗邻天津等国家中心城市相对错位的发展态势，进而发挥北京的要素禀赋优势，推动中国对外开放进入新阶段、新境界和新水平。据此，北京可尝试以构建金融科技生态系统为工作主攻方向，以构建金融科技生态系统支撑北京市金融服务业开放，以金融服务业开放带动北京服务业整体对外开放，依靠服务业对外开放，对标国际先进规则，精简负面清单，进一步优化营商环境，为北京市金融科技发展提供优良的生态环境，理顺金融科技、金融服务业开放和北京服务业对外开放三者之间的关系，开创三者有效衔接、互为基础、相互促进的良性循环协同发展模式，如图1所示。

---

① 资料来源于《北京市促进金融科技发展规划（2018～2022年）》。

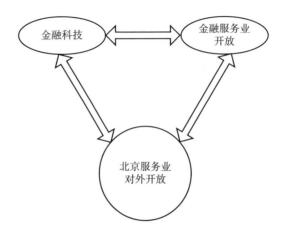

**图1 金融科技、金融服务业开放和北京服务业
对外开放的良性循环协同发展模式**

三 新一轮服务业扩大开放背景下北京市金融科技生态系统的构建

（一）北京市金融科技生态系统发展的定位

1. 致力于催生信息产业前沿技术及其应用模式的诞生

推进人工智能、大数据、云计算等前沿信息技术广泛、深度应用于金融业，依靠金融业提供人工智能、大数据、云计算等前沿信息技术碰撞、融合的产业载体和利润来源，在此过程中，不仅生产新的金融科技业态，拓展金融产业价值链，甚至催生前沿信息技术和新技术应用模式的诞生，实现前沿信息技术在应用深度与广度的拓展。

2. 金融支撑在京科技型企业，特别是中小型科创企业的研发与创新活动

北京最大的要素禀赋优势资源是科教资源居于全国前列，将科教资源高效转化为创新资源，必须依赖于科技创新的金融业态、服务和产品的蓬勃发展。但是，科创型企业特别是中小型科创型企业因技术研发、创新创业和缺乏资产抵押品等原因，很难获得传统金融行业的金融支撑。金融科技生态系统由于广泛采用人工智能、大数据和云计算等前沿信息技术，有可能实现依据企业交易数据评定科创企业信用等级，进而实现金融行业对科创型企业的金融支持。

3. 以优化金融科技生态系统政策服务体系，带动北京营商环境的进一步优化

北京正逐步落地知识产权质押、投贷联动等金融创新活动，充分发挥金融科技专营组织机构的作用，更好地为中小微企业提供融资服务，积极探索运用大数据、云计算等信息前沿技术，构建金融科技生态系统信用体系，打造北京金融科技政务服务品牌，进而通过优化金融科技生态系统政策服务体系，带动北京营商环境的进一步优化。

4. 助力北京发展"高精尖"产业，实现首都高质量发展

以金融科技为工作主攻方向，推动与金融服务业密切相关的研发、设计、贸易服务等高端服务业蓬勃发展，为北京总部经济、文创产业和高科技产业的发展提供前瞻性解决方案，加速推动首都高质量发展。

（二）北京市金融科技生态系统的构建

1. 相关概念及金融科技生态系统的内涵

第一，金融科技的内涵。根据金融稳定理事会2016年所给出的定义，金融科技的内涵是：技术带来的金融创新能够带来创新的业务、应用、模式、流程、产品，对整个金融产业链有深刻影响。这个概念是广义的。在广义概念基础上，金融科技的内涵又可以进一步细化，巴塞尔银行监管委员会做了一个分类方法，按照金融科技的业务和活动，主要分为支付结算、存贷款与资本筹集、投资管理、市场设施四类。这四大类基本上涵盖了技术给金融带来的主要影响。第二，"生态系统"即由生命有机体及非生物环境通过物质循环、能量流动和信息传递相互作用和联系，具有特定功能的统一整体。

综合"金融科技生态系统"的内涵和北京市金融科技发展现状及其政策规划，"金融科技生态系统"的内涵是：各金融科技主体及其与外部环境

之间通过货币循环和信用流动而相互作用、相互依存所形成的动态平衡系统。其主要功能是为科技创新活动提供金融服务。

2. 金融科技生态系统的构成及其运行模式

金融科技生态系统是由金融科技生态系统中不同种群的子系统和金融科技生态环境系统构成，其中，不同种群的子系统由不同类型的金融科技主体构成。金融科技主体主要包括科技创新企业、政府机构、科技贷款机构、科技资本市场、创业风险投资和科技担保机构这六大种群子系统，这些种群的子系统集合构成金融科技生态群落。金融科技生态环境系统主要包括经济发展、金融发展、对外开放、科技资源环境等影响科技创新企业及其创新活动的主要外部因素，其中，经济和金融发展水平是影响金融科技生态系统中货币资金流动效率的重要环境因素。

在金融科技生态系统内部，科技创新资金需求主体——科技创新企业、资金供给主体——金融科技机构、科技资本市场和政府机构之间，以及金融科技生态群落与金融科技生态环境之间通过资金、信息和技术的流动、循环，促进科技创新的发展，信息、技术流动和对外开放水平反映并决定着金融科技生态群落内部及其与环境之间的相互交流和作用的"效率"，而这种"效率"决定着金融科技生态系统降低金融服务科创企业的边际成本。金融科技生态系统理论运行模式如图 2 所示。

四　当前制约北京市金融科技生态系统顺畅运转的主要问题

由于北京市金融科技示范区建设刚刚起步，金融生态系统顺畅运转必然面临一系列亟待规避的潜在风险和理顺的机制体制问题。

第一，新时期北京金融服务业进一步扩大开放缺乏专门的政策发展规划支撑，致使工作重点不明确。2017 年 6 月 25 日国务院批复的深化方案面向的是北京市服务整体对外开放，部分条款虽已涉及金融服务业，但缺乏专门规划，重点不够明确。

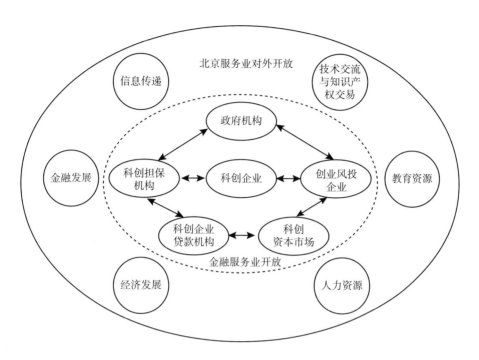

图 2　金融科技生态系统理论运行模式

第二，北京市金融监管机构与中央金融监管机构在监管的有效衔接、流畅的信息与数据共享等方面仍需探索，存在部分金融机构"中央管不到，北京管不了"的现象。

第三，北京金融功能区的空间布局基本成型，但一些金融功能区的政策定位存在重叠或相互竞争的局面。例如，西城区的金融街和丰台区的丽泽金融商务区、东城区和朝阳区的文化金融，通州定位的财富管理产业集群与朝阳区 CBD 等。

第四，由国内区域间竞争带来的冲击明显。第一，从京津冀区域范畴看，一般性制造业从北京疏解到津、冀，对北京金融服务业的发展带来一定程度的冲击。第二，在上海自贸区、深圳前海探索深港贸易自由化的背景下，人民币资本项目可兑换、利率市场化、人民币跨境使用等一系列先行先试的金融政策红利逐渐显现，逐渐创造了发展金融科技系统的有利金融环境，占据了国内城市发展金融科技系统的优势竞争位置。

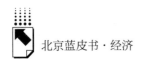
五 新一轮服务业扩大开放背景下优化北京市 金融科技生态系统的政策建议

在中美贸易摩擦的走向及未来前景不明朗的情形下，北京市构建金融科技生态系统，以金融科技生态系统助力科技创新，以金融科技生态系统支撑新一轮服务业扩大开放，通过新一轮服务业扩大开放优化金融科技生态系统制度环境，这在中美贸易摩擦前景不明朗的情境下具有新时期的特殊价值，有利于北京经济乃至中国经济的长期稳定发展。为此，本文提出新一轮服务业扩大开放背景下优化北京市金融科技生态系统的政策建议。

第一，加强监管，积极探索建立"金融风险管理试验区"。以守住不发生区域性、系统性风险为前提，在鼓励金融科技创新的同时，注重加快安全技术的创新与发展，提升跨行业、跨市场交叉性金融风险的甄别、防范和化解能力，积极探索建立"金融风险管理试验区"，推动金融科技生态系统朝着"助力金融创新、防范金融风险"方向行稳、致远。

第二，编制北京金融服务业对外开放专门规划，明确工作主攻方向。通过专门的北京金融服务业对外开放规划的编制，将金融服务业对外开放作为今后工作的主攻方向和有效抓手，衔接起北京市金融科技发展和北京服务业对外开放，并在编制内容中明确北京市各金融功能区的定位、分工和协作方式，制定适合北京资源禀赋特点和区位发展优势的规划，形成各金融功能区的协作机制和利益分配机制。

第三，搭建新平台融合发展金融科技与服务业对外开放。以北京金融科技与专业服务创新示范区为起点平台，尝试导入金融服务业对外开放政策定位，搭建金融服务业对外开放新平台，推动科技与金融的深度融合，使北京金融科技发展支撑北京金融服务业对外开放，充实金融服务业对外开放新内涵，为金融科技提供新的应用空间，丰富首都金融业态，探索打造全新的金融产业链和价值链，更好服务科技创新，有力支撑北京金融服务业对外开放。

第四，重大对外活动契机，继续突出优化营商环境，加大金融服务业对外开放力度。利用北京举办 2020 年世园会和 2022 年冬奥会等重大对外活动契机，坚定不移地将改革开放向纵深推进，全力打造市场化、法治化、国际化一流的营商环境，让北京继续成为中外企业投资、发展、合作共赢的首选目的地。

第五，进一步建立完善科创企业的全方位金融科技服务体系。首先，打造一批金融科技服务机构和平台，推动金融科技服务机构的系统化、常态化、智能化和空间集聚，推进金融科技服务平台在全国范围内的联网对接。其次，要为科技企业全生命周期提供全方位服务，推动形成"平台＋机制""人才＋资金""投资＋保险""创业＋孵化""信用＋担保"等多引擎组织动力系统，孵化器推动初创企业成长，以创投引导基金促进中小微企业成长，以信贷融资机制解决企业融资贷款难题，以信用担保体系与科技保险改善金融科技环境。

第六，充分发挥多层级资本市场的作用。以新三板、科创板、区域性股权交易市场建设激励企业挂牌上市的多层次、网络化和综合性金融科技服务体系。同时，大力培育科技金融和金融科技人才队伍，探索建立技术转让经纪人、科技保险经纪人、科技融资租赁经纪人等制度。

参考文献

［1］北京市金融工作局：《北京市"十三五"时期金融业发展规划》，2016。
［2］北京市金融工作局：《2018 年一季度北京市金融运行情况》，2018。
［3］中关村管委会、北京市金融工作局和北京市科学技术委员会：《北京市促进金融科技发展规划（2018～2022 年)》，2018。
［4］北京市人民政府：《北京市服务业扩大开放综合试点总体方案》，2015。
［5］北京市人民政府：《深化改革推进北京市服务业扩大开放综合试点工作方案》，2017。
［6］北京市人民政府：《北京市服务业扩大开放综合试点新一轮开放措施》，2017。
［7］北京市人民政府：《关于改革优化营商环境实施方案》，2017。

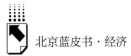
［8］《习近平：开放共创繁荣创新引领未来》，新华网，2018 年 4 月 10 日。

［9］《京津冀协同发展规划纲要》，京津冀协同发展数据库，2015。

［10］黄益平等：《2017 径山报告》，2017。

［11］许道顺、曾建中：《论金融生态系统提出的理论渊源及其假设条件》，《金融理论与实践》2007 年第 7 期。

产业发展篇

Industrial Development

B.13

科技服务业支撑北京"高精尖"
产业体系建设的现状与战略思路

邓丽姝*

摘　要： 本文对科技服务业在北京高精尖产业体系建设中的作用进行了实
证分析，科技服务业初步成为高精尖产业体系的主导产业，科技
服务业促进创新创业生态系统完善，支撑高精尖产业培育。同
时，分析了科技服务业支撑北京高精尖产业体系建设存在的不
足。在此基础上，提出科技服务业支撑高精尖产业体系建设的战
略思路，主要包括：加强体系培育，完善高精尖产业培育的创新
服务网络；加强能力建设，提高科技服务业发展质量和效率。

关键词： 科技服务业　"高精尖"产业体系　创新驱动发展

* 邓丽姝，经济学博士，北京市社会科学院经济所副研究员，主要研究方向为产业经济、服务
经济等。

北京的现代产业体系是"高精尖"的产业体系。在科技创新中心条件下，科技服务业既是北京"高精尖"产业体系的重要组成部分，又支撑引领了"高精尖"产业体系建设。充分发挥科技服务业的主导作用，建设完善以"高精尖"为重要特征的现代产业体系，是首都经济实现高质量发展的必由之路。

一 科技服务业在北京高精尖产业体系建设中发挥了重要作用

（一）科技服务业初步成为高精尖产业体系的主导产业

1. 科技服务业已经成为引领产业创新发展的战略引擎

北京科技服务业呈现良好的发展态势，已初步成为高精尖产业体系的重要组成部分。2013～2017年，科技服务业实现增加值从1783.2亿元增加到2859.2亿元，年均增速为12.5%。2017年，科技服务业占地区生产总值比重为10.2%，占第三产业比重为12.7%。同时，科技服务业重要领域实现较快发展。其中，研发与设计服务业增加值从399.2亿元增加到794.7亿元，年均增速为18.8%，在科技服务业中占比为27.8%。科技成果转化服务业增加值从279.8亿元增加到482.2亿元，年均增速为14.6%，在科技服务业中占比为16.9%。专业技术服务业中高技术服务业增加值从618.6亿元增加到935.7亿元，年均增速为10.9%，在科技服务业中占比为32.7%（见表1）。

表1 北京科技服务业发展情况

单位：亿元，%

项 目	2013年	2014年	2015年	2016年	2017年
科学研究和技术服务业增加值	1783.2	2021.9	2226.2	2512.0	2859.2
占地区生产总值比重	8.8	9.2	9.4	9.8	10.2
占第三产业比重	11.3	11.8	11.8	12.2	12.7
区位熵	4.76	4.84	4.8	5	—

续表

项　目	2013 年	2014 年	2015 年	2016 年	2017 年
科学研究和技术服务业中细分行业					
专业技术服务业中高技术服务业增加值	618.6	702.1	726.6	774.5	935.7
占科技服务业比重	34.7	34.7	32.6	30.8	32.7
研发与设计服务业增加值	399.2	485.4	539.6	923.4	794.7
占科技服务业比重	22.4	24.0	24.2	36.8	27.8
科技成果转化服务业增加值	279.8	291.3	323.2	328.8	482.2
占科技服务业比重	15.7	14.4	14.5	13.1	16.9

资料来源：根据历年《北京统计年鉴》计算。

　　作为承担研究与试验发展活动的专业部门，科技服务业已成为北京创新驱动发展的重要力量。从研发活动人员情况来看，2017 年，科技服务业拥有研发人员 16.14 万人，占全市的 40.6%，在各行业中居第一位；研发人员折合全时当量为 12.84 万人年，占全市的 47.6%。其中基础研究、应用研究、试验发展的研发人员折合全时当量分别为 3.18 万人年、4.59 万人年、5.06 万人年，分别占全市的 67.2%、65.1%、33.3%（见表 2）。从研发经费情况来看，2017 年，科技服务业投入研发经费 873.71 亿元，占全市的 55.3%。其中投入基础研究、应用研究、试验发展的研发经费分别为 156.52 亿元、250.34 亿元、466.85 亿元，分别占全市的 67.4%、69.22%、47.37%。科技服务业拥有的研发人员和研发经费投入均多于科研机构，科技服务业已成为承载研发活动和引领创新驱动发展的重要产业组织（见表 3）。同时，科技服务业也成为整合创新资源、服务产业发展的有效组织形式。例如，首都科技条件平台有效整合高校院所企业科技资源，进行高效运营和市场化服务，共推动了北京地区 916 个国家级、市级重点实验室和工程中心 4.39 万余台（套）、价值 277 亿元的仪器设备向社会开放共享，促进 967 项科研成果转移转化，产生 24879 项知识产权和技术标准，[①] 形成推动产学研用协同创新的"北京模式"。

---

① 《"三城一区"主平台加快建设　科技服务、信息服务、金融对全市经济增长的贡献率达 63%　北京基础研究经费全国占比超 25%》，《北京日报》2018 年 12 月 7 日。

表2 2017年北京科技服务业研发人员情况

项 目	研究与试验发展人员（万人）	研究与试验发展人员折合全时当量（万人年）	研发人员折合全时当量（万人年）		
			基础研究	应用研究	试验发展
全市	39.73	26.98	4.74	7.05	15.19
科研机构	11.94	10.25	2.99	4.08	3.18
科研机构所占比重（%）	30.1	38.0	63.1	57.9	20.9
科学研究和技术服务业	16.14	12.84	3.18	4.59	5.06
科学研究和技术服务业所占比重（%）	40.6	47.6	67.2	65.1	33.3

资料来源：根据《北京统计年鉴2018》计算。

表3 2017年北京科技服务业研发经费情况

项 目	研究与试验发展经费内部支出（亿元）	按活动类型分（亿元）			按资金来源分（亿元）			
		基础研究	应用研究	试验发展	政府资金	企业资金	国外资金	其他资金
全市	1579.65	232.36	361.67	985.62	822.41	619.64	49.05	88.55
科研机构	741.24	150.12	232.34	358.72	639.15	26.21	2.17	73.71
科研机构所占比重（%）	46.9	64.6	64.2	36.4	77.7	4.2	4.4	83.2
科学研究和技术服务业	873.71	156.52	250.34	466.85	678.92	108.53	8.22	78.04
科技服务业所占比重（%）	55.30	67.40	69.22	47.37	82.55	17.52	16.75	88.13

资料来源：根据《北京统计年鉴2018》计算。

2. 科技服务业已成为北京进行高精尖产业辐射的重要载体

作为科技创新中心，北京是我国科技服务业重要集聚区。按照2016年增加值数据计算的北京科技服务业区位熵为5（见表1），科技服务业实现高度集聚发展，成为科技创新策源地的辐射载体。北京地区拥有包括中国技术交易所、清华大学国家技术转移交易中心等在内的国家技术转移示范机构58家，涵盖生物医药、先进制造、新材料、信息技术等高精尖产业领域。这些科技服务机构，成为北京向全国进行创新辐射、带动产业转型升级的战略引擎。北京地区高精尖产业领域的技术优势通过技术交易和转移实现对外辐射。2017年，北京地区技术市场认定登记技术合同81266

项,是 2013 年的 1.3 倍;实现技术合同成交额 4485.3 亿元,年均增长
12%,占全国成交额的 33.4%。其中"高精尖"领域输出技术合同额
2434.6 亿元,比上年增长 16.2%,占 54%;流向外省市技术合同额占
51.9%。技术合同成交额与研发经费之比达到了 2.49,科技投入的产出效
益较高(见表 4)。

表 4 北京技术合同成交情况

年份	合同数(项)	技术合同成交总额(亿元)	技术交易额占比(%)	流向外省市技术合同额占比(%)	技术合同成交额与研发经费之比
2013	62743	2851.2	79.00	56.7	2.07
2014	67278	3136.0	80.72	54.9	2.25
2015	72272	3452.6	80.17	54.4	2.27
2016	74965	3940.8	74.08	50.7	2.65
2017	81266	4485.3	82.58	51.9	2.49

资料来源:根据历年《北京统计年鉴》计算。

技术交易等科技服务业也是高精尖产业领域技术辐射和吸纳的主要产业
载体。2017 年,北京地区实现技术交易增加值 2662.8 亿元,同比增长
12.6%,占地区生产总值的比重为 9.5%。通过技术交易实现对北京高精尖
产业发展的创新支撑,流向本市技术合同为 35709 项、1193.9 亿元,高精
尖领域技术成交额 705.4 亿元,占落地技术的 59.1%。流向外省市技术合
同为 44287 项、2327.3 亿元。高精尖产业领域在技术输出中居主导地位,
呈现快速增长态势。其中,电子信息领域成交额为 1229.9 亿元,同比增长
23.2%,占全市的 27.4%;新能源与高效节能领域实现成交额 298.1 亿元,
同比增长 33%。同时,流向本市技术也主要集中在高精尖产业领域,技术
交易服务业成为吸纳高精尖技术支撑产业发展的重要渠道。2017 年,北京
地区吸纳技术合同 56478 项,成交额为 2068.5 亿元,其中电子信息领域实
现技术合同 20268 项,成交额达到 544.1 亿元,分别占流向本市技术合同数
和成交额的 35.9% 和 45.6%。

（二）科技服务业支撑完善创新创业生态系统，促进高精尖产业培育

在科技服务业支撑下，北京创新创业生态逐步完善，为高精尖产业培育创造了良好环境。2018年，国家高新技术企业总数达2.5万家，同比增长25%；创新型企业平均每天新设199家，累计已超过55万家；"独角兽"企业80家，占全国一半。北京已形成了以众创空间、孵化器等载体为主导的具有较强示范带动效应的创业孵化服务体系。2017年，共有众创空间185家，其中在国家备案的为168家，占91%；孵化器106家，其中国家级孵化器55家，占52%。① 北京的创业孵化机构探索出有效的孵化服务模式，服务高校院所科研成果转化和创新创业，促进北京高精尖企业衍生和产业集群发展。例如，清华科技园为创业企业提供"孵化服务+创业培训+天使投资+开放平台"四位一体的整体解决方案，打造"清华梦想课堂、清华梦想实验室、启迪之星创业营、钻石计划、上市公司、全球孵化网络"的孵化体系，提供全生命周期的全链条服务。孵化培育上市企业29家，在园企业2000家左右，多数为文化科技融合等高精尖产业领域企业。② 同时，北京创业孵化服务机构通过品牌输出和连锁经营等方式，辐射带动全国创业孵化事业发展。以车库咖啡、3W咖啡为代表的主题式众创空间，使创业者能够无成本地对接创业资源；以优客工场等为代表的联合办公形式的孵化载体，运用共享经济模式服务"双创"，这些模式在全国实现了复制推广。启迪之星等在全国实现连锁经营、网络化布局，拓展了发展渠道。中关村创业大街整合丰富的创新创业服务资源，是全方位服务高精尖产业发展的创新创业服务集聚区，汇聚了一批优秀创业孵化机构，联合企业、高校、风险投资机构，推进模式创新和服务升级，打造涵盖产业创新服务、全球创新孵化、创业服务平台、科技投资服务等的矩阵式服务体系，致力于成为

---

① 科技部火炬高技术产业开发中心、首都科技发展战略研究院编《中国创业孵化发展报告2018》，科学技术文献出版社，2018。
② 朱晓青主编《北京市高端服务业发展研究报告2017》，中国社会科学出版社，2017。

科技企业发源地。

积极探索科技服务新业态。涌现出一批具有先进模式的服务机构和集聚区，初步形成科技成果转化服务平台和支撑体系，促进优秀科技成果转化落地。中关村聚集建设一批硬科技孵化平台，为智能制造、人工智能等硬科技创业项目和企业提供技术研发、概念验证、中试熟化、检验检测等配套服务，加速科技成果转化。例如，中关村智造大街为典型作为北京首个硬科技产业服务生态链园区，打造敏捷制造、产品创意、技术研发、检验检测、产品中试、协同创新、市场推广的"北斗七星服务生态链"，提供"一站式"精准服务，形成总部基地、公共服务平台、上下游产业、应用创新孵化的全链条产业生态布局，缩短了从技术到产品的市场化周期，提高了科技成果转化效率，将有力促进硬科技高精尖产业培育。同时，市场化的科技服务机构创新服务模式，开展科技成果转化的全链条服务。这些科技服务机构集成整合政、产、学、研、资本、中介、贸易、用户等创新主体和要素，促进科技服务资源的垂直整合、跨界融合，打造一体化全链条服务平台。例如，中关村天合科技成果转化促进中心以中关村开放实验室为基础，提供科技成果或企业需求深度挖掘与测评、项目方案设计与策划、要素资源配置与整合等促进科技成果转化的专业化生态服务，提高科技成果转化效果。

科技服务业集聚区和科技服务综合体融合对接创新链和产业链，促进新兴产业衍生，形成高精尖产业发展的生态圈。第三代半导体产业领域，以北京市第三代半导体材料及应用联合创新基地、第三代半导体产业技术创新战略联盟、第三代半导体联合创新孵化中心、应用研究院等科技服务业机构为支撑，形成产业培育服务体系，在顺义区建设产业发展集聚区，力争到2025年形成千亿级产业集群。智能计算产业领域，由企业牵头、联合产业园区和科研机构共同建设北京智能计算产业研究院，依托企业的技术和产业优势，培育智能计算产业核心技术和关键应用，构建覆盖智能装备、智能汽车、智慧金融等关键应用的高通量智能计算产业生态，打造产业智力平台与加速催化引擎，力争在10年内培育50家有影响力的企业。

二 科技服务业支撑北京高精尖产业体系建设存在的不足

（一）科技服务业专业化、市场化服务能力不足，亟须提质增效

北京科技服务业发展效率和盈利能力有待提升。2017 年，北京规模以上科技服务业劳动生产率为 135.06 万元/人，低于服务业 198.1 万元/人的平均水平，低于金融业和批发零售业；收入利润率仅为 6.05%，低于服务业 20.28% 的平均水平，远低于金融业、商务服务业、信息服务业的盈利能力和水平。科技服务机构中有许多来源于高校院所或政府职能转变衍生，总体来看没有实现完全的市场化运作，2017 年，北京科技服务业的研发经费投入中，来自政府的资金比例高达 82.55%。科技服务机构没有建立有效的市场机制，缺乏成熟的商业模式和较强的盈利模式，服务附加值低，在垂直细分服务领域没有实现做深做细、综合服务能力没有实现做大做强，市场竞争能力有待提升。科技服务业的专业化服务能力有待提升。具有较大品牌影响力和行业号召力的龙头科研机构相对较少，机构主导服务业链条、进行资源整合的能力不足。技术转移机构深度发掘科技成果市场潜力的综合能力不强，将其转化为高价值专利、实现产业化、商业化的能力不足。创新链中试环节和中试服务能力有待进一步强化，对高新技术成果进行中间试验和小型工业试验支撑不足，阻碍了实验室成果的有效转化和产业化。

（二）尚未形成链条式综合科技服务体系，科技服务驱动协同创新、集成创新的潜能没有充分发挥

高精尖产业发展，需要科技服务业对技术、资本、人才等高端创新资源进行组织与市场化配置，形成有效的以科技服务业为核心的科技创新创业协同模式。北京拥有丰富的创新资源和高端创新成果，但并未完全转化为高精

尖产业发展效果和核心竞争力，科技服务业服务能力是重要影响因素。北京的科技服务业尚未形成综合性、网络化、链条式的服务体系，统筹整合创新资源，联结整合高校、院所、企业等创新主体的能力不足，对产学研协同创新尚未形成有效支撑。科技服务机构总体来看规模小、集成服务能力不足，再加上行业诚信体系、服务规范标准、有效机制模式等方面有待完善，机构之间缺乏有效的合作配合，没有形成有效的服务链条。以技术转移为例，由于单个机构功能单一，机构之间缺乏配合，没形成服务链条，企业必须购买这些服务才能完成技术转移，导致技术转移服务功能没有充分实现。[①] 科技服务协作体系不完善，各类服务机构之间的专业服务资源尚需有效的系统集成。同时，科技服务业内部行业之间的有效联动亟须加强，研发设计、技术转移、创业孵化等产业培育的关键环节尚未形成有序对接和协同，融合互动进而激发高精尖产业衍生的效能没有充分发挥出来。

三　科技服务业支撑高精尖产业体系建设的战略思路

在北京建设具有全球影响力的科技创新中心的战略条件下、在首都经济实现高质量发展的战略要求下，北京要进一步发挥科技服务业对现代化经济体系建设的战略引领与支撑作用，抓住重点、补齐短板，完善科技服务业体系，促进体系化网络化发展，进一步提升科技服务业细分行业领域专业服务能力，完善科技服务业链条，深度融合对接创新链和产业链，为高精尖产业发展营造良好创新生态。

（一）加强体系培育，完善高精尖产业培育的创新服务网络

完善高精尖产业领域研发服务体系。围绕基础研究、应用研究、试验发展各创新链环节，构建依托政府、科研院所、高校、企业各类主体，由国家重点实验室、工程实验室、工程（技术）研究中心、产业创新中心、企业

---

① 许云、李家洲著《技术转移与产业化研究——以中关村地区为例》，人民出版社，2015。

技术中心等组成的科研体系。健全完善由探索性基础研究到应用研究再到技术进步、产品开发的完整的创新组织链条，重点增强关键、核心、共性和前沿引领技术突破能力。加强新兴共性技术研发服务机构的能力培育，强化对共性技术的战略规划、技术研发、技术评估等功能，支撑高精尖产业领域关键共性技术突破。加强共性技术研发服务平台建设，支持与企业开展全方位实质性合作，充分发挥对企业的市场化创新服务支撑作用，促进共性技术转移与扩散。加强高精尖产业领域的新型高端研发组织建设，以高校高精尖创新中心建设为重要抓手，加强体制机制创新和技术突破，将高校基础研究优势转化为高精尖产业原始创新优势。

健全技术转移服务链条。完善薄弱环节，加强发展独立的中试服务机构。支持高校、科研院所衍生研发型企业，独立承担中试服务功能，在基础研究基础上进行集成应用，实现原创技术产业化开发。在高精尖产业重点领域，支持科技服务机构联合政产学研各方面力量，依托产业园区建设中试基地。鼓励高校建立独立化市场化技术转移机构，同时承担技术转移和创新企业孵化、投资功能，开展项目发现、技术评估、风险投资、企业孵化的全方位服务，加快技术创新和创业。加强院地合作，以怀柔科学城建设为契机，带动中科院技术转移组织建设与机制创新，完善相关院所技术转移机构设置，提升技术转移与成果转化功能。

完善创业孵化服务链条。建设支撑重点领域产业孵化的科技企业"加速器"，引入产业资本和创投资本，提供专业化集成化服务，提升产业孵化服务水平。完善初创期孵化、成长期孵化、加速器孵化等二次孵化服务，完善企业成长与协同共生条件，打造要素聚集、综合性服务支撑、政策集成的创新促进平台，培育产业环境，助推企业快速发展。在高精尖产业细分领域，加强专业孵化器和众创空间建设，促进众创空间—孵化—加速—产业化链条协同对接，提供技术研发、检验检测、市场对接等专业服务，完善高精尖企业衍生的孵化服务体系。

同时，聚焦符合首都功能定位的高精尖产业领域，发挥科技服务体系效能，为细分行业提供精准高效的创新服务。提升研发设计—技术转移—创业孵化—产业化的科技服务效能，在集成电路、人工智能、智能装备等领域，支持高效建设新型研发机构，建设促进前沿技术研发和成果落地转化的创新研究院和产业创新中心，支持产学研合作建设工程技术研究中心，协同搭建产业先进技术研发平台和技术创新服务平台，完善关键共性技术研发、标准研制、应用与技术支持等公共创新服务。

（二）加强能力建设，提高科技服务业发展质量和效率

提升科技服务机构核心竞争力。加强科技服务机构专业服务能力建设，实现技术跨界整合和集成创新，提高科技服务业尤其研发设计服务、工程技术服务领域企业的技术创新能力，发展新兴科技服务业态，促进科技服务创新示范。鼓励研发设计、技术转移、创业孵化等领域服务机构创新盈利模式，对科技成果进行深层次挖掘和技术集成，向个性化研发设计、高价值专利运营、全链条孵化、多元化融资等科技服务高端价值链环节跃升，实现高端服务能力提升，提高服务附加值和盈利能力。

促进科技服务业规模化、品牌化发展，完善面向市场化运作的科技服务管理体制机制，健全科技服务机构的管理与制度体系，将市场化专业服务能力培育制度化，为能力提升夯实管理与制度保障。与市场机制相匹配、适应市场竞争需要，以现代企业制度为目标，完善服务流程和服务标准，健全激励机制和约束机制，通过制度设计激发科技服务机构创新活力，[1] 促进科技服务机构在市场竞争中做大做强。加强品牌和标准体系建设，培育具有国际品牌影响力的龙头科技服务企业。依托高精尖产业园区，通过龙头企业带动、科技服务机构协同创新与合作、产业链上下游关联等模式，建设科技服务集群，实现规模经济、范围经济和品牌效应。促进上下游、大中小企业协同合作，加速科技服务机构衍生发展，推进服务链互动和知识外溢，扩大服务规模，提高服务效率，夯实科技服务网络体系，为科技创新全过程提供全方位集成式服务。

---

① 蔺雷、吴家喜：《科技中介服务论：服务链与创新链融合视角》，清华大学出版社，2014。

参考文献

［1］蔺雷、吴家喜：《科技中介服务论：服务链与创新链融合视角》，清华大学出版社，2014。

［2］朱晓青主编《北京市高端服务业发展研究报告2017》，中国社会科学出版社，2017。

B.14
北京市装备产业"隐形冠军"(培育)企业发展模式与扶持培育的对策建议[*]

"北京市装备产业'隐形冠军'扶持培育对策研究"课题组

摘　要： "隐形冠军"企业是拥有行业领袖地位的中小企业,占据全球市场的绝对份额。积极培育"隐形冠军"企业,对于提升产业核心竞争力与行业话语权、提高产业发展质量、推动产业结构转型升级具有重要的现实意义。本文以北京市装备产业为例,分析了北京市装备产业"隐形冠军"企业发展现状、面临的主要问题,总结了"隐形冠军"企业发展的主要模式,并结合政府工作实际,提出了扶持培育"隐形冠军"的政策措施。

关键词： 装备产业　隐形冠军　北京

打造具有国际竞争力的制造业,是我国提升综合国力、保障国家安全、建设世界强国的必由之路。当前,我国制造业规模已位居世界第一,但与世界先进水平相比,我国制造业仍然大而不强。从国际经验来看,全球知名的制造业强国往往也是"隐形冠军"企业最多的国家。北京研发基础雄厚,应当在装备产业研发方面发挥关键作用,提升对全国装备产业研发创新的辐射带动作用。加快培育北京市装备产业"隐形冠军"企业,有利于提高北

---

[*] 本文为北京市经济和信息化局"北京市装备产业'隐形冠军'扶持培育对策研究"课题部分研究成果。

京装备制造业发展质量效益，推动北京构建高精尖产业结构，为制造业转型升级提供服务和支撑，进而提升我国装备制造业整体创新能力，增强产业核心竞争力与行业话语权。

一 北京市装备产业"隐形冠军"（培育）企业发展现状与面临的主要问题

"隐形冠军"的概念最早由德国管理大师赫尔曼·西蒙提出，主要指长期专注并深耕于某些特定细分领域，其生产技术或工艺、单项产品市场占有率居国内乃至国际前列，且规模不大、社会知名度不高的企业。"隐形冠军"企业一般具有规模小、社会知名度低、行业影响力大、市场占有率高、创新能力强、成长性好、产品品质优、长期专注细分领域、全球化程度高等主要特征。不同国家和地区对"隐形冠军"企业有不同的称谓，日本的利基企业、中国台湾的中坚企业、中国大陆的单项冠军企业等，都可视为典型的"隐形冠军"企业。

近年来，为加快构建高精尖产业结构，提升企业国际竞争力，北京市围绕装备产业领域，大力扶持"隐形冠军"企业发展，并积极遴选一批尚未达到"隐形冠军"企业要求但基本具备"隐形冠军"特征、有望发展成为"隐形冠军"的企业（"隐形冠军"培育企业）重点培育。本文结合"隐形冠军"企业的一般特征，以中关村示范区工业总产值在5000万元至10亿元、工业总产值年均增速在20%以上的67家装备制造业企业为代表，分析北京市装备产业"隐形冠军"（培育）企业发展现状特征，以及发展中存在的突出困难和问题。

（一）北京市装备产业"隐形冠军"（培育）企业发展现状特征

1. 分布特征

从高技术领域分布来看，北京市"隐形冠军"（培育）企业主要集中在先进制造、电子信息等领域，符合北京市高精尖产业发展方向。67家"隐形冠军"（培育）企业中，先进制造企业 36 家，占 53.7%；电子信息企业 10 家，占 14.9%；新能源及节能企业 8 家，占 11.9%；新材料、环境保护企业各 5 家，占比均为 7.5%；现代农业企业 2 家，生物医药企业 1 家（见图 1）。

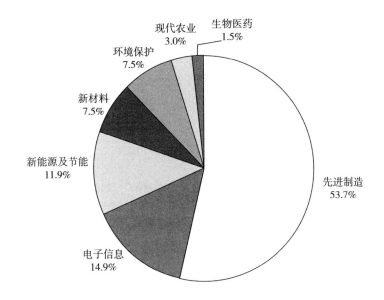

图 1　北京市装备产业"隐形冠军"（培育）企业高技术领域分布

从控股类型分布来看，主要集中在私人控股企业。67 家"隐形冠军"（培育）企业中，有 48 家为私人控股企业，占 71.6%；17 家为国有控股企业，占 25.4%；有 1 家为集团控股企业，1 家为其他类型企业（见图 2）。

从企业开办年限来看，有接近四成企业为 11～15 年。67 家"隐形冠军"（培育）企业中，开办年限为 5 年及以下的企业有 2 家，占 3%；6～10 年的企业 14 家，占 20.9%；11～15 年的企业 26 家，占 38.8%；16～20 年的企业 17 家，占 25.4%；20 年以上的企业 8 家，占 11.9%（见图 3）。

2. 企业规模

2017 年，67 家"隐形冠军"（培育）企业实现总收入 212.3 亿元，同比增长 25.9%；产品销售收入 192 亿元，同比增长 29.2%；工业总产值

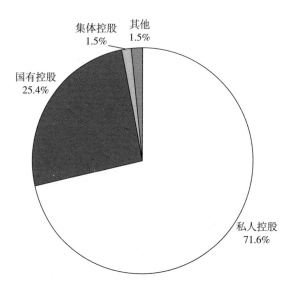

图2　北京市装备产业"隐形冠军"(培育)
企业控股类型分布

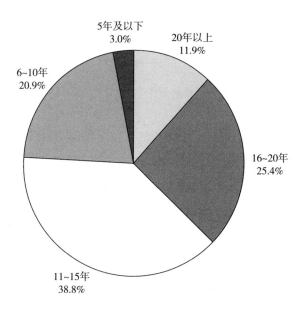

图3　北京市装备产业"隐形冠军"(培育)
开办年限分布

208.9 亿元，比上年增长 35.4%；固定资产投资 2.93 亿元，为 2016 年的 73%；期末从业人员 20351 人，比上年增长 1329 人（见表 1）。

表 1 2015~2017 年北京市装备产业"隐形冠军"（培育）企业主要经济指标

单位：亿元，人

项目	2015 年	2016 年	2017 年
总收入	140.6	168.6	212.3
产品销售收入	—	148.5	192.0
工业总产值	122.3	154.3	208.9
固定资产投资	—	4.02	2.93
期末从业人员	—	19022	20351

从企业平均规模来看，2017 年平均每家"隐形冠军"（培育）企业实现收入 3.2 亿元、产品销售收入 2.9 亿元、工业总产值 3.1 亿元、固定资产投资 0.04 亿元，分别为中关村装备制造企业平均水平的 2 倍（1.6 亿元）、2 倍（1.4 亿元）、2.2 倍（1.4 亿元）、1.5 倍（0.029 亿元）（见图 4）。

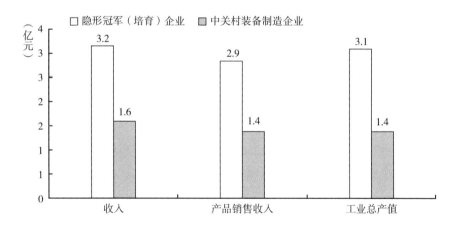

图 4 2017 年北京市装备产业"隐形冠军"（培育）企业与中关村装备制造企业发展效益比较

从行业领域来看，仪器仪表制造业企业 19 家，总收入达到 65.2 亿元，占 30.7%，工业总产值达到 65.4 亿元，占 31.3%；专用设备制造业企业 16

家，总收入 53.2 亿元，占 25.1%，工业总产值 49.4 亿元，占 23.6%；通用设备制造业企业 13 家，实现总收入 40.9 亿元，工业总产值 40.4 亿元（见图 5）。

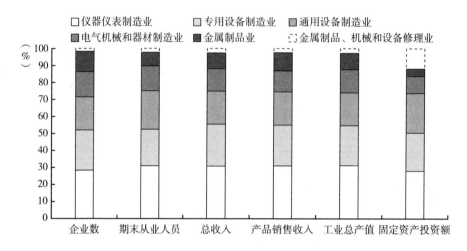

图 5 北京"隐形冠军"（培育）企业所在行业领域主要经济指标

3. 质量效益

2017 年，67 家"隐形冠军"（培育）企业实现利润 23.5 亿元，利润率（利润/总收入）达到 11%。不同行业领域企业盈利能力有较大差异，其中，仪器仪表制造业利润率最高，达到 21.4%，其次为金属制品、机械和设备修理业，利润率为 10.5%；金属制品业的人均收入、人均产品销售收入、人均工业总产值最高，分别为 125.8 万元、123.9 万元和 125.1 万元（见图 6）；金属制品、机械和设备修理业每个企业实现的收入、产品销售收入、工业总产值最高，分别为 4.7 亿元、4.7 亿元和 5.4 亿元（见图 7）。

4. 创新能力

2017 年，67 家"隐形冠军"（培育）企业研发费用支出达 12.06 亿元，比上年（10.55 亿元）增长 14.3%，研发投入强度（研发费用支出/总收入）达到 5.7%，比中关村装备制造业企业平均水平高 0.1 个百分点。

北京"隐形冠军"（培育）企业注重科研人才培养，加大研发投入，形

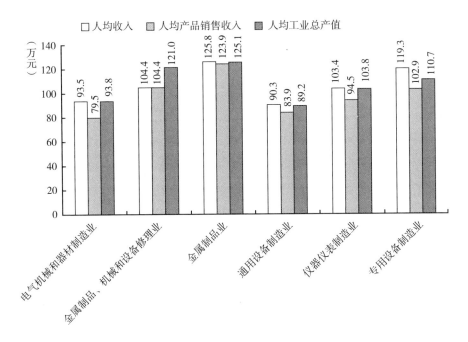

图6 北京市装备产业"隐形冠军"（培育）企业不同行业领域人均效益

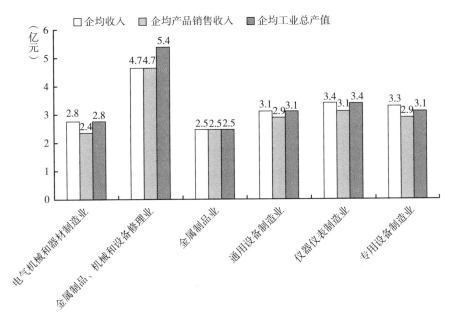

图7 北京市装备产业"隐形冠军"（培育）企业不同行业领域企均效益

成较强的创新能力。比如，北京康斯特仪表科技股份有限公司的研发团队达90余人，占员工总数的1/3；2017年研发投入对销售收入占比达到13.7%；拥有国际专利5项、国内发明专利13项、其他专利和软件著作权150多项。再如，北京星和众工设备技术股份有限公司的技术人员占员工总数的80%，拥有已授权专利64项（其中发明专利14项、实用新型专利50项），正在申请专利超过50项；参与制定的标准13项，其中国家标准3项、行业标准10项，均已发布实施。

5. 国际化发展

2017年，67家"隐形冠军"（培育）企业出口总额1.57亿美元，比上年（1.32亿美元）增长18.3%，其中进口总额3.59亿美元，比上年（2.33亿美元）增长53.7%，分别占总收入的5%和11.4%。

调研发现，北京市装备产业"隐形冠军"（培育）企业拓展国际业务的方式主要有以下几种：一是在国外设立办事处（研发中心）。比如，北京康斯特仪表科技股份有限公司在欧洲设立了办事处，未来计划在美国进行生产并在美成立研发中心。二是与国外企业进行合作。北京新联铁集团股份有限公司与加拿大庞巴迪、法国阿尔斯通、日本川崎重工等轨道交通制造厂商开展技术合作。三是在国外实施项目。比如，北京首航艾启威节能技术股份有限公司在印度尼西亚实施海水淡化项目。四是收购国外企业。比如，北京雪迪龙科技股份有限公司2015年以来先后收购了英国KORE、韩国KORBI、比利时ORTHODYNE等多家海外环保企业。

（二）北京市"隐形冠军"（培育）企业发展存在的主要问题

北京市装备产业"隐形冠军"（培育）企业发展也面临一些突出困难和问题，主要表现在以下几个方面。

1. 企业创新能力相对较弱，关键核心技术与国际先进水平存在较大差距

近年来，北京市装备制造业"隐形冠军"（培育）企业不断加大研发经费和研发人员投入，企业自主创新能力不断增强，一些核心技术实现了重大突破，出现了一些具有国际竞争力和影响力的装备制造行业和高科技企业。

但整体来看，企业技术创新能力比较薄弱，在新技术与新产品研发等方面仍跟随国外先进企业技术，产品的部分核心部件仍受制于国外企业。在高端装备领域，目前我国80%的集成电路芯片制造装备、40%的大型石化装备、70%的汽车制造关键设备及先进集约化农业装备仍依靠进口。调研发现，北京市部分装备制造企业主营产品的核心部件部分设备仍需进口。例如，机科发展科技股份有限公司的智能导引车产品部分核心部件仍需进口；北京天智航医疗科技股份有限公司主营产品的核心部件光学镜片国内无法提供，全球只有加拿大一家企业能够生产；等等。

2. 专业研发人才不足，企业持续创新面临困难

创新对于"隐形冠军"企业而言至关重要，而专业的研发人才是"隐形冠军"企业持续创新的重要动力。调研发现，北京市装备产业"隐形冠军"（培育）企业普遍面临专业研发人才不足、自主培养难度较大、流动性较大、人才政策适用性不匹配等问题，为企业创新发展带来困难。例如，北京康斯特仪表科技股份有限公司反映，国内从事压力校验产品研发人员稀缺，多数研发人才需要企业自行培养。北京京运通科技股份有限公司反映，"千人计划""海聚工程"等人才政策对于人才的学历要求高，一些实际贡献大但学历上不突出的人才难以入选。对于企业培养的人才，能够适用的人才政策较少。北京雪迪龙科技股份有限公司反映，公司研发人员流动性较高。

3. 长期专注行业细分领域的企业不多，主营产品多且产品间关联性不强

国际经验表明，大多数"隐形冠军"企业往往只专注于某个细分领域，比如德国 M + C Schiffer 只生产牙刷等。从企业信息采集和实地调研看，北京装备制造企业长期专注某个细分领域的企业并不多，大部分企业主要业务板块较多，主营产品种类繁杂，各主营产品之间的关联性也不强，专业化发展水平不高。比如，机科发展科技股份有限公司的主要技术和产品涉及智能高端制造装备及系统集成、环保设备与工程两大领域，包括机器人及装备、自动化成套装备、新能源装备、产品定制与服务、固废处理设备及工程、水处理设备及工程六大业务板块，服务于环保、汽车、智能制造、物流、工程

机械、冶金、印刷和国防等多个行业，主营产品种类较多且相互之间关联性不强。

4. 主营产品全球市场占有率较低，国际竞争力较弱

随着全球化的深入和"一带一路"建设的推进，北京市装备制造企业积极开拓海外市场，部分企业的主营产品在国际市场上具备了较强的竞争力。比如，北京康斯特仪表科技股份有限公司的压力校准产品市场占有率居全球前三；北京中科博联环境工程有限公司的污泥好氧发酵装备市场占有率全球第一等。但整体来看，目前北京市大部分装备制造企业主要集中在国内市场发展，在国内市场具有较强的影响力，但海外业务拓展还不足，在全球的市场占有率相对较低，国际竞争力相对较弱。比如，北京新联铁集团股份有限公司反映，公司各项主营产品在国内市场占有率均为第一或第二，产品综合市场占有率全国最高，但公司业务主要集中在国内市场，国际竞争力不强。

二 北京市装备产业"隐形冠军"（培育）企业成长的主要模式

通过对北京市装备产业"隐形冠军"（培育）企业成长案例的分析可以发现，"技术"和"市场"在企业成长过程中起到非常重要的作用，深刻影响"隐形冠军"企业的成长路径和成长模式。基于"技术"和"市场"两大核心要素获取来源和途径的视角，结合政府扶持培育"隐形冠军"（培育）企业的政策措施切入点和工作抓手，北京市装备产业"隐形冠军"（培育）企业成长模式可以总结为以下几种类型。

（一）依附龙头企业借势发展

借势生存是处于弱势地位的中小企业依靠远强于自己的大型龙头企业（或其他有特殊价值的平台）的"势"来求得生存，并得以快速发展。龙头企业为供应链上下游中小企业提供了稳定的市场空间，是国内外"隐形冠军"成长的一种典型模式。龙头企业为追求利润一般会往高端走，对许多

非主营业务一般不会面面俱到地去做，这样小企业有机会切入，成为其产业链上下游的供应商。当然依附龙头企业发展也面临着一荣俱荣、一损俱损的风险。但"隐形冠军"企业在发展初期，规模小、抗风险能力低、经营安全性低、技术研发和产品研发受限。给龙头企业做产业链延伸的配套产品，使企业有了相对稳定的市场，同时也能够使企业更专注在产业链细分领域做精做强，成长为细分领域的"隐形冠军"。

（二）重大科技成果孵化转化

政府重大科技项目在"隐形冠军"企业初创和技术积累过程中发挥重要作用，为企业孕育创立、技术研发、人才培养提供服务和支撑，是"隐形冠军"企业发展的重要推动力。一方面，依托重大科技项目的创新成果，可以孵化具有较强创新能力的企业参与全球竞争；另一方面，企业参与政府重大科技项目，能够在一定程度上解决企业面临的资金、技术积累、人才等困难和问题，同时也有利于引导企业专注于某一高新技术领域，为企业迅速提升创新能力和行业竞争力提供便利条件。比如，北京天智航医疗科技股份有限公司是科技部"863"计划项目的科研成果转化。北航、积水潭合作项目于2001年立项，2004年成功完成我国首例骨科机器人手术，并获科技部863计划项目滚动支持。2005年北京天智航技术有限公司成立，致力于骨科手术机器人技术产业化。2007年获北京市重大科技计划项目支持。2016年承担"十三五"国家科技支撑计划项目，入选北京生物医药产业跨越发展工程（G20工程）—创新引领企业。从人才培养方面来看，公司发展前期核心技术人员以北航为主，类似北航的"校外实验室"，后期逐渐市场化，面向社会招聘工作人员，目前北航背景的工作人员占比仍然很高。

（三）国有事业单位转企改制

新中国成立以来，我国在各行各业设立了一大批国有事业单位，集中优势资源迅速摆脱技术落后的局面，加快推动工业化进程。近年来，为进一步激发国有事业单位的活力和创造力，提高国有资本运行效率，我国加快推进生产经营类国有事业单位转企改制。在几十年的发展过程中，国有大院大所依托政策和资源配置等方面的独特优势，掌握了各自行业领域的先进技术工艺，在行业领域也形成了较强的市场影响力。很多国有大院大所转企改制伊始，就已经积累了一定的技术和市场，具有较强的行业市场竞争能力，具备成长为"隐形冠军"企业的良好潜质。比如，北京中科科仪股份有限公司前身是中国科学院北京科学仪器研制中心（原中国科学院科学仪器厂），是典型的事业单位。21世纪之初，中科院积极响应中央"推动应用性科研机构和设计单位实行企业化转制"的决定，推动中科科仪率先完成转改制，中科科仪成为中科院第一家由研究机构向具有自主创新能力现代科技型企业的转改制企业。目前，中科科仪已成为国内真空行业的领军者，多年保持分子泵、氦质谱检漏仪国内市场份额第一，也是唯一国产品牌扫描电子显微镜企业。

（四）并购整合技术市场资源

通过并购，"隐形冠军"（培育）企业可以充分利用被收购企业多年来在人才、技术、营销网络等方面已经形成的独特优势，吸收其先进的管理经验，迅速弥补企业在核心技术、市场国际化拓展能力和管理经验等方面的不足，同时也有利于企业自身产品更快适应、融入国际市场，加快提升企业创新能力和国际化发展水平，增强企业在国内外行业细分领域的竞争力。比如，福建泉工股份有限公司在2014年收购了已有65年历史的德国老牌混凝土砌块及铺路砖机械专业厂家策尼特，并在德国设立泉工德国技术研发中心，泉工股份由此掌握了全球最成熟的免托板设备技术，同时也拥有了德国变频砖机六大核心技术，成为一家混凝土砌块（砖）机械的国际跨国集团企业。

三　北京市装备产业"隐形冠军"（培育）企业扶持的政策措施

通过走访调研发现，目前北京市装备制造"隐形冠军"（培育）企业诉求主要集中在市场拓展、项目支持、财政资金支持、优化营商环境、企业融资、人才政策、住房政策等方面。比如，在项目支持方面，许多企业希望在科技成果产业化等方面得到政府的支持；在优化营商环境方面，部分企业反映公司出口的产品和设备返厂大修时，海关办理通关的时间比较缓慢，希望通关手续尽量便捷，等等。

围绕北京市装备产业"隐形冠军"（培育）企业集中反映的政策诉求，以及企业发展中面临的困难和突出问题，结合北京市装备产业"隐形冠军"（培育）企业的主要成长模式，建议在以下方面加大扶持培育力度。

（一）搭建全链条企业交流合作平台

装备产业的一个突出特点是行业类型复杂，涵盖了国民经济行业中的 6 个大类、45 个中类、205 个小类，占工业行业领域的 1/3，不同领域行业特征差异较大。同时，装备产业领域的企业数量众多，其中仅规模以上企业就超过 1000 家。在某一细分产业链条中，往往涉及多个行业领域的大量中小企业，企业很难有效掌握产业链条中其他企业的需求和发展动态，企业间交流合作尤其是中小企业与行业龙头企业对接合作面临较大困难。建议政府发挥桥梁纽带作用，通过举办企业家联谊会、企业对接交流会、组建产业联盟、创建细分领域企业微信群等方式，搭建细分产业链条"隐形冠军"企业交流合作平台，增进企业间尤其是不同行业类型企业间、大中小企业间的交流合作。同时，发挥政府在行业信息整合与集散方面的优势，创建电子化的装备产业企业信息平台，并对装备产业企业开放，让每个企业都能方便快捷地了解北京市装备产业各领域可以提供的产品（服务）信息，使"隐形冠军"企业"从幕后走向前台"，提高企业知晓度，方便"隐形冠军"企业在本市打开市场。

（二）搭建行业专业性公共技术平台

装备产业"隐形冠军"（培育）企业在创新发展过程中，往往需要专业实验室等技术平台予以专业技术支撑。目前政府在通用技术平台建设方面开展了许多工作，但在专业技术平台建设方面还比较薄弱。比如，天智航公司反映，目前政府搭建了很多公用实验室，但这些公用实验室只能提供公共参数验证，能够提供专业性数据验证的平台只能企业自己做。装备领域的企业多为中小企业，很多企业无力自建专业性技术平台，或单个企业专业性技术平台利用效率较低、企业自建意愿不高，使得很多企业缺乏专业性的公共平台支撑。建议政府围绕不同细分领域企业创新发展特征，整合科研院所、装备企业、产业联盟等不同主体，搭建细分领域专业性的公共技术平台。鼓励和引导在京高校、科研院所创新资源向社会开放，积极推动有条件的"隐形冠军"（培育）企业与高校和科研院所共建研发中心。

（三）加大企业创新支持力度

"隐形冠军"（培育）企业保持在全球细分领域领先地位，必须有强大的技术支撑，这就需要持续保持较大的研发投入，创新投入是"隐形冠军"（培育）企业的一项非常巨大的成本支出。建议加大资源整合力度，为"隐形冠军"（培育）企业提供多元化的创新支持政策。积极争取财政资金支持，设立"隐形冠军"（培育）企业培育专项资金，对企业创新提供资金支持。在"智造100"工程、高精尖产业发展资金等现有政策资金中安排一定比例，对装备产业"隐形冠军"（培育）企业新产品研发、成果转化等给予支持。推动市级重大科技和示范推广项目向装备产业"隐形冠军"（培育）企业倾斜，优先推荐申报国家、市级新产品研发、优秀新产品（新技术）认定、科技成果产业化、企业技术中心建设等项目。

（四）创新专业人才引进与培养机制

鼓励"隐形冠军"企业与国内大专院校开展专业人才培养合作，并提供一定的资金支持，打造具有工匠精神的企业创新人才支撑体系。对"隐形冠军"企业引进的专业技能型优秀人才，在办理《工作居住证》和居住证积分落户等方面，给予一定的政策倾斜。加大对"隐形冠军"企业高技能人才、青年科技人才和创新创业团队的奖励力度，建立与个人业绩贡献相衔接的优秀人才奖励机制。强化职业教育和技能培训，引导应用技术类高等学校建立实训基地，开展针对"隐形冠军"企业的现代学徒制试点，形成一支技术精湛的技能人才队伍。支持科研、教育机构建立针对"隐形冠军"企业员工的在线培训课程，促进在职员工业务技能提升。

（五）深化国有企业和科研院所改革，培育具有较强竞争力的企业主体

把握北京市国资国企改革契机，加快国有企业和科研院所深化改革步伐，充分利用国有企业和国有科研院所在专业技术、行业市场方面的资源和优势，鼓励引导国有装备企业非核心业务重组改制为独立企业，鼓励国有装备领域科研机构经营性业务转企改制，支持重大科技成果孵化产业化，创办市场化企业主体。积极落实好鼓励高校、科研院所等事业单位专业技术人员在职创业、离岗创业相关政策，打通成果转化"中梗阻"，努力推动科技成果走出实验室、产业化落地，培育具有较强科技竞争力的企业主体。

（六）完善人才住房、办公住房补贴等政策

目前北京房价和房租高企成为推高企业用工成本的重要因素，给"隐形冠军"（培育）企业吸引人才带来严重的制约。支持产业园区建设面向"隐形冠军"（培育）企业员工的共有产权住房、公租房等多种类型保障住房，减轻企业员工的购房、租房负担。建立针对"隐形冠军"（培育）企业员工的租房补贴基金，政府和企业各自承担一半的资金规模。对于在"隐形冠军"（培育）企业工作三年以上的员工，适当增加公租房名额，并根据员工工作年限按一定比例递增租房补贴。

（七）加大企业国际市场开拓的支持力度

推动"隐形冠军"企业依托网络平台和新一代信息技术，构建以电子商务为主导的产品营销模式。积极支持和帮助"隐形冠军"企业参加国内

外大型展会，对参加国内展览的企业给予一定的展位费补助，对境外参展的企业在现有补助基础上增加补助金额。充分利用国内外主流新闻媒体、知名网站，集中宣传和推介"隐形冠军"企业及产品。抓住国家"一带一路"建设的重大机遇，以提升北京"隐形冠军"企业世界影响力为核心，建立多层次、多渠道、多方式的国际合作与交流机制。鼓励"隐形冠军"企业通过收购兼并、联合经营、设立分支机构和研发中心等方式积极拓展国际市场，构建国际化的资源配置体系。对以美国为主要出口市场的"隐形冠军"企业加大支持力度，有效应对中美贸易摩擦带来的不利影响。

（八）优化完善外贸返修通关相关政策和流程

加快推进出口商品返修环节通关便利化，有利于推动装备产业"隐形冠军"企业开拓国际市场，增加出口规模。深入贯彻落实国务院关于减少进出口环节需验核监管证件的政策措施，清理出口商品返修不合规流程和收费项目，推动优化合规流程和降低费用。全面落实进出口通关"一次申报、一次查验、一次放行"管理模式，大幅压缩商品返修通关环节和时间，切实提高通关效率。

（九）加大供应链薄弱环节支持力度，强化供应链安全

产业链中大量存在上下游关系和相互价值的交换，完善的产业链是产业价值实现和增值的根本途径，有利于企业成本的降低和企业创新氛围的形成。积极推动以产业链为纽带、资源要素集聚的装备制造领域"隐形冠军"企业集群建设，寻找和弥补产业链的薄弱环节，完善产业链协作配套体系。围绕"隐形冠军"企业一个或多个主导产品，加大零配件等关键技术和环节发展的支持力度，与供应商企业形成倍增效应，增强"隐形冠军"企业和产品的竞争力，拓展装备产业发展空间，提高产业竞争力和可持续发展的能力。加快产业链创新资源、设计能力、生产能力和服务能力的集成和对接，推进制造过程各环节和全价值链的并行组织和协同优化，实现产业链优势资源互补和资源优化配置。

（十）完善各级政府装备产品采购政策

积极搭建政企供求信息对接平台和渠道，促进装备产业"隐形冠军"（培育）企业与市属委办局、各区政府部门对接协调，及时向企业推送政府装备产品采购要求标准，同时结合企业新产品特征，适当调整和完善政府采购等相关政策，使北京装备产业"隐形冠军"（培育）企业的产品尽可能纳入本市各级政府采购系统，破除地区封锁、地区保护和相关行业壁垒，避免"墙里开花墙外红"等现象。

参考文献

［1］赫尔曼·西蒙：《隐形冠军　未来全球化的先锋》，机械工业出版社，2016。
［2］刘志彪：《培育全球价值链上的"隐形冠军"》，《中国经济报告》2018 年第 6 期。
［3］狄涛：《成就德国"隐形冠军"的软实力》，《中国教育报》2017 年第 12 期。
［4］雷李楠：《战略谋划对中国制造业隐形冠军企业成长性的作用机制研究》，浙江大学论文，2018。
［5］杜培森：《隐形冠军视角下装备制造业企业转型升级路径的研究》，《现代经济信息》2017 年第 6 期。

B.15
北京市体育产业发展难点探析

年炜[*]

摘　要: 近年来北京市体育产业与其他省份相比呈现发展滞后态势,
服务业优势减弱、健身休闲业萎缩及生产效率偏低等问题愈
发严重。本文分析认为,产生这些发展难点的原因在于体育
消费能力不足、体育资源发展滞后以及管理与治理水平落后。
结合国外发展经验及本地特点,本文认为提高体育资源利用
效率、扶持体育俱乐部发展以及深化落实体育协会改革将有
助于解决这些发展难点,促进北京市体育产业的进一步发展。

关键词: 体育产业　体育资源　北京市

一　发展现状中的问题

近年来北京市体育产业尽管在整体上保持平稳发展,但从全国来看,该
产业的发展却呈现出明显的滞后态势。根据相关数据测算,2006年北京市
体育产业增加值占全国的6.14%,但到2015年这一比例已经降至3.86%。
这表明该产业的确存在一些严重问题,而且正在逐渐演变为制约体育产业进
一步发展的瓶颈问题。这些问题主要包括服务业优势减弱、健身休闲业萎缩
及生产效率偏低。

＊ 年炜,北京市社会科学院经济所副研究员,主要研究方向为体育产业和奥运经济。

（一）服务业优势减弱

体育服务业是体育产业的主体产业。在发达国家的体育产业中，体育服务业占比达到80%。我国的体育产业相对落后，体育制造业占比过大，而体育服务业占比过小。

与国内其他省份相比，北京市体育产业的一个突出特点是体育服务业比较发达。2007年，与江苏、浙江、福建、广东及全国水平相比，北京的体育产业中只有体育用品制造业呈现明显劣势，而其他行业，特别是体育服务业占比明显高于其他省份及全国水平。其中，体育组织管理占比16%，比全国水平高出8.9个百分点；体育健身休闲占比17.2%，比全国水平高出12.6个百分点（见图1）。

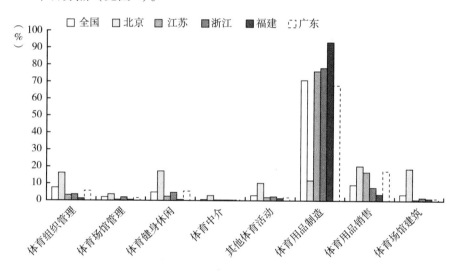

图1　2007年部分省份体育产业结构

按照国家统计局的口径，2015年北京市体育服务业（除体育用品及相关产品制造、体育场地设施建设外的其他九大类）实现增加值190亿元，占体育产业增加值的比重为89.6%，在体育产业中持续处于主导地位；占全国体育服务业的比重达到7.0%，高于第三产业增加值占全国比重1.7个百分点，领先优势较为明显。但需要指出，此数据必须要考虑统计口径变化的影响。2015 年，国家统计局对体育产业统计分类进行了修改，将体育产业由原来的八大分类改为十一大分类，并将体育服务业界定为除体育用品及相关产品制造、体育场地设施建设外的其他九大类。而在此前口径中，体育用品及相关产品销售并不计入体育服务业。如果按照 2015 年之前的口径计算，北京市的体育服务业占比实际上已经从 2012 年的 57% 降至 2015 年的 44%。

与国内其他省份相比，2007 年北京体育产业中的众多领先行业目前已经不再具有明显优势。在 2015 年的北京体育产业中，只有体育竞赛表演活动、体育传媒与信息服务及其他与体育相关服务还具有比较明显的优势。其中，体育竞赛表演活动占比 11.8%，比全国水平高出 10.9 个百分点；体育传媒与信息服务占比 8.5%，比全国水平高出 7.8 个百分点。而其他行业或是不具备明显优势，或是已经被其他省份赶超（见图 2）。

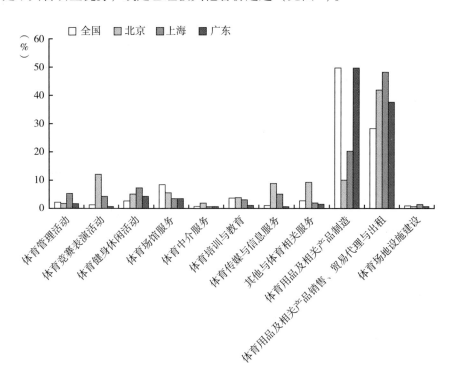

图 2　2015 年部分省份体育产业结构

北京和上海的体育产业可以进一步用区位熵进行比较（见表1）。区位熵表示 k 地区 i 行业在本地总产出中的份额与整体行业占全国经济总产出的份额之比，计算公式为：

$$Q_i^k = \frac{X_i^k / \sum_i^n X_i^k}{\sum_k^N X_i^k / \sum_k^N \sum_i^n X_i^k}$$

式中，Q_i^k 为 k 地区 i 部门的区位熵，X_i^k 为 k 地区 i 部门的产出指标。

含义为：$Q_i^k > 1$ 意味着 k 地区在 i 部门具有比较优势，$Q_i^k < 1$ 意味着 k 地区在 i 部门不具有比较优势。

表1　北京与上海体育产业区位熵比较（2015年）

体育产业	北京	上海
体育管理活动	1.067418	4.283327
体育竞赛表演活动	14.286850	7.795217
体育健身休闲活动	2.406288	5.476852
体育场馆服务	0.758135	0.695695
体育中介服务	8.768079	2.781846
体育培训与教育	1.295621	1.429961
体育传媒与信息服务	13.282110	11.757160
其他与体育相关服务	4.182133	1.326145
体育用品及相关产品制造	0.231434	0.709181
体育用品及相关产品销售、贸易代理与出租	1.703563	2.985264
体育场地设施建设	0.508891	3.014601
合　计	1.155198	1.753169

测算结果显示，北京与上海的体育产业有一定的相似性，两市的体育产业在整体上都具有比较优势。从具体行业看，北京在体育场馆服务、体育用品及相关产品制造、体育场地设施建设三方面不具备比较优势；上海则在体育场馆服务、体育用品及相关产品制造两方面不具备比较优势。同时还可以看到，北京在体育竞赛表演活动、体育中介服务方面具有较大优势，而上海则在体育管理活动、体育健身休闲活动方面具有较大优势。在其他方面，两

市并没有明显差别。从体育产业的整体看，上海的优势已经稍稍领先于北京。从体育服务业的整体看，北京暂时稍占上风，但优势正在日趋减弱。实际上，2016年上海体育竞赛表演活动增加值同比增长58.4%，达到23.68亿元，已经非常接近北京的水平。

（二）健身休闲业萎缩

北京市健身休闲业的发展持续低迷。2006～2012年，健身休闲业的增加值在总体上呈现增长态势，由2006年的12.5亿元增长到2012年的14亿元，但同期健身休闲业增加值的占比已经呈现持续下降态势，由2006年的20.7%一路降至2012年的9.7%（见图3）。此后健身休闲业增加值也出现下降态势，到2015年，健身休闲业增加值降至10.4亿元，占比降至4.9%。2015年北京市规模以上体育健身休闲业企业共亏损7亿元，亏损面达75%。

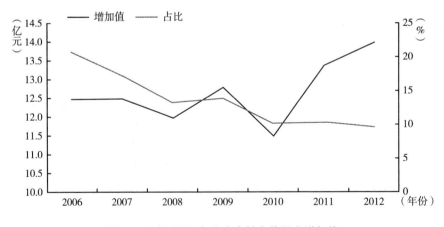

图3 2006～2012年北京市健身休闲业增加值

与全国及国内各省份比较，北京市的体育服务业曾一直具有明显优势。但近年来一些国内省份的体育服务业发展迅速。如上海2015年体育健身休闲业增加值已达到25.84亿元，占比7.4%，明显超过北京。

北京的健身休闲业与一些体育发达国家相比也存在很大差距。如与2004

年韩国首尔的体育产业①相比，北京仅在体育用品销售方面领先，但在其他方面均处于劣势，其中差距最大的就是体育健身休闲业。首尔的健身休闲业在2004年已经达到100亿元的规模，是北京2012年健身休闲业的7倍。目前随着北京健身休闲业进一步萎缩，该行业与国外的差距必然进一步拉大。

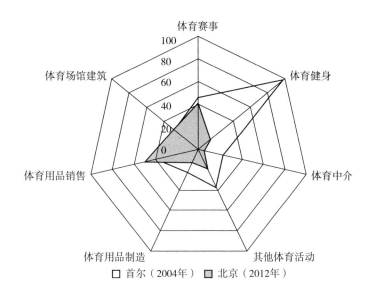

图4 北京与韩国首尔体育产业增加值比较

（三）生产效率过低

与北京市其他行业比较，体育产业的生产效率处于低水平。以2015年北京市第三产业为例，金融业人均增加值最高，达到105万元，而信息传输、计算机服务和软件业，批发与零售业，房地产业，租赁和商务服务业，科学研究，技术服务与地质勘察业，文化、体育与娱乐业均超过20万元。与之相比，体育产业的人均增加值只有15万元，低于第三产业各行业水平（见图5）。

同时，体育产业各分项的生产效率差异明显。其中体育传媒与信息服务的人均增加值最高，达到36万元，与北京市信息传输、计算机服务和软件业

---

① 数据来源于唐珠喜《北京与首尔体育产业发展现状的比较研究》，2006。

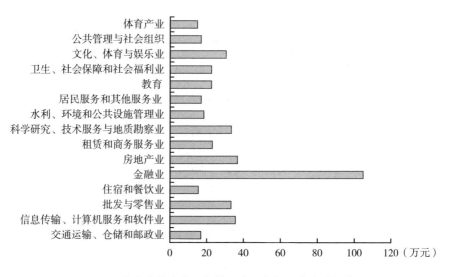

图5　北京市体育产业与第三产业各行业人均增加值

及房地产业的人均增加值处于同一水平。体育管理活动、体育竞赛表演活动、体育用品及相关产品制造的人均增加值均超过20万元，生产效率也比较高。与此相比，体育健身休闲活动的人均增加值在体育产业各分项中最低，仅有4.3万元（见图6）。事实上，健身休闲业的生产效率多年来一直维持在低水平，人均增加值一直没有超过5万元。此数据再次表明，健身休闲业的长期低迷已经成为拉低体育产业生产效率的主要因素，严重制约了体育产业的发展。

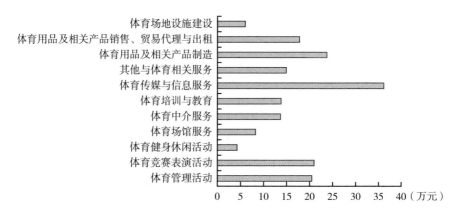

图6　北京市体育产业各分项人均增加值

二 产生问题的原因

（一）消费能力不足

近年来北京市的居民收入水平和消费能力均有所提高。城镇居民人均可支配收入从 2012 年的 36469 元增至 2016 年的 57275 元，城镇居民人均消费支出从 2012 年的 24046 元增至 2016 年的 38256 元，城镇居民家庭恩格尔系数从 2012 年的 31.3% 降至 2016 年的 21.5%。虽然进步明显，但与发达国家相比，北京的居民收入水平和消费能力仍存在较大差距。根据世界银行数据，2015 年经合组织成员国人均收入已超过 3 万美元，大约是北京的 4 倍。根据美国农业部经济研究局数据，发达国家的恩格尔系数大都在 20% 以内。只有收入的增加，居民消费能力才能有所增强；随着恩格尔系数的下降，居民用于体育活动的支出才能逐步增长。

另外，虽然北京市城镇居民人均消费支出逐年增长，但其中的教育文化娱乐服务支出并没有出现明显增长。2012~2016 年，人均教育文化娱乐服务支出从 3696 元增至 4055 元，但占比从 15.4% 降至 10.6%。从各类消费支出的构成来看，相比 2012 年，2016 年的最大支出项从食品变为居住，居住消费支出占比从 8.2% 猛增至 31.7%（见图7），增长 287%。居住消费支出的激增几乎使其他所有消费占比都不同程度地出现了下降。教育文化娱乐服务支出占比下降 31.2%，降幅仅次于食品和服装。消费能力不足明显拉低了居民对体育消费的需求，这是体育产业，特别是体育健身休闲业发展低迷的一个重要原因。

（二）体育资源发展滞后

第一，体育资源数量不足。从场地总量看，根据第六次全国体育场地普查（简称"六普"）数据，广东列第一，拥有场地 146719 个。其次为浙江、江苏、山东，场地数量均超过 10 万个。北京市的体育场地数量为 20083 个，

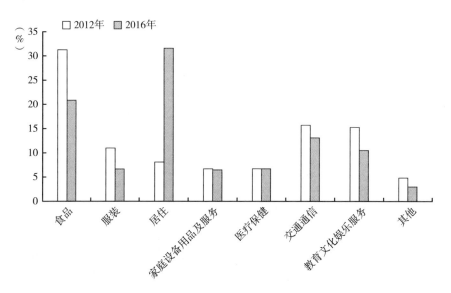

图7 北京市城镇居民家庭消费支出构成变化

列第 26 位。从每万人拥有场地数量看，浙江列第一，每万人拥有场地数量 23 个，也是全国各省市中唯一每万人拥有场地数量超过 20 个的地区。北京每万人拥有场地 9 个，列第 23 位。

从场地结构看，市场需求与体育场地分布错配。"六普"数据显示，北京市远郊区县每万人拥有场地数量明显多于城区。顺义区每万人拥有场地数量为全市最多，达到 22 个；其次是延庆县，达到 21 个（见图 8）。此外，门头沟区、房山区、昌平区、平谷区、怀柔区、密云县等远郊区县的每万人拥有场地数量均超过 10 个。相比而言，城六区以及通州区、大兴区居住人口密集，但场地数量明显偏少，每万人拥有场地数量均为个位数。居住人口密集地区体育场地数量偏少，对体育场地的利用效果产生了很大的负面影响。

客观上讲，北京体育场地资源不足有一些自然禀赋方面的原因。如北京城市人口密度过大，土地价格过高，建造体育场地的成本过高，这些因素都不利于体育场地数量的增加。同时有些体育场地，如滑雪场，对气温、降水、地理等自然条件也有比较苛刻的要求，更增加了北京建造这类体育场地的难度。

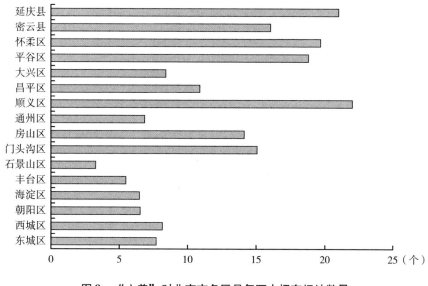

图8 "六普"时北京市各区县每万人拥有场地数量

除了体育场地数量不足外，北京的体育师资资源也比较匮乏。以足球教练员为例，目前欧洲国家平均20名球员拥有1名教练员，而我国平均200名球员才拥有1名教练员。近年来随着足球改革的深入，北京不断加大教练员培养力度，教练员数量显著增长。截至2018年底，北京市共有注册足球教练员超过3000名。但即使是这样的教练员规模，以足球人口2%的占比估算，也只能达到153名球员拥有1名教练员，这与欧洲国家仍存在很大差距。随着体育人口的增加，专业体育教练的缺口必将越来越大，进而成为制约体育产业发展的瓶颈。

第二，体育资源质量不高。虽然北京举办了2008年奥运会，很多体育场地，特别是竞赛场地达到了奥运标准，但仍有很多场地质量较差。即使是达到奥运标准的场地，与职业赛事的要求也仍有可能存在差距。虽然足球已经成为北京的一张名片，但北京至今没有一块专业足球场。国家体育场作为奥运会田径项目主赛场在奥运会后承接了多场国际足球比赛，但每次办赛，主办方和参赛队几乎都会提出草皮质量问题。国家体育场并不是专业的足球场地，每次办赛都是临时铺草皮，因而草皮质量一直备受关注。

从"六普"数据看，北京的场均观众席位多达 49 个，居各省份第二位；上海的场均观众席位只有 17 个，是各省份体育场地中席位较少的。同为一线大城市，两地体育场地席位数量似乎反映了不同理念。席位较多的北京更偏重体育赛事的观赏性，在一些职业赛事的场均观众数量方面北京确实也大多领先于上海。相比之下，上海似乎更注重体育活动的参与性，将更多的席位空间变为体育活动空间，这或许可以为更多人提供体育锻炼的机会。

体育资源质量不高同样体现在师资水平上。比如，目前北京市注册足球教练员中，低级别的 D 级和 E 级教练员占比达到 87%，而较高级别教练员占比只有 13%，反映出北京市体育人才专业性不足的劣势。再如，在滑雪产业中，由于教练员数量少、水平不高，很多滑雪者的专业技能无法提高，一直停留在初学者级别。专业水平无法提升直接导致滑雪者不愿购买专业装备以及更多地去滑雪场训练，从而严重制约了滑雪产业规模的进一步扩大。

第三，体育资源利用率低。从北京与上海体育场地分布来看，两市的体育场地都集中在校园、居住小区/街道和乡镇/村（见图 9）。北京这三种场地分布相对平均，都在 20%～30%；而上海这三种场地占比差异较大，居住小区/街道的体育场地占比明显最大，达到 51%，校园和乡镇/村的体育场地占比则不到 20%。这三类体育场地中，居住小区/街道的体育场地无疑最方便使用，乡镇/村场地由于距离较远不便使用，而校园场地囿于安全因素不便完全开放。通过这个对比大致可以理解北京体育场地利用率低的原因：距离和安全的原因，乡镇/村、校园体育场地过多，导致体育场地利用率低。

在师资方面也有类似的问题。如社会体育组织培养的专业教练员，如果由于政策原因无法接触到学校里的青少年，就无法向他们传授专业体育知识，专业教练员的工作效率就随之下降。同时，学校里的体育老师不可能具备所有体育项目的专业技能，无法向学生提供所有专业知识，其工作效率也会因此降低。

（三）管理与治理水平落后

第一，俱乐部管理水平不高。从国外体育产业的实践来看，俱乐部已

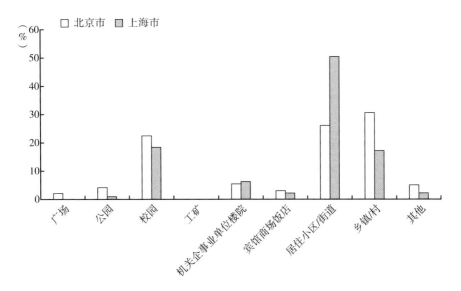

图9 北京与上海体育场地分布占比

经发展成为最有效利用体育资源的基层组织。俱乐部在组织协调各类体育资源，进而推广各类体育项目、提高体育运动水平方面发挥了不可替代的关键作用。与之相比，我国的大多数体育俱乐部在目前尚处于初级发展阶段，存在以下问题。一是俱乐部运营成本偏高。健身行业由于目前消费能力有限，盈利水平不高。而不断提升的场地租金、教练员成本、设施器材和税费都会加重俱乐部的运营成本负担，严重影响俱乐部运营的持续性。二是俱乐部对各类体育资源的协调组织能力偏弱。相对于消费需求，目前的场地租金与教练员成本明显偏高，导致俱乐部很难在体育资源需求与供给之间进行平衡，进而也就无力有效地组织协调各类体育资源为消费者提供服务。三是专业水平不高，竞争同质化。由于资金有限，消费能力有限，很多俱乐部无法提供高质量的场地与师资，服务质量普遍不高，同行业间只能进行同质化竞争，而价格战又进一步降低了服务质量，最终使得整个行业日趋萎缩，无法发展。

第二，体育协会治理功能缺失。从国外体育产业的实践来看，基层体育协会是由一个地区内的俱乐部共同组建的自治组织。体育协会代表会员俱乐部的利益，制定相关制度与标准，提高会员俱乐部服务质量，进而达到在本地区推广体育项目、提高运动水平的目的。与之相比，我国的地方体育协会长期与行政管理部门不分，无法代表俱乐部的利益对行业内所有俱乐部进行有效治理。体育协会对俱乐部的管理与服务长期缺失，行业规范不健全，导致俱乐部质量良莠不齐，扰乱体育产业市场秩序，进一步降低了对体育资源的整合能力。

三 对策与建议

（一）提高资源利用效率

在体育场馆建设投入多元化、利用各类资源建设体育场馆等传统做法的基础上，创新体育场馆建设新思路，推进跨行业、跨区域协同发展。第一，借鉴上海经验，努力提高居住小区体育场地比重，提升体育场地设施的体育参与功能。结合本地特点，进一步加大学校及企事业单位的体育场地对外开放力度，提升现有体育场地的利用效率。第二，借鉴日本与韩国等国家滑雪场主题公园化经验，将体育场地建设与零售、娱乐业进行融合发展。推广近年来北京商厦中建设滑冰场、游泳馆的做法，将体育资源与其他资源进行整合，为客户带来综合性体验，提高资源利用效率，形成多赢。第三，鉴于北京在自然禀赋及土地供给上的不足，可以考虑利用周边省市的体育场地资源（如滑雪场等），在体育场地方面形成京津冀区域协同发展态势，满足北京市体育产业中的某些消费需求。

（二）扶持俱乐部发展

政府在资金和政策上进一步加大对体育俱乐部的扶持力度，扩大俱乐部发展规模，通过俱乐部实现对体育资源的最优配置，并在此基础上实现体育产业的持续发展。在资金方面，一是鼓励学校与附近俱乐部进行对接与合作，由学校将用于体育的资金向高资质的俱乐部购买服务，由俱乐部为学校提供专业培训。学校与俱乐部对接,还可以由俱乐部组织会员利用学校体育资源开展体育活动,保证体育活动参与者的资质,有利于解决教育系统体育资源开放问题。二是政府将相关奖励资金拨给地方体育协会,由协会将资金以奖励的方式拨给规模大、发展好的俱乐部,以奖代补,鼓励会员俱乐部的良性发展。在政策方面,一是借鉴国外经验,给予俱乐部税收等政策优惠,降低企业成本。二是将体育惠民卡与体育消费对接,鼓励居民成为俱乐部成员,在俱乐部组织的活动中进行消费,将补贴企业转变为补贴消费,增强居民体育消费能力。

(三)深化体育协会改革

尽快实现地方体育协会与地方体育行政管理部门脱钩,让地方体育协会回归服务体育俱乐部等基层组织的本来属性,提高体育协会的社会化治理水平。引导体育协会从专业层面对体育场地及专业人员等体育资源进行评估评级,以此加强对俱乐部的规范管理,向消费者推荐高质量的体育资源。同时,体育协会还可以在评估评级制度的基础上,进一步建立奖惩机制,以此致力于不断改善所有体育资源的质量,提高俱乐部服务水平,进而实现体育产业的发展壮大。

参考文献

[1] 江小涓:《中国体育产业:发展趋势及支柱地位》,《管理世界》2018 年第 5 期。
[2] 肖林鹏:《我国群众体育资源开发与配置对策研究》,《西安体育学院学报》2006 年第 1 期。

B.16
北京市建设京张文化体育
旅游产业带研究

刘薇 吴丽云 李宇*

摘　要： 京张文化体育旅游产业带是推进京津冀地区协同发展的先导
产业和优势产业。本文在客观评价了北京市文化体育旅游资
源基础上，分析了北京市文化体育旅游产业SWOT，初步构
建了北京市京张文化体育旅游产业带"两核、三轴、多点"
发展布局，提出了具有可操作性的政策建议。

关键词： 北京　文化体育旅游　产业协同

随着冬奥会进入"北京周期"，京津冀地区将成为国内冰雪场地最为先
进、基础设施配套最为完善的核心区域，辐射带动京津冀周边地区及国内冰
雪体育旅游消费需求，具备良好的体育产业发展条件和消费市场。与冰雪相
关的产业领域十分广泛，这势必会引领相关体育产业的全方位发展，进一步
加速文化旅游业的融合稳健发展。《京津冀旅游协同发展行动计划（2016～
2018年)》明确提出"建设京张文化体育旅游带"，《北京城市总体规划
(2016～2035年)》提出了"借助筹办2022年北京冬奥会的契机，共建京张
文化体育旅游带"的发展目标和内容。

---

* 刘薇，博士，北京市社会科学院经济所副研究员，主要研究方向为区域可持续发展；吴丽云，
博士，中国旅游研究院副研究员，主要研究方向为旅游经济学；李宇，博士，中国科学院地
理科学与资源研究所副研究员，主要研究方向为区域经济。

京津冀旅游协同发展应成为旅游学界共识，北京旅游学会于 20 世纪 80 年代末期首次召开了关于京津冀地区旅游合作的研讨会。① 京津冀旅游业率先发展成为区域合作的先导产业和调结构、转方式的优势产业，是深入贯彻落实习近平总书记关于京津冀协同发展战略思想的重要部署。② 京张文化体育旅游带建设已经成为京津冀旅游协同发展重要行动计划的核心内容之一（《京津冀旅游协同发展行动计划（2016～2018 年)》）。随着建设以北京市为核心的世界级城市群，京津冀协同发展和北京市、张家口市携手举办 2022 年冬奥会工作有序推进，《北京城市总体规划（2016～2035 年)》提出了"借助筹办 2022 年北京冬奥会的契机，共建京张体育文化旅游带"这一初步设想。因此，客观准确地判断北京体育文化旅游的发展潜力，深入研讨京张体育文化旅游产业带的具体发展方向，对于京张携手办奥和共建京张文化体育旅游产业带具有重要的意义。

一 北京市文化体育旅游资源基础

（一）北京市文化旅游资源评价

北京市作为六朝古都，丰富的历史遗存和现代社会发展所带来的文明印迹，使得北京成为国内首屈一指的文化旅游大市。北京市的文化旅游资源，在资源品质、资源组合、资源集中度、资源创新力等方面均处于国内前列。

1. 国际品质的文化旅游资源数量大

北京市赋存数量丰富的世界级文化旅游资源。2016 年北京市有故宫、颐和园、长城、天坛、十三陵、周口店北京猿人遗址 6 处世界遗产，占全国世界遗产数的 12%，在所有省市中数量最多，也是京津冀地区世界遗产最为集聚的城市。北京市拥有 5A 级景区 8 处，占全国 5A 级景区的 3.2%，景

---

① 刘德谦：《京津冀旅游协同发展笔谈（二）——关于京津冀旅游协同发展的回望》，《旅游学刊》2014 年第 11 期。
② 翟玉虎：《关于加快京津冀区域旅游协同发展的对策建议》，《领导之友》2016 年第 17 期。

区类型涉及建筑、园林、陵墓、故居、体育公园等。高品质旅游资源的集聚，使北京对周边地区的旅游发展起到重要的辐射、带动作用。

2. 文化旅游资源组合多样

北京市文化旅游资源类型非常丰富，资源组合变化多，增强了对游客的旅游吸引力，主要有历史文化遗产、文化修学和文化创意三大类，这既包括了古今文化资源精华，又将观光、休闲、体验等多种文化旅游功能融合在一起。①北京的历史文化遗产类资源组合丰富，远超国内其他省份。包括了以故宫为代表的皇家建筑，以颐和园为代表的皇家园林，以恭王府为代表的王府宅邸，以雍和宫为代表的宗教寺庙，以纪晓岚故居为代表的名人故居，以南锣鼓巷为代表的北京胡同，以地坛庙会为代表的庙会活动，以全聚德为代表的老字号等。②北京的文化修学类资源主要包括各种博物馆、科技馆、美术馆、音乐厅、剧院等。其中，国家博物馆最具文化内涵。也包含了动物馆、汽车馆、航空馆、电影博物馆等专业性博物馆，科技馆、天文馆、美术馆等专门性展览、体验场所，国家大剧院、梅兰芳大剧院、北京音乐厅等著名艺术性演艺机构和场所丰富的艺术类型与艺术展示形式，为国内外游客提供了体验、参与、感受文化艺术的最佳方式。③北京的文化创意类资源组合多样。北京市目前已有4批、30家文化创意产业集聚区，涵盖了媒体、影视、绘画、软件、娱乐、音乐、服装、设计、村落等众多领域。其中，潘家园、798、宋庄等文化创意类景区，已成为北京市的新旅游吸引地。

3. 文化旅游资源丰度超高

高密度的文化旅游资源集聚是北京市文化旅游发展的重要优势。①北京市历史遗产类270处、现代人文类1285处、抽象类50处。北京市全国重点文物保护单位126处，是天津市的4.5倍，占全国重点文物保护单位的3%。北京市有世界遗产6处、5A级景区7处，是全国世界遗产密度最高的城市。②全市有红色旅游资源260处，包括展馆、故居、活动旧址、陵墓、纪念地、战场、纪念性节日和区域综合类8种类型，数量众多、类型多样。③全市市级民俗村278个，发展了乡村酒店、国际驿站、采摘篱园、生态渔村、休闲农庄、山水人家、养生山吧、民族风苑、葡萄酒庄、汽车营地十大乡村民俗旅游新业态。

4. 文化旅游资源创新多变

北京市现有市级文化创意产业集聚区 30 多处，每处文化创意产业集聚区均包含了一些创新性的旅游资源，如 798、宋庄等艺术文化旅游资源，怀柔的影视旅游资源等。除此之外，国家大剧院的球形建筑、鸟巢、水立方等奥运文化资源，均是带有时代印迹的创新性文化旅游资源。

（二）北京市体育旅游资源评价

体育旅游资源相对丰富。北京市主要包括参与型体育旅游资源和观赏型体育旅游资源两大类，数量丰富，据不完全统计，北京市各类体育场馆超过了 6000 个。目前已形成了滑雪场、登山、滑草、滑沙、攀岩、徒步、滑翔等多种参与型体育旅游资源，北京市国际大型体育赛事、体育场馆等观赏型体育旅游资源具有国际品质，是世界上唯一举办 2008 年夏奥和 2022 年冬奥的"双奥"首都城市。

参与型高品质旅游资源相对欠缺。北京市虽然已经有一批相对成熟和有吸引力的体育旅游资源，但整体体育旅游资源品质不够高，尤其是参与型体育旅游资源。北京的滑雪场虽然数量众多，但大多规模较小、雪道少、设施设备达不到高水平滑雪场标准。北京的登山、徒步、滑草、滑沙等参与型体育旅游资源，一是没有具有广泛影响力的体育旅游资源，二是游客的参与性较弱，三是体育旅游资源的整体品质相对普通。参与性高品质体育旅游资源的相对欠缺制约了北京市体育旅游的快速发展。

二 北京市文化体育旅游产业 SWOT 分析

（一）优势和机遇分析

1. 北京市文化体育旅游综合优势突出

《北京城市总体规划（2016～2035 年）》中对于北京市的城市定位有着

详细的阐述,将其定位成世界的文化中心、国际交往中心、科技中心以及政治中心,这些凸显出北京体育文化旅游产业在发展过程当中的一系列优势,如健全发达的立体交通网络优势、丰富的文化体育资源优势、完善的旅游基础设施优势、宜人的气候环境优势和举办 2008 年夏季奥运会高水平专业团队管理优势等(见图 1、表 1)。

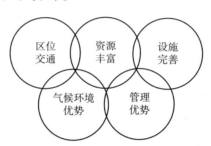

图 1　北京文化体育旅游产业优势

表 1　北京市 2015～2016 年体育及相关产业情况

单位:亿元,万人

项　目	收入		从业人员平均人数	
	2016 年	2015 年	2016 年	2015 年
体育管理活动	32.3	27.8	0.2	0.2
体育竞赛表演活动	89.2	70.6	1.2	1.2
体育健身休闲活动	33.9	34.7	2.4	2.4
体育场馆服务	37.1	28.7	1.4	1.4
体育中介服务	36.3	26	0.3	0.3
体育培训与教育	17.6	19.1	0.7	0.6
体育传媒与信息服务	69.6	62.9	0.5	0.5
其他与体育相关服务	95.3	93.1	1.3	1.3
体育用品及相关产品制造	68.4	65.9	0.8	0.9
体育用品及相关产品销售、贸易代理与出租	668.1	627.2	4.9	5
体育场地设施建设	6.8	7.1	0.1	0.1
合　计	1154.6	1063.1	14	14

资料来源:《北京统计年鉴》(2017)。

2. 政策与政府支持的机遇

《京津冀旅游协同发展行动计划(2016～2018 年)》明确提出"优先启动协同发展示范区,在京津冀旅游协同发展上先行先试,形成带动效应。建设京张文化体育旅游带"。《北京城市总体规划(2016～2035 年)》提出

"借助筹办 2022 年北京冬奥会的契机，共建京张文化体育旅游带"。

3. 奥运会等体育盛会举办带来的机遇

2022 年北京—张家口冬奥会举办将"带动 3 亿民众参与冰雪运动"。北京市、张家口市是国家冰雪运动规划的优先发展区域。北京将承办所有的冰上项目，延庆和张家口将承办所有的雪上项目。北京携手张家口举办 2022 年冬奥会将催生巨大的冰雪体育产业市场。北京市冬奥会的场馆建设、区域交通完善、服务能力提升，无疑会给北京的文化体育旅游产业带来巨大的机遇。

4. 文化体育旅游的需求日益增加

北京市旅游发展委员会公布数据显示，2018 年 1～11 月，北京接待入境游客 374.6 万人次，同比增长 2.8%（见图 2）。其中，接待港澳台游客 55.9 万人次，同比增长 0.7%；接待外国游客 318.7 万人次，同比增长 3.2%。从主要客源国来看，1～11 月累计，接待美国游客 67.8 万人次，同比增长 7.5%；接待韩国游客 23.3 万人次，同比增长 9.4%；接待日本游客 23 万人次，同比增长 3%；接待德国游客 18.6 万人次，同比增长 0.9%。旅游特征产业完成投资额 712.3 亿元，同比增长 15.8%。旅游增加值 1720 亿元，占全市 GDP 的 7.5%，北京文化体育旅游产业市场需求巨大。

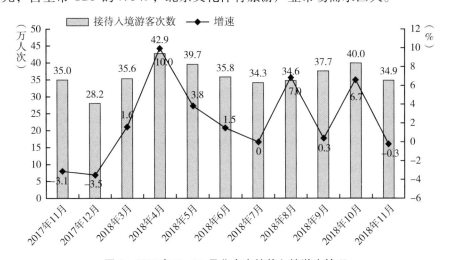

图 2　2018 年 1～11 月北京市接待入境游客情况

资料来源：北京市统计局网站。

（二）劣势和挑战分析

1. 文化体育产业尚未形成国际影响规模，文化体育旅游产业人才缺乏

相比其他发达国家的中心城市而言，我国的服务行业仍处于发展不充分的阶段。如纽约市高达85%以上，2017年北京市第三产业占地区生产总值的比例为80.6%①，但是其中的文化体育旅游产业尚未得到很好的发展，企业大都较为分散，尚未具备国际竞争优势。北京市高质量的文化体育旅游人才的短缺问题是影响文化体育旅游产品的安全、设计开发、未来文化体育旅游的发展方向和发展规模等问题的主要因素。目前北京文化、体育院校开设单一专业多，缺乏文化旅游、体育旅游专业课程。文化体育旅游人才供求现状为人才需求大于人才供给。

2. 文化体育旅游消费总量低，体育产业与相关产业结合力度不够

总体上我国城镇文化体育旅游消费偏低。如2017年全国城镇居民人均可支配收入24445元，人均教育文化娱乐消费支出2847元，占消费总支出的11.65%；北京市城镇居民消费较高，2017年人均消费支出40346元，人均教育、文化和娱乐支出3917元，是全国平均水平的1.38倍，但也仅占消费总支出的9.7%②。

文化体育创意产业的发展壮大迫切需要其他相关产业的配合与支持。目前，北京的文化体育旅游产业才刚刚起步。随着冬奥会的召开，我国的文化体育行业已经步入了初期发展阶段，未来还将得到进一步的发展。与体育休闲相关的产业都在文化体育业的影响之下取得了一定的成效，体育产业与其他产业在发展过程当中具有相辅相成的作用。

3. 京津冀一体化程度相对较低

京津冀地区相比长三角和珠三角地区，在经济资源和人口社会方面都存在一定的差距。另外京津冀在一体化程度上也存在一定的差距，未能形成良

---

① 资料来源于2017年北京市统计局。
② 资料来源于2017年北京市统计局。

好的合力以带动文化体育旅游的发展，与以上海为中心的长三角和以深圳和广州为中心的珠三角、以闽东为中心的东南沿海地区相比差距较大。

4. 社会环境的挑战

旅游业的发展趋势受到环境、政治、经济、人文等等因素制约，这些都是旅游业发展进程中需要面对的难题。如受"非典"疫情和全球"金融危机"直接影响，北京市旅游业的发展在 2003 年和 2008 年出现了较大的波动。从社会文化的角度，游客与居民的社会文化所存在的差异也会对当地具有一定的影响。这种社会文化环境的影响会直接波及文化体育旅游市场活动的范围，并影响到文化体育旅游开发与实施的整个过程。

三　北京市京张文化体育旅游产业发展布局

北京市建设京张文化体育旅游带，构建"两核、三轴、多点"空间格局，积极推进北京市与张家口市的文化体育旅游产业融合。

（一）两核

包括以东城区和西城区为中心的"首都文化旅游发展核"和以朝阳区北京奥林匹克公园为中心的"奥体体育旅游发展核"。"首都文化旅游发展核"以北京市的高品质文化旅游资源为核心，通过完善旅游基础配套，提升文化旅游产品品质，延长文化旅游产业链条，形成文化旅游发展集聚中心，带动北京市其他区域文化旅游的发展。"奥体体育旅游发展核"依托奥运会及亚运会场馆及配套设施等优质资源，积极发展体育休闲、赛事观赏、旅游观光、会议会展、演艺演出等体育旅游相关产品，形成北京市体育旅游发展核心。

（二）三轴

1. 京张经典文化旅游产业发展主轴

以"首都文化旅游发展核"的北京市故宫、恭王府等皇家建筑，纪晓岚故居、南锣鼓巷等古建民居，雍和宫等宗教寺庙等历史文化遗产旅游，中国国家博物馆等国家级综合性和专题博物馆，中国美术馆等专业展览馆，国家大剧院、中山公园音乐堂等国家级艺术性演艺机构和场所为核心，连接海淀区颐和园、圆明园等皇家园林，昌平区八达岭长城世界文化遗产等旅游场地，沿线遍布多条四通八达的交通干线，辐射联动张家口市主城区、万全区、宣化区长城和古城文化、红色文化、文化创意产业，形成京张经典文化旅游产业发展轴。

2. 京张冰雪山地运动体育旅游产业发展副轴

以"奥体体育旅游发展核"和北京市延庆 2022 年冬奥会举办地为核心，连接昌平区军都山滑雪场和雪世界、顺义区乔波室内滑雪场、密云区南山滑雪场，依托张承高速、京张高铁崇礼支线、延崇一级路旅游交通干线，辐射联动张家口市崇礼区 2022 年冬奥会举办地红花梁滑雪产业集聚区、崇礼区和张北县交界桦皮岭、赤城县和沽源县交界冰山梁滑雪旅游资源集聚区，形成我国最大的冰雪旅游产业发展轴。

3. 京张始祖民俗文化旅游产业发展副轴

以世界文化遗址为核心支撑，依托张石高速—规划的京蔚高速—京蔚旅游公路连接线—张琢高速—京昆高速，辐射联动张家口市阳原县泥河湾遗址群和泥河湾博物馆、蔚县古建筑群，形成世界级的精品始祖和民俗文化旅游产业轴。

（三）多点

"多点"以北京市文化产业、体育产业集聚点为中心，辐射带动周边区域文化体育产业和旅游业发展的重要节点。如卢沟桥创意文化产业聚集地、古北口国际旅游休闲产业聚集地、明十三陵创意产业园、斋堂古村落古道文化旅游产业聚集地、八达岭长城文化旅游产业聚集地、中国乐谷—首都音乐文化创意产业聚集地，以及国家体育产业示范基地朝阳区奥林匹克公园、国家体育产业基地东城区龙潭湖体育产业园、顺义区北京奥林匹克水上公园和建设中的通州文化体育产业园区和大兴区南海子体育产业园等，围绕中心节点的核心文化体育旅游资源，构建配套文化体育旅游产业链，辐射带动周边区域的配套设施和服务的发展，形成辐射周边的文化旅游产业集聚区，已成为北京市发展体育旅游的重要支撑。

四　北京市京张文化体育旅游产业带发展建议

北京市强化与天津、河北三省旅游合作与联系，积极对接"一带一路"旅游大市场。以实现京张体育文化旅游业的共同发展为出发点，科学筹谋、资源同享、产业同布、旅游同线、交通同网、信息同享、市场同体、环境同治等"八同"产业一体化行动工程，打造京津冀协同发展文化体育旅游产业先行示范带，建设中蒙俄经济走廊"万里茶道"文化体育旅游黄金枢纽段。

实施高端人才引进计划，建立健全文化体育旅游人才的认定机制、评价体系和激励机制。以 2022 年冬奥会为契机，研讨体育文化旅游业的发展方向，参照政府对高新技术开发区的支持政策，引入先进的专业人才培养机制并制定健全的奖惩策略，以强化体育文化旅游产业中的人才保障，进而保证该产业的稳健发展。将重心放在专业人才的引进和培养层面，进而打造一批专业经营管理人才、文化创意人才、体育产业开发人才和旅游管理人才。开展职业测评方面的具体工作，完善人才信息，建立服务保障体系。结合人才的需求来展开有效的奖惩措施，激发体育文化旅游行业中人才的积极性，提高工作效率，进而推动行业的发展进程。

强化政府投资对社会资本的引导作用，鼓励社会资本投资文化体育旅游产业。设立北京市京张文化体育旅游产业发展专项资金。鼓励各区根据自身的实际发展状况来开设体育文化旅游产业发展的专用资金，制定专项资源管理办法。引导和鼓励社会资本投资建设文化体育旅游设施、开发文化体育旅游产品，提供高质量的体育文化旅游服务。加大社会对体育文化旅游行业的投资力度，为海外企业投资提供跨境结算便利。鼓励采取 PPP 模式等，吸引社会资本参与文化体育旅游产业发展和旅游基础设施建设。鼓励保险公司围绕文化创意、健身休闲、竞赛表演、场馆服务、户外运动等需求推出多样

化保险产品。

加强与国际组织的联系，积极开拓国际市场。把文化体育旅游作为北京市对外营销的重点，积极加强与国际奥委会、国际雪联等国际组织的联系，通过重大赛事提高北京市在国际上的知名度和美誉度。积极对接国际旅游组织，提升北京市国际旅游目的地的国际影响力。

参考文献

［1］刘德谦：《京津冀旅游协同发展笔谈（二）——关于京津冀旅游协同发展的回望》，《旅游学刊》2014 年第 11 期。

［2］翟玉虎：《关于加快京津冀区域旅游协同发展的对策建议》，《领导之友》2016年第 17 期。

［3］北京市旅游发展委员会、天津市旅游局、河北省旅游发展委员会：《京津冀旅游协同发展行动计划（2016～2018 年)》，2016。

［4］国家统计局：《2017 年居民收入和消费支出情况》，国家统计局网站，2018 年1 月 18 日。

［5］北京市统计局、国家统计局北京调查总队：《2017 年全市居民人均消费支出情况》，北京市统计局网站，2018 年 1 月 19 日。

［6］北京市统计局：《北京市 2017 年国民经济和社会发展统计公报》，北京市政府网站，2017。

［7］《北京市人民政府关于印发〈北京市文化创意产业功能区建设发展规划（2014～2020)〉和〈北京市文化创意产业提升规划（2014～2020 年)〉的通知》，北京市人民政府公报，2014。

［8］尹博、冯霞：《北京体育文化创意产业研究》，《体育学刊》2010 年第 6 期。

［9］顾久贤：《2022 年冬奥会的举办对区域消费需求与行为影响的研究——以河北冰雪体育旅游为分析个案》，《体育与科学》2016 年第 5 期。

B.17
北京乡村旅游产业进一步
发展的主要对策建议

王朝华 *

摘　要： 乡村旅游作为一二三产业融合的典型业态，能够延伸农业产业链，带动相关产业发展，拓宽农民的就业增收渠道。按照党的十九大提出的总要求，发展乡村旅游业成为实现乡村振兴的重要内容。目前，城市有需求，服务首都核心功能有需要，农村有优势。但现实中存在的诸多问题，阻碍了乡村旅游业的进一步发展。因此，需要通过利用新一代互联网技术和平台提升乡村旅游业创新能力、引导旅游服务主体对接新技术企业、开发乡村红色旅游资源、深度挖掘乡村文化的旅游价值、打造全域旅游发展模式等促进北京乡村旅游业的进一步发展。

关键词： 乡村旅游　产业　旅游资源　北京

习近平总书记多次强调"绿水青山就是金山银山"。在北京乡村，每一座山都蕴含着丰富的人文情怀，每一条河都讲述着最美的村容风情，每一个村都呈现着亮丽的风景资源。随着现代生活节奏的加快，乡村旅游产业发展日益迅速，人们对乡村旅游的需求日益增加，乡村旅游带来的富民增收效果不断显现，乡村旅游产业的发展潜力不断扩大。我国文化和旅游部 2018 年

---

* 王朝华，博士，北京市社会科学院经济研究所副研究员，研究方向为农业经济、农村发展和区域经济。

第四季度例行新闻发布会发布的信息显示，2018年上半年我国乡村旅游业收入已达7700亿元，占国内旅游总收入的31.4%；乡村旅游业共计接待人次13.7亿人次，占国内旅游总人次的48.6%。有研究显示，乡村旅游每增加1个就业机会，就能带动整个产业链增加5个就业机会，因此，要将乡村旅游打造成北京农村的支柱性产业和惠及全北京市民的现代服务业。

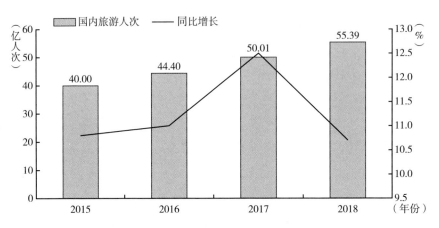

图1 2015~2018年国内旅游人次及增速

资料来源：中国旅游局前瞻产业研究院。

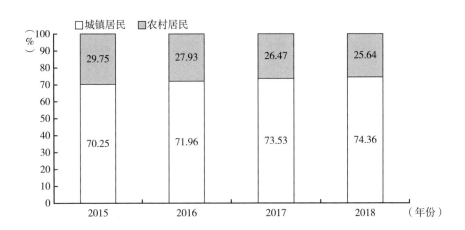

图2 2015~2018年国内旅游人口结构分布

资料来源：中国旅游局前瞻产业研究院。

一 北京市乡村旅游业发展的现状分析

城市在集聚现代生产要素、创造现代文明成果的同时，也产生了生活节奏加快、交通拥堵、大气污染及心理焦虑等现代城市问题。回归田园、休闲度假、放松心情、体验野趣日益成为城市居民的新需求，乡村文明再获审视，乡村价值被重新发现。在这些新需求之下，提供优质农业精神文化产品的新产业、新业态应时而生。乡村旅游作为一二三产业融合的典型业态，能够延伸农业产业链，带动农产品加工业、交通运输业、服务业、建筑业和文化产业等相关产业发展，拓宽农民的就业增收渠道。

（一）市、区两级对乡村旅游政策性支持加大

北京每年有 4500 多万人次"下乡"，自 2016 年以来，北京市、区两级逐渐对资金支持、旅游规划、旅游用地等制约乡村旅游业发展的瓶颈问题进行积极突破，建立了乡村旅游融资担保平台和乡村旅游政策性保险服务平台。乡村旅游融资担保平台已累计办理旅游担保项目 796 个，共涉及金额 16.99 亿元。乡村旅游政策性保险服务平台已累计承保民俗旅游户 4454 户，承担风险保障金达 37.11 亿元。① 门头沟区建立了 100 亿元的京西文化旅游产业投资基金；昌平区根据自身的特色旅游资源禀赋条件，促进乡村旅游业与相关产业深度融合；平谷区利用举办 2020 年世界休闲大会的重大机遇，通过发展旅游休闲产业带动区域乡村旅游业的发展；延庆区以举办 2022 年北京冬奥会和 2019 年北京世园会的历史契机，打造乡村旅游的主题品牌；门头沟区充分依托古道古村，通过景区组团的方式，将本区域的旅游资源进行串联；怀柔区以打造雁栖湖国际都会为主要纽带，积极发展乡村旅游综合区。

---

① 北京市区两级构建了北京旅游发展专项资金、北京旅游产业引导基金、北京旅游资源交易平台、京郊旅游融资担保平台、京郊旅游政策性保险服务平台"五位一体"的旅游金融保障模式，原北京市旅游委会同市财政局印发了《北京市全域旅游发展资金管理试点办法》。

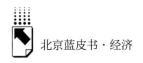

（二）乡村旅游促进经济发展的作用日益显现

北京市把发展乡村旅游作为乡村振兴的重要内容，通过乡村旅游实现乡村的脱贫致富。目前，在延庆区，从事旅游产业的从业人员已经达到2.6万人，通过旅游业实现新增就业人数在延庆区所有行业中处于领先位置。随着冬奥会的来临，从事旅游产业的就业人数还会出现持续上升的趋势。昌平区在最近三年，通过举办农业嘉年华活动，共计接待世界各地游客近200万人次，共实现旅游收入达到3.2亿元，有力地促进了昌平区经济的持续发展。

（三）乡村旅游业在疏解首都非核心功能的过程中发挥积极作用

在北京疏解首都非核心功能的过程中，乡村旅游业发挥了应有的积极作用。通过旅游直接疏解、通过旅游就业疏解和通过旅游居住疏解这三种方式，有效实现了北京市核心区域的人口向郊区的疏解。根据调查数据，2017年以来乡村旅游的市区人口达到近3000万人次，而过夜游客就达到1000多万人次，通过乡村旅游实现市区人口疏解的作用日益凸显。来乡村旅游的市区人口，平均每人在乡村逗留时间为1.22天，以3000万的总规模计算，共计为北京核心区疏解23万人的人口规模。

表1　乡村旅游内容与风格的国际对比

国内	国外
以欣赏农村田园风光和自然景观为主要内容的景观型乡村旅游	农场农庄旅游
以休闲、娱乐、体验农家生活为主要内容的体验型乡村旅游	绿色休闲旅游
以了解乡风民俗、乡土文化为主要内容的文化型乡村旅游	民俗文化旅游
以疗养、健身和康体娱乐为主要内容的健康型乡村旅游	农场外部区域旅游

二 北京乡村旅游业存在的主要问题分析

在北京旅游的四大板块中，乡村旅游成为促进旅游业迈上新台阶的最具发展潜力的板块。按照党的十九大提出的"产业兴旺"总要求，乡村旅游应担负起新使命，提档升级成为乡村旅游业发展的重中之重。但现实中存在的诸多问题，阻碍了乡村旅游业的进一步发展。

（一）乡村旅游产业链条不完整，协同效应不明显

北京乡村旅游"吃住行游购娱"六大功能发展不平衡，"游购娱"开发相对滞后，乡村旅游产业链难以形成，旅游附加值有待提高，游客个性化需求难以满足，旅游品质有待提高。虽然乡村旅游的地位日益显现，但由于乡村旅游的辐射带动作用不强，没有产生强大的辐射带动效应，促进产业融合的作用也有待加强。

（二）乡村旅游资金投入不足，旅游基础设施薄弱

乡村旅游业的巨大商机需要完善的基础设施作为支撑，尽管政府逐年加大对乡村旅游业的资金投入，但许多基础设施建设仍然滞后于乡村旅游的发展，公共服务设施和接待设施落后，旅游服务中心、停车场、垃圾处理和标牌标识等服务设施不完善，WiFi覆盖、4G网络覆盖、智能终端、旅游目的地资源位置导航应用等缺失。

（三）乡村旅游业市场影响力不够，信息服务智能化不足

由于缺乏统一的旅游服务平台，区域互动、企业联动的旅游市场格局尚未形成，乡村旅游的市场影响力与北京独特的资源禀赋不相称，开拓和引导市场的能力需要提高。旅游信息服务不够智能，旅游资源信息化集成整合度不高，游客获取信息不及时，旅游服务参与不通畅。延庆区井庄镇是2022年冬奥会重要服务承接地，正在以"乡宴柳沟"沟域建设为契机，打造全

域旅游示范镇，虽然全域旅游的业态布局初现，但由于智慧化程度低，旅游资源整合联动机制缺失，全域旅游的市场效果难以显现。

（四）乡村旅游特色产品不丰富，乡村文化魅力无法显现

由于对北京乡村传统文化认识不到位，只注重经济效益，忽视对乡村旅游资源文化内涵的深度挖掘，缺乏创新设计和深度加工，造成地域文化中的物质文化和非物质文化特色双重流失。对乡村旅游产品历史文化内涵挖掘利用不充分，导致本土化特色丧失，同质化现象突出。文化与旅游结合不充分，民俗符号缺乏个性，无法满足游客对传统民俗文化体验的需求，影响旅游产品的吸引力和游客的复游率。

三 北京实现乡村旅游业进一步发展的主要途径

北京城乡关系互为一体，相互依靠。美好的城市生活，需要美丽乡村做依靠。北京发展乡村旅游业，加快乡村旅游业提档升级的步伐，既服务了城市，又使农民受益。目前，市民有需求，服务首都核心功能有需要，农村有优势。

乡村旅游具有持续增长力和综合带动力的特点，能够产生城乡协同性和广泛的包容性。在旅游资源禀赋较好的地区，完全可以将乡村旅游业打造成地区性支柱产业和惠及北京市民的现代服务业。

（一）利用新一代互联网技术和平台，提升乡村旅游业创新能力

目前，需要利用以大数据、云计算和移动终端为核心的新一代互联网技术和平台服务于乡村旅游产业，实现对乡村旅游管理、服务和营销环节的智能化提升，引导北京乡村旅游产业链上各要素重新组合，带动乡村旅游资源有效配置。改变一直以来北京乡村旅游以被动经营为主、过于追求经济效益的局面，重视对乡村旅游资源文化内涵的深度挖掘，开展创新设计和深度加工，避免地域文化中的物质文化和非物质文化的双重流失。

有针对性地开发文化旅游产品，旅游经营主体要善于抓住不同层次消费

者的需求特点，结合乡村旅游资源特色，进行差异化产品开发，突出不同主题的农业创意观光产品，对大数据信息进行挖掘分析，寻找并组织乡村文化创意体验产品。主动联合旅游服务上下游要素，深度挖掘农业、民俗等特色资源，将旅游与教育、文化、健康、养老等深度融合，创新乡村旅游产品和服务提供方式，逐渐形成以游客需求为中心的创新产品业态和旅游产业体系。

（二）加强信息基础设施和标准化建设，引导旅游服务主体对接现代新技术企业

由政府主导加强信息基础设施和信息标准化建设，政府引导民俗户、休闲农庄、农业观光园、高端民宿和旅游景点等乡村旅游服务主体主动对接互联网企业，应用物联网新技术实现内部的数字化经营管理，为游客提供便利而又全新的体验。建立区域级旅游大数据中心云平台，由政府进行信息采集，通过信息存储、云计算等形成大数据，为乡村旅游管理、营销、服务等提供信息服务，使游客在旅游前、中、后轻松享受"一站式"或"多站式"服务。要积极利用大数据进行精准营销，借助电子商务扩大特色农产品和手工艺品的销售渠道。通过自建电子商务平台，完善物流配送，方便游客网购。在农产品推广上，借助互联网，将乡村农副产品的绿色、有机、健康生活理念传递出去，创立自主文化品牌，促进农副产品、手工艺品销售。

利用乡村旅游构建产业融合平台，展示各种农产品和农村资源，原来销路不畅的产品，通过赋予其农家文化内涵，变成具有特定意义的旅游产品，成为游客的最爱，既找到了销路，又实现了农产品增值。引导民俗旅游村成立民俗旅游专业合作社，使民俗旅游逐渐由自发经营走上规范化发展。对乡村旅游管理、服务和营销等环节进行智能化提升，引导和带动乡村产业链上各要素重新组合，进行乡村旅游资源有效配置，完善旅游产业链，提升旅游产业创新能力。

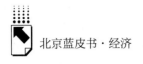

（三）开发乡村红色旅游资源，打造红色文化小镇

习近平总书记强调要弘扬和传承红色基因，把红色基因利用好，把红色传统发扬好。因此，要将北京乡村独特的红色资源转化为发展动力，深度挖掘红色文化内涵，开发红色旅游资源，形成集聚效应，打造红色文化小镇。在红色旅游带动下，持续推动乡村民生改善，这也是红色旅游的意义所在。怀柔区宝山镇道德坑村 42 年前作为冀察热辽野战部后方医院，该镇整合资源，于 2017 年 9 月完成道德坑红色体验基地建设，截至年底，仅三个月就接待 15 家单位 500 人次参观体验。

让红色基因融入血脉，必须对红色资源全方位打造，形成红色旅游文化品牌。作为北京地区唯一以"地道战"抗战历史为背景的红色革命老区，顺义区龙湾屯镇特色产业定位的核心就是红色文化旅游，确定"清岚龙湾·红色小镇"的发展定位，坚持"红色文化 +"发展理念，挖掘红色文化内涵，通过村落整合、景观营造、主题项目设置等方式，发展以爱国主义、革命传统、党性教育为主题，以红色文化为主线的特色旅游产业。

可以利用创意设计手段，挖掘、提炼、吸收、重塑地域特色，设计场景景观，并与游客的想象、理念建立联系，让游客通过经历红色体验活动，感受红色基因具有的永恒魅力，深化红色体验基地建设，由单一体验型向主题培训、仪式教育、拓展培训等综合型转化，实现红色文化资源向红色产业转化。为了让红色资源焕发生机，可以将优质农副产品经过深度加工，特色包装，实现创造性转换，赋予产品故事，这样就形成具有纪念意义的旅游产品，提升农产品附加值。

（四）以北京乡村文化为纽带，深度挖掘乡村文化的旅游价值

2018 年 9 月，蔡奇书记在素有"北极乡"之称的怀柔区喇叭沟门满族乡时强调，要守护好绿水青山，打好民族牌，做好满族文化的挖掘保护和传承利用。因此，北京乡村旅游不仅要承担保护和振兴乡村优秀传统文化的重要使命，更要注重传承和弘扬乡村文化、乡村民俗、乡村非物质文化，以更

丰富的乡村旅游产品和业态，让人们体验乡村文化，提升乡村自身价值。这样，一方面，吸引城市居民融入乡村；另一方面，促进农民身份和职业转换，实现就地城市化。

在开展北京乡村旅游的同时，既要重视对乡村旅游资源文化内涵的深度挖掘，开展创新设计和深度加工，避免地域文化中的物质文化和非物质文化的双重流失，又要改变过去以被动经营为主、过于追求经济效益的局面，将文化资源挖掘与乡村旅游经营相结合，通过发展乡村旅游不仅能实现文化资源的旅游价值，又能实现乡村旅游的经济效益。

（五）打造北京乡村旅游发展的全域旅游模式

在全域旅游已经成为我国旅游产业发展的国家战略的背景下，北京乡村旅游的进一步发展也应该选择全域旅游的发展模式。2016年2月，昌平、平谷和延庆三个区率先成为北京市国家全域旅游示范区的创建区。2016年11月，门头沟和怀柔两个区成为第二批创建区。延庆区的千家店镇，在成功取得国家4A级旅游景区资质后，全镇371平方公里的区域范围，不仅成为我国"镇景合一"的发源地，也是我国第一个实现了"镇景合一"的乡镇。千家店镇开创的"镇景合一"的全域旅游发展模式，有力带动了北京市乡村旅游的全域旅游发展模式。在北京市《北京城市总体规划（2016~2035年）》获得批准并开始落实之际，五个全域旅游示范区均把全域旅游发展规划放入各自区域新版规划的编制过程中。当前，北京市正在全方位实施减量发展战略，在这一背景下，北京市制定乡村旅游的全域发展规划，首先就要从规划的角度进行乡村旅游资源的整合，构建乡村旅游完整的产业链，尽快完善乡村旅游基础设施的建设，逐渐克服乡村旅游进一步发展的障碍。门头沟区在以往"多规合一"基础上，制定了《门头沟区旅游产业用地空间规划布局暨八大景区规划》。延庆区将城建、国土和旅游资源进行了空间上的整合。怀柔、昌平和平谷三个区根据本地的旅游资源禀赋状况，分别制定了具有区域特色的全域旅游发展规划。虽然各个区的旅游资源禀赋状况有所区别，但共同的目标都是为了实现城乡融合发展，通过乡村旅游实现乡村

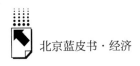

经济振兴，进而实现本地居民经济收入的增长。

目前，五个乡村旅游全域创建区不仅提供了各具特色的全域旅游的新型产品，而且全域旅游的业态发展日渐成熟。山里寒舍、国奥乡居、石峡等民宿品牌已经形成，北京龙湾国际露营公园等营地品牌也已经建立，北京市中医药健康旅游示范基地、体育休闲公园等医疗康养产品得到了培育，冬奥冰雪马拉松、北京国际山地徒步大会等运动康养产品已经投入使用，八达岭镇、千家店镇等特色村镇已经建立完成，门头沟区潭柘寺等已经成为全国文化旅游创意商品的示范点。五个全域旅游创建区都实施乡村后备箱工程和旅游电商工程，成立了旅游商品展示中心。北京特色的品牌化效应不断呈现，全域旅游的产业链进一步形成，乡村旅游的经营水平也得到提高，通过乡村旅游促进乡村发展的经济效益日益显现。

总之，发展乡村旅游，不能抛开乡村价值体系。实践表明，乡村旅游与乡村振兴相辅相成，乡村旅游不仅有利于农民脱贫，还有利于农民致富。在旅游资源禀赋较好的地区，完全可以将旅游业打造成地区性支柱产业，不仅可以为乡村创造物质财富，还可以提升乡村精神文明，不仅可以吸引城市消费和投资，还可以增加乡村自信，最终实现城乡均衡。

参考文献

［1］ 王红彦：《全域旅游示范区创建的"北京路径"》，《中国旅游报》2019年2月18日。

［2］ 曲荣杰：《智慧化促进乡村旅游提档升级》，《北京农村经济》2018年第3期。

［3］ 李佩娟：《2018年中国旅游业市场现状与发展趋势分析——交通基础设施不断完善助力行业发展》，前瞻产业研究院，2019年2月15日。

B.18
北京市农业节水灌溉状况 与未来发展趋势

魏 巍*

摘 要： 本文以国家《节水型社会评价指标体系和评价方法》（GB/
T28284－2012）为评价依据，结合北京水务规划任务目标及
主要考核指标，分析北京市农业节水发展现状、特点和主要
的问题，探讨未来的发展趋势。2018年农业生产用水量大幅
度下降，实现了总量负增长，提前完成"十三五"水务发展
规划考核指标，农业灌溉面积特别是耕地灌溉面积逐年减少
呈大幅度下降趋势已成定局。节水灌溉工程面积控制比例稳
步提升至95.8%，接近达到《水资源保护与利用规划》中
98%的目标。2018年农田灌溉水有效利用系数达到了0.739，
接近0.75的规划目标。农业节水灌溉未来发展趋势呈现两个
特点：设施农业节水灌溉工程还有更大的发展空间、持续推
进农业水价综合改革任重而道远。

关键词： 节水农业 建设成效 北京

2019年是《北京市"十三五"时期水务发展规划》（以下简称《"十三
五"水务发展规划》）与《郊区"十三五"水务发展规划》执行的第4年，

---

* 魏巍，北京市社会科学院经济研究所副研究员，主要研究方向为农业经济等。

农业节水进入了关键的发展时期，需要进行中期评估，研判形势、寻找问题，对具体的政策措施进行调整，以更好地完成规划制定的目标与任务。

本文以国家《节水型社会评价指标体系和评价方法》（GB/T28284 - 2012）为评价依据，结合北京水务规划任务目标及主要考核指标，分析北京市农业节水发展现状、特点和主要的问题，探讨未来的发展趋势。

一　北京市农业节水灌溉发展状况

（一）农业生产用水总量持续下降

市统计局《2018 年国民经济和社会发展统计公报》和市水务局《北京市水资源公报 2018》发布的全市用水状况如表 1 所示。

表 1　北京市用水量

单位：亿立方米

用水量	2018 年	2017 年
全年用水量	39.12	39.5
生产用水	7.56	8.9
农业	4.18	5.1
工业	3.05	3.5
建筑业	0.33	0.3
生活用水	15.02	18.3
生态环境用水	12.45	12.3
输水损耗	4.09	—

从表 1 看出，2018 年全市总用水量为 39.12 亿立方米、比 2017 年减少 0.38 亿立方米。其中，生活用水减少了 3.28 亿立方米，生产用水减少了 1.34 亿立方米；农业生产用水量较 2017 年继续下降，节水 0.92 亿立方米，节水力度很大；但是，生态环境用水增加了 0.15 亿立方米，2018 年增加了输水损耗（统计项目）用水 4.09 亿立方米。2018 年生活用水占总用水量的

38%，生态环境用水占总用水量的 32%；农业生产用水占总用水量 11%，工业生产用水占总用水量的 8%。农业生产用水量逐年减少（见表 2）。

表 2　北京市 2011~2018 年农业生产用水量表

单位：亿立方米，%

项目	2011 年	2012 年	2013 年	2014 年	2015 年	2016 年	2017 年	2018 年
农业生产用水量	8.92	9.31	9.09	8.18	6.45	6.05	5.10	4.18
占全市比重	25	26	25	21.8	18.4	17	12.9	11

从表 2 看出，农业生产用水量逐年下降，占全市用水量比重也逐年降低。2008 年较 2011 年农业生产用水量占全市比重下降率为 56%，"十二五"期间 2015 年较 2011 年下降率为 28%，"十三五"期间 2018 年较 2016 年下降率为 35%，"十三五"下降速度加快。上述数据说明，北京市农业生产用水量呈现持续下降趋势，农业生产用水规模不断缩小。

（二）农业生产用水中的耕地用水大幅下降

北京市农业生产用水包括耕地灌溉用水量、非耕地用水量（非耕地灌溉用水量＋畜禽用水量），共同构成了农业生产用水总量（见表 3）。

表 3　北京市 2011~2018 年农业生产用水总量内部结构状况

单位：万立方米，%

年份	全市合计	耕地灌溉		非耕地用水量					
		用水量	占比	非耕地灌溉		畜禽		小计	
				用水量	占比	用水量	占比	用水量	占比
2011	89194	68872	77	17595	20	2727	3	20322	23
2012	93069	66580	72	19854	21	6635	7	26489	28
2013	90874	63312	70	20089	22	7473	8	27562	30
2014	81761	54356	67	20533	25	6872	8	27405	33
2015	64522	45108	70	12987	20	6427	10	19414	30
2016	60458	40864	68	12824	21	6770	11	19594	32
2017	50684	31877	63	15903	31	2906	6	18809	37
2018	41800	—	—	—	—	—	—	—	—

由表3可见，农业生产用水总量包括耕地灌溉用水量和非耕地用水量。耕地灌溉用水量包括水田、水浇地、露地菜田、设施农业生产用水；非耕地用水量包括非耕地灌溉用水量（林果、草地、鱼塘用水）和畜禽用水量（养殖业用水）。图1显示了农业生产用水量下降的趋势。

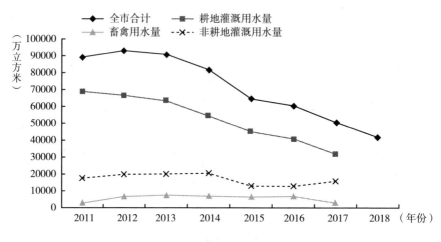

图1　北京市2011~2018年农业生产用水量变化

表3的数据显示，全市农业生产用水中，耕地灌溉用水量下降的趋势最为明显，呈逐年下降趋势，"十二五"时期，2015年较2011年下降率为35%，"十三五"时期，2017年较2016年下降率为22%，2017年较2011年的下降率为54%。降幅之大、下降率之高是惊人的。而且，在用水结构的总量中始终占有63%以上的份额，是农业生产用水的大头。

非耕地用水量方面，"十二五"时期，2015年较2011年下降率为5%，"十三五"时期，2017年较2016年下降率为4%，2017年较2011年下降率为7%，呈缓慢下降趋势。其中，非耕地灌溉用水量同样呈缓慢下降趋势，2017年较2011年下降率为10%；但是，在用水结构中的比重由20%上升到了30%，值得关注。畜禽用水量近十年来呈钟形发展态势。2011~2015年先升后降，2017年较2011年增长率为7%，在用水结构中所占比例也有增加，达到了6%，也需要引起重视。表4进一步分析了耕地灌溉用水量的情况。

表4   北京市2011～2017年耕地灌溉用水量

单位：万立方米，%

年份	合计	水田		水浇地		露地菜田		设施农业	
		用水量	占比	用水量	占比	用水量	占比	用水量	占比
2011	68872	4821	7	29615	43	18595	27	15481	23
2012	66580	3550	5	31548	47	18819	28	12663	20
2013	63312	4298	7	27921	44	16521	26	14572	23
2014	54356	2089	4	23999	44	14091	26	14177	26
2015	45108	147	0	17739	40	13646	30	13576	30
2016	40864	35	0	15898	39	11965	29	12966	32
2017	31877	131	0	11173	36	7140	22	13433	42

图2显示了农业生产中耕地灌溉用水量近年来的变化趋势。

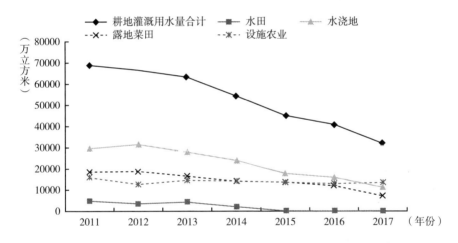

图2   北京市2011～2017年耕地灌溉用水量变化图

从表4、图2中看出，水田灌溉用水量2017年较2011年下降率为97%，占耕地灌溉总量的比例从7%降到接近于0，几乎忽略不计。水浇地灌溉用水量2017年较2011年下降率为62%，在耕地灌溉用水量所占的比例从43%排第一的份额下降到36%，居第二位。露地菜田灌溉用水量2017年较2011年下降率为62%，占耕地灌溉用水量的比例在两成多一点的份额，始终排名第三位。设施农业灌溉用水量2017年较2011年下降率为15%，是下降幅度最小的，且占耕地灌溉用水量的份额跃升为第一位。图2直观地排列出截至2017年各种耕地用水量的排位：设施农业、水浇地、露地菜田和水田。

（三）农业生产用水中的非耕地用水量呈缓慢下降趋势

近年来农业生产用水中的非耕地用水量呈缓慢下降趋势（见表5）。

表5　北京市2011~2017年农业生产用水中非耕地用水量

单位：万立方米，%

年份	总计	非耕地灌溉用水量								畜禽用水量	
		林果		草地		鱼塘		合计		用水量	占比
		用水量	占比	用水量	占比	用水量	占比	用水量	占比		
2011	20322	14076	69	3167	16	352	2	17595	87	2727	13
2012	26489	15073	57	333	1	4448	17	19854	75	6635	25
2013	27562	15316	56	375	1	4398	16	20089	73	7473	27
2014	27405	15516	57	638	2	4379	16	20533	75	6872	25
2015	19414	10111	52	318	2	2558	13	12987	67	6427	33
2016	19594	10141	52	432	2	2251	11	12824	65	6770	35
2017	18809	14353	77	394	2	1156	6	15903	85	2906	15

表5中，按照水务局统计年鉴的统计口径，非耕地用水量包括非耕地灌溉（林果、草地、鱼塘）用水量，加上畜禽（养殖业）用水量。近年来的变化趋势如图3所示。从统计数据和图3看出，非耕地灌溉用水中，林果用水呈缓慢上升趋势，2017年较2011年的增长率为2%，占非耕地用水量的比重由69%上升到77%。草地灌溉用水量2017年较2011年下降率达到了88%，在非耕地用水量中的比重由16%下降到了2%，节水的力度最大。鱼塘用水量2011~2017年从增速很快到逐渐回落，但也呈上涨趋势，2017年较2011年增长率为228%，在非耕地用水量中占6%的份额。畜禽用水量也呈上涨趋势，2017年较2011年增长率为7%，占非耕地用水量的15%，其中2012~2016年上涨的幅度非常大，在非耕地用水量中的份额从25%上升到了35%。图3反映了各类非耕地用水量的走势、排序，依次是林果、畜禽、鱼塘和草地。

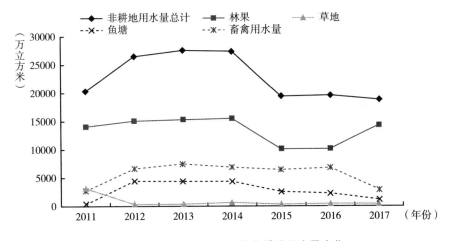

图3　北京市2011~2017年非耕地用水量变化

（四）农业灌溉面积逐年减少

《"十三五"水务发展规划》要求全面落实最严格的水资源管理制度，考核指标除了要严格控制农业生产用水总量（水资源开发利用）外，更要考核节水灌溉状况，因为除了调整压缩耕地的措施外，节水灌溉是降低农业用水量的重要途径。而耕地灌溉用水占农业用水比例最高，需要进一步分析耕地节水灌溉相关的数据指标，重要的指标有如下几个：①灌溉面积，指灌溉设施基本配套，有一定的水源，一般年景可进行正常灌溉的耕地、林地、园地及牧草地的总面积。②有效实灌面积（水田＋水浇地），指利用灌溉工程和设施，在有效灌溉面积中当年实际已进行正常（灌水一次以上）灌溉的耕地面积。在同一亩耕地上，报告期内无论灌水几次，都应按一亩计算，而不应按灌溉亩次计算。有效实灌面积不大于有效灌溉面积。③节水灌溉工程面积，指采用喷灌、微灌、低压管道输水、渠道衬砌防渗等技术措施，提高用水效率和效益的灌溉面积。据《北京水务统计年鉴（2011~2017年)》统计，近年来农业灌溉面积与节水灌溉工程面积（见表6）。

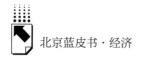

表6 北京市2011~2017年灌溉面积与节水灌溉工程

单位：万亩

指标	2011年	2012年	2013年	2014年	2015年	2016年	2017年
灌溉总面积	497	348	348	348	356	334	314
耕地灌溉面积	315	232	230	213	206	194	173
林地灌溉面积	56	35	54	70	84	81	76
园地灌溉面积	113	70	57	58	58	58	63
牧草地灌溉面积	2	2	1	2	2	1	2
其他灌溉面积	11	9	6	5	6	—	—
有效实灌面积	287	219	199	187	178	166	148
节水灌溉工程面积	265	305	305	307	309	293	301
喷灌面积	57	57	57	55	56	47	48
微灌面积	15	15	18	19	22	27	30
低压管灌面积	193	193	195	196	214	204	204
渠道防渗面积	—	17	14	14	14	13	18
其他工程节水面积	—	23	21	23	3	2	1

资料来源：2011年节水灌溉工程数据采用北京市第一次水务普查工作领导小组办公室编著《灌区情况普查成果》，中国水利出版社，2013。

灌溉总面积呈下降趋势。从表6和图4看出，2012年较2011年显著减少，从497万亩减少到348万亩，减少了149万亩。随后每年保持在348万亩水平，2015年略有增加至356万亩，2016年起逐年缓慢减少，2017年为314万亩。2017较2011年灌溉面积减少了183万亩，下降率为37%。

耕地灌溉面积大幅下降。灌溉总面积中，耕地灌溉面积所占比例最大，下降幅度也最大，由2011年的315万亩减少到2017年的173万亩，减少了142万亩，2017年较2011年下降率为45%。

有效实灌面积（水田＋水浇地）呈逐年减少趋势，从2011年的287万亩减少到2017年的148万亩，2017年较2011年下降率为48%。

林地灌溉面积总体增加，但有波动。2012年最低仅35万亩，2015年最高84万亩，2016年略有回落，2017年继续回落到76万亩，2017较2011年总体增加了20万亩，上升率为36%。

园地灌溉面积总体在下降。2012年较2011年有较大幅度下降，从113万亩下降到70万亩，2013年继续下降到57万亩，两年减少了56万亩，接

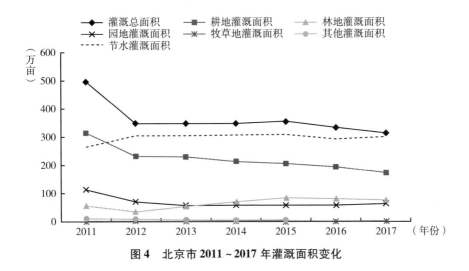

图4　北京市2011～2017年灌溉面积变化

近50%。从2013年起逐年略有回升，至2017年恢复到63万亩。

牧草地灌溉面积基本维持在1万~2万亩。

（五）农业节水灌溉工程面积平稳增加

在北京市灌溉总面积大幅下降的情况下，节水灌溉工程面积总体保持不变，且呈稳中略有上升趋势，如图5显示，从2011年的265万亩增加到2017年的301万亩。2017年较2011年增长率为14%。

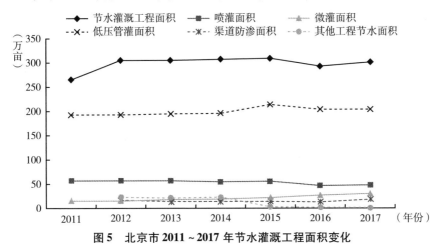

图5　北京市2011～2017年节水灌溉工程面积变化

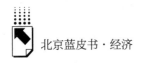

喷灌面积缓慢减少，2017年较2011年减少了9万亩，下降率16%。微灌面积平稳增加，2017年较2011年增加了15万亩，增长率100%。低压管灌面积略有上升，2017年较2011年增加了11万亩，增长率为6%。渠道防渗面积持平。其他工程节水面积基本停止，从有统计的2012年的23万亩减到2017年的1万亩，其他节水工程基本放弃。

（六）农业节水灌溉工程面积控制比例呈稳定上升趋势

分析农业节水灌溉工程面积控制比例，从表7看出，农业节水灌溉工程面积控制比例（节水灌溉工程面积占灌溉总面积的比例），2012年较2011年明显上升，从53.3%上升到87.6%，2012～2016年基本持平，维持在86.8%～88.2%，2017年再次上升到95.9%。近年来，北京市节水灌溉工程面积占灌溉总面积的比重维持在较高水平且比较稳定。这一较高水平的灌溉率，为北京市都市型现代农业的发展节约了水源，对提高农业生产率、土地产出率和资源利用率起到了至关重要的作用，也为北京城市建设发展做出了突出贡献。

表7　北京市2011～2017年节水灌溉结构变化情况

单位：%

指标	2011年	2012年	2013年	2014年	2015年	2016年	2017年
节水灌溉工程面积控制比例	53.3	87.6	87.6	88.2	86.8	87.7	95.9
喷灌面积占比	21.5	18.7	18.7	17.9	18.1	16.0	15.9
微灌面积占比	5.7	4.9	5.9	6.2	7.1	9.2	10.0
低压管灌面积占比	72.8	63.3	63.9	63.8	69.3	69.6	67.8
渠道防渗面积占比	—	5.6	4.6	4.6	4.5	4.4	6.0
其他工程节水面积占比	—	7.5	6.9	7.5	1.0	0.7	0.3

（七）节水灌溉工程中各项工程措施所占比例状况

从图6看出，节水灌溉方式内部结构变化不大。喷灌面积占节水灌溉工程面积的比重略有下降，2011年为21.5%，2012年下降到18.7%，2012～2015年保持在17.9%～18.7%，2016年略有下降，为16.0%，2017年为15.9%。微灌面积占节水灌溉工程面积的比重逐年递增，从2011年的5.7%增加到2017年的10.0%。低压管灌面积占节水灌溉工程面积的比例2011年为72.8%，2012～2017年保持在63.3%～69.6%，比例变化不大。渠道防渗面积占节水灌溉工程面积的比重逐年缓慢减少，从2012年的5.6%回落到2016年的4.4%，2017年又反弹到6%。其他工程节水面积的比重逐年明显下降，从2012年的7.5%锐减到2017年的0.3%。

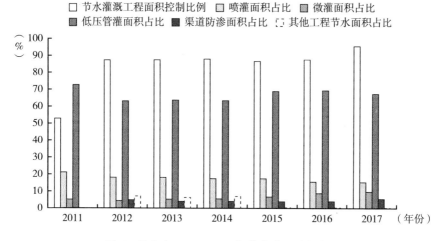

图6　北京市2011～2017年节水灌溉结构变化

分析2017农业节水灌溉工程面积数据，从图7看出，2017年北京市节水灌溉内部结构中，低压管灌依然是主要的节水灌溉方式，然后依次是喷灌、微灌、渠道防渗和其他。低压管灌所占比重为67.8%，较2016年的69.6%下降了1.8个百分点。喷灌排在第二位，所占比重不到两成。微灌比重首次占到一成。渠道防渗占比首次超过了5%。其他工程措施所占份额只有0.3%，可以忽略不计。从2017年的数据看出北京市采用微灌、喷灌等高效、高技术含量的节水灌溉比重只有不到三成，六成以上还是传统的低压

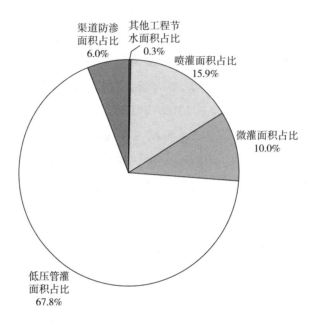

图7 北京市2017年各项节水灌溉工程面积比例

管道输水。低压管道输水质量不高、无法采用水肥一体化的先进技术，多极化输水及准确计量也受到了限制。

（八）农田灌溉水有效利用系数稳步提高

国家《节水灌溉工程技术规范 GB/T50363－2006》指出，"农田灌溉水有效利用系数"是指灌入田间可被作物利用的水量与末级固定渠道放出水量的比值。这是最严格的水资源管理制度、国家量化限定控制水资源消耗强度的最重要的考核指标。这个指标的数值可以反映灌溉工程质量、技术水平和管理水平。

不断提高农田灌溉水有效利用系数一直是北京市农业节水的重要抓手之一，从"十二五"规划的0.70跨越到"十三"规划的0.75。2017年，市政府印发的《北京市推进"两田一园"高效节水工作方案》的通知（京政办发〔2017〕32号）（以下简称《"两田一园"节水工作》）提出，到2020

年农田灌溉水有效利用系数要达到 0.75 以上。北京市对管理指标提出了越来越严的要求。近年来的具体变化如表 8 所示。

表 8　北京市 2009～2018 年农田灌溉水有效利用系数变化

年份	2009	2010	2011	2012	2013	2014	2015	2016	2017	2018
系数	0.683	0.691	0.694	0.697	0.701	0.705	0.709	0.723	0.732	0.739

资料来源：2009～2013 年、2014～2016 年数据采集自《北京水务年鉴 2013》《北京水务年鉴 2016》，2017 年采自北京市农业农村局网站 2018 年 12 月 11 日的数据。2018 年数据来源于北京市水务局郊区处。

从表 8 看出，北京市农田灌溉水有效利用系数逐年稳步增长，不断提高。这是采取了工程、科技和管理综合措施的结果。

二　北京市农业节水灌溉发展状况评价

北京市农业节水灌溉发展 20 多年，已从单一的工程措施节水发展到在宏观上推进京津冀水务协同发展，包括加强水资源的优化调配、水生态水环境合作和建立联防联控工作机制；在中观上完善调整全市的农业区域规划、整体布局及生产结构的调整；在微观上加强高效节水工程建设和综合配套建管一体化。

评价农业节水灌溉效果，主要采用国家《节水型社会评价指标体系和评价方法》（GB/T28284－2012）提出的农业节水评价的两个指标：一个是农田灌溉水有效利用系数，即评价年作物净灌溉需水量占灌溉水量的系数；另一个是节水灌溉工程面积控制比例，即评价年节水灌溉工程控制面积占有效灌溉面积的百分比。节水灌溉工程包括渠道防渗、低压管灌、喷滴灌、微灌和其他节水工程。还采用《"十三五"水务发展规划》提出的农业生产用水量指标分析。评价主要采用生产用水、农业灌溉面积和节水灌溉工程面积指标评价。

（一）农业生产用水量评价

1. 2018年农业生产用水量大幅度下降，实现了总量负增长，提前完成《"十三五"水务发展规划》考核指标

由上文北京市农业生产用水状况的一系列分析数据可以初步得出一个重要结论：北京市农业生产用水近年来持续下降，2018 年为 4.18 亿立方米，降到了历史最低点，提前完成了《"十三五"水务发展规划》提出的农业用水在 2020 年控制在 5.0 亿立方米内的要求。《"两田一园"节水工作》提出，2020 年，每年的农业生产用水量要降至 4.5 亿立方米左右，这一新增加的目标也实现了。

2. 农业生产用水中的耕地灌溉用水量下降但其中的设施农业用水量上升

耕地灌溉用水是农业生产用水最大量者，也是用水大幅下降的最大贡献者。耕地灌溉用水量从 2011 年的 6.9 亿吨下降到 2017 年的 3.2 亿吨，2017年较 2011 年下降率为 54%。耕地灌溉用水量的减少为压缩农业生产用水做出了突出贡献。

耕地灌溉用水量中，水浇地和露地菜田在耕地灌溉用水中所占份额最大，降幅也最大。耕地灌溉用水量急剧的减少，反映出农业用水结构调整背后政策因素的深刻影响。

有两份重要政策文件需要提及。一是 2014 年市委、市政府印发的《关于调结构转方式发展高效节水农业的意见》（以下简称《调结构意见》）提出，2020 年，粮食种植面积由 2015 年的 125 万亩减少到 80 万亩，退出高耗水作物；发展籽种田 30 万亩、旱作农田 30 万亩、生态景观田 20 万亩；菜田由 59 万亩增加到 70 万亩；果园种植稳定在 100 万亩。总计耕地面积 330万亩。二是 2017 年《"两田一园"节水工作》提出，收缩传统农业生产规模，加强设施农业建设。这两份文件进一步促进了北京市农业生产结构特别是种植业结构的调整，直接对农业生产用水结构的改变起了重大的推动作用。

耕地灌溉用水量中，设施农业的用水量降幅最小，且用水的绝对量2017 年排第一，占到了 42% 的份额。北京市自 1998 年开始发展设施农业，连续 20 年把设施农业作为现代农业的建设平台常抓不懈。《国民经济统计公报》自 2008 年开始统计设施农业数据；2008 年设施农业面积 25.6 万亩，实现收入 28.2 亿元；2018 年，全市设施农业面积 20.8 万亩，设施产值 51.7 亿元。设施农业的大发展是用水量不断攀升的重要原因。设施农业同时也是现代节水灌溉技术应用平台，值得深入研究。

3. 农业生产用水中的林果、鱼塘和畜禽用水都呈上升趋势

农业生产用水中的非耕地用水量呈缓慢下降趋势，内部结构实际呈现"一降三升"的特点，仅因为草地用水下降幅度巨大带动了整体下降态势，实际上林果、鱼塘和畜禽用水都呈上升状态。

（二）农业灌溉面积评价

农业灌溉面积特别是耕地灌溉面积逐年减少呈大幅度下降趋势已成定局。农业灌溉面积锐减的一个重要原因是耕地面积不断减少。《北京统计年鉴（2018）》显示，北京市 2016 年实有耕地面积 324 万亩，较 1978 年的 643.5 万亩减少了 319.5 万亩。耕地逐年递减导致农业灌溉总面积逐年减少且呈不断下降趋势，2017 年较 2011 年灌溉面积减少了 183 万亩，下降率为 37%。

耕地灌溉面积占农业灌溉面积比重最大，下降幅度也最大，2011~2017 年减少了 142 万亩，下降率为 45%。

有效实灌面积（水田＋水浇地）从 2011 年的 287 万亩减少到 2017 年的 148 万亩，2017 年较 2011 年下降率为 48%。

林地灌溉面积总体增加，2017 年较 2011 年总体增加了 20 万亩，上升率为 36%。

（三）农业节水灌溉工程面积评价

1. 节水灌溉工程面积控制比例稳步提升，接近达到北京市"十三五"时期《水资源保护与利用规划》目标

节水灌溉工程面积控制比例平稳增加，2017 年占灌溉面积的比例为 95.9%。北京市"十三五"时期《水资源保护与利用规划》提出，农业节水灌溉工程面积控制比例要达到 98% 的水平。目前，距离这一要求还有细

微的差距，仅差2.1个百分点，接近完成"十三五"98%的规划目标。考虑到2018年的统计数据尚未出来，加上还有一年的农业节水工程建设时间，应该不难完成规划考核指标的任务。

2. 节水灌溉工程技术还以传统的低压管灌为主

农业节水灌溉工程面积还以传统的低压管灌技术为主，占到农业节水灌溉工程面积六成以上，喷灌和微灌等现代化的灌溉技术占节水灌溉工程面积比重不到三成。

3. 农田灌溉水有效利用系数即将达到《"十三五"水务发展规划》限定目标

水利部、国家发改委印发的《"十三五"水资源消耗总量和强度双控行动方案的通知》（水资源司〔2016〕379号）提出，北京市在2020年，"农田灌溉水有效利用系数"必须达到0.75的标准。因此，《"十三五"水务发展规划》要求，2020年农田灌溉水有效利用系数需要达到0.75的约束性指标；《"两田一园"节水工作》提出，2020年，农田灌溉水有效利用系数要达到0.75以上，具体到多少还没有明示。十年来，北京市为提高农田灌溉水有效利用系数进行了不懈努力，2018年达到0.739，距离"十三五"时期规划的约束性指标0.75还差0.011个点。这个差距的背后是工程配套措施的差距，包括田间工程配套措施、节水灌溉新型技术的应用及普及等方面的差距，需要继续努力。

三 北京市农业节水灌溉未来发展趋势分析

北京市农业节水灌溉取得了巨大成就，为节水型城市建设的发展做出了突出的贡献。面对水资源紧缺的矛盾，北京市对农业节水工作提出了更高的要求，还需要寻找差距与不足；节水农业在宏观、中观和微观层面上都有继续挖掘潜力的空间。上述的节水农业灌溉统计数据也反映出了一部分问题。北京市农业未来要解决节水中的突出问题和矛盾，这也是节水灌溉今后的发展趋势。

（一）设施农业节水灌溉工程还有更大的发展空间

设施农业节水灌溉工程是以现代工业、生物和电子计算机等多种技术在农业生产中的综合应用，最大限度地利用太阳能及其他能源，在局部范围改善或创造环境气象因素，为动植物生长发育提供良好的环境条件，在一定程度上摆脱对自然环境的依赖而进行有效生产的农业。它从优化的设施结构和完善的配套技术，到强化的生产标准，有一套完整的生产、经营和装备制造体系，使节水灌溉装备与农艺结合、节水工程技术与生物技术结合，最大限度地节水用水。

设施农业将设施、农艺、科技融为一体，构成北京市现代化农业的重要组成部分，近十年来得到长足发展。市统计局公布，2018年全市实现农林牧渔业总产值296.8亿元，其中设施农业产值51.7亿元，占总产值的17.4%；设施亩均效益实现2.5万元/亩，比上年提高2.2%。从设施类型来看，效益较高的温室和大棚产值占比有所增加，由上年的96.6%提高到96.9%。近年来耕地用水量中设施农业用水所占比重不断上升，2017年42%排第一。

《"两田一园"节水工作》把设施农业的节水放在了重要的位置，提出设施作物每年用水量不超过500立方米/亩；积极推进高效节水灌溉工程（包括骨干基础设施、田间节水设施）建设；开展高效节水设备研发、技术攻关、技术集成、技术示范、技术推广、技术培训、灌溉试验。市农研中心统计，北京市从文件印发至今一直在持续推进设施农业建设，提升了26个蔬菜精品园区，改造提升了11个重点设施园。

北京市的设施农业节水灌溉工程有很大部分是以低压管灌为主，微灌主要在示范区和基地，农户就更少了；投资主要是政府投资。科技投入和水肥一体化做得也不够好，特别是农户投入产出比效益低，也限制了先进设备的采用。2017年前生产成本中水的费用很低，主要是电费，造成了用水浪费。节水灌溉设备也存在问题，输水管材质量差，不能防老化、防虫咬和寿命短。这些问题都会随着设施农业建设力度的加大及配套措施的完善而加以

解决。

近年来，北京市"设施农业高效节水技术研究与示范推广"项目组开展了高效灌水技术和智能用水监控技术的推广工作。它以"大型高精度称重式蒸渗仪"为技术手段，掌握了设施蔬菜、西瓜甜瓜和草莓等十数种常见农作物的耗水规律，调控了这些作物的灌水定额、灌水次数、灌水频率，建立了这些作物的节水灌溉体系与灌溉方法。这项研究建立了设施农业微灌管网"30式逆向布置模式"，解决了设施作物平播、垄作、倒茬导致滴灌系统利用效率低下的问题；同时还开发出了适合农户使用的价格便宜的便携式土壤墒情监测仪，可以完成灌溉定时控制、定量控制和用水记录的工作。目前，相关推广工作正在进行中。

未来设施农业节水灌溉还会有一个突破。就是以水肥一体化的技术应用为突破口，以微灌的方式（包括滴灌、微喷、渗灌和小管流出的方式）施行水肥一体化。这样做的好处是节水、节肥、节药和省时、省工、省费。

（二）持续推进农业水价综合改革任重而道远

农业节水灌溉难以为继的难点之一在于用水无偿、投资无以回报。《"十三五"水务发展规划》提出，推进农业水价综合改革，建立农村用水收费制度、节水激励机制，实行农业用水精准补贴制度，推动农业水价综合改革。《调结构意见》《"两田一园"节水工作》《农业水价综合改革实施方案》三个文件明确提出到2020年全面完成"十三五"规划提出的水价改革任务。北京市建立了由市领导牵头，水务、农业等相关部门为成员的联席会议制度和明确责任分工、层层抓落实、共同推进农业水价改革的工作机制。

2015年全市水价改革率先在房山区试点，并积累了较丰富的实施经验，随后水价改革工作在全市范围内展开。一是建立健全计量设施，这是水价改革的第一步。全市包括房山在内的13个涉农区范围内"两田一园"2000个村，3.2万眼机井除关停了0.4万眼外，有2万眼机井均安装了农业灌溉智能计量设施，实现了以水计量收取水费。二是实行限额用水、建立水权制度，完善水价形成机制。农业用水全年定额设施农业 500 立方米/亩、大田作物 200 立方米/亩、果树 100 立方米/亩的标准每户限额用水，这个用水指标分解到各区、乡（镇）的农户。全市用水限额内的指导价（政府制定）0.25 ～ 1 元/立方米，各村"一事一议"确定本村的农业水价。超过限额部分的用水，粮食作物加收 0.08 元/立方米、其他作物加收 0.16 元/立方米。三是建立财政奖补机制。市财政对灌排骨干基础设施、田间节水设施和农业用水智能计量设施实行补助，管水员每月补助500 元。市财政的专项转移支付资金分配直接挂钩各区考核指标。水价改革除促进了节水灌溉工程的发展、农业生产用水大幅下降外，也强化了农村水务队伍建设。

农业水价改革取得了长足的发展，但还是有一些问题没有解决。一是还有 8000 眼机井没有完成计量设施的安装，二是精准补贴和节水奖励机制还没有进一步完善和落实。目前，全市主要农业节水灌溉工程全部由政府投入，田间节水工程也是政府补助，农业水价主要还是动力费、人工费、日常维修费等运营成本。全市农业节水灌溉工程每亩补助标准是 50元，市财政支持 25 元，各区自筹 25 元。如何发挥阶梯水价、水权交易的市场化手段的作用，建立健全农业水价形成机制，还需要进一步研究。怀柔、密云等 10 个涉及"两田一园"的农区相继出台了农业水价综合改革方案，各区政府负责制定本区农业水价政府指导价，还需要进一步研究执行中的问题。

现在距 2020 年不到两年的时间，完成农业水价改革的任务非常艰巨。今后还有许多开拓性的工作要做。比如要继续总结各区的经验，加强指导，深化改革、不断创新，出台更适合本地区发展的政策来。还有一项重要的工作要做，就是需要督导检查，完善政府多部门的配合机制。北京市农业节水灌溉工程继续推进，需要政策支持、科技支撑、资金投入，更需要农民群众把要我节水转化为我要节水，只有这样才能取得更大的成效。

参考文献

[1]《北京市人民政府关于印发〈北京市"十三五"时期水务发展规划〉的通知》
（京政发〔2016〕26号）。

[2] 北京市水务局：《北京水务统计年鉴》（2010~2017年）。

[3]《北京市人民政府办公厅关于印发〈北京市推进"两田一园"高效节水工作方案〉的通知》（京政办发〔2017〕32号）。

[4]《北京市"两田一园"农业高效节水工作部署会召开》，北京市水务局网站，2019年3月。

[5]《北京市"两田一园"范围内已安装机井计量设施村全部实现用水计量收取水费》，http：//www. chinawater. com. cn/dfpd/bjzq/2/201901/t20190109_ 727597. html，2019年1月9日。

[6] 北京市第一次水务普查工作领导小组办公室编著《灌区情况普查成果》，中国水利出版社，2013。

[7]《北京河北农业水价综合改革进展情况、存在问题及下一步建议》，http：//www. mof. gov. cn/mofhome/nongyesi/zhengfuxinxi/bgtDiaoCheYanJiu_ 1_ 1_ 1_ 2/201806/t20180620_ 2935157. html，2018年6月20日。

[8]《北京市农业灌溉水有效利用系数达到0.732》，http：//www. bjny. gov. cn/nyj/231595/5810050/610276/610608/8101223/index. html，2018年6月1日。

[9]《北京市2018年国民经济和社会发展统计公报》，2019年3月20日。

[10] 北京市统计局：《北京统计年鉴2018》，http：//tjj. beijing. gov. cn/nj/main/2018－tjnj/zk/indexch. htm，2018。

[11] 北京市农研中心：《北京市农村经济发展报告（2017年)》，中国农业出版社，2018。

B.19
文化中心建设背景下北京
文化产业发展状况探究

徐李璐邑 *

摘　要： 文化中心建设是实现北京"四个中心"首都功能的重要部分。文化中心功能的实现需要文化产业的发展壮大，文化产业的发展也能进一步有力支撑北京城市经济的发展。本文根据近年来的数据，认为当前北京文化产业的发展现状与支撑文化中心的首都功能尚有差距。通过分析，总结认为当前文化产业发展既存在重大机遇，但也面临着若干亟待突破的问题，并对文化产业的进一步发展提出了建议。

关键词： 首都功能　文化中心　文化产业

一　问题提出

文化产业是北京的传统优势产业。早在 2004 年，北京就发布了《北京市文化产业发展规划（2004～2008 年)》，也是第一次系统研究制定文化产业发展规划。2005 年，国务院批复《北京城市总体规划（2004～2020年)》，第一次明确提出"大力发展文化创意产业"，将文艺演出、出版发行和版权贸易、影视节目制作及交易、文化会展、古玩艺术品交易、动漫和网

---

* 徐李璐邑，经济学博士，北京市社会科学院经济所，主要研究方向为区域经济、城市经济。

络游戏制作交易作为发展重点。2006 年，北京市成立文化创意产业领导小组，文化创意产业发展进入全面推进时期。

经过数十年的努力，北京文化产业发展取得了不俗的成绩。但近年来，由于北京的城市发展不断面临着诸多问题，为了更好地实现首都功能与城市的可持续发展，北京不得不做出调整和转型。当前，北京已经提出了"四个中心"的首都核心功能，成为北京未来建设发展的核心目标。特别是经历了近年的"疏解非首都功能"之后，北京的城市发展不仅要着重首都功能的实现，也需要拥有能够有力支持城市发展的经济动力和支柱产业。在"四个中心"的首都功能当中，全国的政治中心和国际交往中心是当之无愧的，科技创新中心也依托于北京强大的教育和科研实力，具备良好的发展基础，而文化中心建设与文化产业发展却相对滞后。事实上，由于北京独特的文化优势和文化特色，相比于其他首都功能的目标，文化中心建设和文化产业发展应当是最能支撑北京城市经济发展、发挥北京世界城市影响力的产业。因此，在文化中心的建设背景下，北京的文化产业不仅需要进一步扩大规模，还需要强大实力，成为北京经济发展的增长动力和支柱产业。因此，值得对当前北京的文化产业状况进行研究，促进文化产业发展与文化中心建设需求相契合，保障北京在经济发展平稳有序中实现城市转型。

二　北京文化产业发展现状分析

北京是国内最早将文化产业作为产业发展重点的城市，早在20 世纪90 年代初，就已经开始对文化产业的探究。在 2000 年版的城市总体规划中，北京已经将文化产业作为第三产业的重要组成部分。文化产业一直是北京的优势和特色，也是全国文化产业发展的标杆和方向。本文首先通过数据，从产业增长、产业结构、产业对比、产业收入与就业状况四个方面剖析近年来北京文化产业的现状。

（一）文化产业的增长状况

根据统计，2005 年以后，第三产业产值就已经占到整个北京地区生产

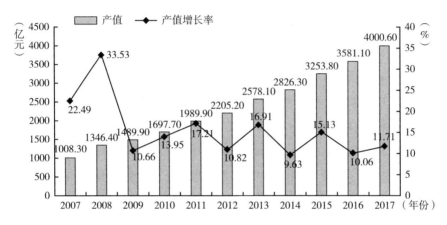

总值的 70% 以上，产业结构已经明显出现以服务业为主的特征。2007 ~ 2017 年，北京的文化创意产业①产值逐年增加，年增长率基本在 10% 以上，最高时达到了 33.53%，行业总产值在 2017 年已经突破了 4000 亿元（见图 1）。

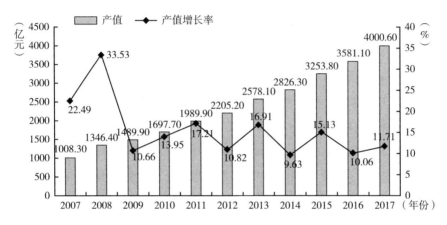

图 1　2007 ~ 2017 年北京市文化创意产业年产值情况

资料来源：历年《北京统计年鉴》。

（二）文化产业的结构变化

尽管从总体产值来看，北京的文化创意产业一直保持着较高的增长，但是如果对产业结构进行剖析，可以发现其中存在一些结构性偏差。事实上，与国家统计局发布的《文化及相关产业分类》（国统字〔2004〕24 号）相比，北京市统计局和国家统计局北京调查总队联合制定的《北京文化创意产业分类》统计范围更宽，既包括了国家文化产业的全部内容，也包括

---

① "文化创意产业"资料来源于北京市统计局、国家统计局北京调查总队联合制定的《北京市文化创意产业分类》。2018 年 5 月，国家统计局发布了新版《文化及相关产业分类（2018）》，国家统计局和中宣部联合发文（国统字〔2018〕58 号）要求统一文化产业统计口径，北京也相应进行了调整，将"文化创意产业"改为"文化产业"。因此，文中将根据资料来源，写明实际利用数据的名称。

软件、计算机服务等科技文化创新活动，表明北京更加关注技术发展对文化经济活动的影响。① 因此，在《北京统计年鉴》中，对文化创意产业的统计包括了文化艺术，新闻出版，广播、电视、电影，软件、网络和计算机服务，广告会展，艺术品交易，设计服务，旅游、休闲娱乐和其他辅助服务共计九类。通过对比整个文化创意产业的结构，可以发现各类产业对整个文化创意产业的产出贡献存在巨大差距。其中，软件、网络和计算机服务在各个年份的文化创意产业增加值中的比重几乎都占到了50%以上。2007年，软件、网络和计算机服务在整个文化创意产业产值中的占比为48%，2017年这一比重已经增加到了61%。在北京过去十年的文化创意产业增长中，软件、网络和计算机服务的增长贡献率达到了65%，而其他产业的贡献率却均不足10%。假如去掉软件、网络和计算机服务，其余八类产业的年增长率出现明显的下降趋势，2017年的增长率仅有5.81%（见图2）。

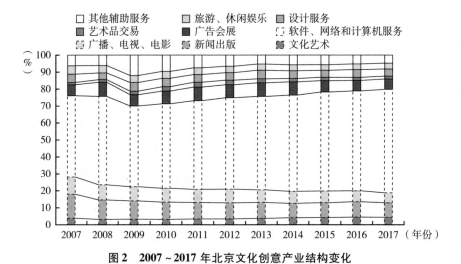

图2　2007~2017年北京文化创意产业结构变化

资料来源：历年《北京统计年鉴》。

---

① 孔建华：《二十年来北京文化产业发展的历程、经验与启示》，《艺术与投资》2011年第2期。

通过这一结构分析可以看出，过去的文化产业发展已经呈现出明显的产业结构偏差。尽管在现代化产业中，软件、网络和计算机服务对所有其他行业发展都存在重要的影响。但是，在文化产业中，如果与文化本身直接相关的文化艺术、设计服务、广告会展等行业发展不足，将影响到整个文化产业成为支柱产业，以及实现真正的文化产业强大。细分产业的结构出现偏差也可能是当前北京文化产业呈现大而不强的重要原因。

（三）文化产业与其他新兴产业的对比

尽管 2016 年开始，北京市第三产业的产值已经占到 GDP 的 80%，但目前文化创意产业增加值占北京第三产业的比重并不高。根据历年的《北京统计年鉴》，新兴产业增加值的前三位分别是现代服务业、高技术产业和信息产业，文化创意产业的增加值排名靠后（见图 3）。而在现代服务业中，仅金融业一项的产业增加值就超过了整个文化创意产业的增加值。从这一数据可以看出，如果想要通过文化产业发展支撑北京城市经济，并成为经济增长动力，增强"文化中心"的首都核心功能，目前文化产业的状况距离这一目标还存在相当大的差距。

（四）文化产业收入与就业状况[①]

根据统计，近三年来规模以上文化产业的收入增速已经放缓。整体的收入规模虽然略有增加，环比的增速却已经出现了下降趋势。2018 年下半年，受文化产业统计口径调整的影响，收入出现了明显减少，全年收入的规模增加值也出现了下滑（见图 4）。新的统计口径将文化产业划分为文化核心领域和文化相关领域两类，更加关注直接与文化相关的产业发展，更加客观地反映了文化行业本身的发展情况。

---

① 2018 年 5 月，国家统计局发布了新版《文化及相关产业分类（2018）》，北京市相关数据也及时做出了更新。因此，在本部分分析中，2018 年第 2 季度之后的数据为新统计口径，之前的数据是按 2011 年国民经济行业分类（GB/T 4754–2011）标准汇总统计的，行业名称为文化创意产业。

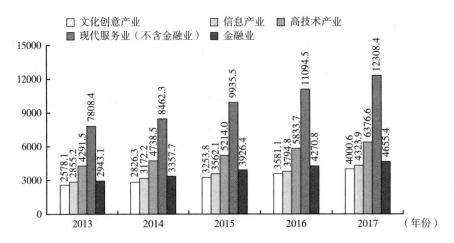

图 3　2013～2017 年北京部分新兴产业增加值对比

资料来源：历年《北京统计年鉴》。

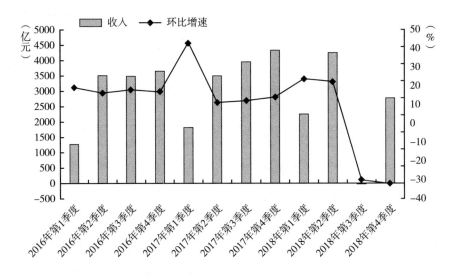

图 4　北京规模以上文化产业收入情况

资料来源：北京市统计局。

从从业人员平均人数来看，整体的从业人员数量没有明显的增加，反映出整个文化产业中规模以上企业的就业规模增加有限（见图5）。2018年下半年，按照新统计口径汇总的数据，规模以上文化产业的从业人员数量还出现了明显下降，反映出文化产业中规模以上企业的数量和就业岗位更加有限。同时，按照新的统计口径，自 2018 年 7 月之后的从业人员平均人数同比每个月都在下降，这表明文化产业的就业规模很可能在萎缩，文化产业的发展壮大还需要进一步探索。

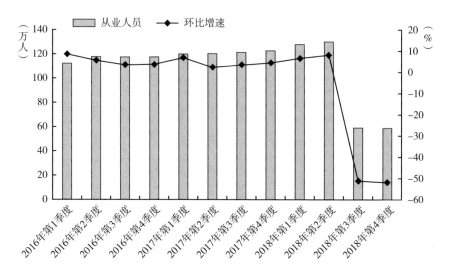

图 5 北京规模以上文化产业从业人员情况

资料来源：北京市统计局。

三 当前北京文化产业发展的机遇与问题

尽管北京是最早将文化产业作为城市特色产业发展的城市，但从现状分析可以看出，目前北京的文化产业的规模及其对经济的贡献率尚不及科技、金融等服务行业，还具有较大的发展空间。事实上，提出文化中心建设，就是对北京的文化产业发展提出了要求、设定了目标。文化中心，即意味着文化产业应至少成为北京城市产业的重要支撑之一，按照当前文化产业的现状，文化产业应能够成为带动经济增长和城市发展的着力点。因此，北京的文化产业发展已经走到了一个至关重要的发展时期，面临着众多机遇，也存在不少问题，值得引起高度重视并展开深入研究。

（一）北京文化产业发展存在的机遇

按照所处的层次，可以将当前北京文化产业所面临的机遇划分为城市发展机遇、产业需求机遇和世界竞争机遇。

1. 城市发展机遇

北京文化产业的城市发展机遇主要来源于北京城市发展阶段的要求。一方面北京的城市发展经历了从工业化到去工业化再到后工业化的阶段，形成了以服务业为主的经济结构，这也意味着未来北京在产业选择上必将继续依靠文化产业等服务业发展，才能符合城市发展、经济发展的规律，满足北京实现可持续发展的要求。另一方面，疏解非首都功能之后，北京已经腾退出了许多旧工业仓库、厂房等设施，为北京的首都功能实现留出发展空间。而"文化中心"的首都功能实现，意味着需要文化产业的繁荣作为支撑，这些腾退出来的空间也为文化产业的发展提供了方便。北京有着丰厚的文化历史资源，北京悠久而古老的建城历史为北京留下了丰厚的历史底蕴。特别是从明朝开始建都六百年，为北京城留下了故宫博物院、圆明园、天坛等丰富的历史遗产，不仅是北京深厚文化积淀的彰显，更是中国民族文化的瑰宝。北京有着丰富的文化产业资源，文化产业发展的先人一步已经让北京成为国内文化产业发展的引领和标志，很多中国著名的现当代文化艺术都在北京发源、诞生。因此，在有资源、有空间的基础上，未来北京的文化产业发展将能更好地与城市发展机遇相契合，迎来新一轮的发展高潮。

2. 产业需求机遇

产业需求机遇来源于对中国特色文化产业服务和文化产品需求的不断增加。一方面，随着中国人民生活水平的不断提升，当前人民群众对文化产品和文化体验的需求在不断增加。另一方面，由于中国人口众多，并且世界华人分布十分广泛，中国文化已经在世界上拥有一定的影响力，国外文化产业早就开始利用中国文化元素进行文化创新。多年以前，美国迪士尼影业就已经利用中国的花木兰故事以及熊猫形象，创造出了《花木兰》和《功夫熊猫》等备受全球欢迎的动画片。近几年来，中国文化元素也成为世界时尚界创意元素的重要来源，带有中国元素的创新设计已经成为世界 T 台上的一个重要风潮。2015 年，美国纽约著名的时尚聚会 MET GALA 曾以"中国：镜花水月"为主题举办时尚聚会，许多世界级品牌都为此时尚盛会贡献了中国风的设计。2019 年春节前夕，英国著名品牌巴宝莉（Burberry）也推出了新春宣传，并邀请了中国明星参与拍摄。但是，不论是各大名牌的时装设计，还是新春宣传，相当一部分外国设计师对中国元素的应用在中国市场都反馈不佳，主要原因在于外国设计师对色彩和设计要素的选择并不符合中国人的偏好。由此可以发现，中国不仅拥有许多世界级品牌难以舍弃的巨大消费市场，中国的文化中还拥有大量的可发掘、可探索的要素，能够应用于文化产业的创意和设计领域，值得开发、转化为相应的消费产品。这些都是文化产业发展的重要机遇，也是文化产业可以实现增长的重要着力点。

3. 世界竞争机遇

当前，世界各国之间的实力竞争已经从过去军事、国防等"硬实力"竞争转向经济、文化等"软实力"竞争，文化特色的传播和输出已经成为全球多元化格局中一种重要的立足方式。在当前的东亚文化中，日本的文化特色已经在全世界文化产业中占有一席之地，韩国的文化特色也已经崭露头角，而中国文化虽声名远扬，但整体综合实力与当前的国家实力和大国形象还不够匹配，尚有巨大的发展空间。北京作为首都，也是当代国家形象、国家历史和国家文化的代表，中国幅员辽阔、民族多样、文化多元，都可以通过北京首都这个窗口走向世界。因此，北京发展文化产业，所依托和代表的将不仅仅是北京城市本身，更是中华民族的文化积淀，拥有巨大的发掘价值和增长潜力。北京发展文化产业，也是发展中国特色文化产业。让文化发挥更大影响力是北京作为国家首都，建设世界城市和弘扬国家文化形象亟待努力的方向。

（二）北京文化产业发展面临的问题

尽管北京拥有良好的文化产业发展机遇，但是当前文化产业还难以成为支撑北京经济发展的增长动力，主要是过去的产业发展中还存在若干问题。

第一，过去文化产业发展的思路相对狭窄。近年来，国家已经逐步出台了多个文件支持文化产业发展，整个社会对文化产业发展的关注度也在不断提升。但从北京市的相关文件来看，对具体的文化产业发展支撑还存在不足。近年来，北京市政府发布的相关文件依然以支持基本的公共文化服务为主（见表1），对于更加广泛意义上的文化产业发展还缺少足够的激励政策。

表1 近三年北京市关于文化产业发展的相关文件

时间	文件名称
2016 年 3 月 11 日	《北京市人民政府办公厅关于加快发展对外文化贸易的实施意见》
2016 年 5 月 12 日	《北京市人民政府办公厅关于印发〈北京市文化创意产业发展指导目录（2016年版）〉的通知》
2016 年 7 月 31 日	《北京市人民政府办公厅转发市文化局等部门〈关于政府向社会力量购买公共文化服务的实施意见〉的通知》
2016 年 12 月 28 日	《北京市文化局关于印发〈北京市基层图书服务资源整合实施管理办法〉的通知》
2017 年 6 月 20 日	《北京市文化局关于印发〈北京市优秀群众文化项目扶持办法〉的通知》
2017 年 11 月 1 日	《北京市人民政府办公厅印发〈关于深化市属国有文化企业改革的意见〉的通知》
2017 年 12 月 31 日	《北京市人民政府办公厅印发〈关于保护利用老旧厂房拓展文化空间的指导意见〉的通知》
2018 年 6 月 5 日	《关于推动北京市文化文物单位文化创意产品开发试点工作的实施意见》
2018 年 6 月 21 日	《中共北京市委 北京市人民政府印发〈关于推进文化创意产业创新发展的意见〉的通知》
2018 年 9 月 18 日	《中共北京市委宣传部 北京市文化局 北京市财政局关于印发〈北京市戏曲进乡村工作方案〉的通知》

资料来源：北京市政府网站。

需要指出的是，2017 年北京市政府印发了《关于保护利用老旧厂房拓展文化空间的指导意见》，这是北京在"疏解非首都功能"背景下鼓励文化产业发展的一项重要通知。但是从具体的内容来看，该文件仅有指导思想，并没有为文化空间建设提供更加具体的、具有可操作性的实施措施。同时，该文件的颁布可以明显看出，目前对于文化产业的发展模式和文化空间的建设，北京还局限于"798 模式"，即让文化创意产业聚集区成为北京城市空间管理上的新类别。① 从废旧工业厂房到新兴文化艺术聚集地，"798"的成功的确是北京文化产业发展的标志。但也因为过于成功，目前北京在鼓励文化产业发展方面似乎陷入了这种单一模式，特别是在疏解非首都功能以后，大量旧厂房、旧仓库和旧市场都在向文化创意产业园改造，很多仅仅是换了一块招牌。从文化产业本身的多元性来看，"798"的成功仅仅只是文化艺术的一种成功模式，文化产业要切实发挥活力和创造性，不仅需要产品和产业的创新，也需要发展模式的创新。

第二，过去文化产业发展存在结构畸形。这种结构畸形主要体现在两个方面：一方面通过前文分析可知，过去的文化产业增长主要来源于单一领域，其他领域的增长贡献偏低，依靠单一领域的增长并不利于整个文化产业的进一步发展壮大；另一方面，文化产业存在明显的供需畸形，即市场对文化产品的消费需求正在迅猛增加，但是相关的产品和供给明显不足。目前，为了满足中国市场对文化特色产品的消费需求，很多世界级品牌都会推出特别设计，例如，法国品牌路易威登（Louis Vuitton）、迪奥（Christian Dior）等会在中国春节前推出带有中国元素的特别款箱包，圣罗兰（Saint Laurent）、阿玛尼（Armani）等也陆续推出带有中国元素设计的化妆品，都获得了中国消费者的青睐。而从中国本土来看，目前却明显缺少拥有足够实力的原创品牌提供满足消费者需求的文化产品。2018 年底，故宫博物院的文创品牌作为先导，在互联网平台上推出了故宫文化主题的口红产品，一经发布就大受欢迎，一抢而空。但遗憾的是，随后在互联网上对产品反馈出的评论基本以"产品外观缺乏质感""口红颜色奇怪"等评论为主，最后风头一时的故宫口红还是选择了下架，立志要提供更好的产品给消费者。这一事件也反映出当前本土品牌对于如何创新发掘我国文化要素，并提供好的文化创意产品给消费者，还有很长的路需要探索。

---

① 黄鹤、唐燕：《文化产业政策对北京城市发展的影响分析》，《国际城市规划》2012 年第 3 期。

第三，北京文化产业发展将可能面临人才不足的困境。人才供给对于文化产业发展至关重要，甚至高于工业制造业的需求。因为创意和创新的产生都来源于人的创造，只有在拥有了足够的人才基础上，才有可能产生足够的创意和创新。但是，北京当前的人口政策会制约相关的人才供给。一是对人口规模的控制，使疏解人口、让人口规模与资源环境相匹配已经成为北京未来的发展要求；二是北京当前的户籍政策限制依然非常严苛，获得北京户籍的途径依然更加倾向于高学历人群。与高科技产业相比，文化产业对从业者学历的要求相对低一些，使得文化产业的从业者在当前政策下更难获得北京户籍，而户籍人口和非户籍人口还在教育、医疗等方面存在显著的权益差异，让文化产业的从业者更加难以安居乐业。因此，如果不对文化产业的相关人才给予一定的政策扶持，从长期来看，文化产业发展的人才需求将难以得到满足。

四　对北京文化产业发展的对策建议

支柱产业是一个城市经济发展的基础、产业发展的核心。支柱产业应当能够支撑城市经济发展，彰显城市发展特色。在明确"四个中心"的首都功能之后，当前北京既能够大规模发展又能够实现首都功能的产业已经屈指可数。特别是在未来建设世界城市的道路上，北京更加需要坚实的产业支撑，才能成为真正有世界影响力的城市。因此，文化产业既是北京的传统优势产业，也符合北京未来的产业发展方向，更是能够弘扬中华民族文化特色、形成世界影响力的重要行业。北京更应充分把握好这一优势和机遇，借力文化产业的发展和壮大，实现首都功能强大、产业基础深厚、经济发展活跃、世界影响力深远的多重目标，推动北京城市发展走向新高度。

2018年6月21日北京市政府发布了《关于推进文化创意产业创新发展的意见》。北京首次明确了创意设计、媒体融合、广播影视、出版发行、动漫游戏、演艺娱乐、文博非遗、艺术品交易、文创智库九大文化产业创新发展的领域，为北京未来文化产业的创新发展开启了新希望，值得期待后续进一步给予相关的支持政策，鼓励创新发展。北京已经在文化产业的顶层设计上提出了一些统筹指导，但是要真正切实发挥作用，还需要将意见落到实处。对此，建议北京在文化产业发展上，应重点着力于以下几个方面。

（一）鼓励创新，加快文化产业融合发展

文化产业不仅可以独立发展，其更强的生命力在于能够与其他产业融合发展，产生更高的附加值。当前，随着我国居民生活水平的不断提升，大家对于带有文化特色的产品需求也在不断增加，但是目前我国的文化特色产品供给还不能满足需求。除此之外，居民在旅游、娱乐、休闲等活动中，对于文化体验的需求也在不断增加，但目前高质量的文化体验供给并不充足，也导致了文化体验消费市场还有巨大的潜力有待释放。

北京拥有良好的文化资源，应尽快鼓励创新，加快文化产业与其他产业的融合，扩大文化产业的辐射力，提高各个产业的附加值。增强文化产业的融合，既能增加产业特色，也能带动文化产业壮大，是相互共赢、互惠互利的过程。以旅游业为例，当前世界著名的旅游目的地都伴有特色文化体验，旅游中的体验也越来越成为旅游中的重要环节。北京如果能进一步将文化与旅游产业融合发展，既能增强旅游行业的吸引力，让更多的人来到北京体验独特的中国文化，也能带动文化核心领域在创意设计、休闲娱乐、内容创作等方面的创新，以旅游消费需求为引导，不断激励文化产业自身发展壮大。

（二）突破局限，创新文化产业发展模式

过去的文化产业发展更加偏重于文化创意产业园模式，尽管这种模式过去创造了不俗的发展成绩，但从当下来看，发展模式较为单一已经成为制约文化产业发展的重要因素。文化产业具有多元性和多样化的特征，文化创意产业园模式对于艺术创作、影视制作、创意设计等部分文化创作型的产业有着积极的推动作用，能够促进相关领域的交流和合作，降低运营成本，获得良好的收益，但这种相对独立的文化创作仅仅是文化产业繁荣的一个领域。

对于文化产业来说，要切实实现产业繁荣，相对独立的创作和向大众普及的文化消费同样重要。文化创作能够源源不断地向大众提供可以消费的文化产品和文化体验，而只有让大众不断地消费文化产品和文化体验才能够为文化产业提供进一步扩展和增长的动力，不断产生新的文化创新。因此，两者是文化产业繁荣的"两翼"，任何一侧不可偏废。

对于供大众消费的文化产品和文化体验，因为需要更加便利地接触到普通居民，过去的文化创意产业园模式不再适用，反而需要分散化发展，以居民社区、商业商圈等为落脚点，让广大居民们出门不远就可以获得较好的文化消费体验。分散式的文化体验中心是实现文化推广和普及的重要方式，应当与集中式的文化创意产业园共同繁荣，才能真正实现文化产业的强大。因此，未来在发展文化产业时，除文化创意产业园外，还需要进一步鼓励分散式的文化体验中心建设，更好地实现文化产业的繁荣。

（三）激发互动，做好政府与市场的分工合作

文化产业的一大特点是政府与市场的分工合作至关重要，因为文化产业中必然有一部分基础文化设施需要政府来负担，而产业的创新和增长部分则可以由市场来提供。政府提供的服务是文化产业发展的基础，市场提供的服务则是文化产业繁荣的必备。没有政府提供的基础文化服务，市场化的文化服务发展就失去了基本的土壤。然而，政府的力量却是有限的，要实现文化产业的繁荣，则必须有市场的力量投入文化，才能不断进行创新。对政府和市场的分工不明确，目前北京文化产业发展明显存在政府力量更多、市场力量不足的情形，导致文化产业还面临创造收入的困境。部分公共文化服务政府希望引入社会资本共同投入，但是公共服务的本质决定了这些项目难以为居民创造收入，只能政府购买，这不仅导致政府负担增加，市场化力量进入文化产业的激励也存在不足。

因此，只有进一步明确政府与市场在文化产业发展中的分工，加强互动与合作，才能激发市场化力量进入文化产业，促进文化供给增加，满足文化消费需求，共同创造文化产业繁荣的新高度。对于政府来说，主要需要做好

两方面的工作：一是需要进一步保障公共基础文化服务的投入，如博物馆、图书馆等文化基础设施建设与运营，部分报纸、书籍、展览等基本文化服务供给，这些基本的文化服务是一个社会文明程度和文化水平的体现，其提供的质量和涵盖的范围体现了一个城市或地区基本的文化氛围，是需要政府保障的文化产业发展基础；二是要引导好文化产业的市场化发展，对于可供市场化发展的文化产业领域，要给予宽松的营商环境，做好规范和监管，鼓励市场有序、平稳地发展。对于市场来说，要根据当前消费者的需求积极地做出相关产品，提供高质量的文化消费体验。从目前出现的若干文化产品消费事件可以看出，我国的文化消费市场在不断扩大，但很多本土品牌难以提供满足市场需求的产品，反而有很多国外品牌在竭力填补这一空白。相关企业应注重资源优化，积极做好相关产品，加强市场培育，真正利用好文化资源，满足市场需求。

（四）完善落户制度，满足行业增长的人才需求

文化本身是抽象的，文化产业发展离不开人才的不断创新。未来，随着北京文化产业的规模增长，其必然会对就业人口产生更大的需求。但是，当前北京已经提出了2300万常住人口的规模上限，未来将进一步通过户籍、居住证等方式控制常住人口。而根据现行制度，北京的人才引进更偏向于高学历人群，相比于高新科技等行业，文化产业中就业人口的高学历比重较低，严苛的户籍政策将不利于文化产业获得足够的人才供给。

因此，建议北京尽快完善积分落户制度，特别是对于文化产业等北京需要大力发展的行业给予适当的政策倾斜，保障相关行业的就业人群建立稳定的工作预期，让他们可以安居乐业。文化产业的创造是以创意作品或艺术成果为最终产出，也是一种非常难能可贵的脑力劳动，相关行业的发展也需要创意设计、市场营销、商业服务等人才辅助。只有获得了足够人才的基础，才能够保障相关的行业蓬勃发展。因此，只有进一步优化人才供给结构，才能保障文化产业拥有持久的发展动力。

参考文献

［1］孔建华：《二十年来北京文化产业发展的历程、经验与启示》，《艺术与投资》2011 年第 2 期。

［2］黄鹤、唐燕：《文化产业政策对北京城市发展的影响分析》，《国际城市规划》2012 年第 3 期。

财政金融篇

Fiscal Financial Market

B.20

2018～2019年北京市财政形势分析

庞世辉*

摘　要：　2018年，北京市财政运行总体平稳，较好地完成了年度预算收支任务；继续实施积极的财政政策，加大科技创新投入力度，支持经济结构转型发展，助力首都经济增质提效；进一步落实非首都功能疏解、加速新机场和城市副中心建设、筹备冬奥会和世园会等重点任务和重大项目；保障"七有"民生建设，满足"五性"民生需求，全面提升人民群众的获得感、幸福感，民生领域重点保障性支出规模连年增高；不断深化财税改革，持续提高财政管理效能。2019年财政收入增长速度趋缓之势仍将延续，重点工程和重大项目资金压力较大，民生保障性支出刚性需求持续增加，存在一定的财政运

* 庞世辉，北京市社会科学院副研究员，研究方向为公共管理、公共财政。

行风险。为确保财政运行安全、财政资金有效使用，需广开财源，加速培育新的财政收入增长点；进一步规范预算管理，加强财政收支管理、绩效管理，健全、完善各项财政管理制度，有效控制财政风险；进一步深化财税改革，运用各种政策工具促进政府与民间资本的合作，充分发挥财政调控经济的杠杆作用，确保2019年北京市财政运行平稳。

关键词： 财政运行　预算收支　财政政策　预算管理　财税改革

一　2018年北京市财政收支情况

北京市2019年预决算报告公布的最终数据显示，2018年全市财政预算收支完成情况较好，顺利完成年度目标，财政运行总体平稳，延续了近年来预算收支规模与质量双增长的势头。继续实行积极稳健的财政政策，坚持质效并重，以改革促管理，以财政投入撬动社会资本，确保财政资金合理、有效地使用，有力地支持首都各项事业的平稳发展。

（一）财政收入规模与质量双增位居全国前列

2018年，全市一般公共预算收入完成5785.9亿元，同比增长6.5%，全年地区生产总值（GDP）预计超3万亿元，增速6.6%左右，二者增幅基本一致。在继续实施减税降费措施的情况下，立足服务首都经济发展，着力巩固金融业、总部经济等支柱财源，大力培育高精尖等新兴财源，强化对企业精准服务，带动财政收入实现了预期目标。

从收入构成看，非税收入797.1亿元，占比13.8%；地方税收收入完成4988.8亿元，增长6.7%，占全市收入比重为86.2%，比上年提高0.1个百分点，财政收入质量在全国位居前列。其中，金融业、房地产业、批发零售业、制造业财政收入规模分别占行业前四位，占整体税收的比重分别为

17.5%、13.5%、11.9%和9.8%，合计超过50%。特别是信息服务业、科技服务业财政收入呈两位数增长，增幅分别为29.1%、18.3%，成为拉动本市收入增长的重要力量。

从地方税收主要收入项目看（见图1），增值税完成1793亿元，增长8.1%，占比35.9%，主要是信息服务业、金融业增长较好，带动增值税实现快速增长；个人所得税完成728.5亿元，增长13.3%，占比14.6%，主要是个人所得税改革后，减税效应显现，增幅有所回落；企业所得税完成1287.7亿元，增长4.7%，占比25.8%，保持稳定运行；其他税收收入1179.6亿元，占比23.7%。

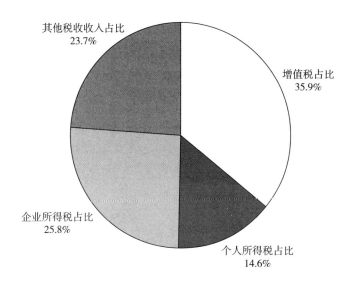

图1 2018年北京市地方税收收入构成

资料来源：北京市财政局网站。

（二）财政支出完成情况超出年初预算

2018年1~12月，全市一般公共预算支出完成7467.5亿元，同比增长9.4%，完成年度预算110.3%（见表1、图2、图3）。从主要科目看，教育支出1025.5亿元，同比增长6.3%；科学技术支出425.9亿元，同比增长

17.7%；社会保障和就业支出835.7亿元，同比增长5.1%；医疗卫生与计划生育支出490.1亿元，同比增长14.5%。财政支出的重点领域依然是科技、教育、医疗卫生、交通运输、城乡社区发展、文化体育及节能环保等，有力地推动了北京市各项重点工作。①

表1　2012～2018年北京市预算收支情况

单位：亿元，%

年度	全市预算收入累计完成	同比增长	全市预算支出累计完成	同比增长
2012	2896.2	9.7	2849.7	13.3
2013	3069.3	11.6	3039.9	14.3
2014	3303.2	10.7	3303.2	17.4
2015	4723.9	13.5	5278.2	14.6
2016	5081.3	12.3*	6161.4	16.7
2017	5430.8	10.8*	6540.5	6.2
2018	5785.9	6.5*	7467.5	9.4

注：＊剔除营改增影响后的同口径增长率。
资料来源：北京市财政局年度决算报告（2012～2018年），北京市财政局官网。

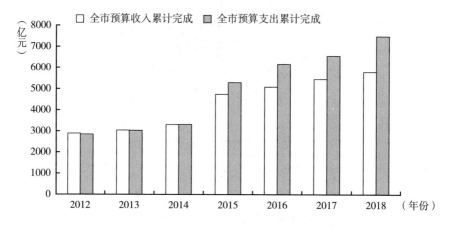

图2　2012～2018年北京市预算收支总额

① 北京市财政局网站。

图3 2012～2018年北京市财政收支同比增长

二 2018年北京市财政运行特点

2018年，北京市财政资金聚焦重点领域和重点项目，较好地保障了城市副中心建设、新机场、城市绿心、"三城一区"、中轴线申遗、"蓝天保卫战"、冬奥会和世园会筹办、疏解整治促提升、美丽乡村、大数据行动计划、"回天"计划、城南行动、对口援建、为民办实事等重点项目资金需求。

（一）保障"七有"民生建设，全面提升人民群众的获得感

保障"幼有所育"。投入40亿元，新建、改扩建152所幼儿园；新增学位30074个；对全市幼儿园园长和教师进行岗位培训。

保障"学有所教"。投入381.2亿元，支持基础教育综合改革；支持在京34所大学和162个学科开展"双一流"建设；推动高校、社会力量参与中小学体育美育发展，惠及15万名学生。

保障"劳有所得"。出台公共服务类岗位安置本市农村转移就业劳动力政策，实现1.3万名农村劳动力就业；出台高校毕业生求职创业等稳就业政

291

策，确保全市就业形势保持稳定。

保障"病有所医"。投入 179.5 亿元，支持深化医药卫生体制改革；支持市属医院医用设备购置和修缮改造；完善院前急救、采供血、疾病预防控制等公共卫生服务体系；建成 34 个紧密型医联体。

保障"老有所养"。投入 12.9 亿元，支持各区建设 182 所养老服务驿站；为全市不少于 5 万名独居、高龄老人提供定期巡视探访服务；扶持社会办养老服务机构发展；支持居家养老服务分类改革试点。

保障"住有所居"。投入 133 亿元，建设筹集各类保障性住房 5.45 万套；分配公租房（含市场住房补贴）3.23 万套（户）以上；完成 3.43 万户棚户区改造，提高群众居住质量。

保障"弱有所扶"。投入 17.3 亿元，用于残疾人就业、教育、辅助器具、职业康复中心等投入，加快残疾人小康进程。①

（二）满足"五性"需求，持续增强人民群众的幸福感

满足"便利性"需求。投入 0.8 亿元，引导全市新建或规范提升各类便民商业网点 1592 个；投入 9 亿元，支持道路疏堵改造工程，改善拥堵地区交通环境，提高交通便利性，提升道路交通能力 5%～30%；投入 295 亿元，实现地铁 6 号线西延和 8 号线三期、四期运营。

满足"宜居性"需求。分别投入 4 亿元、10 亿元和 1.4 亿元，完成中心城区和副中心背街小巷环境整治提升、老旧小区综合改造和小微绿地建设工程；投入近 200 亿元，其中包括市级财政统筹资金 192.2 亿元，中央资金 4.5 亿元，主要用于推广新能源汽车，支持新能源和清洁能源公交车购置及还本付息，淘汰老旧柴油货运车 4.7 万辆；支持完成 450 个平原村煤改清洁能源，基本实现平原地区"无煤化"；退出 656 家一般制造业和污染企业；动态清理整治 521 家"散乱污"企业，有效地保障了本市"蓝天保卫战"

---

① 《解读政府账本，一张图带你看懂北京财政预算报告》，北京市财政局网站，2019 年 1 月 14 日。

的各项任务的实施。2018 年本市 PM2.5 年均浓度 51 微克/立方米，同比下降 12.1%；二氧化硫、二氧化氮和可吸入颗粒物分别同比下降 25%、8.7% 和 7.1%，空气质量持续改善。

满足"安全性"需求。投入 0.2 亿元支持全市 95% 以上的中小学校、托幼机构、养老机构食堂改造，达到"阳光餐饮"标准，保障餐饮安全；投入 4.4 亿元，用于维护疏导路面交通秩序及交通安全标识、设施的更新和维护，保障道路交通安全；投入 1.2 亿元，用于更新购置消防救援和应急抢险装备，有效提升城市应急保障水平，保障城市公共安全。

满足"多样性"需求。投入 15 亿元，支持各区创建 60 个全民健身示范街道和体育特色乡镇；投入 3 亿元，支持冰雪运动开展；投入 0.6 亿元，发放 5000 万元惠民文化消费券；支持开展市民系列文化活动 2 万场；投入 0.5 亿元，扶持 151 家实体书店建设。

满足"公正性需求"。投入 16.8 亿元，保障全市法院依法独立行使审判权；梳理 8 个涉及公平竞争审查的重点领域，完成 33 件政策措施的公平审查；推进政府服务热线整合，畅通民意、民声传达渠道。①

（三）运用多种政策工具，助力首都经济提质增效

多举措优化营商环境，推动首都经济高质量发展。加大科技投入，培育高精尖经济增长点，2018 年北京市市级一般公共预算科技经费预算较上年增长 30.2%，重点聚焦科创中心重点项目、国家实验室培育、新型研发机构、"中关村一区十六园"提升等。其中，基础研究投入较上年增长近 4 倍，有力推动北京成为原始创新策源地；投入经费 31.2 亿元，为科研院所的发展提供了稳定的资金保障；利用创新券鼓励小微企业创新发展；推行节能减排商品消费补贴政策，引导绿色消费，需求拉动经济增长；支持国有企业参与城市副中心和城市基础设施等惠民工程建设，促进国有企业优化经济

---

① 《北京："七有"民生项目提升百姓获得感》，《中国信息报》2018 年 3 月 12 日。

布局和资源配置。①

根据经济发展现实需求，综合运用税收、政府采购、基金、PPP、担保、贴息等政策工具，大力支持民间投资和民营企业发展。落实国家减税降费政策，减轻企业负担，2018 年为全市企业新增减税降费 400 亿元，其中地方级减税 187.8 亿元；充分发挥政府投资引导基金的撬动作用，聚焦高精尖产业领域，引导社会资本推动实体经济发展，市级政府投资基金累计吸引社会资本 2013 亿元；推进政府与社会资本合作，目前已累计 109 个 PPP 项目纳入财政部综合信息平台管理，总投资额 2553.5 亿元，落地率达 88.7%，高于全国平均水平，涉及交通运输、市政工程等 12 个公共服务领域。

（四）深化财税改革，提升财政管理效能

全面实施绩效管理，探索完成学前教育、养老机构运营两项绩效成本预算首批试点，将成本效益分析结果应用于 2019 年预算安排；加速在平原造林养护、院前急救等多个领域开展新一轮试点改革，绩效成本体系正在快速形成；进一步拓展财政绩效评价范围，覆盖财政政策、投资基金、国资预算、部门整体支出、专项转移支付等主要大类，涉及财政资金 582.4 亿元，同比增长 16.9%。

建立国有资产报告制度，首次向市人大常委会报告国有资产管理情况综合报告和地方金融企业国有资产专项报告。

加大预算公开力度，细化公开内容，丰富公开形式。公开范围进一步扩大，除涉密信息外，实现所有使用财政资金的市级部门预决算全部公开；公开内容进一步细化，首次公开部门的政府购买服务指导性目录及预算，新增公开部门的政府采购预算表，具体细化到货物、工程和服务；推动重点支出和重大投资项目公开，进一步推进行政事业性收费公开，将医疗器械产品注册费、药品注册费、特种设备检验费、城市道路占用挖掘收费、污水处理收

---

① 《北京：支持科技创新能力提升》，北京市财政局网站，2018 年 12 月 13 日。

费、水土保持补偿费、诉讼费七项社会关注度高的行政事业性收费首次进行公开；推动所有部门公开绩效评价自评报告；推动市人大预算联网监督工作，方便人大代表对预算编制、预算执行和预算绩效管理等内容随时进行监督。

三　2019年北京市财政形势分析及政策建议

（一）2019年北京市财政形势分析

1. 财政收入增长继续放缓，收支矛盾凸显

2019年1月14日，北京市长陈吉宁在北京市第十五届人民代表大会第二次会议上向大会做政府工作报告时承认，北京市面临经济运行稳中有变、存在下行压力、财政收支矛盾凸显问题。另据北京市财政局提交的预算报告分析，受当前国家已明确的减税降费政策的影响，北京市地方级收入将减少约300亿元人民币。不仅如此，预计2019年国家还将出台更大规模的减税降费举措。长期看，这些举措有利于市场主体减轻税负、进一步释放活力，但不可否认其短期内对财政收入增长带来一定的压力。而曾经作为地方政府高度依赖的支柱型税源产业——房地产业，经过近几年的多番调控，其财政收入的依赖度已由最高的50%以上降至2017年的16.7%，在房地产行业调控政策尚未放开的背景之下，北京房地产业在2019年仍将继续呈下行趋势。虽然北京市一直强调培育新的财源，但一直未能形成可与房地产业创收能力相媲美的可替代、可持续的新的支柱型税源产业，房地产业的持续低迷对北京市财政收入的拉低影响不可小视。预计2019年北京市财政收入增幅有限，地方财政收入预计增幅4%，首次低于地方GDP 6%～6.5%的增长预期。该目标虽然反映了财政部门"稳中求进、稳字当头、合理引导市场预期"的工作思路，但一定程度上也反映出迫于现实发展而不得不降低财政收入预期的无奈。

2. 地方可用财力大幅下降, 市级财政家底渐薄

年度预算报告指出, 从可用财力看, 由于2018年一般公共预算、政府性基金预算的超收收入较以往年度大幅减少, 2019年可动用的上年结转收入、预算稳定调节基金等可用财力大幅下降, 为近年来财力最"紧"的一年。可用财力的大幅下降, 使财政可调用的资金、可调控的空间受到极大的制约, 财政部门比以往更加精打细算, 政府机构和各个预算单位要"习惯过紧日子", 这将是今后若干年预算管理和资金使用的常态。

3. 财政支出刚性增长,"财政紧日子"终于来临

2019年是北京集中办大事的一年, 新中国成立70周年大庆、第二届"一带一路"国际合作高峰论坛、2019年北京世园会等重大活动服务保障需要大量资金投入, 民生需求也需进一步保障。从2019年预算方案看, 财政支出主要用于全力保障国家重大战略、重点活动、全市重点工作、服务首都和改善民生等重点项目, 预算支出总额预计突破7200亿元, 增幅控制在2.2%。有效控制支出规模, 保障各项资金需求, 实现预期目标有一定难度。随着北京城市总体规划逐步实施, 城市副中心建设、社会及保障性民生需求将呈刚性增长, 将进一步加大财政支出压力,"财政紧日子"已经到来。"由俭入奢易, 由奢入俭难","用政府紧日子换来市民的好日子"不是一个轻易就能实现的目标。近年北京需继续落实京津冀协同发展战略、加快疏解非首都功能、筹备冬奥会和冬残奥会, 要树立过紧日子的思想, 并做好长期准备。

4. 深化改革, 提升财政效能面临四大矛盾

近年来, 北京在财政投入方式、支出结构优化、政府采购及政府购买服务等方面进行了改革探索, 取得了一定成效, 但在具体实施中存在事权与财权不对等、责任主体边界不清晰、预算编制不实不细、预算执行不规范不及时、经费支出交叉使用、结余资金规模较大、项目管理不规范、财政监管不到位、资金使用效益不高等问题, 影响了改革效果, 阻碍了财政效能的提升。预算管理中存在的一些突出问题和薄弱环节, 亟待加强。当前, 深化改革、提升财政效能面临四大主要矛盾: 一是北京市正处于经济转型、减量发展的关键时期，财政收入趋缓与落实首都功能定位支出需求的矛盾日趋凸显；二是支出需求刚性增长与支出结构固化、预算执行时效性不强的现象并存；三是各级财政事权与财权不统一的矛盾依然存在；四是全面实施预算绩效管理与基层绩效管理薄弱的矛盾。

（二）政策建议

1. 加大对税源企业的跟踪评估，加快扶持新兴的支柱型税源产业

近年通过功能疏解、区域整治，已经为北京市转型升级积累下较大的发展空间，应抓住构建首都"高精尖"经济结构的契机，充分发挥财政激励引导作用，适时优化税源结构，协同运用产业政策，加快培育新兴的支柱型税源产业；近期，城市副中心及各分区规划相继发布，重点区域、重点领域的行动计划密集出炉，这些都将有望形成新的经济增长点。

建议尽快制定细化的实施方案，进一步明确财政支持的产业范围和重点企业，制定有效的具体措施，催生新兴的支柱型税源产业和税源企业的发展。对于现有的税源产业，重点放在优化产品结构，加快转型升级，增加产品附加值，进一步拓展产业链，带动地方经济发展。加强对税源企业的动态管理和跟踪评估，建立完善的评价机制，监督财政支持政策、措施的落实和使用情况，及时调整扶持政策和支持力度，筑牢支柱型税源企业的根基。

2. 加强财政监督，提高资金使用效益

影响资金使用效益的原因：一是预算单位编制预算过于粗放，内容不具体，缺乏详细的资金支出计划，预算编制缺乏科学合理的论证，加上预算编制时间紧，资金支出内容与项目内容不匹配，造成预算资金与实际支出的差距较大，形成沉淀；二是一些用款单位由于整个项目实施时间较长，施工进度赶不上预算支出进度，造成虚假沉淀，根本在于未按实际需要编制年度预算，存在跨年支付，造成大量的项目资金长时间沉淀在预算部门；三是基层预算单位重项目申报和资金分配，轻资金监管，对资金使用效益关注不够，财政监督不到位，重突击性、专项性检查，日常监督少，对单一事项和某个环节检查多，缺乏全过程的跟踪监督。

建议加强财政支出监督：一是从源头加强预算编制工作，特别是专项资金预算，指导各预算单位细化项目内容，制订详尽的项目实施计划和资金支出计划；二是督促各单位在申报预算后，要及早做好项目前期各项准备工作，及早推进项目实施，在保证质量的前提下督促项目建设进度，确保提升资金使用效率；三是加强预算执行情况和项目实施进度的经常化监督检查，确保资金使用保质增效；四是加强责任追究，对项目支出进度滞后的单位进行通报，对严重滞后的单位要追究相关人员的责任。

3. 梳理财政支出政策，确保财政保障合理适度

财政保障是政府为履行职能和满足社会公共需要而进行的资源配置行为，体现政府的发展目标、政策支持重点和调控方向，其重点在于弥补市场缺陷，财政保障合理、适度是经济社会健康发展的关键。政府财力的有限性决定了财政保障必须有所为有所不为，保障水平必须适度，与社会发展阶段和经济发展水平相适应，保障范围不宜过宽，保障水平不宜过高。分析北京财政保障现状，主要存在以下问题：一是财政保障不尽合理，表现在对公用事业、公共服务领域的运营补贴偏多，对事业单位的保障范围过宽，对居民收入分配的调节，以及对不同人群基本公共服务均等化的保障度不足等。二是保障机制不够完善，养老保障方面存在条块分割、碎片化、缺乏有效衔接，不同保障制度之间待遇相差较大，城乡不均衡；保障性住房政策繁杂、种类繁多，准入和退出不够透明，缺乏动态管理的制度安排，执行效果不明确；一些保障制度设计不够合理，缺乏内在激励约束机制，政策目标难以实现，如养老保险缺少鼓励个人增加缴费的制度设计；医疗保障中缺少有效抑制过度医疗现象的制度设计；科技支出以事前投入为主，重项目申报，轻项目执行和项目产出，缺乏结果导向的评价激励；对经济领域的政策性补贴，多以事前补贴、供方补贴为主，缺乏对执行过程和结果的监督，成效不显著。三是保障供给模式比较单一，缺乏竞争机制。教育、科技、医疗、养老等领域的支出保障，过于依赖政府，对社会开放不够，竞争不足，不利于提高供给效率。四是一些部门出台政策缺乏中长期规划和顶层设计，不考虑财力总量的约束，以政策支持捆绑财政支出，造成刚性支出需求和支出结构固

化，对政策执行效果和财政可承担能力缺少及时的分析、评估，政策效果不显著。

进一步明确财政保障范围和阶段性目标，加强财政支出政策的梳理和规范，加强对各类保障性支出政策的前期论证和财力可承受能力的论证，要求各部门出台政策必须提供相关规划、计划、任务分解和实施方案，以及过程监督检查和动态跟踪方案，确保政策实施效果；进一步明晰政府与市场的关系，减少一般竞争性领域财政投入；进一步完善特惠性保障政策有关准入和退出的动态管理制度，提高政策的公平性、有效性；进一步推动政府购买服务改革，完善激励约束机制和相关制度，积极吸引社会资本进入公共服务重点领域，根据地方需要编制政府购买服务目录，严格执行政府购买服务目录，严禁盲目扩大化；严格划定政府购买服务的范围和边界，落实各市级部门、各区在政府购买服务活动中的主体责任；推进政府购买服务指导性目录公开、年度购买计划公开、决算信息公开、审计及绩效信息公开；加强政府购买服务预算管理，规范政府购买服务项目审批流程，加强过程监管和最终绩效考评，有效提高公共服务供给质量和效率。

4. 夯实预算管理基础，全面提升财政管理效能

进一步明确各级财政部门与预算单位预算管理权限，建立职责明确、分工合理、流程清晰的财政预算体系；夯实预算编制基础，强化"成本控制"的理念，推进分行业、分类别的支出定额标准体系建设；综合考量改革要求、百姓需求和现实财力，提高预算决策的科学性；明确部门职能，根据相关规划、计划和重点工作安排，合理编制预算，力求预算编实编细；按照资金使用计划和支出进度严格执行预算，完善加快预算支出执行进度的通报、约谈和考核机制，避免产生资金沉淀，提高资金使用效率；增强绩效意识，加强全过程、全流程绩效管理，及时清理政策目标已实现、绩效效果不佳的项目；有效整合资金支持方向趋同、内容交叉的项目，防止资金使用的碎片化和低效率；将财政规范化管理向基层单位延伸，指导基层资金使用单位建立、完善内控制度，规范使用预算资金，全面提升财政管理效能。

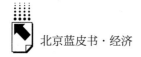
参考文献

[1]《中共中央 国务院关于全面实施预算绩效管理的意见》，新华社，2018年9月25日。

[2] 北京市财政局：《2018年度北京市财政局绩效管理工作自查报告》，北京市常委网站，2019年1月10日。

[3] 章欢庆：《关于加强财政监督的若干思考》，《经济视野》2016年第8期。

[4] 庞世辉：《2017～2018年北京市财政形势分析》，载《北京经济发展蓝皮书》，社会科学文献出版社，2018。

B.21
2018~2019年北京市金融运行形势分析与预测

苏乃芳*

摘　要： 本文分析了2018年北京市金融运行特点，发现存贷款增速总体平稳，其中人民币存款增速明显提高，人民币贷款增速保持平稳，外币存款增速放缓，外币贷款继续负增长，融资结构不断优化，贷款利率、债券融资成本持续下行。需要关注民营及小微企业的融资压力和违约风险、房地产市场的潜在风险与问题、表外融资回表的阻碍以及互联网金融风险等。建议采取多种方式改进和深化民营及小微企业金融服务、继续保持房地产金融调控政策的稳定性并积极服务于长效调控机制建设，进一步畅通货币政策传导渠道和机制，继续完善北京地区互联网金融风险专项整治机制并加大清理整顿力度。

关键词： 金融　存款贷款　民营企业　房地产

一　北京市金融运行特点

2018年以来，北京市坚持稳中求进工作总基调，牢固树立新发展理念，

---

* 苏乃芳，统计学博士，中国人民银行营业管理部金融研究处助理研究员，主要研究方向为宏观经济、货币政策等。

以供给侧结构性改革为主线，紧紧围绕首都城市战略定位，不断提高发展质量，全市经济运行平稳、稳中提质。北京市金融业总体平稳运行，货币政策松紧适度，存贷款增速总体平稳，为首都经济高质量发展提供了稳定适宜的货币金融环境，对实体经济的支持力度不断加大。

（一）存款保持较高增速，外币存款增速低于本币存款

2018年以来，全市金融机构（含外资金融结构，下同）本外币存款在波动中增长，增速总体提高。截至12月末，全市本外币存款余额157092.2亿元，[①] 同比增长9.3%，占全国本外币存款余额的8.6%，比年初增加13376.0亿元，同比多增7387.2亿元。从存款币种来看，人民币存款增速明显提高，外币存款增速有所回落。

1. 人民币存款增速明显提高

2018年12月末，全市金融机构人民币存款余额150430.4亿元，同比增长9.3%，比全国高1.1个百分点，比上年同期高5.1个百分点；占全国金融机构存款余额的8.5%；比年初增加12797.1亿元，同比多增7321.4亿元；占全国金融机构新增存款的9.6%。

2018年全年，人民币存款增速总体呈前低后高态势。一季度增速较低，北京市人民币存款余额138859.7亿元，同比增长4.7%，较上年同期低4.9个百分点，比年初增加1226.4亿元，同比多增710.8亿元。二季度增速提升，6月末人民币存款余额147032.3亿元，同比增长9.3%，较上年同期高5.1个百分点，比年初增加9398.9亿元，同比多增7049.2亿元。存款增速显著上升主要受到季末同业存款大幅增加的影响，剔除同业存款后，人民币存款同比增长8.6%。三季度保持高速增长。9月末，人民币存款余额152451.3亿元，同比增长11.3%，比年初增加14818.0亿元，同比多增

---

① 如无特别注明，本文北京市数据全部来自中国人民银行营业管理部《北京市金融机构信贷收支统计月报》（2018年1~12月）。注意到2018年1月起，国家开发银行企业局数据调出北京市金融统计机构范围，在本文中计算同比时2017年数据也进行了相应的调整。全国数据全部来自Wind。

10040.1亿元。四季度增速放缓。受偿还到期表外存量债务、企业存款减少等因素的影响，10月和12月人民币存款余额分别净减少400.5亿元和2947.0亿元，因此增速有所回落（见图1）。

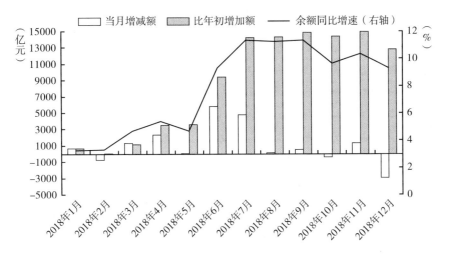

图1 2018年北京市金融机构人民币存款增长情况

2. 非金融企业存款增速出现较大幅度下滑

2018年12月末，北京市金融机构人民币非金融企业存款余额为54139.3亿元，占全部存款的比重为36.0%，比年初增加844.0亿元，同比少增2274.0亿元。非金融企业存款增速出现较大幅度下滑，截至2018年12月末，非金融企业存款余额同比增长1.3%，比上年同期下降4.9个百分点，新增非金融企业存款占全部新增存款的比重为6.6%，比上年同期下降50.3个百分点。非金融企业存款增速出现较大幅度下滑，一是由于经济下行压力大，企业资金面趋紧；二是供给侧结构性改革去杠杆效果明显，非金融企业部门债务规模下降，同时许多企业需偿还到期表外存量债务，这降低了贷款派生存款能力，因此存款增速大幅降低；三是企业存款向同业存款转化的趋势比较明显，大量企业存款被资管产品分流。

3. 住户存款增速大幅提高

2018年12月末，北京市金融机构人民币住户存款余额为32507.8亿元，占全部存款的比重为 21.6%，比年初增加 3540.6 亿元，同比多增 2590.6 亿元。住户存款增速大幅提高，截至 2018 年 12 月末，住户存款余额同比增长 12.2%，比上年同期提高 8.9 个百分点，新增住户存款占全部新增存款的比重为 27.7%，比上年提高了 10.3 个百分点。住户存款增速提高的原因是多方面的：一是受连续降息影响，定期存款利率不断下降，居民投资意愿上升，但 2018 年互联网金融监管趋严的同时，房地产市场和股票市场持续低迷，大量资金回流至居民手中后并无好的投资渠道，居民只能持币等待投资机会；二是在资管新规及监管趋严背景下，银行理财产品增速放缓，个人表外理财占比明显下降，因此住户存款余额增速提高。

4. 非银行业金融机构存款增长迅速

2018 年 12 月末，北京市金融机构人民币非银行业金融机构存款余额 23601.8 亿元，占全部存款的比重为 15.7%，比年初增加 3564.6 亿元，同比多增 7060.8 亿元。非银行业金融机构存款增长迅速，截至 2018 年 12 月末，非银行业金融机构存款余额同比增长 18.7%，比上年同期提高 33.6 个百分点，高于全部人民币存款增速，是拉动人民币存款增速提升的重要原因。非银行业金融机构存款增长迅速的具体影响因素如下：一是 2017 年在金融降杠杆的作用下非银行业金融机构的存款总体下滑，基数较低；二是 6～7 月证券、保险、财务公司等非银行业金融机构归集或调拨资金流入。

5. 活期存款增速有所提高，定期及其他存款增速小幅下降

2018 年 12 月末，北京市金融机构人民币活期存款余额 31283.7 亿元，比年初增加 1181.8 亿元，同比多增 644.2 亿元。年内活期存款余额增速保持平稳，截至 12 月末，金融机构人民币活期存款余额同比增长 3.7%，比上年同期大幅提高 1.6 个百分点。活期存款余额增速提高的原因是多方面的：从住户部门来看，2018 年因房市、股市表现低迷，资金回流至居民手中后沉淀为活期存款，居民活期存款余额增长 8.4%。从非金融企业部门来看，受去杠杆和同业产品分流的影响，企业活期存款余额增长 0.6%，增速放缓。

2018 年 12 月末，北京市金融机构人民币定期及其他存款余额 55363.4

亿元，比年初增加 3202.7 亿元，同比少增 327.6 亿元。定期及其他存款增速小幅下降，截至 12 月末，金融机构人民币定期及其他存款余额同比增长 5.9%，比上年同期下降 1.1 个百分点。从住户部门来看，资管新规使个人表外理财占比明显下降，因此住户定期存款大幅增加，余额增速达到 15.0%。从非金融企业部门来看，2018 年以来发债成本较低，企业在债券市场净融资较上年大幅提高，使定期及其他存款增速放缓，余额增速为 1.6%。

6. 外币存款增速大幅下滑

2018 年 12 月末，北京市金融机构外币存款余额 970.7 亿美元，比年初增加 39.7 亿美元，同比少增 88.3 亿美元。余额同比增长 4.3%，比上年同期降低 11.7 个百分点。其中，境内非金融企业外币存款余额 391.8 亿美元，同比降低 2.3%，比上年同期下降 4.5 个百分点，比年初减少 9.4 亿美元，同比少增 17.7 亿美元。境内住户外币存款余额 220.2 亿美元，同比增长 1.7%，比上年同期提高 1.1 个百分点，比年初增加 3.6 亿美元，同比多增 2.4 亿美元。境外外币存款余额 210.2 亿美元，同比增长 25.8%，比上年同期降低 163.5 个百分点，比年初增加 43.1 亿美元，同比少增 66.2 亿美元。外币存款增速下降的主要原因如下：一是 2017 年在利率上行的影响下外币存款基数较高；二是受中美贸易摩擦的影响企业跨境项目需求下降，外币资金流动性缺口减少，因此企业外币存款减少。

（二）贷款增速保持平稳，非金融企业贷款大幅增加

2018 年 12 月末，北京市金融机构本外币各项贷款余额折合人民币为 70483.7 亿元，同比增长 11.7%，占全国本外币各项贷款余额的 3.9%，比年初增加 7191.4 亿元，同比多增 659.7 亿元。从贷款币种来看，人民币贷款增速保持平稳，外币贷款总体下滑。

1. 人民币贷款增速保持平稳

2018 年 12 月末，北京市金融机构人民币贷款余额 66767.0 亿元，同比增长 12.5%，比全国低 1.0 个百分点，比上年同期提高 0.5 个百分点；占全

国金融机构贷款余额的 4.9%；比年初增加 7355.2 亿元，同比多增 1006.5 亿元；占全国金融机构新增贷款的 4.5%。

2018 年全年，人民币贷款增速总体呈波动态势。一季度增速相对较高，3 月末北京市人民币贷款余额 62052.3 亿元，同比增长 13.8%，较上年同期高 3.2 个百分点，比年初增加 2640.6 亿元，同比多增 1107.8 亿元。二季度增速有所放缓，6 月末人民币贷款余额 64087.6 亿元，同比增长 12.8%，较上年同期高 0.3 个百分点，比年初增加 4675.8 亿元，同比多增 832.3 亿元。三季度增速提高，9 月末人民币贷款余额 66311.5 万亿元，同比增长 13.5%，较上年同期高 1.5 个百分点，比年初增加 6899.8 亿元，同比多增 1472.7 亿元。四季度增速放缓，2018 年前 11 个月北京地区人民币贷款余额增速均在 12.8% 以上，但由于大型央企集团年底降杠杆集中还款以及北京市副中心部分重点建设项目提前还款等原因，12 月当月北京地区人民币贷款余额净减少 63.8 亿元，增速也因此回落（见图 2）。

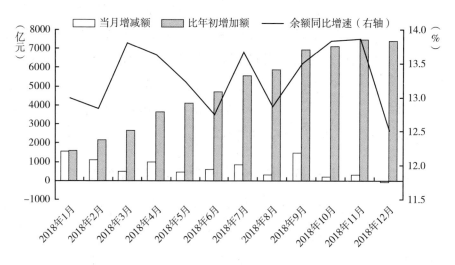

图 2　2018 年北京市金融机构人民币贷款变化情况

2. 短期贷款增速降低，中长期贷款增长相对稳定

2018 年 12 月末，境内人民币短期贷款余额为 21170.8 亿元，比年初增加 1594.5 亿元，同比多增 1006.9 亿元，同比增长 8.4%，增速比上年同期

降低 6.5 个百分点；中长期贷款余额为 42320.0 亿元，比年初增加 5057.4 亿元，同比多增 363.5 亿元，同比增长 13.6%，增速比上年同期降低 1.0 个百分点。

从住户部门来看，2018 年以来，各银行将经营策略转向个人消费贷款，导致住户部门的短期消费贷款较快增长，带动住户短期贷款全年同比增长 25.5%，为近三年同期最高水平。同时由于房地产市场持续低迷，个人住房贷款增长放缓，住户部门中长期贷款增长放缓，增速为 6.4%，处于近三年来最低水平。从非金融企业及机关团体来看，由于贷款利率持续下行，非金融企业中长期贷款增长显著，同比增长 18.3%，全年增加 4122.1 亿元，同比多增 1608.8 亿元。同时受到经济增速放缓的影响，非金融企业及机关团体短期贷款增速降低，增速为 6.7%，比上年同期低 9.0 个百分点。

3. 房地产贷款增速下滑，购房贷款增长放缓是增速下滑的主要原因

2018 年 12 月末，全市金融机构人民币房地产贷款余额 17329.6 亿元，同比增长 6.0%，比年初增加 973.5 亿元，同比少增 956.2 亿元。其中，房地产开发贷款余额为 5798.1 亿元，同比增长 12.3%，比年初增加 636.5 亿元，同比多增 229.7 亿元。购房贷款余额 11415.9 亿元，同比增长 3.3%，比年初增加 359.4 亿元，同比少增 1177.9 亿元。购房贷款增长放缓是房地产贷款增速下滑的主要原因。

房地产开发贷款中，地产开发贷款平稳增长，房产开发贷款增长较多。2018 年全年，地产开发贷款增加 135.3 亿元，同比多增 127.1 亿元，余额增速为 7.0%；房产开发贷款增加 501.2 亿元，同比多增 102.5 亿元，余额增速为 15.6%。地产开发贷款中，政府土地储备机构贷款进一步下行，12 月末贷款余额 11.7 亿元，同比下降 15.7%，比年初减少 2.2 亿元。房产开发贷款中，住房开发贷款大幅提高，余额增速达到 43.5%，比年初增加 694.2 亿元，同比多增 570.5 亿元，其中保障性住房开发贷款余额增速达到 65.8%，比年初增加 398.1 亿元，同比多增 167.4 亿元。保障性住房开发贷款大幅增长的原因在于，为贯彻落实"住房不炒"的决策定位，北京市强化保障住房金融支持，对保障住房、租赁住房从供需两侧发力给予全方位、

分层次的信贷支持，积极支持金融机构向符合要求的住房租赁企业发放开发建设贷款、经营性贷款，支持金融机构发行住房租赁专项金融债，支持企业发行住房租赁专项债券。除保障性住房开发贷款外，商业用房开发贷款比年初增加183.9亿元，同比少增6.4亿元；其他房产开发贷款比年初减少376.9亿元，同比少增461.5亿元。

随着一系列房地产调控措施相继出台，北京房地产市场明显趋于平缓，购房贷款增幅同步回落。2018年12月末，个人购房贷款余额10682.5亿元，同比增长1.6%，比年初增加167.5亿元，同比少增1302.5亿元。企业购房贷款余额733.3亿元，同比增长35.4%，比年初增加191.9亿元，同比多增124.6亿元。2018年以来，人行营业管理部密切与市住建委、北京银监局等单位合作，坚持从严住房信贷政策不放松，努力实现"稳房价、稳地价、稳预期"的阶段性目标，着力构建支持住房市场和保障"双体系"的金融服务模式。在此作用下，个人住房贷款新增额大幅缩减，保障房开发贷款快速增长。

4. 非金融企业及机关团体贷款增速提高

2018年12月末，全市金融机构非金融企业及机关团体人民币贷款余额48361.9亿元，比年初增加6172.3亿元，同比多增1690.5亿元，同比增长14.8%，增速比上年同期提高2.9个百分点，增速、增加额均为近五年同期最高，成为贷款增长的主要驱动力。非金融企业及机关团体贷款增速回升的原因在于几个方面：一是贷款利率相对较低，使得企业债券融资需求向信贷需求转化，促进企业贷款增速提高；二是在金融去杠杆政策的作用下银行信贷回归实体企业。2018年非银行业金融机构贷款延续上年下降态势，人民币非银行业金融机构贷款余额443.9亿元，同比下降34.4%，比年初减少233.2亿元，反映出金融资本"体内循环"情况减少，对实体经济的支持力度加大。

5. 金融对重点领域、特色产业的支持力度加大

北京市金融机构对重点发展领域和特色产业给予差别化信贷支持。2018年末，北京市金融机构普惠领域小微企业人民币贷款（不含票据贴现，下

同）余额 2746.2 亿元，同比增长 30.3%，为 2015 年以来最高增速。2018年，北京市普惠领域小微企业人民币贷款累计新增 685.2 亿元，其中，单户授信 500 万元以下境内小型企业人民币贷款累计新增 211.7 亿元，单户授信 500 万元以下境内微型企业人民币贷款累计新增 47.7 亿元。

高新文创等行业贷款增长较快。2018 年 12 月末，北京市中资银行高新技术产业人民币贷款余额（不含票据融资）3841.3 亿元，同比增长 16.9%。其中，国家重点支持的高新技术领域中增长较快的为航空航天技术、高技术服务业、资源与环境技术、新能源及节能技术，贷款余额同比增速分别为 261.1%、57.0%、37.5%、34.0%。文化创意产业人民币贷款余额（不含票据融资）1679.8 亿元，同比增长 19.3%。其中，增速较快的为设计服务、旅游休闲娱乐、广告会展和艺术品交易，贷款余额同比增速分别为 95.3%、49.8%、38.0% 和 26.8%。

6. 外币贷款规模总体下滑

2018 年 12 月末，全市金融机构外币贷款余额为 541.5 美元，比年初减少 52.3 亿美元，同比少增 112.1 亿美元，同比下降 5.6%，增速比上年同期降低 17.3 个百分点。其中，境内贷款减少 49.1 亿美元，同比少增 53.7 亿美元，境外贷款减少 3.3 亿美元，同比少增 58.4 亿美元。在境内贷款中，全年短期外币贷款增加 1.5 亿美元，同比少增 13.0 亿美元，中长期外币贷款减少 50.7 亿美元，同比多减 41.4 亿美元。外币贷款降幅持续收窄，是由于 2018 年以来人民币对美元稳中有降，企业外币负债去杠杆化仍在持续，一方面新增外币负债需求较低，另一方面到期偿还外币负债或以人民币负债替代外币负债的需求较大，综合导致外币贷款规模的持续下降。

（三）直接融资规模有所提高

2018 年，北京地区社会融资规模大幅提高，达到 17784.3 亿元，同比多 7827.9 亿元。从融资结构看，贷款增加 7573.2 亿元，同比多增 366.8 亿元；企业债券融资额增加 7006.1 亿元，同比多增 9754.0 亿元；非金融企业

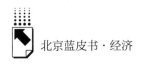
境内股票融资额为 386.9 亿元，同比减少 571.8 亿元，直接融资比例有所提高，融资结构不断优化。金融机构表外融资在金融去杠杆的作用下大幅减少，北京地区实体经济通过委托贷款、信托贷款和未贴现的银行承兑汇票等金融机构表外合计净融资减少 2621.4 亿元，同比减少 5403.6 亿元。

（四）贷款利率、债券利率持续下行

2018 年以来，人民币贷款利率水平走高后呈回落态势。2018 年，北京辖区内金融机构一般贷款加权平均利率 1~7 月振荡上行，继 5 月突破 5.2% 后，7 月攀升至 5.3856%；8~12 月呈现振荡回落态势，12 月回落至 4.9315%，较上年同期高出 8 个 BP。小微企业贷款利率明显下降。12 月，小型企业贷款加权平均利率为 5.2857%，环比和同比分别下降 15 个 BP 和 20 个 BP；微型企业贷款加权平均利率为 4.8881%，环比和同比分别下降 36 个 BP 和 12 个 BP。2018 年，北京地区同业拆借利率大幅回落后保持平稳运行，略低于全国均值。与此同时，银行间市场质押式债券回购利率大幅下降。12 月正、逆回购利率分别为 2.7154% 和 2.6807%，分别同比下降 51 个 BP 和 34 个 BP，较全国均值分别高 4 个 BP 和 1 个 BP。货币市场利率下行走势带动票据市场利率冲高后大幅回落，票据市场利率 12 月为 3.7553%，同比降幅为 93 个 BP。

二 关于当前金融运行几个问题的思考

（一）民营及小微企业的融资压力和违约风险仍需关注

2018 年以来，北京市金融部门已采取了一些措施积极支持民营企业和小微企业发展，但受国内经济下行压力加大、用工成本高、税费负担重、原材料成本提高等影响，民营企业及小微企业仍面临多方面的压力：一是民营及小微企业融资成本较高。以债券融资为例，民企普遍反映债券发行投资人谨慎、融资成本明显高于银行贷款等问题。2018 年第四季度，北京地区民

营企业仅发行 15 只债券,加权平均利率达 7.18%,比同期贷款利率高约 200 个 BP。二是信用违约风险值得关注。2018 年以来,北京市辖内民营企业债券违约风险事件频发,共有 6 家民企的 12 只债券违约,违约本金达 110.5 亿元,涉及民企家数和违约金额均为历史之最。这在一定程度上受到股市持续下行、债券违约率明显攀升、市场信心不足等多重因素的影响,未来再融资渠道可能进一步收紧。三是信用环境仍有待改善。小微企业贷款以抵(质)押贷款和保证贷款为主。抵(质)押物和担保贷款有助于降低小微贷款的风险,但也提高了小微企业贷款的条件及成本,是造成小微企业融资难的一个重要因素。

(二)房地产市场保持平稳,潜在风险值得关注

2018 年,北京市坚持"稳房价、稳地价、稳预期"的目标,全年看房地产市场保持平稳,房价地价稳中趋降,住房信贷杠杆降低,个人住房贷款首套房贷利率水平处于历史高位,保障居住金融体系逐步完善。在房地产市场保持平稳的同时,一些潜在风险仍需关注:一是房价稳定预期尚不明确。"3·17"政策出台以来,北京房价连续 21 个月基本保持平稳,但近期各地房地产政策变化和降低存款准备金率对市场预期形成一定冲击,北京房地产市场由于长期单边上行,相对而言较易形成房价上涨预期。预期波动加上史上最严调控下形成的需求"蓄水池",或将在未来对房价造成一定的上涨压力,市场形势变化还需密切关注。二是房企不同程度面临资金紧张问题。住房市场经过近 20 个月的调整,去化周期拉长,房企资金回笼速度明显变慢。房企通常采取快建快销的滚动开发模式,购房客户备付金在房企负债中的占比较高。尽管开发贷款增长明显,但难以冲抵备付金的下降,特别是部分高价拿地的开发商资金链风险明显加大。三是资金绕道进入房地产市场值得关注。2018 年房企境外融资呈现新变化,为缓解资金压力,房地产企业积极寻求境外融资,包括境外发债、延期偿还外债等。融资租赁公司外债呈爆发式增长,融资租赁公司境外融资后绕道进入房地产领域相关风险亟须密切关注。

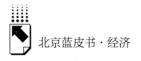
（三）表外融资持续减少，非标资产回表尚存在较大阻碍

2018 年以来，在金融去杠杆和资管新规等政策的影响下，北京地区社会融资规模中表外融资项持续收缩，全年委托贷款、未贴现的银行承兑汇票和信托贷款共减少 2621.4 亿元，上年增加 2782.2 亿元。其中，委托贷款、未贴现的银行承兑汇票和信托贷款分别减少 1783.8 亿元、503.5 亿元和 334.1 亿元，同比多减 2865.4 亿元、633.1 亿元和 1905.0 亿元。委托和信托贷款下降的原因有以下几个方面：一是金融监管政策陆续出台以及金融监管部门的非现场监督和现场检查，导致银证类、银信类通道业务受限，业务数量和规模显著减少；二是受经济增长放缓及企业信用风险事件频发等因素影响，金融机构开展相关业务更加谨慎；三是企业资金面普遍趋紧，对公客户办理委托贷款的能力和意愿也有所下降。值得关注的是，由于资本金、流动性、存贷比等监管约束或项目本身不符合表内授信政策要求，表外非标资产回表存在困难，进展缓慢，目前大部分银行并未制订明确的回表计划。

（四）互联网金融领域风险依然复杂严峻，整治收尾期也可能是风险高发期

2018 年北京市加大互联网金融整治力度，互联网金融行业的内部风险和外溢风险值得关注：一是北京地区互联网金融总部化、集团化、综合性经营特征明显，部分大型平台股权结构和关联关系复杂，各业务板块运营主体跨区域经营，资产端业务关联交叉，网贷业务"资管化"、资管业务"交易所化"等特征明显，风险的传染性和隐蔽性较强。二是互联网金融风险与民营企业风险交织。以海航系、凤凰系为代表的互联网金融机构涉及 P2P、资产管理等多个被整治领域，其业务部分涉及自融或出险民企，违规业务整治清理面临更加复杂的局面。三是 P2P 清理整顿工作已逐渐进入机构清退阶段，北京地区未纳入专项整治范畴的 200 余家 P2P 在营平台需逐渐退出市场，在退出过程中可能存在的资金抽逃风险、涉众风险不容忽视。

三 政策建议

（一）采取多种方式改进和深化民营及小微企业金融服务

加快形成政策合力，为进一步落实小微企业和民营企业相关政策措施提供支持。一是完善定向差别化金融支持措施，引导结构调整。继续完善定向降准、降息政策，引导商业银行调整贷款结构。二是大力发展直接融资，鼓励"直接融资＋间接融资""信贷＋担保"等多层次融资方式，例如依托全国中小企业股份转让系统拓展融资渠道、加强商业银行和保险公司的合作，引导保险公司扩大小微业务的保险品种等。三是完善债券融资支持工具支持民营企业债券市场融资的长效机制，制定全国统一的企业筛选标准，完善风险分担机制，推动地方政府加大政策性融资担保机构支持作用，加强与地方民营企业纾困基金的配套联动。

（二）保持住房信贷政策基本稳定，推动建立房地产长效机制

继续保持房地产金融调控政策的稳定性，完善房地产金融宏观审慎管理框架，统筹做好首都经济发展、房地产市场和房地产金融的协调发展。稳步推动建立健全长效调控机制。加快保障居住金融服务体系建设，强化保障住房金融支持，完善租赁住房金融服务。高度关注高负债开发企业的资金面情况，健全房企经营及融资情况监测机制，避免债券违约及风险外溢。

（三）进一步畅通货币政策传导渠道

加强货币政策的结构性引导，疏通货币政策向实体经济的传导渠道，引导市场多元化融资渠道发展。允许金融机构满足表外融资的合理需求，通过多渠道填补"影子银行"收缩后的信贷需求。

（四）继续完善北京地区互联网金融风险专项整治机制，加大清理整顿力度

加快互联网金融监管协调机制建设，加强各成员单位之间的监管协同与配合，按照穿透式监管原则，共同做好对集团类、综合性互联网金融平台的监管与处置。积极引导未纳入整治范畴的 P2P 网贷平台良性退出，建立清晰可行的市场退出机制，加强平台资金监控，建立风险应急预案，妥善化解潜在风险隐患，切实保护投资人利益。

参考文献

［1］杨松主编《北京经济发展报告（2017～2018）》，社会科学文献出版社，2018。

［2］中国人民银行营业管理部调查统计处：《北京市金融机构信贷收支统计月报》，2018 年 1～12 月。

区域发展篇

Regional Development

B.22

海淀区产业高质量发展
现状、问题与对策建议

李柏峰*

摘　要：　习近平总书记在党的十九大报告中明确指出"我国经济已由
高速增长阶段转向高质量发展阶段"。当前，北京正在经历从
"集聚资源求增长"到"疏解功能谋发展"的新阶段，减量
发展是特征，创新发展是出路，高质量发展才是根本要求。
对于海淀经济发展和产业发展来说更是如此，改革开放40多
年来，海淀经济发展实现了从量的增长到质的提升，经济社
会发展的各方面已经达到"发展高原"，未来海淀如何迈向
"发展高峰"，助力产业实现高质量发展，是摆在全区经济发

---

* 李柏峰，北京方迪经济发展研究院部门经理，主要研究方向为区域经济、产业经济、科技创
新政策等。

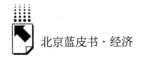

展面前的一个重要课题。

关键词： 海淀区　产业　高质量发展

近年来，海淀以创新引领经济发展特征凸显，经济规模持续扩大，产业结构加快升级，产出效益水平不断提升，科技成果加速涌现，为北京建设全国科技创新中心、构建"高精尖"经济结构提供了坚实基础和重要支撑。2018年，预计地区生产总值突破6400亿元，增长7.5%以上，海淀以不足全市3%的土地面积创造了全市21%的地区生产总值，经济规模和对全市经济增长贡献率均居各区首位。总体来看，当前海淀区产业已处于高质量发展的高点起步阶段。但是，站在全球视野，与加州、纽约、波士顿、伦敦、东京等国际发达城市、创新区域的产业发展水平相比，海淀区在产业发展质效、结构高端水平、创新能级、企业竞争、高端人才等方面仍然存在很大差距。

一　海淀区产业高质量发展现状

（一）服务业成为主导产业，高新高端产业集群加速形成

三产结构比已接近甚至超过国际创新区域水平。2017年，海淀区第三产业实现地区生产总值达5311.6亿元，占全区地区生产总值的比例达89.4%；全区三次产业结构为0.03∶10.60∶89.40，第三产业占比明显高于美国加州、麻省以及德国巴符州等国际区域，更接近于纽约州、东京都，服务业已成为带动海淀区产业高质量发展的支柱产业（见图1）。

产业结构持续优化升级，信息产业对全区经济发展的带动作用显著。2017年，海淀区计算机、通信和其他电子设备制造业实现产值1169.3亿元，占全区规模以上工业总产值的比重高达56.8%；信息传输、软件和信

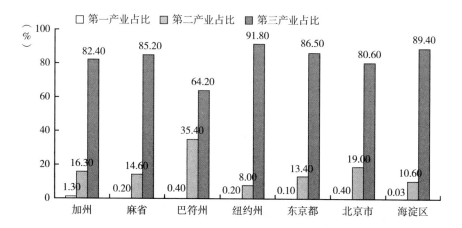

图1 2017年海淀区与国际创新区域三次产业结构对比

息技术服务业企业实现收入4692.9亿元，占全区服务业总收入的比重高达50.6%。在人工智能（以百度、旷世科技、商汤科技等为代表）、集成电路（以紫光展讯、寒武纪为代表）等信息产业关键核心领域不断取得前沿技术创新突破，进一步带动了大数据、智能硬件、可穿戴智能装备、智能网联汽车等关联高技术产业的技术升级和产品创新，也带动全区产业结构不断向高精尖方向优化升级。

以高新高端为特征的创新型企业集群不断发展壮大。随着信息产业的新技术新产品向其他产业不断渗透，以"互联网＋"、人工智能、大数据等技术应用为特征的新业态新模式不断涌现，带动平台经济、数字经济、共享经济等新经济快速发展。从最具潜力的"独角兽"企业来看，2017年，海淀区"独角兽"企业数量达35家，约占北京市的52%，占全国的25%，总估值接近1500亿美元，持续引领全国产业技术变革和产业发展方向。从新兴产业集群来看，注册在海淀区的人工智能企业占北京市的六成、全国的1/5，已初步形成基础层、核心技术层和应用层全产业链布局的人工智能产业集群。

（二）质量效益稳步提升，资源利用效率位居全市前列

全社会劳动生产率稳步提升。2017年，海淀区实现地区生产总值

5942.8亿元，按全部法人单位从业人员计算，全社会劳动生产率为23.6万元/人，比上年增长5.8%，2012～2017年年均增长5.5%，实现稳步提升（见图2）。按区域行政区划面积计算，海淀区地均增加值13.8亿元/平方公里，在全市排名第三，仅次于西城区和东城区（见图3）。

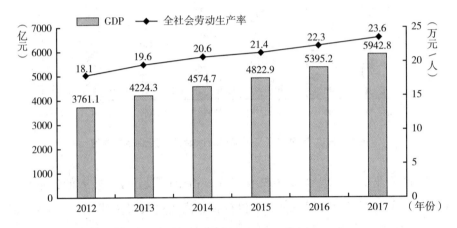

图2　2012～2017年海淀区GDP与全社会劳动生产率

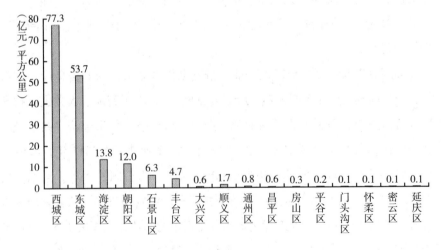

图3　2017年北京市各区地均GDP（按行政区划面积计算）

资源利用效率位居全市前列。2017年，海淀区万元地区生产总值能耗为0.12吨标准煤，比上年下降了7.7%，在全市排名第二，仅次于西城区（见

图4）；万元地区生产总值水耗为6.1立方米，比上年下降了3.9%，仅相当于全市万元地区生产总值水耗（14.1立方米）的42.9%，资源利用效率进一步提升。

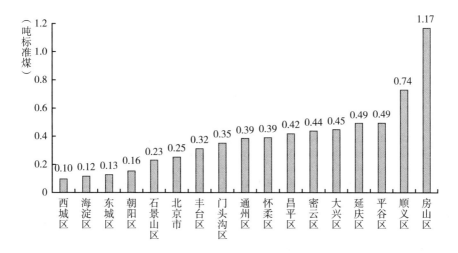

图4　2017年北京市及各区万元地区生产总值能耗

（三）产业创新成果加速涌现，科创中心核心区地位更加凸显

研发投入强度水平已居全球前列。2017年，海淀区全社会R&D经费投入580.6亿元，占全市的比重达36.4%，稳居全市各区首位；全区研发投入强度已处于国际领先水平，R&D投入强度达9.8%，比全市高4个百分点，比OECD国家的平均水平高7.4个百分点，也高于以色列（4.3%）、韩国（4.2%）、日本（3.5%）等创新型国家研发水平（见图5）。

高质量创新成果不断涌现。2017年，海淀区每万人发明专利拥有量达272件，是北京市的2.9倍、全国的28倍（见图6）；有效发明专利拥有量累计数达94524件，占全市的比重达46%；全区PCT专利申请受理量2025件，占北京市PCT专利申请受理总量的40%，同比增长15.3%；[①] 全区各

---

① 资料来源：《中国（北京·中关村）知识产权保护中心签约仪式暨2018中关村知识产权论坛在海淀隆重举行》，海淀区知识产权服务平台官网，2018年4月27日。

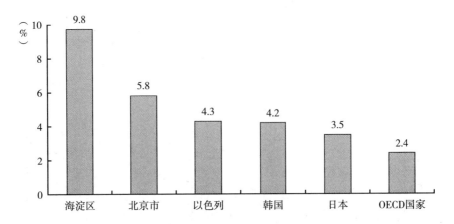

图5　2017年海淀区R&D投入强度与其他区域的对比

类创新主体参与制定国际标准88项，占全市的比重达80%，参与全球竞争的创新能力进一步增强；原创科技成果不断涌现，比特大陆的第二代人工智能芯片BM1682领先于国际同行，梦之墨的液态金属电子增材制造技术属于全球首创，柏惠维康研发的国内首款神经外科手术机器人填补了国内空白，寒武纪推出世界首款商用深度学习专用处理器，入选了第三届世界互联网大会评选的15项"世界互联网领先科技成果"。

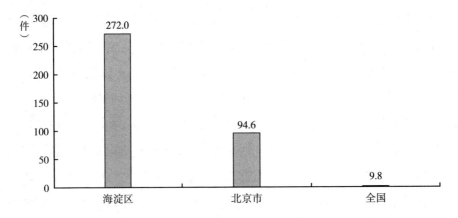

图6　2017年海淀区、北京市、全国的每万人发明专利拥有量

（四）营商环境进一步优化，升级版双创生态逐步凸显

营商环境不断优化。海淀区全面推进"多证合一"，进一步精简企业办事流程，实现全程电子化工商登记，政务服务"一网通办"成效明显，商事服务效能水平明显提升。持续推进服务业扩大开放综合试点，放宽外资企业市场准入，进一步降低企业创业门槛。进一步加强知识产权司法保护力度，不断拓宽知识产权保护渠道，营商法治环境不断改善，为产业结构转型升级和经济提质增效提供坚强后盾。

双创服务资源富集。2017 年，全区国家重点实验室、国家工程研究中心、国家工程技术研究中心、国家级企业技术中心等国家级创新平台占全市一半以上，占全国的1/8。已形成全链条创业孵化服务体系，拥有集中办公区 148 家、国家级众创空间 98 家、市级众创空间 105 家、创新型孵化器 69 家、留学人员创业园 22 家、大学科技园 19 家、科技企业加速器 7 家、专业园区 10 家，可为种子期、孵化器、成长期、成熟期等企业提供全生命周期创业服务。

科技金融集聚效应凸显。海淀区拥有小贷担保、银行、股权投资、并购重组和上市挂牌等各种类型的金融服务机构，能够满足不同产业创新阶段的资金需求。截至 2017 年底，海淀区各类金融机构及分支机构总数达 3057 家，包括 44 家金融总部、836 家银行机构、263 家保险类机构、1278 家股权投资机构;[1] 聚集了 40 余家科技分（支）银行，成为银行体制机制和产品、服务创新最活跃的地区;股权投资机构管理资本量超过 5000 亿元，驻区企业全年股权融资额近 3500 亿元;[2] 北京股权交易中心（四板市场）挂牌企业数已达 4398 家，实现融资 272 亿元;[3] 截至 2018 年 6 月底，全区上

---

[1] 资料来源：海淀在线 2018 年 5 月 7 日微博公众号发布信息。

[2] 资料来源：《2017 年我区股权投资管理资本量突破 5000 亿元》，《海淀报》2018 年 3 月 12 日。

[3] 资料来源：北京股权交易中心官网数据（截至 2018 年 8 月 15 日）。

市、挂牌企业累计达 959 家①，位居全国地级城市（区）第一。

双创文化氛围持续升温。海淀区政府持续营造"鼓励创新、宽容失败"的文化氛围，支持举办创新挑战赛、项目路演、企业需求对接会、"创响中国"活动、创客线下沙龙、创业名师演讲等各类创新创业活动，基本上可以满足任何阶段的创新创业需求，这种浓郁的创新创业文化氛围又吸引新的创新创业团队、科技型企业、新型研发平台、科技金融机构、商业服务机构、中介服务机构等各类资源集聚，形成"创业—失败—再创业"的良性循环，助推海淀区形成以优质环境吸引优质资源的创新活力区域。

二 海淀区产业高质量发展面临的主要问题

（一）对标国际创新区域，产业发展质效仍有较大差距

2017 年，海淀全社会劳动生产率为 23.6 万元/人，略高于全市平均水平，近五年年均增长 5.5%，呈现稳步提升态势。但是与国内外创新区域相比，还有很大差距，海淀全社会劳动生产率仅为同期纽约州的 27.1%（见图 7）、深圳的 44.4%,② 第二、第三产劳动生产率分别为 32.2 万元/人、33.1 万元/人,③ 仅为加州的 29.3%、43.1%；从细分领域来看，海淀信息服务业、科技服务业劳动生产率分别为加州的 12.7%、44.2%（见图 8）。从劳动生产率水平角度评价，当前海淀产业发展质量效益仅相当于美国加州、纽约州等经济发达地区 20 世纪 90 年代初发展水平（见图 9）。④

地均产出效益水平还不高。按区域行政区划面积计算，2017 年海淀地均 GDP 13.8 亿元/平方公里，是全市的 8.1 倍，地均产出位居全市前列。但是相比国内外先进水平，海淀土地集约利用水平还有待提升，仅为波士顿

---

① 资料来源：海淀区信息公开大厅信息，2018 年上半年上市、挂牌企业累计 959 家。

② 由于深圳 2017 年相关数据尚未公布，暂用 2016 年全社会劳动生产率代替。

③ 海淀第二、第三产劳动生产率均采用城镇单位从业人员。

④ 加州、纽约州、麻省经济发展数据来源于美国商务部经济分析局（BEA）网站，下同。

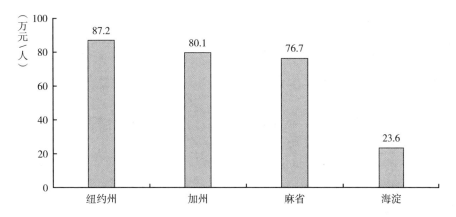

图7 2017年海淀区与国际创新区域整体劳动生产率对比

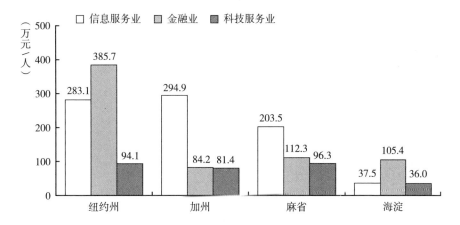

图8 2017年海淀与国际创新区域细分领域劳动生产率对比

市、纽约市、深圳南山区的11.8%、17.9%、54.5%（见图10）；从高新技术企业集聚区看，海淀园实现地均营业收入124.0亿元/平方公里，不足深圳高新区的1/5，比西安高新区还低56.7亿元/平方公里。

（二）原始创新和自主创新能力不足，难以掌握全球科技创新话语权

海淀区创新型企业以集成创新、商业模式创新为主，原始创新、硬科技创新较为缺乏。海淀区在科研能力、创新人才、融资支持等创新方面的各项指标都很出色，与美国硅谷的差距正在缩小。但从整体来看，海淀区科技创

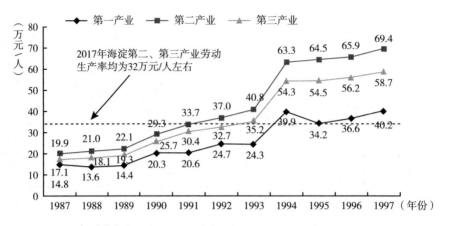

图9 1987~1997年美国加州地区三次产业劳动生产率

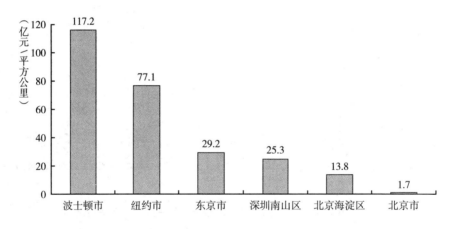

图10 2017年海淀区与国内外创新区域地均增加值对比

新型企业在主动探索硬科技创新、跨界融合创新、颠覆性技术创新等方面的能力还亟待提升，企业探索前沿未知领域的主动布局意识和创新能力还不足，主要集中于应用创新、集成创新以及基于互联网应用的模式创新，更擅长于从1到N偏向应用的创新。比如，小米更多的创新集中在外观设计、商业渠道销售、终端集成等方面，其核心零部件均来源于其他供应商；再如，滴滴出行、美团、ofo等"独角兽"企业，都是基于互联网应用创新，往往通过融资快速烧钱扩张占有市场，以追逐短期利润为目标，而缺乏颠覆性创新、硬科技创新，对长远持续发展缺乏战略布局。全球科技巨头企业则纷纷建立探索性实验室，注重基础性和颠覆性技术研究，着眼于未来十年甚至更久远的技术演进、创新探索。虽然这些探索性研究的商业化发展前景并不明晰，甚至仍处于脑洞大开阶段，但一旦成功，这些探索性底层技术的进步就会带给企业改变全球市场游戏规则的巨大机会。比如，谷歌的狂野梦想实验室 Google X 有一份列举了 100 项未来高科技创意的清单，从谷歌隐形眼镜、各种机器人、无人驾驶汽车，到让全世界联网的 Project Loon 气球项目，再到太空电梯；Facebook 建立 Area 404 实验室，研究内容为无人机、卫星、创新型电信设施、虚拟现实头盔等；还有 IBM Almaden 研究实验室、苹果 Vallco Parkway 实验室、阿里巴巴达摩院①，研究项目都是高科技创新项目等。

海淀区科技创新对经济增长贡献率还有待提升。创新驱动实体经济最直接的表现，就是高技术产业、战略性新兴产业的发展。目前，海淀区创新型产业②增加值占地区生产总值的比重约为 50%，与硅谷地区③创新型行业（包括计算机和电子产品制造、信息通信、专业科技服务）占 GDP 的比重接近。从创新型产业结构变化趋势来看，自 2008 年以来加州（硅谷）、麻省（波士顿）、东京都等国际创新区域的产业内部结构逐步优化调整，石油煤炭产品、金属制品等传统制造经济规模逐年下降，而计算机和电子产品制造、生物医药、专业科技服务业等以创新为引领的新兴产业增长势头迅猛，劳动生产率也逐年提升。从海淀区产业结构变化趋势来看，以创新为引领的

---

① 阿里巴巴达摩院成立于 2017 年 10 月 11 日，致力于探索科技未知，以人类愿景为驱动力，开展基础科学和创新性技术研究，计划未来三年投资 1000 亿元，面向全球吸引人才。目前，实验室关注技术领域包括机器智能、数据计算、机器人、金融科技以及 X 实验室（量子实验室、人工智能实验室），近期成立平头哥半导体有限公司，将专注 AI 芯片、量子芯片等芯片研发。

② 创新型产业主要包括第三产业中的信息传输、软件和信息技术服务业与科学研究和技术服务业以及第二产业中的计算机、通信和其他电子设备制造业，由于二产细分领域增加值没有数据，暂时按照计算机、通信和其他电子设备制造业产值占工业总产值比重粗略测算出该领域增加值。

③ 以硅谷地区主体所在的圣何塞—桑尼维尔—圣克拉拉大都会统计数据为例。

高端制造业细分领域以及服务业细分领域占比并未逐年提升，部分年份还处于下降趋势。另外，从创新成果转化来看，与国际创新区域也有明显差距（见图11~图15）。尽管海淀区范围内的高校院所每年申请专利的数量很多，但是有市场价值和能够转化为经济效益的较少。比如，2015~2016年度，斯坦福大学专利申请量仅210件，清华大学专利申请量高达2362件，斯坦福大学获得的专利许可收入高达9422万美元，清华大学专利许可收入仅为1456万美元[①]，斯坦福大学以不足清华大学1/10的专利申请量，获得了清华大学近7倍的专利许可收入。

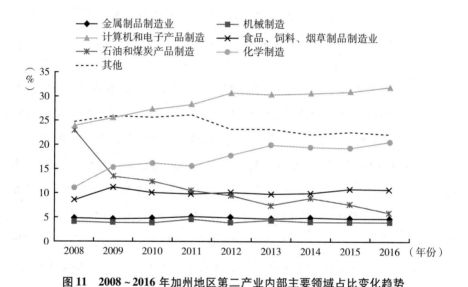

图11　2008~2016年加州地区第二产业内部主要领域占比变化趋势

（三）核心产业领域领军企业国际竞争力不强，对区域产业发展引领带动作用有待提升

与国际科技巨头相比，海淀区重点产业领域龙头企业的创新能力不强。从创新投入看，根据欧盟委员会发布的《2017年全球企业研发投入排行

[①] 资料来源：清华大学成果与知识产权管理办公室公开数据，2015年清华大学完成技术许可20项，收入约9450万元人民币。

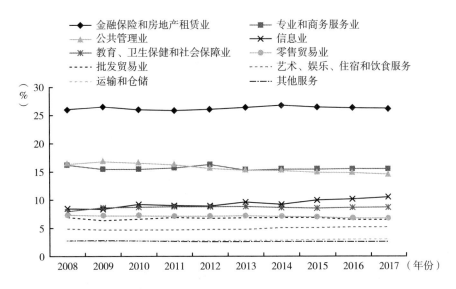

图12 2008~2017年加州地区第三产业内部主要领域占比变化趋势

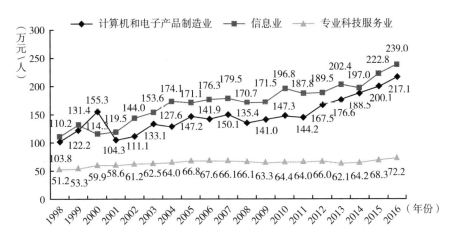

图13 1998~2016年加州计算机和电子产品制造、信息业、
专业科技服务业劳动生产率变化趋势

榜》，中国企业有10家进入全球研发投入100强，其中华为、阿里、台积电
等7家企业来自信息与通信技术行业，海淀信息服务领域没有一家企业进入
百强榜，百度研发投入13.9亿欧元，位居全球企业研发投入排行榜第103

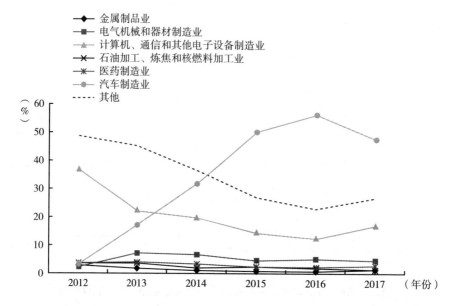

图 14　2012 ~ 2017 年海淀区第二产业内部主要领域工业总产值占比变化趋势

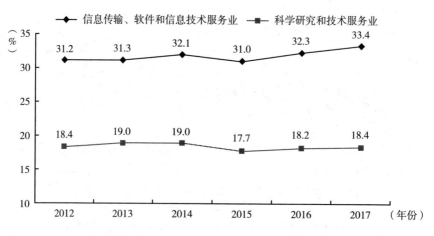

图 15　2012 ~ 2017 年海淀区第三产业主要领域增加值占比变化趋势

名，远低于谷歌、微软、华为、苹果等企业水平（见图 16）。从创新产出看，世界知识产权组织（WIPO）数据显示，2017 年华为公司与中兴通讯分别以 4024 件、2965 件 PCT 国际专利申请量，位居 PCT 国际专利申请人前两名，而海淀仅有小米一家企业进入前 50 名，专利申请数量 354 件，位列全球第 49 名，排在华为、中兴、阿里、腾讯之后（见图 17）。

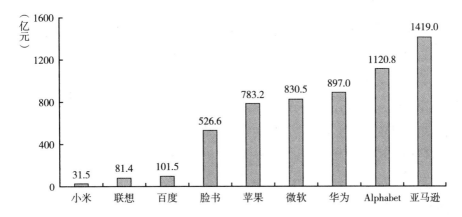

图 16　2017 年海淀区与国内外领军企业研发经费投入对比

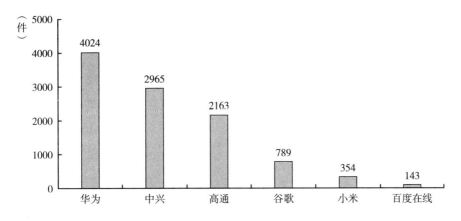

图 17　2017 年海淀与国内外领军企业 PCT 专利申请量

与跨国巨头企业相比，海淀区领军企业经营能力和市场竞争力相对较弱。从企业市值看，苹果、亚马逊、谷歌等硅谷科技巨头均已成为或即将成为万亿级企业，而百度、小米等海淀领军企业还尚未达到千亿级，仅苹果市值就是海淀三家企业市值之和的 6.4 倍（见图 18）。从盈利能力看，2017 年谷歌实现净利润 126.6 亿美元，是百度的 11.6 倍，营收利润率为 26.2%，比百度高 7.7 个百分点；苹果实现净利润 483.5 亿美元，是小米的 60.9 倍，营收利润率为 26.3%，比小米高 15.6 个百分点。从收入地域分布反映的国际竞争力看，海淀区领军企业在国内表现不俗，但所占国际市场份额依然较小，以搜索引擎市场为例，百度在国内市场份额占比高达 73.0%，而其全球搜索引擎市场占有率不足 2%，谷歌却高达 90.5%；[①] 百度所有营收均来自国内，小米国内市场收入占比也高达 72.0%，而谷歌、苹果半数以上收入来自国外，华为国外市场所占收入份额也在 50.0% 左右。[②] 相比之下，海淀信息服务业领军企业仍是典型的本土型企业，跨国经营能力和国际化水平仍有待提升（见图 19）。

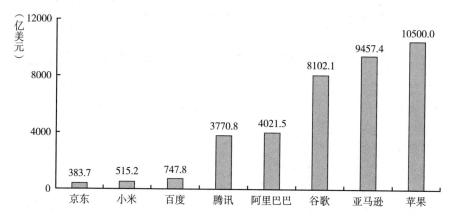

图 18　海淀区与国际知名上市企业市值对比

注：截至 2018 年 9 月 10 日收盘。

（四）全球科技创新人才相对缺乏，难以支撑高端产业创新发展

由于缺乏集聚全球顶尖人才的世界级平台和相关人才政策支持，海淀区目前世界顶尖科技创新人才还相对较少。相比国际创新区域，海淀拥有的全

①　http://www.investide.cn/news/388546.

②　资料来源：公司招股说明书、年度财务报告等。

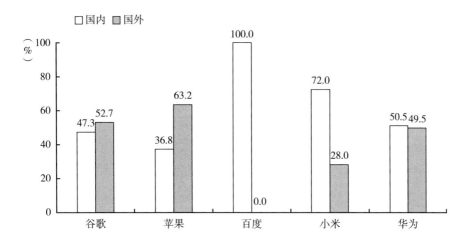

图19 海淀与国内外信息服务业典型企业收入按地域分布

球级人才数量较少。2017 年，海淀入选科睿唯安（Clarivate Analytics）[①]
"高被引科学家"有56 人，仅为硅谷（232 人）的 24.1% ；从细分领域来
看，除化学、材料学、工程学三个领域外，海淀在其他领域顶尖人才数量远
不及硅谷，而且在生物和生物化学、临床医学、空间科学等 10 个重要前沿
领域无科学家入选，相比之下，硅谷科学家实现了 21 个领域全覆盖，并在
生物和生物化学、物理学、神经科学与行为学等多个前沿领域独占鳌头
（见图20）。尤其海淀核心关键领域所需的顶尖人才极其不足，在 Guide 2
Research 公布的 2018 年计算机和电子工程领域顶尖科学家排名前 100 中，
海淀仅有 1 人上榜，远远少于硅谷（25 人），也不及纽约（3 人）、伦敦（2
人）。从吸引海外高层次人才的经验来看，全球发达国家或地区大都通过世
界性平台载体来引进一流顶尖人才，而海淀目前缺少集聚全球顶尖人才的世
界级平台，同时在外籍人才引进与服务方面还缺少配套政策，全区世界级顶
尖人才较为缺乏。

[①] 科睿唯安（Clarivate Analytics）作为全球领先的专业信息服务提供商，致力于通过为全球客
户提供值得信赖的数据与分析，洞悉科技前沿，加快创新步伐。公司拥有全球领先的分析
解决方案和覆盖范围广泛的数据库，深受全球知名学府、机构和品牌信赖。

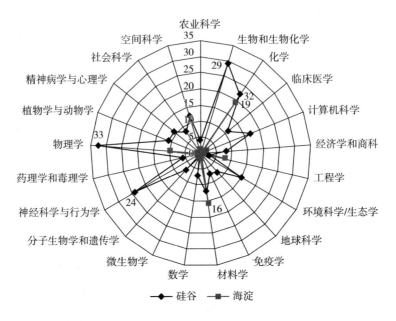

图20 海淀和硅谷入选科睿唯安2017年"高被引科学家"分布对比

与国内其他城市相比，海淀区在吸引大学毕业生和培育青年科技创新人才方面，面临国内新一线城市的"抢人"争夺。青年人才是保持区域创新发展的活水源泉，是一个城市核心竞争力的重要来源。从国内青年人才竞争来看，北京也面临着全国其他城市对青年人才的激烈竞争压力。杭州、武汉、成都、西安、天津等新一线城市纷纷推出超强吸引力的地方性人才政策。猎聘网《2017年人岗争夺战及职场流动力大数据报告》显示，杭州、深圳、成都位列人才净流入率前三，北京排第5位。从城市经济发展的内在规律看，推动区域产业高质量发展，一方面需要集聚大量的全球顶尖的"塔尖"人才，比如诺奖获得者、两院院士、"千人计划"等高端人才；另一方面也需要更多处于"塔身"的青年活力型人才和处于"塔基"的支撑型服务人才。数据显示，中关村创业者中30岁以下的占比从2015年的24.7%下降到2017年的22.1%，减少2.6个百分点。未来，海淀区要在处理"控人口"与"聚人才"关系方面审慎决策，结合海淀发展实际精准设计人才政策。从国际青年人才来看，《麻省理工科技评论》评选的"全球35

位 35 岁以下科技创新青年榜"在学界和业界受到认可,硅谷几乎年年都有入选者,且入选人数多,而海淀时而有时而无,2017 年硅谷 9 人荣登榜单,杭州也有 2 人入选,深圳有 1 人入选,但海淀无人入选。

三 新时代背景下海淀区产业高质量发展对策建议

(一)强化原始创新、硬科技创新与科技成果转化

海淀区要建设具有全球影响力的科技创新中心,实现产业高质量发展,就要进一步强化原始创新和硬科技创新,代表国家积极参与全球科技创新竞争,加快推动在关键共性技术、前沿引领技术、现代工程技术、颠覆性技术创新等领域掌握更多世界话语权,在创新领域实现更多从"0"到"1"的突破,并推动更多"1"到"100"的科技成果转化。

一是实施原始创新能力跃升计划,大力培育新型研发机构和创新型企业,率先探索概念验证支持政策。更加注重从商业模式创新转向更大范围的原创技术和核心技术创新,重点加快建设北京量子信息科学研究院等一批从事原始创新的新型研究机构,赋予新型研发机构更强的资源配置权力,探索以新机制、新模式激发原始创新;鼓励新型研究机构顶尖人才团队建设,由"单人、单项"的分散支持转向团队式、持续型的创新支持。实施研发投入倍增计划,加大政策激励力度,鼓励驻区创新型企业加大研发投入,引导和支持创新型企业加强人工智能软件开发框架、核心算法、智能芯片等附加值较高基础核心环节的专利布局,专注于把核心技术和关键部件产品做到极致,专注于成为细分市场的"隐形冠军"。借鉴发达国家实施有效的概念验证资助计划,探索设立概念验证资助专项资金,支持研究型大学探索建设概念验证中心,支持国内外具有重大价值、尚处于探索阶段的基础研究和技术探索项目。

二是加快推动传统科研机构的改革创新,焕发科研"国家队"的活力。围绕新一代信息技术、量子科学、生命科学、颠覆性新材料等重点领域,支

持驻区高校与科研机构、创新型企业跨界协作，促进原创知识和技术产出。对接"科技创新2030——重大项目"等国家重大科技战略任务和项目，推动一批重大科技平台和设施落地，落地建设2~3家国家实验室。在经费使用、科技成果转化等方面，给予高校院所更大自主权，探索支持在京高校开展职务科技成果混合所有制改革，将职务科技成果的"国家所有"变为"国家、职务发明人共同所有"，以产权来激励职务发明人进行科技成果转化。重点支持海淀企业与在京高校联合在企业内部建立协同创新中心，针对企业技术需求，开展行业应用技术研究及产品开发，提高企业创新能力，降低企业研发成本。

三是实施"科技经纪人"计划，尽快提升科技创新支撑实体经济发展的能力，使更多的重大科技创新成果在海淀区落地转化。推行"应用型科研"，打造一批为广大中小企业提供技术信息和技术合作服务的技术转移中心、成果转化辐射基地，补齐科技评估、知识产权转移、中试服务、产品开发设计等科技服务短板，解决科研与产业脱节的问题。借鉴德国政府主导下的产学研合作经验做法，加快建立一批主要为广大中小企业提供技术信息和技术合作服务的企业化运作的技术转移中心，为高校、科研机构提供合作平台。加强与在京高校、科研院所的对接互动，建立具有市场转化意愿和困难的"科技成果清单目录"，重点支持以中关村前孵化创新中心为代表的市场化科技成果转化机构，鼓励重大科技创新成果尽可能多地在海淀区落地转化。打造以市场化技术交易平台为载体，以专业化科技服务机构为支撑，高校研发与企业需求互联互通的科技成果转移转化联合体。

（二）不断完善产业高质量发展需求的人才支撑体系

创新驱动本质上就是人才驱动，科技竞争归根到底是人才竞争。当前，国内外人才竞争日益激烈，在疏解非首都功能控制人口总量、推动高质量发展的过程中，海淀面临着国际顶尖人才争夺和国内青年活力型人才抢夺的双重压力。未来，海淀区要在处理"控人口"与"聚人才"关系方面审慎决策，精准地设计人才政策。建立健全人才遴选甄别机制，探索人才举荐制度，分层细化人才引进和储备优秀青年活力型人才政策。

一是加快制订实施海淀区"全球顶尖人才引进计划"，着力引进全球顶尖创新人才与团队。借鉴美、日、韩等国家通过世界级平台载体来引进一流顶尖人才的经验做法，积极争取国家重量级科技项目落户海淀，充分调动域内创新主体积极性，研究建设世界级研究机构或发起世界级大科研项目的可能性，为全球顶尖人才集聚搭建事业平台。探索采取特殊政策、一事一议等灵活处理方式，逐步构建集移民手续、生活安居、个税扣除补偿等于一体的全球顶尖人才特色政策体系，比如在海淀区率先探索针对全球顶尖人才的个人所得税优惠政策试点，完善外籍人才永久居留制度、与国际接轨的公共服务保障等政策。借鉴新加坡、以色列等国家本土裔引才经验，聚焦各领域杰出人才华人群体，通过制定政策、创新渠道等方式予以重点引进，如推动"华裔卡"制度在海淀率先试点等。加快推进中关村大街国际人才社区建设，建设"类海外"的工作生活环境。

二是联合高校院所共建人才培养平台，加强关键领域人才培养和学科培育。聚焦软件业、集成电路、航空航天等海淀核心优势领域人才需求，支持企业、行业协会与高校院所等单独或联合建设关键领域人才培养基地，如实习实训基地、研发实验基地等，为多方交流合作、开展技术研发创新服务等提供平台。探索校企联合培养机制建设，支持高校根据企业需求确定专业调整方向，动态调整课程及专业设置，并开展订单培养、对口培养，满足海淀关键领域对专业技术人才的需要。引导高校瞄准世界科技前沿，前瞻性加强专业设置和学科布局，为海淀引领全球科技革命和产业变革做好人才储备。

三是强化对青年人才落户、医疗服务、子女教育、住房保障等方面的综合支持，留住部分高校青年创新创业人才。在全国各地"抢人大战"背景下，北京尤其海淀高校毕业生流失严重①，特别是在上海、深圳、武汉等一线或准一线城市陆续加入后，这种趋势会更加明显，而青年人才储备关系着

---

① 《2017届毕业生就业质量年度报告》显示，北大、清华、人大三所一流高校2017年应届毕业生多流向广东省，特别是深圳市。

一个城市发展活力和可持续创新能力，海淀要打造全国科技创新中心核心区，就必须尽快采取措施留住高校青年创新人才。要借鉴上海经验，制定出台《北京应届高校毕业生在京就业落户评分办法》，选取北大、清华、人大等若干一流高校进行试点，对应届毕业生择优落户。依托人才保障房建设，探索建立若干"高校人才特区"，并制定高校青年创新人才入驻社区标准，在区内实施特殊的人才政策，如集体户籍、个税扣除补偿、购车指标倾斜、人才公寓等特殊政策，切实降低高校青年创新人才在京生活工作成本。

（三）引导和支持企业重点发展产业链高附加值环节

过去几十年来借助经济全球化的红利，我国快速融入全球价值链分工体系，并形成了全球门类较为齐全的产业体系和配套网络，但产业整体处于国际价值链底部，不仅传统产业效益不高，部分新兴产业仍在继续走"模仿创新、重视规模"的老路，出现高端产业低端化现象，陷入"低端嵌入"困境。同样，海淀区产业整体发展质量也不高，部分行业虽然已经接近或赶上国际领先水平，但整体仍处于产业链、价值链中低端，核心竞争力不强，与发达国家差距依然明显。未来，要重点发展产业链高端环节和价值链高附加值环节。

一是制定海淀区产业高质量发展价值链导图，明确海淀区未来产业发展的重点发力细分领域。重点聚焦人工智能、集成电路设计、医药健康、前沿新材料、大数据以及量子信息等重点发展领域，加快研究制定产业高质量发展价值链导图，明确这些细分领域的价值链高端环节和关键核心技术环节。全面摸清目前海淀区在这些细分领域的企业布局情况，及时掌握海淀区已处于价值链高端环节和有潜力成为价值链高端环节的企业发展态势。根据未来全区产业高质量发展目标和需求，明确海淀区要补齐的短板和薄弱环节，以及要持续关注的重点企业名单。

二是开展产业高质量发展企业需求调研，优化支持引导企业向价值链高端环节发展的相关政策。根据重点企业名单，开展针对性的产业高质量发展需求调研，摸清企业在创新成果研发、成果转化、获得风险投资、知识产权维护等过程中面临的实际需求与困难，对现有企业支持政策进行针对性的优化调整。针对海淀区要补齐的短板和薄弱环节，制定重点招商企业名单，引进相关企业和机构，增强对海淀区重点产业领域产业链的支撑能力。

（四）优化产业高质量发展的服务体系与融资法治环境

产业的高质量发展，离不开高质量的产业服务体系和完善的投融资环境以及公平公正的法治环境。低成本创新创业载体、高质量的创新创业服务体系，能够激发创新创业活力，并能推动初创科技型企业快速发展；完善的融资环境、法治环境，也是企业健康发展和产业高质量发展的重要保障。

一是打造一批低成本创新创业空间，不断激发双创活力。重点支持建设发展以创新工场、创业咖啡、创客空间等为代表的低成本、便利化、全要素、开放式的新型众创空间。依托百度、小米等龙头企业建设原创技术企业孵化、前沿技术企业加速、硬科技产业培育功能的创客港湾。利用城区学校疏解、老旧社区、工业大院转型和集体用地，打造人才租赁社区；利用温泉、西北旺、苏家坨和上庄集体建设用地打造低成本创业平台，形成功能完备的创客小镇。通过政府持有、与原产权人合作运营、资金补贴等方式，保障低成本科技创新空间有效供给。

二是构建高质量的创新创业服务体系，重点引导和支持各类创业服务机构提升服务成效。打造一批市场化的投资促进型、培训辅导型、媒体延伸型、专业服务型、创客孵化型等新型创业孵化服务机构，从注重"硬条件"到更加注重"软服务"，重点提供投资路演、交流推介、培训辅导、技术转移等增值服务，注重各类创业服务机构的服务成效，根据在孵企业融资额、毕业企业数量和质量、技术创新成果等服务成效，给予重点奖励。同时，建立创业孵化器、加速器、众创空间等创业服务机构的分类分级评估机制，根据实效进行奖励和宣传推广。

三是优化企业融资环境，加大对前沿研发创新项目的投融资支持力度。建立并动态更新拟上市企业名录，定期开展上市辅导服务，支持企业在资本市场挂牌进行股权融资或债券融资。支持中关村银行做强小微企业、创新型中小企业融资功能。支持银行业金融机构在中关村开展科技创新型企业投贷联动试点，研究设立专门针对投贷联动的市场化风险补偿资金。鼓励银行业金融机构使用特许经营权、政府购买服务协议、收费权、知识产权等无形资产开展质押贷款业务。加大对原始创新、硬科技创新等前沿研发创新项目的投融资支持力度，鼓励风险投资、创业投资、股权投资等科技金融机构对创新项目的融资支持。

四是营造更加公平的法治环境，重点强化知识产权保护和服务能力提升。提高知识产权审查质量和审查效率，开通快速出证通道，为创新主体办理专利权质押登记和专利实施许可合同备案提供快速便捷的出证服务。探索推动专利质押融资保证保险。加大对知识产权侵权违法行为特别是反复侵权、恶意侵权、规模侵权等行为的处罚力度，切实激发创新主体的积极性和创造性。加快提升知识产权专业化服务能力和商业化运营服务能力，培育一批知识产权运营试点单位。

（五）加快构建产业开放新格局和融入全球产业发展体系

随着我国产业向中高端迈进，以美国为首的发达国家针对我国的贸易保护主义将进一步加强，可能由传统产业的"单面摩擦"变成传统产业与新兴产业的"双面摩擦"。因此，海淀区要在有效应对传统产业领域贸易保护主义的同时，积极做好新兴产业领域贸易保护主义的防范和应对，加快推动产业在更高水平开放中提升发展质量。

一是深度链接全球创新资源，积极推动本土企业国际化发展。联合国际知名大学和研究机构、跨国企业、投资机构，设立"海外投资基金"，共建海外产业技术创新平台、创新中心、创新驿站和孵化器，深化离岸创新、跨境创新。支持企业整合利用全球创新资源，培育以技术、标准、品牌、质量、服务为核心的国际化发展新优势，鼓励企业通过投资并购、技术交易、引进顶尖人才、设立国际研发中心、与全球顶尖科研机构开展前沿技术合作等方式，积极参与和融入全球创新资源分配，持续提高本土企业的创新能力和国际竞争力。支持区内企业积极申请国际专利、商标、标准等，引导企业实施知识产权全球布局战略。鼓励科技创新型企业在香港、纽约、东京等资本市场上市，借助国际资本市场快速做强做大。

二是提高利用外资质量和水平，充分发挥外资对产业提升的积极作用。积极引进国际高水平中介服务机构，支持建设国际创业孵化平台、国际技术转移中心等创新创业国际化服务平台。依托各类服务平台，引导企业科学选择投资区域、投资模式，为企业提供系统的对外投资政策和流程辅导。支持境外科技、教育、经济等领域高科技企业、非政府组织在海淀区设立研发中心、销售管理等地区性总部或分支机构，积极引进战略资本与国际先进技术、管理理念和高端人才，促进本地产业结构向资本、技术密集型产业升级。

参考文献

［1］《北京统计年鉴》（2017、2018）。
［2］《海淀区统计年鉴》（2017、2018）。
［3］《2017 年北京海淀国家双创示范基地发展报告》，2017。
［4］涂圣伟：《我国产业高质量发展面临的突出问题与实现路径》，《中国发展观察》2018 年第 14 期。

B.23
疏整促契机下的东城区
经济高质量发展研究

孙莉 刘薇 何砚*

摘　要： 高质量发展与减量发展是东城发展面临的基本宏观形势，对东城产业发展提出新的要求。目前，东城区经济发展面临可利用空间有限、腾退空间再利用存在困难，东城差异化的经济模式仍需深入探索，功能区载体作用发挥不明显等问题。针对核心问题，应从优化营商环境、精准服务企业，制定精准集成关联的产业政策体系，实施合理的产业空间规划引导等方面提升东城经济高质量发展。

关键词： 高质量发展　营商环境　产业规划

一　宏观经济形势下的东城经济发展

高质量发展与减量发展是东城发展面临的基本宏观形势。实现高质量发展，是党的十九大提出的一项重大战略举措，是适应我国社会主要矛盾变化，促进经济发展质量变革、效率变革、动力变革。目前首都经济发展处于结构深度调整、动力加快转换的关键阶段。与此同时，《北京

---

* 孙莉，博士，北京社会科学院经济研究所助理研究员，研究方向为区域经济；刘薇，博士，北京社会科学院经济研究所副研究员，研究方向为区域可持续发展；何砚，博士，北京社会科学院经济研究所助理研究员，研究方向为金融学。

城市总体规划（2016～2035年）》在明确北京城市战略定位的同时，也指出城乡建设用地减量发展。在京津冀协同发展的背景下，有序疏解非首都功能是落实城市战略定位、推动京津冀协同发展的关键环节和重中之重。作为首都的核心区，高质量发展与减量发展对东城的经济提出了新的要求。经济如何提质增效，培育新的发展动能，成为东城经济未来发展的重要问题。

2018年东城疏解工作持续推进。清退小商品市场6家，关闭美博汇市场，完成世纪天鼎商户疏解，引进知名品牌，助推百荣世贸商城转型升级。协助完成天坛医院整体搬迁。整治提升效果显著。故宫周边及中轴线、长安街沿线等10个重点区域环境持续改善。15个专项行动稳步推进，拆除存量违法建筑21.5万平方米，新生违建保持零增长。完成916条街巷整治、提升任务，打造了一批精品街巷。累积利用274处、17.8万平方米腾退空间用于改善民生、产业升级、完善公共服务设施。

2018年东城区立足首都功能核心区定位，全区经济继续延续总体平稳、稳重向好的态势，支撑经济迈向高质量发展的有利条件积累增多。初步核算，东城区实现生产总值2425.7亿元，比上年同期增长6.3%。产业结构更加合理。东城服务业实现增加值2336.1亿元。金融业、信息服务业、科技服务业等优势行业发挥重要的支撑作用，对全区经济增长的贡献率合计62.2%。消费市场平稳增长，服务型消费占比过半。2018年实现服务型消费额为1175.6亿元，占总消费额的52.8%，主要由交通通信、教育文化娱乐消费拉动。社会消费品零售总额为1052.9亿元，批发业、零售业、住宿业和餐饮业同比分别增长8.8%、0.5%、2.0%、7.3%。

二 东城区经济发展面临的核心问题

（一）可利用空间有限，腾退空间再利用存在难点

东城区作为首都核心区，可利用空间资源有限。一方面，可利用的楼宇

空间资源日益稀缺。《北京城市总体规划（2016～2035年)》明确了北京城乡建设用地减量发展的思路。在首都用地减量发展的背景下，核心区的商业用地、高档楼宇空间资源将日益稀缺。另一方面，腾退空间再利用存在难点。在推进产业升级过程中，东城既面临平房腾退院落再利用的土地性质变更问题，又面临存量楼宇产业置换、功能提升过程中原建筑使用性质调整问题。比如，前门东区已腾空院落引入世界顶级酒店管理集团文华东方，计划打造"精品四合院酒店"，但由于多数房屋性质为住宅，无法办理产业项目落地相关手续。又如，恒基中心改造为外资金融主题楼宇过程中，正负面清单规定，核心区限制各类用地调整为商务办公，项目落地实施也遇到了困难。这些问题涉及规划调整、出让合同变更等问题，这是核心区实现"腾笼换鸟"必须破解的难题。

（二）东城区差异化经济发展模式仍需深入探索

差异化的经济发展模式是获取竞争优势的重要途径之一。"十三五"期间，北京市将加快"四个中心"功能建设，进一步提高"四个服务"水平，坚定不移疏解非首都功能，构建"高精尖"经济结构。从全市层面来看，城六区均将文化、金融及相关商务服务业作为重点产业，提出加快发展商务服务业，在总量资源既定下，各区对资源、信息、人才、项目等竞争将进一步加剧。以金融业为例，东城区金融业缺乏鲜明品牌，集聚效应不明显。西城区的"总部金融"依托金融街，聚集了大量国家级银行总行和非银行机构总部以及金融监管机构总部。朝阳区以CBD作为全区经济发展方向，是北京外资企业最为集中的地区。海淀区依托中关村高新技术园区，发展了以创投公司和私募股权基金为前端、以创新型中小银行为支撑的科技金融体系。"十三五"东城区依据自身资源优势，以创建国家文化与金融合作示范区为操作平台，打造东城特色文化金融，树立金融发展定位新品牌。东城区目前虽形成了以东二环、长安街沿线为中心的两大金融业聚集区，集中了相当数量的金融机构，但是相较西城、海淀、朝阳来说，区域金融品牌的知名度和集聚度相对较小。

"高精尖"产业中的信息服务业也存在聚集不明显的问题，近几年信息服务业虽然持续增长，但全市范围内占比有所下降。从十六区软件和信息服务业收入规模排名来看，海淀、朝阳、西城、东城分别排在前四位。北京市经信委《2018 年北京软件和信息服务业发展报告》显示，2017 年东城区软件和信息服务业收入规模占到全市的比重为 5.4%，居全市第四位。（见表1）。从全市软件和信息服务业营业收入前 100 家所占比重来看，海淀遥遥领先，拥有 62 家企业，收入占比为 63.22%。东城区列第四，占比为7.22%。产业集聚发展态势尚不显著，除软件相关服务、新闻出版相关服务、互联网新闻信息服务、广播/电视/电影和音像相关服务等行业在中关村航星移动信息服务产业园、雍和宫片区、东四南大街—朝阳门南小街两侧、东长安街—建国门内大街北侧等区域形成了一定程度的集聚外，其他细分领域布局仍较为分散，信息服务业整体集聚态势不明显。

表1　2013～2017 年海淀、朝阳、东城、西城软件和信息服务业收入占比情况

单位：%

区域	2013 年	2014 年	2015 年	2016 年	2017 年
海淀区	63.37	62.30	62.28	64.04	61.81
朝阳区	10.54	11.10	11.91	12.65	15.36
西城区	8.85	9.06	8.29	7.42	6.75
东城区	8.55	7.60	6.96	6.65	5.40

（三）功能区载体作用发挥不明显

"高精尖"产业占园区比重比较低，园区核心竞争优势不明显，整体特色不突出，未聚集起能在产业中占据绝对优势的产业要素。东城园文化与科技融合产业占园区产业比重不高，收入仅占 12.6%，税收仅占 11.4%。作为新兴产业金融功能区，在吸引金融机构地区性总部和区域性营业机构入驻方面与北京市要求和东城区发展需要存在差距，中石油等大型总部企业并未在区纳税，在发展总部经济和产业金融方面与金融街存在明显差距。现代服

务业、文化创意产业定位过于宽泛，与本市其他园区比较没有特色优势，没有形成产业协同发展。体育产业占全区 GDP 比重只有1%，没有达到国家级体育产业基地的应有体量。

空间利用与控规衔接不紧密。园区发展扩张余地不足。一是园区面积小，只有6平方公里，土地资源紧缺。二是限制条件多，北二环以里西侧三个历史文化保护区不能建设，龙潭湖体育产业园受控制性规划调整和天坛周边地区开发建设的限制更加严格，土地整理和成片开发面临诸多困难；核心区楼宇资源短缺，现有楼宇几乎爆满且租金较高，区域发展只能定位于产业置换、结构调整和特色培育，借助空间资源外延式发展受到较大限制。

概括起来，园区存在的突出问题是核心产业要素不集聚，核心竞争优势不明显，园区特色不突出。虽强调突出文化特色，但没有形成类似于西城区金融街、海淀区中关村、朝阳区 CBD 的园区品牌。产业整体布局发散，区域发展同质化。没有形成政府市场双轮驱动机制，缺乏市场化运营平台，园区发展方向和项目落地把握能力不足。小微企业多、经济贡献率低。园区1万多家企业，规模以上法人单位仅占1100余家。中小企业数量比重在88%以上，实力不强，税收贡献不高，园区经济抗风险能力不足。

三 促进东城区经济高质量发展的对策

（一）优化营商环境，精准服务企业

1.提高行政效率，优化政务服务

坚持以"三个一"工作为抓手，即完善一个体系，推进三级政务服务体系标准化建设；织好"一张网"，完善网上政务服务大厅功能，实现网上咨询事项比率达到100%，网上办事事项比率达到80%；搭建一个平台，改造提升区级政务服务中心大楼，全面做好"两集中两到位"工作，营造规范化、便捷化的政务服务环境。推广"互联网＋"模式，以网络为载体，实现优化营商环境的网络全景规划建设，通过部门间数据的互通共享，加快

推进实现企业开办"零见面",进一步缩减企业的开办时间和成本。在创新政府服务、企业服务等方面,可借鉴海淀区运用区块链等新技术提升政务服务质量和信息安全水平。在企业开办等企业服务方面,搭建"企航服务平台",实施"顾问专员负责制",为东城区企业提供"打包"政策支持和精准服务。

2. 精准服务企业,针对符合重点产业定位的企业,采取特殊政策支持

建立分级、分层服务企业制度,为不同类型企业量身打造服务方案,采取区长牵头、部门包干、专人负责、随时解难的模式,加强与驻区重点企业的沟通、联系与协作,充分利用区域资源,"点对点"协调解决驻区重点企业发展需求,打造"亲""清"新型政商关系。要针对符合东城核心区功能定位的重点产业项目,给予特殊优惠的营商环境支持。如在保护历史街区原有历史风貌的同时,支持企业对文化地产项目进行消费环境提升,加快公共区域、街道建设、便民措施建设的审批制度与流程。放宽特殊房产的证照办理限制。在符合历史街区发展规划、业态定位和"四个在地"前提下,适当放宽入驻企业、商铺相关工商证照手续办理政策,促进区域商业发展。

(二)制定精准、集成、关联的政策体系

根据东城区产业发展规律及重点企业在东城区的成长阶段,以问题为导向,制定有针对性的产业促进政策和重点企业扶持培育政策。提高文化创新政策的集成使用及有效转换效率,优化顶层设施。消除政策各层级之间的关联性盲点,加强政策的功能—结构与政策对象的匹配程度。全面对接落实市级出台的鼓励高精尖产业发展各项政策,结合东城区实际,突出文化优势,打造"文化+"高端服务业总部集聚区,形成"1+5"产业政策体系,即1项构建"高精尖"经济结构总体实施意见及产业发展、税源建设、营商环境优化、人才服务保障、支持楼宇经济发展、园区用地政策、个人所得税激励等18项具体支撑政策。

表 2　东城区"1+5"产业政策体系清单

序号	政策类型	政策名称
1	总体意见	《东城区关于加快文化创新融合　构建高精尖经济结构的实施意见》
2	产业发展	《关于东城区"文菁计划"的实施办法》
3		《东城区支持金融业发展办法》
4		《东城区促进信息服务业发展的若干措施》
5	资金支持	《东城区文化创意产业发展专项资金管理办法(试行)》
6		《东城区支持重点企业发展的若干措施》
7		《东城区关于鼓励企业上市挂牌融资的若干措施》
8		《东城区政府投资引导基金管理办法》
9		《东城区促进老字号发展的实施意见》
10	空间利用	《东城区关于加强疏解腾退地下空间再利用管理的实施意见》
11		《中关村东城园构建高精尖产业用地管理办法》
12		《关于东城区发展楼宇经济的指导意见》
13	人才保障	《东城区人才创新创业引导基金管理办法》
14		《东城区集聚人才"集贤计划"实施方案》
15		《关于优化东城区人才服务推动高精尖产业发展的若干具体措施》
16		《东城区人才保障性住房管理办法》
17		《东城区构建高精尖经济结构人才激励办法》
18	营商环境	《东城区改革优化营商环境若干措施》

（三）实施合理的产业、空间规划引导

1.产业引导：聚焦优势产业，定方向

优先发展信息服务业（主导产业）。围绕信息集成服务、内容增值服务等主要领域，加大财政资金和税收支持力度，推动大数据、云计算、智能服务等新技术在新闻出版、软件、广播/电视/电影和音像等区域内重点行业的融合应用，同时，鼓励行业优势企业落户东城，形成产业集聚发展的态势。打造差异化信息服务业功能区，中关村雍和航星科技园以及北二环以北区域打造创意设计、科技、电影电视等信息服务功能区，在东二环东直门桥打造软件服务功能区，在王府井商业带打造新闻出版和文化艺术服务功能区。

创新发展金融业。以创建国家文化与金融合作示范为契机，结合东城区

文化创意产业特色，利用丰厚的金融基础，构建文化企业信用评级、融资风险补偿、文化创业投资扶持三个特色鲜明的文化金融体系；同时，积极争取市级层面的相关优惠政策，鼓励文化银行、文化融资担保等文化金融机构在前门地区落地，形成承接文化金融服务载体的文化金融集聚区，打造既有空间载体又有鲜明特色的东城区文化金融品牌。

挖掘东城区文化优势，聚焦高端环节，着力提升文化演艺、艺术品交易等竞争力，深入推进文化科技融合发展，积极培育文化创意新业态，进一步增强文化创意产业对区域经济的支撑和带动作用。实施"文化＋"发展战略，着力促进文化产业融合发展。培育文化"航母舰队"，提升文化产业竞争力。强化文化科技融合，增强文化创新发展能力。打造文化品牌活动，扩大东城文化产业影响力。

2. 空间引导：盘活空间资源、聚焦园区

摸清空间总量家底，盘活空间资源。彻底摸清东城空间资源的总量，包括腾退未利用空间、楼宇空间等，建立空间资源分类管理储备库。制定东城区疏解腾退空间再利用及功能区用地落地政策。充分利用 44 万平方米的腾退未利用空间，推动老旧厂房和工业用地的二次升级，打造青龙街区等品牌项目。着力打造楼宇经济，对全区 115 座、650 万平方米商务楼宇进行动态监测，对全区新增的 8 个项目（王府中环、哈德门广场、隆福文化街区项目、三利大厦改扩建工程、桥苑艺舍、航星创新大厦、嘉德艺术中心、摩方大厦）、70 万平方米楼宇进行产业主题招商，与航星园、中粮置地、环球贸易中心等楼宇签订招商对赌协议，着力提高楼宇集聚度和产出强度。加快推进恒基中心产业置换项目，整体升级改造成 5A 写字楼，引进知名金融企业，打造成为外资金融机构集聚区。与新版北京城市总体规划衔接，解决历史遗留问题，盘活东直门交通枢纽项目，对交通功能进行优化，集聚有发展潜力的金融业。

优化产业布局，提升园区品质。围绕"两轴一带两园区"产业空间布局建设，稳步推动重点功能区建设，优化提升产业功能布局，有序拓展产业发展空间。中关村东城园编制控制性详细规划，进行载体升级，引导高精尖

产业合理布局。永外现代商务区借力"疏整促",推动腾退空间转型升级,打造"科技回归都市、产业带动老城复兴"的示范区,提升生活空间品质。王府井地区重点进行环境整治,建成服务国际交往中心建设的示范园。前门地区加强历史文化风貌保护,推进文化金融项目落地,打造北京历史文化金名片。

B.24
中关村示范区特色园区
产业集聚化发展研究

胡 婷*

摘 要: 产业集聚是现阶段产业竞争力的重要来源和集中体现,更是北京市加快科技创新推动高精尖产业发展的政策要求。通过对中关村示范区特色园区的发展路径、建设模式和总体特征进行研究分析,借鉴国家及其他省份关于特色园区的界定和相关引导支持政策,深刻认识中关村示范区特色园区应具备的关键要素,进而围绕产业定位、要素集聚、服务提升和园区交流合作等方面,提出了推进中关村示范区特色园区产业集聚化发展的建议和思考。

关键词: 中关村示范区 特色园区 产业集聚

中关村示范区是国内最早探索和形成园区特色化、专业化、高端化发展的高科技园区,经过30年来的发展,从最初的电子一条街、上地信息产业基地、永丰基地、丰台产业基地发展到软件园、生命园、保险产业园、751时尚设计产业园、中关村科学城、未来科技城,逐步形成了一大批规划设计前瞻、产业特色鲜明、高端要素聚集、服务体系完备、生态环境友好的新型园区,探索出一条从企业集聚、产业集群到生态聚合、产城融合的发展道路。

---

* 胡婷,北京方迪经济发展研究院中关村研究部,主要研究方向为产业经济、区域经济、科技园区、政策创新等。

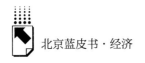

一 中关村示范区园区建设和特色化发展情况

（一）四区联动的发展路径

1. 校区带动的创新型园区发展

依托中关村地区众多知名高校，通过高校和科研机构的知识外溢、校办企业的带动作用，以及高校人才的兼职和创业活动，在学校周边地区形成浓厚的创业氛围和知识密集型产业集群，进而促使周边集聚更多的创新园区甚至辐射更远的规模化生产园区。在校区创新动力的基础上，国家出台了《国家大学科技园认定和管理办法》《关于国家大学科技园税收政策的通知》等许多加快高校科技成果市场化的激励政策，校区逐渐向专业化、高端化和规范化发展，发展为大学科技园。形成的代表性园区包括清华大学科技园、北京大学科技园、北京航空航天大学科技园、北京理工大学科技园、北京邮电大学科技园等。这类园区的最大特点是依托高校院所科研成果和信息资源，为科研成果转化落地以及中小微初创型科技企业创新创业提供各类支撑服务，在发展动力上更具活力与创新力，是初创企业的圣地。然而随着校产公司盈利冲动和房地产开发的暴利诱惑，空间成本不断上升，加之缺乏有效管控，导致不少小微企业被迫退出，大企业不断涌入。

2. 园区创新与转型带动的专业化园区发展

园区主要通过提供相对较低成本的创新创业空间，聚集各种创新要素，搭建多种服务平台，满足企业多元化服务需求，构建较为完善的创新创业生态，推动初创型科技企业做大做强，成为孕育自主创新活动的一方沃土。为解决中关村领军企业发展空间需求，提升战略性新兴产业承载能力，北京市规划建设了上地信息产业基地、中关村软件园、中关村生命科学园等一批高端特色产业基地和专业园区，聚集了一大批行业领军人才、领军企业、科研和公共服务平台，成为中关村产业集群发展的主要载体。这类园区作为高端产业功能区，主要为大企业提供了规模化的基础空间保障和高水平的服务支撑，但专业化、国际化服务能力相对欠缺，面向中小微企业的创新创业服务能力较弱。

3. 社区带动的功能多元的创新创业集聚区发展

社区主要为服务支撑大型院所、项目、企业以及农村城镇化所需而建设，以居住生活为主要功能实现人才集聚和服务保障的区域。依托中关村密集的智力资源，中关村内部许多居住社区也成为大量小微公司的创新创业摇篮，社区加上高校、科研院所、国企、部队等"大院"为创业初期的人群提供了相对低成本和便捷的办公、居住场所。在此基础上，为进一步发挥中关村在"双创"资源和生态建设方面的优势，解决创新创业企业发展空间不足的问题，规划引导并形成了一批创新创业集聚区，如回＋双创社区、腾讯众创空间、You＋公寓、优客工场等。这类社区以提供多元化创新创业服务为核心，同时承载城市生活和交流功能，促进跨界融合和协同创新，成为中关村创新创业集聚地。

4. 中心城区功能更新带动的城市复兴区发展

随着北京市加快非首都功能疏解，中心城区深入开展疏解整治促提升专项行动，一部分已有功能面临腾退和转型。依托多元功能融合的优势，中心城区合理规划存量资源，统筹腾退空间利用，推进功能优化重组，吸引创新资源和要素不断注入，逐渐发展为创新创业活力区，代表性园区如中关村创业大街、智造大街、雍和航星园、751时尚设计产业园、健康智谷大健康产业园、普天德胜孵化器等。由于城市发展空间受限，新增建设用地指标也受到政策的刚性约束，这种以转型为发展思路、以创新为发展动力、以存量资源为载体，兼顾多方利益的园区发展模式，有助于城区健康可持续发展。

（二）园区建设的主要模式

1. 政府主导规划建设的园区

政府主导规划建设的园区，受益于政府强大的资源调动能力，容易在较短时期内积蓄雄厚的发展基础和资金实力，具备产业资源上的政府扶持优势和政策优势，较易避免急功近利的短期行为。这类园区通常具有明确的产业定位、较强的专业化服务能力和完善的服务配套，但在运行机制的灵活性、市场化运营水平、决策效率等方面都有待进一步提高。代表性园区如中关村高端医疗器械产业园、中关村集成电路设计园、北京保险产业园等，这类园区主要满足产业规模化发展和领军企业集聚发展的空间需求。

2. 依托大学、大院、大所和大企业建设的园区

主要依托大单位和大机构科技、人才资源和资金优势开发建设和运营的园区，大部分属于存量空间资源的盘活改造，少数属于布局新建园区。这些园区普遍孵化平台建设较为完善，创新创业生态体系良好，如中关村国防科技园依托北京理工大学建设运营、北大医疗产业园依托北大医疗集团建设运营、海格通信产业园依托广州海格通信集团股份有限公司建设运营、中关村航天科技创新园依托航天科技集团公司和中国空间技术研究院建设运营、大北农科技园依托大北农集团建设运营、小米科技园依托小米集团建设和运营。这类园区通过充分释放科技、人才优势，推进科技成果转化，从而形成小规模创新型产业集群。

3. 政府引导培育的小型专业化园区

在政府引导支持下逐步培育构建的园区，普遍具有市场化和专业化的运营团队、较强的专业化服务能力、明显的品牌优势。这类园区在获得政府引导支持的同时，也要满足政府在产业培育等方面的引导方向和管理要求。代表性如中关村生物医药园、健康智谷大健康产业园、中关村医学工程转化中心、腾讯众创空间、首科凯奇创新创业基地等。这类园区充分发挥专业化社会机构的作用，着力搭建"政府引导+市场化运作"的专业技术服务平台，凸显专业化服务优势。

4. 闲置地块使用权人或产业地产开发商开发建设的园区

由存量空间资源所有权人在产业转型升级推动下改造完成的园区，或者产业地产开发商布局建设的园区，如北京正东电子动力集团有限公司利用煤气厂厂房、设备设施，推动工业资源再利用，打造了文化创意产业751D·PARK北京时尚设计广场；鸿坤集团打造的鸿坤·云时代产业园；华夏幸福基业股份有限公司打造的华夏幸福创新中心等。这类园区以创新型和成长型

企业为客户群，通过存量土地及空间盘活利用，或者凭借专业地产商资金、策划、设计、运营等方面的综合实力，实现高新技术产业集聚。

5. 以孵化服务为主要功能，连锁化、标准化运营的园区

在市场驱动下，由市场化主体运营管理，以空间租赁和物业服务为主要收入来源，以孵化功能为主，围绕双创运营开展系列服务的园区。通过园区内少数大企业带动众多小微企业入驻，基本实现了园区平台的品牌化、服务标准化、共享化、社交化、智能化和数据化，完善企业办公生态圈服务体系。如尚科办公社区在北京市范围内布局 8 家、京西创业公社 3 家、优客工场 86 家等。这类园区弥补了前四类园区的市场空缺，解决了众多科技型中小微企业创新创业发展空间的问题，但普遍专业化服务能力较弱，正在逐步探索专业化服务模式。

（三）园区发展的总体特征

目前，中关村共有各类特色园区 200 余家，初步构建了聚合产业、人才、技术、资本、孵化等全要素的园区创新创业生态系统，成为全市"高精尖"产业发展和高端城市功能的重要载体，引领推动着全国高科技园区发展。

1. 产业分布以新一代信息技术和医药健康等领域为主

中关村以特色园区为突破口，加快培育了一批新技术、新模式、新业态的高端产业集群，产业领域覆盖新一代信息技术、生物医药以及高端装备与新材料等领域。其中，以大数据和云计算、人工智能、集成电路为主的新一代信息技术领域主要集中在海淀园、朝阳园、石景山园等，代表性园区如中关村软件园、中关村集成电路设计产业园、东升科技园、中关村虚拟现实产业园等；以生物制药、高端医疗器械、现代医疗服务业为主的医药健康领域主要分布在海淀园、昌平园、大兴园、亦庄园等，代表性园区如中关村生物医药园、中关村生命科学园、北大医疗产业园、中关村高端医疗器械园、北京亦庄生物医药园等；以高档数控机床、智能机器人、增材制造等为代表的智能装备产业和围绕前沿新材料研发及关键战略材料研制等方面的新材料产

业主要分布在丰台园、昌平园、亦庄园、房山园、顺义园、怀柔园等，代表性园区如轨道交通创新园、龙域中心硬科技产业园、亦创智能机器人创新园、北京高端制造业基地、中航国际产业园等。

2. 功能分布以孵化服务、专业化和加速服务以及产业规模化发展为主

以孵化服务为主的园区多集中在中心城区或平原地区新城，具有明显的区位优势和低成本可控的发展空间，主要面向新创办的科技型中小企业提供物理空间和基础设施，以及创业培训、辅导、咨询，提供研发、试制、经营的场地和共享设施，以及政策、法律、财务、投融资、企业管理、人力资源、市场推广和加速成长等方面的服务，代表性园区包括中关村虚拟现实文化教育产业园、京仪小型微型企业创业创新示范基地、健康智谷大健康产业园、普天德胜孵化器、中关村高端医疗器械产业园等。以专业化和加速服务为主的特色园区主要围绕技术研发和中试、检验测试、产业服务、国际合作等方面搭建公共服务平台，或者以快速成长企业为主要服务对象，通过服务模式创新，从空间、管理、服务、合作等方面充分满足企业多元化、个性化需求，代表性园区包括北大医疗产业园、北京亦庄生物医药园等。以产业化服务为主的特色园区产业配套完善，承载能力强，能够有效承接高精尖产业项目落地，代表性园区包括中关村软件园、中关村生命科学园、上地信息产业基地、大兴生物医药产业基地、房山高端制造业基地、顺义第三代半导体创新基地等。

3. 空间分布以中心城区为主

特色园区多集中在以海淀园、朝阳园为代表的中心城区，其次是昌平园、亦庄园、大兴园、房山园等位于平原地区新城的分园，平谷园、密云园、怀柔园、延庆园等位于生态涵养区的分园特色园区较少或者缺乏。由于空间受限，位于中心城区的特色园区普遍总体规模不大，大部分以集体用地和存量工业用地优化利用为主，新建园区较少。同时，原有地块的规模和区位决定了特色园区的功能，中心城区特色园区以提供创新创业孵化服务为主，如健康智谷大健康产业园、尚科办公区等。新建特色园区多位于平原地区新城，以提供专业化服务、前沿技术项目加速器和承接"高精尖"产业化项目为主，通过产业转型升级而形成，如大族工业创新园、亦创智能机器人创新园、OBE互联网创新园等。规模较大的产业基地普遍缺乏特色，软件园、生命园和大兴生物医药产业基地是其中发展较为成功的代表。

二 中关村特色园区的关键要素

无论是理论层面还是政策层面，目前国内对特色园区都开展了许多研究和探索。综合一些专家学者如王兴平①、宋清辉②、吕佩林③等人的研究成果，特色园区既有鲜明的区域经济特色，又体现政府的引导和扶持，可大体概括为各地政府根据城镇规划和区域特色经济发展要求，利用当地已有支撑块状经济优势，形成的各具特色、专业分工的产业园区。政策实践层面，从国家到地方也相继出台了系列指导、鼓励和支持特色园区发展建设的政策文件。

（一）国家、外省市关于特色园区的相关政策梳理

1. 国家相关政策

科技部：创新型特色园区。2010年5月，科技部发布《创新型特色园区建设指南》，指出创新型特色园区应具备产业特色突出、发展模式创新两个主要特征，并从主导产业影响力、研发机构和公共服务平台数量、高新技术企业收入占比、从业人员学历、企业研发总投入占比、新增授权发明专利数量等方面设置了系列考核指标。

国家发改委等四部委：特色小镇。2017年12月，国家发改委、国土资源部、环境保护部、住房城乡建设部发布《关于规范推进特色小镇和特色小城镇建设的若干意见》，提出立足产业"特而强"、功能"聚而合"、形态"小而美"、机制"新而活"等方面把握特色小镇内涵。

---

① 王兴平、柏露露：《特色园区要走分类引导多元培育之路》，《新华日报》2017年7月12日。
② 宋清辉：《中国特色园区如何成功突围》，《中国商界》2017年第10期。
③ 吕佩林：《特色小镇的跨界顶层设计与内涵》，经理人网，2018年9月4日。

2. 深圳、杭州等地相关政策

深圳市：特色工业升级示范园。2014年5月，深圳市制定《深圳市特色工业园认定管理办法》，提出特色工业园是指以区域特色产业为基础，适应市场竞争、产业转型升级和城市化进程对产业集聚的要求，以产业链完善配套为目标，以优势骨干企业为主体，适当集中布局建设、合理分工协作、主导产业突出的工业园。同时，主要从园区产业集聚度、规模效益、公共技术服务能力、企业自主创新能力等方面对申请示范园项目进行认定。

杭州市：特色小镇。2016年1月，根据《浙江省人民政府关于加快特色小镇规划建设的指导意见》，杭州市制定了《关于加快杭州市特色小镇规划建设的实施意见》，从产业定位、文化内涵、旅游功能、社区特征等方面进行界定，并围绕产业定位、规划引领、投资效益、运作模式等方面提出创建要求。目前浙江全省第一批特色小镇共有37个，杭州占9席，数量居全省之首，约占总数的1/4，如余杭梦想小镇、上城玉山南基金小镇、西湖云栖小镇等。

综合上述引导政策，主要从产业特色、运营服务、功能融合、产出效益等方面对特色园区进行认定和管理。此外，现有特色园区评价指标体系与政策导向大体上一致，侧重对特色产业集聚程度、组织管理模式、园区建设风貌等方面的考查。

（二）关于中关村特色园区的认识和理解

结合中关村园区建设和特色化发展历程，借鉴国家及其他省份关于特色园区的界定和相关引导支持政策，我们认为，中关村示范区特色园区应具备以下五项关键要素。

（1）产业特色明显。围绕北京市十大高精尖产业和示范区"十三五"规划重点发展的产业领域，发展定位科学，服务对象明确，主导产业突出，对于相关产业发展能够发挥示范引领和辐射带动作用。

（2）空间承载力强。具备科学的规划体系、适宜的空间规模和较高的建设品质，能够围绕特色领域提供符合企业承受能力的专业化空间载体，提供适应企业创新创业发展需求的高品质、市场化、国际化的发展环境。

（3）运营管理专业。建立了从招商引资到运营服务的园区一体化长期运营机制，拥有专业化运营机构和服务团队，搭建专业化服务设施，营造良好的创新创业生态系统，围绕企业不同发展阶段实际需求，打造专业化、特色化、国际化、品牌化和创新性的产业服务体系。

（4）产出效益显著。集聚领军企业、核心人才、前沿技术等高端创新要素资源，持续产生一批高精尖技术成果和创新型企业，园区发展质量效益显著，创新创业活跃，可持续发展能力不断增强，支撑区域经济社会发展。

（5）服务配套完善。功能多元，配套齐全，管理科学，能够有效保障企业产业发展、商务配套、商业服务、人才保障、生活服务等多元化服务需求，营造绿色生态、智慧精细、宜居宜业的园区环境，让企业"引得来、留得住、过得好"。

三 推进中关村特色园区产业集聚化发展的建议

近年来，中关村示范区特色园区蓬勃发展，但在发展过程中也暴露出一些问题，如产业特色不突出、空间分布不均匀、服务配套不完备，以及高端化、差异化发展不足等问题。其中，产业集聚是中关村特色园区的关键要素，更是现阶段产业竞争力的重要来源和集中体现，是北京市加快科技创新推动高精尖产业发展的政策要求。在此，我们主要从推动特色园区产业集约集聚发展的角度提出一些建议和思考。

（一）强化园区产业定位

中关村示范区是北京建设全国科技创新中心的主阵地，特色园区是全市高精尖产业发展的重要载体。落实首都城市战略定位和北京城市总体规划，加强全国科技创新中心建设，迫切要求特色园区结合自身的资源禀赋优势，明确产业定位，构建各具优势和特色的主导产业，在创新驱动发展上走在前列，在促进全市高精尖产业发展上有大作为。

一是聚焦高精尖产业。瞄准全球科技前沿和产业发展趋势，围绕北京市重点发展的十大高精尖产业和中关村示范区"十三五"规划确定的重点产业领域，结合特色园区所处分园的产业定位，根据园区功能定位、资源优势和产业基础，研究确定具有比较优势和发展潜力的产业领域和细分方向，明确1~2个主导产业，打造优势明显、特色突出的产业集群，建设特色产业园区。在园区发展过程中，要以园区特色发展战略为导向，主动腾退不符合产业定位要求或首都战略定位的企业，不断注入新的高端创新资源，实现园区发展的自我更新和内生增长。

二是加强分类指导与准入管理。根据园区空间规模、要素禀赋和产业发展实际，发掘特色优势，对处于中心城区、副中心和平原地区新城、生态涵养区的特色园区进行分类指导，明确其差异化的功能定位，引导特色创新要素功能集聚，完善产业生态，有效避免同质化竞争。同时，结合各园区要素资源条件，从投资强度、地均产出、人均产出、研发经费投入强度等方面，设定相应的项目准入标准，加强产业项目准入管理，促进各园区高精尖产业项目高起点、高质量发展。

三是完善特色园区评价体系。结合特色园区关键要素，创新特色园区培育的理念、思路和方法，从特色产业集聚、空间承载条件、运营管理水平、创新发展能力、产出规模效益以及服务配套水平等方面，建立完善相应的特色园区评价指标。搭建特色园区统计监测工作平台，整合特色园区运营管理机构及服务平台各种资源，形成对特色园区创新发展的稳定、高效、规范的动态监测，引导园区提高产业质量效益与运营服务能力。

（二）集聚领军企业和高成长性企业

如前文所述，中关村示范区特色园区在功能分布上以孵化服务、专业化和加速服务以及产业规模化发展为主。园区的功能不同，其服务对象也有很大的差异。这就需要特色园区结合自身功能定位，针对性地吸引不同类型的企业，实现集聚发展和特色发展。同时，引进企业或产业项目的过程中，需考虑园区目前企业入驻情况，加速集聚同一产业领域或产业链上下游的企业，打造协同创新的生态体系。

一是培育优质初创企业。围绕新一代信息技术、医药健康、智能装备、新材料、节能环保与新能源、智能交通等重点产业领域，遴选优秀初创企业，结合"中关村金种子工程"等相关政策，支持一批科技含量高、创新能力强、商业模式可持续的初创型科技企业，主动跟踪和提供服务，为优质初创企业提供空间拓展与选址、项目推介与融资、创业辅导与培训、交流沟通与合作等专业化服务，促进优秀创业项目和团队落地园区。

二是支持"独角兽""隐形冠军"等高科技企业发展。聚焦人工智能、生命健康、新材料等新兴产业，重点扶持高成长创新型企业。为优质"独角兽"企业定制"一对一"扶持措施，提供上市融资、高端链接、品牌创造支持。促进科技型中小企业向"专精特新"方向发展，发现并培育一批具有行业一流水平的"隐形冠军"企业。

三是培育世界一流的领军企业。引进一批创新能力强、引领作用大、研发水平高的世界一流领军企业，支持国际顶级、行业带动性强的龙头企业和研发机构在园区新建区域总部和研发中心。鼓励有条件的企业开展基础研究和前沿技术攻关，增强企业核心竞争力。

（三）提升特色化服务能力

中关村示范区特色园区发展参差不齐，仅有少数园区服务体系较为完善，功能多元，并搭建了专业化公共服务平台，能够满足企业不同阶段的创新发展需求。多数园区高端创新创业资源要素缺乏，专业化服务能力不足，园区的公共服务体系和专业化服务水平亟待完善提升。

一是强化成果转化和创新创业服务。加快科技成果转化中介体系建设，支持高校院所在园区建立专业化、市场化科技成果转化服务机构，助推重大科技成果转化和产业化项目落地。支持创新型企业与高等学校、科研院所深度合作，建设企业为主体、产学研用一体化的创新联合体，促进新技术、新产业、新业态发展。建立创新型企业服务工作机制，主动跟踪和精准服务创新型企业需求，研究解决其发展需求和重点难点问题。

二是完善专业化公共服务平台。鼓励多元主体参与园区建设和运营，按

照政府引导、市场运作的要求，围绕新一代信息技术、生命健康、新材料等重点领域，着力搭建研发孵化、技术中试、检验测试、知识产权以及市场和供应链资源对接等专业高效的公共服务平台，助推科技型中小微企业快速成长。强化对创业孵化服务机构的有序引导，建设一批具备原创技术团队孵化、前沿技术企业加速、硬科技产业培育功能的专业化众创空间、硬科技孵化器等新型孵化机构，为前沿硬科技孵化提供高端、定制化和具有专业特色的精益服务。

（四）推进园区间的横向交流合作

针对中关村示范区特色园区空间分布不均，中心城区、平原地区新城和远郊发展差异大的问题，应鼓励各特色园区之间加强合作与对接，从而形成资源高效配置和产业协同发展的园区链，促进资源流动，避免同质化竞争，实现统筹协同发展。

一是加强园区运营主体间的沟通对接。建立完善园区协作机制，推动中心城区发展成效突出、产业特色明显、运营管理专业、创新创业活跃的特色园区向平原地区新城和远郊地区的特色园区延伸"双创"生态系统，通过资源对接、品牌输出和资本合作等方式，搭建公共服务平台，集聚创新资源，创新运营模式，完善服务配套，从而连接创新链和产业链，实现资源共享、产业上下游高效衔接、互利共赢。

二是推进园区内外企业的交流合作。鼓励支持园区围绕相关产业领域的技术进步、资源对接、市场推广应用等不同主题，面向园区内外企业组织具有影响力的大赛、论坛、展示等活动，开展充分交流合作，促进园区企业加快新技术、新产品、新业态和新模式的推广应用，实现产业集聚和创新发展。

参考文献

[1] 宋清辉：《中国特色园区如何成功突围》，《中国商界》2017年第10期。

［2］王兴平、柏露露：《特色园区要走分类引导多元培育之路》，《新华日报》2017年7月12日。

［3］吕佩林：《特色小镇的跨界顶层设计与内涵》，经理人网，2018年9月4日。

［4］宋捷、李忠、吴良夫：《建立科学评价体系，指导园区转型升级》，《中国高新技术产业导报》2013年7月29日。

［5］由玉坤、周晓彤：《创新型特色园区建设的思考——以烟台高新区为例》，《知识经济》2016年第14期。

［6］王少杰：《园区产业集聚化观察》，《新产经》2015年第10期。

B.25
顺义临空经济高质量发展研究

高　庆[*]

摘　要：　临空经济是拉动区域经济发展的重要引擎，临空经济区正成
为机场和城市联动发展的新平台。依托首都国际机场、北京
临空经济区、天竺综合保税区三大重要功能平台，顺义临空
经济获得较快发展，但目前也面临如何实现产业结构优化升
级、提高发展质量等突出问题。推动顺义临空经济高质量发
展，需要继续增强首都机场国际航空枢纽功能，加快集聚国
际高端高新资源要素，支撑港城融合的国际航空中心核心区
建设，打造以世界级航空枢纽为核心的国际空港新城。

关键词：　临空经济　一市两场　综合保税区

一　顺义临空经济发展的基础优势

（一）首都机场国际枢纽地位日益凸显，北京国际交往中心门户功能不断提升

首都机场国际枢纽功能逐渐增强。近年来，首都机场国际航空交通流量
保持平稳增长的态势。2017年，首都机场国际旅客吞吐量达到2172万人
次，国际货邮吞吐量93万吨，两者均为2008年的1.6倍；国际航班起降达

---

[*]　高庆，管理学硕士，北京方迪经济发展研究院高级咨询师，主要研究方向为区域经济、产业
经济。

12.4 万架次（见图1～图3）。2018年，首都机场旅客吞吐量10098万人次，成为我国第一个年旅客吞吐量超过1亿人次的机场，连续九年稳居世界第二位，也是继美国亚特兰大机场后，全球第二个年旅客吞吐量超过1亿人次的机场；全年累计飞机起降61.4万架次，相当于2008年的1.4倍。

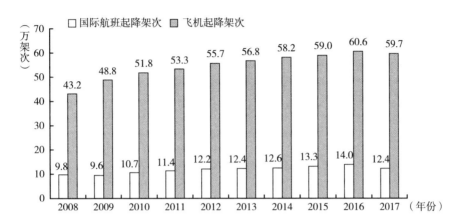

图1 2008～2017年首都机场飞机起降架次

资料来源：国际机场协会官方网站（www.aci.aero），机场数据均来自该网站，下同。

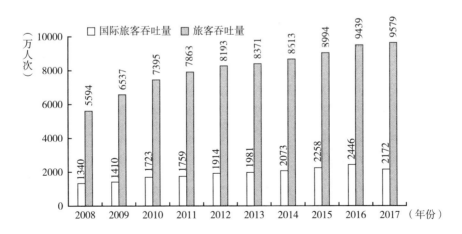

图2 2008～2017年首都机场旅客吞吐量

首都机场是一个拥有3座航站楼、3条跑道、双塔台同时运行的大型国际航空枢纽。截至2018年底，在首都机场运营定期商业航班的航空公司共

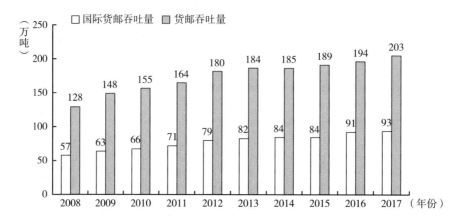

图3 2008~2017年首都机场货邮吞吐量

有105家，其中外国航空公司69家；与全世界65个国家和地区的296个机场相连，其中国际通航点136个；与全球26个国家和地区的36家机场建立了姊妹机场友好合作关系。首都机场发起的北京全球友好机场总裁论坛已成功举办6届，成为我国机场与全球民航业交流合作、传播本土机场实践经验的重要平台。2017年，荣获国际机场协会（ACI）颁发的"亚太区（200万级以上）最佳机场第二名"和"全球旅客吞吐量4000万以上级最佳机场第二名"两个奖项，这是首都机场连续第10年在ACI机场服务质量中获得奖项。

政策开放创新不断推进。过境免签政策效果明显，从2013年到2017年底，首都机场累计接待72小时过境免签旅客超过10万人次。2017年12月28日，首都机场开始对53个国家持有效国际旅行证件的旅客，实行144小时过境免办签证政策。截至2018年底，累计接待144小时过境免签旅客超过3.5万人次。过境免签政策实施，为首都机场大型国际枢纽建设营造了更加宽松的通关环境。中转流程政策不断优化。首都机场实施的24小时过境免检政策，实现24小时内转乘首都机场其他国际航班、中途不离开机场口岸限定区域的旅客，可免除边检查验手续，进一步提升旅客在首都机场的中转体验。

（二）临空经济核心区高端产业集聚发展，成为支撑北京临空经济发展的重要力量

北京临空经济区是北京市"十一五"时期确定重点发展的六大高端产业功能区之一，是我国发展最早、最具规模、最为成熟的临空经济型高端产业园区，总体规划控制面积 178 平方公里。北京临空经济核心区是北京临空经济区的核心区域，总体规划面积 170 平方公里，其中起步规划区面积 56 平方公里（含首都机场 27 平方公里），主要由北京天竺空港经济开发区、北京空港物流基地和北京国门商务区三个功能规划区组成，总占地面积 29.24 平方公里（见表 1）。

表 1　北京临空经济区功能板块组成情况

单位：平方公里

功能区		面积	
北京临空经济核心区（起步规划区）	首都国际机场	27	56
	北京天竺空港经济开发区	29	
	北京空港物流基地		
	北京国门商务区		
北京天竺综合保税区（含北京天竺出口加工区、北京空港保税物流中心等）		5.9	
其他（含北京林河经济开发区、北京汽车生产基地、北务印刷产业园及 5 镇 1 街道等）		116	

资料来源：根据顺义区政府官网（www.bjshy.gov.cn）资料整理。

经济发展质量效益显著提高。2017 年，北京临空经济区规模以上法人单位实现总收入 4210.6 亿元，比 2008 年翻一番；实现利润总额 384.1 亿元，同比增长 16.3%，收入利润率达到 9.1%（见图 4、图 5）。从重点行业看，2017 年北京临空经济区交通运输、仓储和邮政业实现收入 1746.5 亿元，占临空经济区总收入的 41.5%；实现利润 172.6 亿元，占比达到 44.9%。租赁和商务服务业资产总计 2143 亿元，占临空经济区总资产的 22.1%，比工业高 11 个百分点；收入利润率达到 33%，比交通运输、仓储和邮政业高 23.1 个百分点（见表 2）。

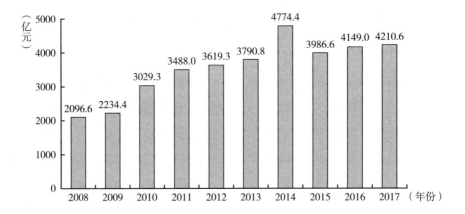

图4 2008～2017年北京临空经济区规模以上法人单位总收入

资料来源：《北京区域统计年鉴》（2009～2018）。

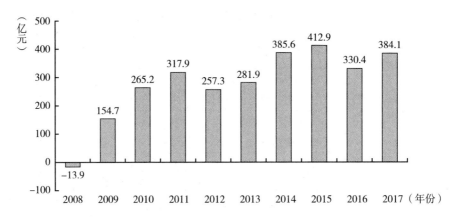

图5 2008～2017年北京临空经济区规模以上法人单位利润总额

表2 2017年北京临空经济区重点行业发展情况

单位：亿元

项目	法人单位数	资产总计	收入合计	利润总额
交通运输、仓储和邮政业	157	3302.7	1746.5	172.6
工业	108	1075.2	1107.7	5.0
租赁和商务服务业	66	2143.0	155.3	51.2
其他	516	3166.6	1201.2	155.3
合　计	847	9687.5	4210.6	384.1

资料来源：《北京区域统计年鉴》（2018）。

　　区域经济贡献持续增强。经过 20 多年发展，临空经济核心区逐步形成了以航空服务业为主导，现代物流、新兴金融业、商务会展和高技术产业等为补充的临空大产业发展格局。截至 2018 年底，累计引入 20 多个国家和地区的 2600 余家中外资企业，其中总部企业 63 家，世界 500 强企业 33 家。2017 年，临空经济核心区实现税收 129.6 亿元，占顺义区税收收入的 23.3%，比 2014 年增长 5.8 个百分点；实现一般公共预算收入 29.1 亿元，占顺义区的 19.5%（见图 6、图 7）。分行业税收贡献看，2017 年航空服务业实现税收 88.7 亿元，占临空经济核心区税收收入的比重接近 7 成，位居六大产业之首；现代物流、新兴金融业和商务会展三类产业各自的税收贡献均在 10 亿元以上（见图 8）。

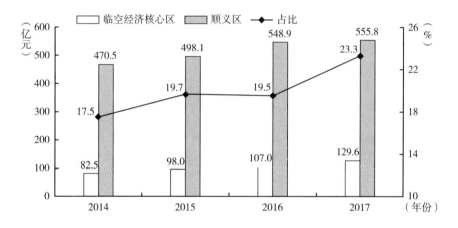

图 6　2014～2017 年临空经济核心区和顺义区税收及占比情况

资料来源：《顺义区统计年鉴》（2015～2018）。

　　会展产业规模不断扩大。根据《中国展览经济发展报告（2017）》，2017 年北京市共有 7 个展览馆，展览馆室内可租用面积 32.3 万平方米，其中中国国际展览中心（新馆）10.7 万平方米，占比达 1/3，是北京唯一超过 10 万平方米的室内展馆。新国展展馆利用效率持续提升。2017 年，中国国际展览中心（新馆）承办 2 万平方米以上的展览会数量共 35 家，总面积达 283.9 万平方米（见表 3），占北京市同类型展会总面积的

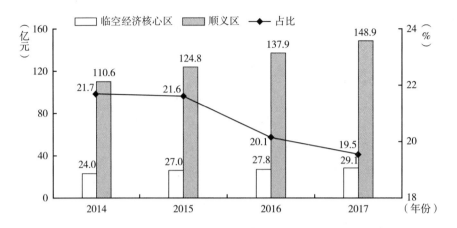

图7　2014~2017年临空经济核心区和顺义区一般公共预算收入及占比情况

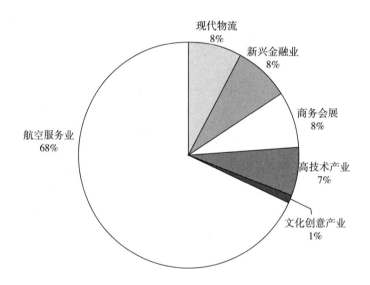

图8　2017年临空经济核心区六大产业税收贡献情况

35.9%。可以看出，虽然新国展举办的展览数量不是很多，但展览的规模和面积都比较大，北京国际汽车展览会、中国国际机床展览会、北京国际印刷技术展览会、中国国际铸造博览会、北京国际图书博览会等国际品牌会展影响力日益彰显，促进了临空经济核心区会展业发展。同时，新国展区域也集聚了包括笔克展览展示公司、百瑞国际会展集团等在内的多家知名展会企业。

表3　2017年北京市各展览馆展会（2万平方米以上）分布情况

单位：家，平方米

项目	数量	面积
中国国际展览中心（新馆）	35	2838880
中国国际展览中心（老馆）	77	2764700
国家会议中心	41	1262500
北京展览馆	17	479000
全国农业展览馆	16	456000
北京亦创国际会展中心	3	92000
北京八达岭国际会展中心	1	20000
合　计	190	7913080

资料来源：根据《中国展览经济发展报告（2017）》数据计算。

（三）天竺综合保税区服务功能日益完善，成为北京国际经贸交流合作的重要平台

北京天竺综合保税区于2008年获国务院批准设立，成为全国首家空港型综合保税区，集口岸通关、保税物流、出口加工等功能于一体，享有"保税、免税、免证"政策，是北京目前唯一的海关特殊监管区域。

综合保税区功能不断完善。天竺综合保税区功能上主要分为保税功能区和口岸操作区两大部分，保税功能区、口岸操作区与机场货运停机坪三者无缝连接，成为全国唯一具备港区一体、一般贸易与保税贸易融合发展功能的海关特殊监管区域。天竺综合保税区优化整合了国内其他五类海关特殊监管区域的政策优势，全面开展了保税物流、出口加工、国际贸易、检测维修等海关特殊监管区域准许业务；打造了国家对外文化贸易基地、北京国际科技贸易基地等保税功能体系，医药、航材、文化、金融、跨境电商等特色产业发展突出，成为北京外向型经济发展的重要平台（见表4）。

表4 我国六类海关特殊监管区域功能对比

类别	功能
保税区	保税仓储、出口加工、转口贸易、商品展示
出口加工区	入区退税、保税加工、保税物流
保税物流园区	保税仓储、流通性简单加工和增值服务、全球采购和国际配送、国际中转和转口贸易、检测维修、商品展示
跨境工业园区	工业、现代物流、展览、自由贸易
保税港区	具有港口、出口加工、保税仓储、国际中转、国际采购、国际配送、转口贸易、商品展示、测试维修等功能
综合保税区	集保税区、出口加工区、保税物流园区、港口的功能于一身，具有国际中转、配送、采购、转口贸易和出口加工等功能

资料来源：根据国务院出台的六类海关特殊监管区域政策资料整理。

经济贸易规模持续扩大。2017年，北京天竺综合保税区实现总收入220.2亿元，相当于2010年的11倍；实现利润总额26.2亿元（见图9、图10），比上一年增加1倍多；收入利润率达到11.9%，比2016年增长3个百分点。口岸功能地位突出，2017年北京天竺综合保税区口岸操作区实现进出口总值800亿美元，占北京口岸进出口总量的86%；保税功能区企业实现进出口57.6亿美元，同比增长12.9%。

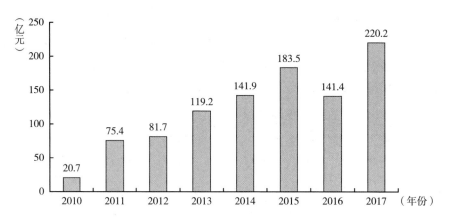

图9 2010~2017年北京天竺综合保税区总收入

资料来源：《北京统计年鉴》（2011~2018）。

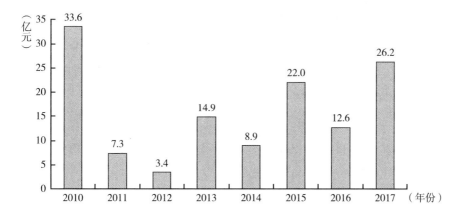

图 10　2010～2017 年北京天竺综合保税区利润总额

改革开放创新成效显著。北京市服务业扩大开放综合试点政策实施持续推进（见表5），国内首家外资控股飞机维修企业北京通航法荷航落地运营，全市首家外商独资演出经纪机构美国龙之传奇娱乐公司入驻，获批国家文化出口基地，在全国首创文化艺术品保税交易模式；获批北京融资（金融）租赁聚集区，飞机租赁产业实现新突破，文科租赁完成了全国首家以文化产

表5　我国综合保税区基本政策

类别	具体内容
税收优惠政策	①基建物资及设备进口免征进口关税和进口环节税 ②境内(指境内区外)货物入区视同出口实行出口退税 ③区内货物进入境内销售按货物进口的有关规定办理报关手续,并按货物实际报验状态征税(经批准或授权的除外) ④区内企业之间货物交易免征增值税、消费税 ⑤经批准或授权可以享受的税收政策(选择性征收关税政策、跨境电子商务零售进口税收政策、赋予区内企业增值税一般纳税人资格政策等)
贸易管制政策	除法律、行政法规和规章另有规定外,与境外之间进出的货物,不实行进出口配额、许可证件管理
保税监管政策	①区内保税存储货物不设存储期限 ②进口货物入区保税 ③区内企业之间保税货物可以自由流转
外汇政策	进出区(境内区外)货物可用外币或人民币结算

资料来源：《海关总署关于印发〈综合保税区适合入区项目指引〉的通知》（署贸发〔2018〕1 号）。

品为标的物的融资服务。口岸功能与保税功能融合创新，进口肉类、冰鲜水产品、水果、植物种苗、食用水生动物五类商品空港型保税指定查验场点投入运营。全国首创航材共享海关监管模式，以北京口岸为中心，依托中航材建立全球航材共享保税支援体系，航空公司运营成本降低幅度达 1/4。积极推动中国（北京）跨境电子商务产业园建设，形成了"一般贸易 + 快件直邮 + 保税备货 + 直营展销"全方位跨境电商进口通道，建立了 2 个跨境电子商务直购监管场站、1 个保税备货监管场站和 4 个保税备货仓库，设立了 10 个国家特色商品馆。天竺综合保税区获批全国海关特殊监管区域增值税一般纳税人资格试点，进一步拓展园区可持续发展新优势。

二　顺义临空经济发展面临的问题与挑战

（一）首都机场在国际航空枢纽中的竞争力有待增强

首都机场国际客货运输能力有待提高。国际客货运输量反映机场的国际对外交流活动能力以及开放程度。从国际经验看，大型枢纽机场的国际旅客比例一般要达到 30% 的水平。2017 年，首都机场国际旅客吞吐量 2172 万人次，相当于全部旅客吞吐量的 22.7%，国际旅客比例与国际标准水平仍有较大差距，并且国际旅客吞吐量在全球主要机场排名处于第 20 位以后（见表 6）。与希思罗机场、戴高乐机场等全球典型国际枢纽机场相比，首都机场的国际旅客占比差距明显。例如英国伦敦希思罗机场国际旅客吞吐量占比为 93.8%，法国巴黎戴高乐机场国际旅客吞吐量占比达到 91.7%。即使与国内重要枢纽机场相比也有一定差距，2017 年首都机场国际客运量占比低于上海浦东机场 18 个百分点。从国际货运量看，2017 年首都机场国际货邮吞吐量仅为 92.7 万吨，不及上海浦东机场的 1/3（见图 11），国际货邮吞吐量占比甚至比广州白云机场还低。

表6　2017年旅客吞吐量全球排名前二十位的机场

单位：万人次

排名	机场	旅客吞吐量	国际旅客吞吐量
1	美国亚特兰大机场	10390	★
2	中国首都国际机场	9579	2172（★）
3	阿联酋迪拜机场	8824	8772
4	日本东京羽田机场	8541	★
5	美国洛杉矶机场	8456	★
6	美国芝加哥奥黑尔机场	7983	★
7	英国伦敦希思罗机场	7801	7319
8	中国香港赤鱲角机场	7266	7246
9	中国上海浦东机场	7000	2844（★）
10	法国巴黎戴高乐机场	6947	6370
11	荷兰阿姆斯特丹史基浦机场	6852	6840
12	美国达拉斯—沃思堡机场	6709	★
13	中国广州白云机场	6589	1511（★）
14	德国法兰克福机场	6450	5712
15	土耳其伊斯坦布尔阿塔图尔克机场	6387	4425
16	印度新德里英迪拉·甘地机场	6345	★
17	印尼雅加达苏加诺—哈达机场	6302	★
18	新加坡樟宜机场	6222	6157
19	韩国仁川机场	6216	6152
20	美国丹佛机场	6138	★

注：★为国际旅客吞吐量全球排名第二十位以后的机场。

资料来源：国际机场协会（ACI）。

　　枢纽机场作为国际航空客货运的集散中心，其主要特征是高比例的中转业务和高效的航班衔接能力。大量的中转旅客是枢纽机场的重要标志，世界上很多枢纽机场的中转率都超过30%。例如，德国法兰克福机场中转率为42%，荷兰阿姆斯特丹史基浦机场为38%，新加坡樟宜机场为31%，而首都机场旅客中转比例仅维持在7%的较低水平。并且，首都机场的中转效率也不高，平均中转时间超过90分钟，与世界上大型枢纽机场平均中转时间1小时以内的标准相比还有较大差距。

　　随着航空运输业快速发展和竞争加剧，很多国家都在大力推行"落地签"

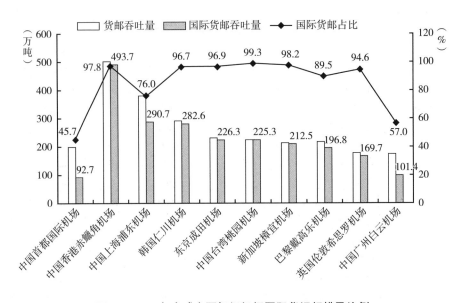

图11 2017年全球主要枢纽机场国际货运规模及比例

"第五航权""天空开放"等国际航空自由化政策,以求在全球航空竞争中占据有利地位。天空开放和航空自由化已经成为欧美民航发展的最大动力。一般来看,"第五航权""天空开放"政策在推动枢纽机场扩大国际航线网络和增加国际旅客中转方面起到至关重要的作用。由于现行航空政策与国际普适性航空政策对接不足,首都机场虽然已经实施144小时过境免签政策,但"第五航权""天空开放"两个相对比较重要的航空自由化政策目前还没有实现,这成为制约首都机场扩充国际航线网络和增加国际旅客规模的重要因素。

(二)大兴机场投入运营将给首都机场带来较大竞争压力

从世界范围来看,国际大都市"一市多场"是一种普遍做法,目前全球45个航空超级大都市都拥有两个或两个以上枢纽机场。例如,纽约和莫斯科都分别有3个机场,东京、首尔各有2个枢纽机场,伦敦则有5个机场。北京作为一个人口大国的多功能首都,从航空需求角度考虑,拥有充足的客流保障。特别是随着京津冀协同发展和"一带一路"建设等的实施,国际交往活动更加频繁开展,对国际航空运输的需求日益增强,未来国际航空客流有可能呈现"井喷式"增长态势。大兴机场投入运营，对于优化首都机场现有航空运输结构将会起到很大的促进作用。因为只有在2个机场共同做大的情形下，大兴机场才能分流首都机场国内客流，为首都机场增加国际客流提供空间。

大兴机场投入运营也可能会对首都机场发展形成一定的竞争压力。由于大兴机场的基础设施建设标准和配套设施水平总体上优于首都机场现有条件，作为大型国际航空枢纽机场，将来也要同步运营国内航班和国际航班，甚至还会有很多低成本航空公司的运营空间，首都机场目前承载的客货运输业务量将会受到一定程度的削减。而且，东航、南航等主基地航空公司转场大兴机场运行，意味着首都机场将会流失一部分高端航空服务资源，可能会对顺义推进国际航空中心核心区建设带来不利影响（见表7）。

表7　北京"一市两场"的功能定位与发展目标

项目	功能定位	发展目标
首都国际机场	定位为大型国际航空枢纽、亚太地区重要复合枢纽，服务于首都核心功能，主要依托国航等基地航空公司，调整优化航线网络结构，增强国际航空枢纽的中转能力，提升国际竞争力	将在2020～2025年通过"提质增效"改造计划，实现旅客吞吐量8200万人次的工作目标
大兴国际机场	定位为大型国际航空枢纽、国家发展一个新的动力源、支撑雄安新区建设的京津冀区域综合交通枢纽，主要依托东航、南航等主基地公司打造功能完善的国内国际航线网络	将在2021年和2025年分别实现旅客吞吐量4500万人次和7200万人次的建设投运目标

资料来源：国家民航局发布的《北京大兴国际机场转场投运及"一市两场"航班时刻资源配置方案》。

（三）国际高端高新资源集聚能力有待进一步提升

当前，顺义临空经济发展正迈入"港城融合、港区一体"的新阶段，但临空经济发展的质量还有待提高。产业结构有待进一步优化升级。临空经济核心区尚未形成多点支撑的产业发展格局，航空服务业仍然占据绝对主导地位，高端高新产业发展不足。国际化、高端化的临空型现代服务业比例较低，缺乏具有全球航空资源配置功能的国际性民航组织、国外大型航空公司地区性总部以及各类服务全球航空企业的运营管理、业务培训、技术维修、航空信息等服务机构，与国际航空枢纽相适应的商务办公、星级酒店、购物中心、教育、医疗等高标准配套服务设施仍较缺乏。

以临空资源配置能力为例，临空型跨国企业所占比例是评价临空产业发展质量的一项重要指标，目前国外占比一般在70%以上，临空经济核心区该项指标则远远低于国际标准。从航空资源能级角度看，临空经济区航空类总部占航空类企业总数的比例为7%，而国际标准大都在35%以上，顺义该类指标与国际差距也较大。从会展业发展看，新国展面临展馆设施供应不足的突出问题。新国展现有场馆在展览规模上难以满足20万平方米以上特大型展览的办展需求，并且场馆设施缺乏现代化综合服务配套功能，导致部分知名展览外移，造成会展资源流失。亟待需要通过加快推进新国展二、三期建设，解决会展业发展面临的瓶颈问题。

随着各地自贸区、自由港等开放政策的加快实施，天竺综合保税区的政策优势逐渐下降，发展差距与之拉大。比如，融资租赁、航空维修等产业发展规模不高。截至2018年底，天竺综合保税区飞机租赁业务累计不到20架，而天津东疆保税港区累计完成1414架飞机租赁业务，约占我国民航飞机总量的1/3。与此同时，北京未来"一市两场"双枢纽布局带来的临空资源分流对顺义临空经济发展形成了较大的压力。大兴机场临空经济区将来在集聚国际高端资源要素、培育临空型高端产业等方面的优势，也可能对顺义临空产业发展形成较大的挑战。北京临空经济区虽然是北京市的六大高端产业功能区之一，但还不是国家级的临空经济示范区，而大兴机场临空经济示范区是国务院批复的2个国家级示范区之一，在政策支持上已经显现出一定的差距（见表8）。

表8 我国12个国家级临空经济示范区

单位：平方公里

类别	名称	面积
国务院批复（2个）	郑州航空港经济综合实验区	415
	北京大兴机场临空经济示范区	150

类别	名称	面积
国家发改委和民航局 联合批复（10个）	青岛胶东临空经济示范区	149
	上海虹桥临空经济示范区	13.89
	杭州临空经济示范区	142.7
	宁波临空经济示范区	82.5
	广州临空经济示范区	135.5
	长沙临空经济示范区	140
	重庆临空示范经济区	147.48
	成都临空经济示范区	100.4
	贵州临空经济示范区	148
	西安临空经济示范区	144.1

资料来源：根据国家发改委和民航局等公开资料整理。

三　推动顺义临空经济高质量发展的思路对策

（一）巩固提升首都机场国际航空枢纽功能

加快完善首都国际机场基础设施。健全机场周边路网结构，拓展机场周边高速公路服务半径，完善T1、T2、T3航站楼之间的交通互连互通。加快推进与机场连接的有轨电车T1线、T2线建设，推进城市快速轨道交通S6线连接T3航站楼的支线建设。建立以专业物流中心和配送中心为支撑的物流体系，完善物流转运设施，推进"多式联运"综合物流枢纽公共平台布局及配套大数据平台建设。实施零障碍"港区直通车"通关，争取建立首都机场"城市货栈""城市候机楼"。加强与大兴机场的联动发展，打造国际一流航空枢纽，更好地支撑港城融合的国际航空中心核心区建设。

着力增加首都机场国际旅客吞吐量。支持航空公司优化航班存量结构，拓展国际航线网络，提升国际航班比重。加强与主基地航空公司的合作，大力提升机场服务航空公司能力。首都机场要加强与国航的长期战略合作，一方面，依托国航开展与其所属的星空联盟成员合作，构建高质量的国际航班集群，促进首都机场运行效率提升；另一方面，在巩固国航现有欧美航线优势的基础上，着力开辟"一带一路"沿线国家和大洋洲航线。同时，也要支持和鼓励首都机场吸引国外大型国际航空公司建立基地。

积极争取实施国际普适性航空政策，提升首都机场国际枢纽地位。积极向国家航空主管部门争取包括"第五航权""天空开放""落地签"等在内的航空自由化政策，促进国际航线网络增加，巩固和提升首都机场的国际航空枢纽地位。发挥144小时过境免签和24小时过境免办边检手续政策优势，推进免税购物中心、品牌折扣店、免税商店等商贸配套设施建设，支持西餐厅、咖啡馆、酒吧等商业设施建设，吸引国际旅客从首都机场中转。

（二）加快推进港城融合的国际航空中心核心区建设

加快集聚高端国际要素。深入推进航空、金融、商务、科技、文化等领域的国际交流与合作，吸引跨国公司地区总部或研发机构、国际性组织等国际高端资源加速集聚。加快航空类总部、航空技术研发决策及标准制定等航空操控型资源集聚，吸引星空联盟、天合联盟和寰宇一家等世界三大航空联盟成员相关总部、区域办事处入驻，积极引入航空类行业协会、研发院所和咨询公司等商务服务机构，提升临空经济区在更大范围、更广领域、更高层次的国际航空资源配置与调控能力。

大力提升综合保税区发展质量。加快天竺综合保税区创新升级，打造北京对外开放新高地，推动天竺综合保税区发展成为具有全球影响力和竞争力的物流分拨中心、研发设计中心、先进制造中心、检测维修中心和销售服务中心。推动建设北京空港国际贸易创新示范区，以"空港""保税"两大功能为支撑，打造"港城融合、区港联动、展示交易、线上线下、进口出口"全产业链国际商贸生态系统。推进进口商品展示销售中心建设，实行前店后库模式，构建跨境电子商务完整的产业链条。强化提升国家对外文化贸易基地、北京国际科技贸易基地、北京市融资（金融）租赁聚集区等政策功能，探索推进天竺综合保税区向自由贸易港转型升级。充分发挥京津冀144小时过境免签等政策优势，支持和推动北京临空国际免税城建设。

积极完善配套服务功能。统筹首都机场、新国展及周边配套服务需求，依托首都机场巨大客流优势，加快建设大型商业服务设施，在服务机场客流消费的同时，也为新国展提供便利的购物环境，增加新国展配套服务客流量。积极推进新国展二、三期建设，加快完善会展配套服务设施，全面提升新国展服务功能，在新国展周边合理规划建设会议、文化、教育、医疗、体育休闲等配套设施。完善公路交通与轨道交通体系，增强新国展与首都国际机场、临空经济核心区的通达性与便捷性，实现会展产业与城市功能完善协同发展。积极主动承接北京中心城区会展功能疏解，争取将新国展及周边区域建设为首都国际会展产业核心区。强化国际社区建设，营造开放包容的国际化服务环境，为外籍人员创造更加优质的居住生活条件。

参考文献

［1］《北京首都国际机场股份有限公司 2018 年 12 月份营运数据》，北京首都国际机场官网，2019 年 1 月 11 日。

［2］北京市统计局：《北京区域统计年鉴（2018）》，北京市统计局，2018。

［3］北京市统计局：《北京统计年鉴（2018）》，北京市统计局，2018。

［4］赵巍：《全球最具潜力的国际航空枢纽分析与借鉴》，《民航管理》2014 年第 5 期。

［5］《撑起"国际交往中心"的翅膀——首都机场股份公司总经理史博利眼中的"第一国门"》，新华网，2015 年 9 月 12 日。

［6］张立鹏：《北京新机场"一举多得"》，《投资北京》2015 年第 5 期。

［7］赵冰、曹允春：《多机场临空经济区差异化发展经验及对北京临空经济区的启示》，《企业经济》2018 年第 2 期。

［8］《2018 东疆飞机租赁业成绩单出炉！我国民航运输飞机三分之一来自东疆》，天津东疆保税港区官网，2019 年 1 月 29 日。

Abstract

Beijing Economic Development Report (*2018 – 2019*) is the latest annual research report about Beijing's economic development, economic analysis and forecasting. The researchers in the Institute of Economics in BASS (Beijing Academy of Social Sciences) are as the core team members, and some scholars who study in government departments, research institutions, universities and other academic institutions are absorbed in the team.

The book analyzed and reviewed the Beijing overall economic situation in 2018 and forecasted the economic trends in 2019. The Report deeply analyzed the current situation, problems and causes of economic development of Beijing and put forward some executable suggestions, concentrating on the global, strategic and key issues of Beijing economic development, using a combination of quantitative and qualitative analysis methods.

The book is divided into six parts, which are general report, macroeconomic articles, strategic analysis papers, industry articles, financial market papers and regional development articles. From the content, the book is highly concerned about the economic situation, key tasks and policies of the capital's economic development. Especially some key issues have been deeply analyzed such as development of Beijing Core Area, Beijing Creative Development Index, high-tech industry, science and technology service industry, financial technology industry, cultural tourism and sports industry, and eco-city construction.

The general report is the core content of the book, which is divided into four parts. The first part analyzes the current economic development of Beijing and domestic and international environment. The second part analyzes the Beijing overall economic development situation in 2018. The third part analyzes the theoretical origin and realistic dilemma of Sino-US trade disputes, and prejudges Sino-US trade negotiations. Based on this prejudges, it is analyzed that the impact of Sino-US trade disputes on Beijing's economy. Using the framework of the Schumpeter model, the catch-up model between Beijing and the United States was designed and empirically analyzed. It is believed that Beijing should give priority to independent innovation strategies to improve productivity. The fourth part forecasts and forecasts the economic situation of Beijing in 2019.

The general report predicts that the growth rate of investment in Beijing will increase by 3.5% in 2019, and the growth rate will pick up. In 2019, total market consumption will increase by 8.5% , and will increase steadily and slightly. In 2019, the growth rate of the added value of the secondary industry will decline slightly, reaching 3.8% . In 2019, the added value of the tertiary industry will grow steadily, and the growth rate will reach 7.6% , a slight increase from 2018. In 2019, the general level of consumer prices will rise by about 3.5% , a slight increase compared with the level in 2018. It is still acceptable in the range of moderate inflation. Based on the above analysis, it is estimated that Beijing's GDP will achieve a growth of 6.8% in 2019, and it will achieve a steady recovery.

Contents

I General Report

Abstract: In 2019, whether it is a developed economy or an emerging market economy, the economic growth rate will be slightly slowed down. The trend of Sino-US trade disputes not only determines the trend of China's economic growth but also the trend of world economic growth. Looking back at 2018, Beijing's economic growth has been running steadily, the price level has risen slightly, emerging industries have grown rapidly, independent innovation capabilities have increased, and the business environment has improved substantially. The Sino-US trade dispute has brought greater uncertainty to Beijing's economic growth. The theoretical origins and realistic dilemmas of Sino-US trade disputes is analyzed in the report which prejudges the result of Sino-US trade negotiations, and the impact of Sino-US trade disputes on Beijing's economy is also analyzed. Using the framework of the Schumpeter model, the catch-up model between Beijing and the United States was designed and empirically analyzed. It is believed that Beijing should give priority to independent innovation strategies to improve productivity. Finally, the forecast and outlook of Beijing's economic situation in 2019 was made.

Keywords: Sino-US Trade Disputes; Independent Innovation; Beijing; Economy

II Macroeconomy

Abstract: In 2018, Beijing's economic and social development has progressed steadily which means has diversified municipal functions, stabilized growth, promoted reform, adjusted structure, benefited people's livelihood, and prevented risks. It has successfully completed the main target tasks for the whole year, and the results of reduction and development have appeared. The momentum of innovation and development has been strong, and the high quality development statement has been good. In 2019, we need to continue to adhere to the general tone of steady progress, adhere to the new development concept, persist in promoting high-quality development, and adhere to the supply-side structural reform as the main line, including, deepen market-oriented reforms, expand high-level openness, comprehensively meet the requirements for high-quality development, and coordinate for stabilizing growth, promoting reform, restructuring, benefiting people's livelihood, preventing risks, and maintaining the healthy development of the capital economy and society is stable.

Keywords: High Quality Development; Society; Economy; Beijing

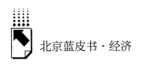
B. 3　Analysis of Beijing's Economic Situation in 2019 and

　　Prospects for 2019　　　　　　　　　　*Liu Lanfang , Xi Chun* / 044

Abstract: In 2018, Beijing's economic growth was within a reasonable range, the economic structure continued to be optimized, external demand grew strongly, and the domestic consumption pattern was further consolidated. The "advanced and sophisticated high-tech" industrial structure was accelerated form, and that economic efficiency and momentum have been continued to improve. In 2019, the world economic environment has undergone profound changes, and the downward pressure on the domestic economy has pressed. Beijing is still in the period of active adjustment the transformation of potential energy. The total demand will be differentiated in the structural optimization and upgrading. The industrial growth rate will be declined both supply and demand slow down. The growth rate of the service industry will remain stable. It is expected that the annual economic growth will fall back to 6. 3% .

Keywords: Economic Growth; Price Index; Demand Structure; Industrial Structure

B. 4　Analysis of Beijing Investment Situation in 2018 and

　　Prospects for 2019　　　　　　　　　　　　　　*Si Tong* / 054

Abstract: In 2018, Beijing's investment growth turned negative, and the fixed asset investment of the whole society fell by 9. 9% , the lowest record was made in the past decade. Under the background of urban intensification and intensive development, investment pays more attention to the development direction of the capital, continue to increase the shortcomings and improve the investment of people's welfare, and optimize the investment layout. However, problems such as large downward pressure on investment growth, insufficient vitality of private investment, land using inflexible, and a decline in investment efficiency caused by changes in investment philosophy are still worthy of attention. Looking forward to 2019, investment will continue to play a supporting role in supporting stable economic growth and leading the transformation of economic structure. It will pay more attention to effective investment and promote a sharp decline in investment decline. It is estimated that the fixed asset investment of the whole society will fall by 2% .

Keywords: Investment Growth; Investment Operation; Valid Investment; Quality Benefit

B. 5　Analysis the Situation of Beijing Service Industry in 2018 and Prospects for 2019　　　*Fan Yifang* / 064

Abstract: In 2018, Beijing's service industry operated smoothly, and the leading industries such as the financial industry, information service industry, and science and technology service industry played a major role. The growth rate of culture, education, health and other industries has considerable. The transportation industry, wholesale and retail trade, and real estate industry were in an adjustment period. The overall profitability of enterprises has declined, but the spatial pattern has been continuously optimized. In 2019, under the background of the expected downturn in the national economy the inter-city service industries will be intensified competition among, and the pressure on the development of the Beijing service industry will be increased. However, it also faces favorable factors such as the sustained release of the reform dividend, the expansion of open and orderly advancement, the continuous expansion of new technologies applications. It is expected that the development of the service industry will be stable and slow throughout the whole year.

Keywords: Service Industry; Information Service Industry; Technology Service Industry; Financial Industry

B. 6   Characteristics of Beijing's Total Consumption Operation

and Prospects for 2019   *Zhang Meng* / 075

Abstract：At this stage, the main engine of service consumption in Beijing's total consumption is becoming more and more prominent, and the trend of consumption grading is gradually emerging. Diversified and personalized demand has been becoming mainly stream and emerging consumption is becoming increasingly active. Looking forward to 2019, the favorable and unfavorable factors affecting consumption growth coexist. It is expected that total consumption will maintain a steady growth under the combined effect of a slowdown in commodity consumption growth and rapid growth in service consumption.

Keywords：Total Consumption; Commodity Consumption; Service Consumption; Consumption Classification

Ⅲ Strategic Analysis

B. 7   The Implementation of the New Beijing Master Plan to

Improve the Development Quality of Core Zone   *Jin Hui* / 084

Abstract：The development quality of the capital function core zone in this article belongs to the exclusive concept, which is limited to both of the Xicheng and Dongcheng District of Beijing, and it matches with the core zone of function orientation and development goals determined by the new Beijing Master Plan, and covers the political, economic, cultural, social and ecological aspects of quality in the core area. At the same time, it also expresses the degree of the realization of "innovation, coordination, green, open, sharing" development concept. It is a major long-term political task for the core zone to implement the new Beijing Master Plan and improve the quality of the core zone's development quality, that is to highlight its main functions, consolidate its basic functions, promote high-quality development, and take the lead in building a "world-class, harmonious and livable district" in an all-round way. As far as the Dongcheng District is concerned, we should insist on culture as the soul, enhance the capital core functions and do a good job in "four services" as the core, deepen the reform and innovation, and make full efforts to create a new situation of the Dongcheng District high quality development. At the same time, Improving the quality of development is in keeping with the two centenary goals and the historical course of the Chinese dream of great national renewal, and will continue to meet the people's needs for a better lifes.

Keywords: The New Beijing Master Plan; The Core Zone; The Development of Quality

B. 8 Research on Index of Beijing Creative Development

Mei Song, Wang Peng and Han Zhongming / 101

Abstract: With continuing improvement and upgrading of industrial structure in recent years, high value-added cultural and creative industry, which has a great impact on the economy, is increasingly becoming the pillar industry of a city or region. It is vital to establish a scientific, quantitative and comparable system of index to objectively measure and test the level and potential of a city's creative development. The research on index of Beijing creative development, with integration and uniqueness of creativity in mind, aims to maximally evaluate the status quo and growth of Beijing cultural and creative industry, finds out the differences between Beijing and other key cities in the country, and provides a reference for the development of Beijing cultural and creative industry.

Keywords: Index of Creative Development; Index of Creativity; Cultural and Creativity

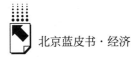
北京蓝皮书·经济

B. 9　Empirical Analysis and Development Strategy Research of

Beijing Advanced and Sophisticated High-tech Industry System

Yang Song, *Tang Yong* / 129

Abstract: By establishing a stochastic frontier analysis model based on five types of advanced and sophisticated high-tech industrial panel data and using Stata software for estimation, the results that the overall development of advanced and sophisticated high-tech lacks economies of scale and technical efficiency is relatively low, and capital investment is still the most important input factor for output in Beijing. Accelerating the construction of Beijing's advanced and sophisticated high-tech industrial structure requires further promotion of the differentiated development in Beijing's 16 districts, vigorously promoting the 10 + 3 policy and exploring advanced and sophisticated high-tech industry guidance policies based on industry chain analysis. Promote the transformation and utilization of the space for retreat to development the advanced and sophisticated high-tech industry, focus on solving the institutional obstacles, and rationally deploy from the Beijing-Tianjin-Hebei scale space.

Keywords: Advanced and Sophisticated High-tech Industry; Industrial Chain; Beijing

B. 10　Studying at Beijing Export-oriented Trade Strategy

Sun Tianfa / 148

Abstract: The Initiative of one Belt and one Road is a strategic platform for cooperation between relevant countries, and it has also brought opportunities of enterprises and industries development in relevant countries. As China's economic significant component and technology center, Beijing has abundant capital and strong technological innovation capability. It must take advantage of the important strategic opportunities brought by the Initiative of one belt and one road to accelerate the integration of Chinese and foreign economies and promote the healthy development of Beijing's foreign trade. Beijing's foreign exports have serious problems such as the sloping of foreign, the small export share of private enterprises and foreign-funded enterprises, and the lowering of commodity export prices. Beijing must exert its advantages, expand foreign exports, and give play to the role of foreign trade in promoting economic development. The measures includes: First, develop and strengthen the foreign trade relations with relevant countries according to the initiative of one belt and one road Second, according to the characteristics of Beijing's post-industrial society, deepen the complementary economic cooperation with the one belt and one road countries. Third, give full play to the advantages of Beijing's technology research and development capabilities, and develop specific measures such as new products that meet the needs of the international market.

Keywords: Strategy of One Belt and One Road; Trade Deficit; Technology Research; Orientation of Strategy

B. 11　Research on the Construction Strategy of Beijing Eco-city under the Position of "Four Centers"　　　*Ding Jun* / 166

Abstract: Eco-city construction is one of the key development directions under the current orientation of Beijing's "four centers", and it is of great significance to make an in-depth and detailed analysis of it. In the process of ecological city construction, the cultivation of ecological culture, the construction of high-tech ecological industry system, the optimization of ecological space, the improvement of ecological functions and the improvement of ecological environment protection policies are all powerful measures to accelerate the construction process. In order to make Beijing a green and livable modern ecological city, it is necessary to further improve the construction strategy of Beijing's ecological city.

Keywords: Beijing; Eco-city; Eco-culture

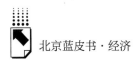
北京蓝皮书·经济

B. 12 The Analysis and Optimization Policy of Financial Technology
Ecosystem under the Background of Beijing's New Round
of Service Industry Opening Up *He Yan* / 176

Abstract: The article analyzes the realistic conditions for the construction of financial science and technology ecosystem in Beijing under the background of the new round of service industry expansion, explains the connotation and operation mechanism of financial science and technology ecosystem, and constructs the basic model of the theoretical operation of financial science and technology ecosystem, and strives to explore Shun the relationship between the opening up of the service industry in Beijing, the opening of financial technology and the financial services industry, and the benign interaction between the development of financial technology and the opening of the financial services industry, and then the opening of the financial services industry as the main direction of the work, driving Beijing New One The round of service industry is open to the outside world, helping Beijing to develop "high-tech" industries and achieve high-quality development. Finally, based on the reality of the current restrictive problems of the smooth operation of Beijing's financial science and technology ecosystem, the article proposes policy recommendations for optimizing the Beijing financial science and technology ecosystem.

Keywords: Financial Technology Ecosystem; Beijing; Opening Up Service Industry

Ⅳ Industrial Development

B. 13 Current Situation and Strategic Thoughts of Science and
Technology Services Supporting the Construction of High
Precision Industrial System in Beijing *Deng Lishu* / 187

Abstract: The article makes an empirical analysis of the role of science and technology service industry in the construction of high precision industrial system in Beijing. Studies show that science and technology service industry has initially become the leading industry of high precision industrial system, promotes the improvement of innovation and entrepreneurship ecosystem and supports the cultivation of high precision industry. Then analyses the shortcomings of science and technology service industry in supporting the construction of Beijing's high precision industrial system. On this basis, it puts forward the strategic path of science and technology services supporting the construction of high precision industrial system in Beijing. Mainly include: strengthening system cultivation to improve innovative service network of high precision industry cultivation, strengthening capacity building to improve the quality and efficiency of science and technology service industry development.

Keywords: Science and Technology Service Industry; High Precision Industrial System; Innovation Drives Development

B. 14 Suggestions on the Development Model and Dupporting Cultivation of "Invisible Champion" (Cultivation) Enterprises in Beijing Equipment Industry

Research Group on Supporting and Cultivation Strategies for
"Invisible Champion" of Equipment Industry in Beijing / 199

Abstract: The "invisible champion" enterprises are minor enterprises with industry leadership status, occupying an absolute share of the global market. Actively cultivating "invisible champion" enterprises is of great practical significance for enhancing the core competitiveness and discourse power of industry, improving the quality of industrial development, and promoting the transformation and upgrading of industrial structure. Taking Beijing equipment industry as an example, this paper analyses the current situation and main problems of the development of the invisible champion enterprises in Beijing equipment industry,

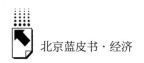
summarizes the main modes of the development of the invisible champion enterprises, and puts forward the policy measures to support and cultivate the invisible champion according to the actual work of the government.

Keywords: Equipment Industry; Invisible Champion; Beijing

B. 15　Analysis on Difficulties of Beijing Sports
　　　　Industry Development　　　　　　　　　　　*Nian Wei* / 216

Abstract: Compared with other provinces, Beijing's sports industry lags behind in recent years. The problems, including weakening of service advantage, shrink of fitness industry, and low production efficiency, have become more serious. The paper argues that the reasons of these difficulties lie in insufficient sport consumption capacity, undeveloped sport resources, and lagging management and governance. Based on the experiences of foreign countries and local characteristics, the paper argues that improving efficiency of sport resources, supporting sport clubs, and further reform of sport associations will contribute to solve the difficulties of development and push Beijing sports industry toward further development.

Keywords: Sports Industry; Sports Resources; Beijing

B. 16　Research on High Quality Development of
　　　　Beijing-Zhangjiakou Cultural and Sports Tourism
　　　　Industry Belt　　　　　　　*Liu Wei, Wu Liyun and Li Yu* / 230

Abstract: The Beijing-Zhangjiakou Cultural and Sports Tourism Industry Belt is a leading and advantageous industry to promote the coordinated development of Beijing-Tianjin-Hebei region. Based on an objective evaluation of Beijing's cultural and sports tourism resource base, this paper makes a SWOT analysis of Beijing's cultural and sports tourism industry, initially constructs the "two-core, three-axis and multi-point" development layout of Beijing-Zhangjiakou cultural and sports tourism industry belt, and puts forward operable policy suggestions.

Keywords: Beijing; Cultural and Sports Tourism Industry; Industry Synergy

B. 17　Countermeasures and Suggestions for Further Development of Rural Tourism Industry in Beijing　　*Wang Zhaohua* / 241

Abstract: rural tourism, as a typical form of integration of primary, secondary and tertiary industries, can extend the agricultural industry chain, drive the development of related industries, and broaden the channels of employment and income of farmers. In accordance with the general requirements of the 19th national congress, the development of rural tourism has become an important part of rural revitalization. At present, the current situation is that the city has the demand, the service capital core function has the demand, the countryside has the advantage. However, many problems in reality hinder the further development of rural tourism. Therefore, we need to use a new generation of Internet technology and platform to increase rural tourism innovation ability, guide travel service main body to joint development of new technology enterprises, exploit rural red tourism resources and excavate rural tourism value deeply and make the whole domain of culture tourism development model to promote the further development of rural tourism in Beijing.

Keywords: Rural Tourism Industry; Tourism Resources; Beijing

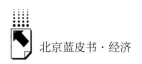
B. 18　Agricultural Water Saving Irrigation Status and

　　　Trend in Beijing　　　　　　　　　　　　　*Wei Wei* / 251

Abstract: This article takes the national *water-saving social evaluation index system and evaluation method*（GB/T28284 −2012）as basis for evaluation. Based on the Beijing Water Planning Task Objectives and main assessment indicators, this paper analyzes the status, characteristics and main problems to discuss future development trends. In 2018, the water consumption of agricultural production has dropped drastically. It is a foregone conclusion that the assessment index of the 13th Five-Year Water Development Plan has been completed ahead of schedule, and the area of agricultural irrigated area, especially the irrigated area of cultivated land, has decreased significantly year by year. The area control ratio of water-saving irrigation projects has been steadily increased to 95.8% , which is close to the 98% target of Water Resources Protection and Utilization Planning. In 2018, the effective utilization coefficient of farmland irrigation water has reached 0.739, which is close to the planned target of 0.75. The future development trend of agricultural water-saving irrigation presents two characteristics: the facility agriculture water-saving irrigation project has more room for development, and it is a long way to continue to promote the comprehensive reform on agricultural water price.

Keywords: Water Saving Agriculture; Construction Effectiveness; Beijing

B. 19　Research on Culture Industry of Beijing in Background

　　　of Cultural Center　　　　　　　　　　*Xu Liluyi* / 271

Abstract: Construction of cultural center is an important part of realizing capital functions for Beijing. Realizing cultural center need development of culture industry. Development of culture industry can strongly support urban economic development of Beijing. This report holds viewpoint that current situation of culture industry is not enough to support capital function of cultural center for Beijing base on recent data. By analyzing, it summarizes significant opportunities and urgent problems, and gives some suggestions for development of Beijing culture industry .

Keywords: Capital Function; Cultural Center; Culture Industry

V　Fiscal Financial Market

B. 20　The Financial Situation Analysis of Beijing in 2018 −2019

Pang Shihui ／ 287

Abstract: In 2018, Beijing's fiscal operation was generally stable. The budget revenue and expenditure well completed the annual task; We will continue to implement a proactive fiscal policy, increase input in scientific and technological innovation, support the transformation and development of the economic structure, and help improve the quality and efficiency of the capital's economy. We will further carry out key tasks and major projects such as untangling the functions of non-capital cities, accelerating the construction of new airports and sub-urban centers, and preparing for the winter Olympics and the world expo. We will ensure that the seven basic necessities of life are met, and meet the needs of the five basic necessities of life. We will continue to deepen fiscal and taxation reform and improve the efficiency of fiscal management. In 2019, the growth rate of fiscal revenue will continue to slow down. There will be greater financial pressure on key projects and major projects, and the rigid demand for people's livelihood guarantee spending will continue to increase, posing certain financial operation risks. In order to ensure the safe operation of finance and the effective use of financial funds, we need to open up more financial resources and accelerate the cultivation of new revenue growth points. We will further standardize budget management, strengthen the management of fiscal revenues and expenditures and performance management, improve and improve various financial management systems, and effectively control financial risks. We will further deepen fiscal and

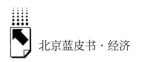
taxation reform, use various policy tools to promote cooperation between the government and private capital, give full play to the leverage of fiscal regulation and economic control, and ensure the smooth financial operation of Beijing in 2019.

Keywords: Financial Operation; Budget Balance; Fiscal Policy; The Budget Management; The Fiscal and Taxation Reform

B. 21　Analysis and Forecast of Beijing Financial Operation

　　Situation from 2018 to 2019　　　　　　　*Su Naifang* / 301

Abstract: This paper analyzes the characteristics of Beijing's financial operation in 2018. The analysis shows that the growth rate of deposits and loans is generally stable. The growth rate of RMB deposits has increased significantly, the growth rate of RMB loans has remained stable, the growth rate of foreign currency deposits has slowed down, and foreign currency loans continue to grow negatively. The financing structure has been continuously optimized, and the loan interest rate and bond financing costs have continued to decline. Still pay attention to the financing pressure and default risk of private and small and micro enterprises, potential risks and problems in the real estate market, obstacles to off-balance sheet financing and Internet financial risks. It is recommended to adopt various methods to improve and deepen the financial services of private and small and micro enterprises, continue to maintain the stability of real estate financial regulation and control policies, and actively serve the construction of long-term control mechanisms, and further smooth the channels and mechanisms for the transmission of monetary policies. It is continue to improve the special rectification mechanism for Internet financial risks in Beijing and increase efforts to clean up and rectify.

Keywords: Finance; Deposit Loans; Private Enterprises; Real Estate

Ⅵ Regional Development

Abstract: In the report of the Nineteenth National Congress of the Party, General Secretary Xi Jinping clearly pointed out that "China's economy has changed from a stage of rapid growth to a stage of high-quality development". At present, Beijing is experiencing a new stage from "gathering resources for growth" to "relieving functions for development". Reduced development is the feature, innovative development is the way out, and high-quality development is the fundamental requirement. This is especially true for the economic development and industrial development of Haidian District. In the past 40 years of reform and opening up, the economic development of Haidian District has achieved a qualitative improvement from quantitative growth. All aspects of economic and social development have reached the "plateau of development". How to reach the "peak of development" in the future and help the industry to achieve high-quality development is an important issue facing the economic development of Haidian District.

Keywords: Haidian District; Industry; High Quality Develop

Abstract: High-quality development and reduced development are the basic macro-situation facing the development of Dongcheng. At present, the economic development of Dongcheng District is facing the problems of limited available space, in-depth exploration of the economic model of the differentiation, and low efficiency of functional areas. We should improve the high-quality development of Dongcheng economy by optimizing business environment, precise service enterprises, formulating precise integrated and related industrial policy system, and implementing reasonable industrial spatial planning guidance.

Keywords: High-quality Development; Business Einvironment; Industrial Plan

B. 24   Research on Industrial Agglomeration Development of Characteristic Park in Zhongguancun Science Park

Hu Ting / 349

Abstract: Industrial agglomeration is an important source and concentrated embodiment of industrial competitiveness at present stage, and even more the policy requirement of accelerating scientific and technological innovation to promote the development of high-tech industry in Beijing. Through the research and analysis of the development path, construction mode and general characteristics of the characteristic Park in Zhongguancun Science Park, Drawing on the experience of the National and other provinces and cities on the definition of characteristic Park and related guiding and supporting policies, The paper forms a deep understanding of the key elements of the characteristic Park in Zhongguancun Science Park. And then, around the industrial positioning, the agglomeration of elements, the promotion of service and the cooperation of the Park, etc. it puts forward some suggestions and thoughts on promoting the development of industrial agglomeration of characteristic Park in Zhongguancun Science Park.

Keywords: Zhongguancun Science Park; Characteristic Park; Industrial Agglomeration

Abstract: The airport economy is an important engine driving regional economic development. The airport economic zone is becoming a new platform for the linkage development of airports and cities. Relying on the three important functional platforms such as Capital International Airport, Beijing Airport Economic Zone and Tianzhu Free Trade Zone, Shunyi airport economy has achieved rapid development. However, at present, it is also facing outstanding problems such as how to optimize and upgrade industrial structure and improve the quality of development. To promote the high-quality development of airport economy in Shunyi, it is necessary to continue to strengthen the function of Capital Airport as an international aviation hub, accelerate the gathering of international high-end high-tech resources and elements, support the construction of the core area of the international aviation center with airport-city integration, and build a new international airport city with world-class aviation hub as its core.

Keywords: Airport Economy; One-city-two-airports; Comprehensive Free Trade Zone

✤ 皮书起源 ✤

"皮书"起源于十七、十八世纪的英国,主要指官方或社会组织正式发表的重要文件或报告,多以"白皮书"命名。在中国,"皮书"这一概念被社会广泛接受,并被成功运作、发展成为一种全新的出版形态,则源于中国社会科学院社会科学文献出版社。

✤ 皮书定义 ✤

皮书是对中国与世界发展状况和热点问题进行年度监测,以专业的角度、专家的视野和实证研究方法,针对某一领域或区域现状与发展态势展开分析和预测,具备原创性、实证性、专业性、连续性、前沿性、时效性等特点的公开出版物,由一系列权威研究报告组成。

✤ 皮书作者 ✤

皮书系列的作者以中国社会科学院、著名高校、地方社会科学院的研究人员为主,多为国内一流研究机构的权威专家学者,他们的看法和观点代表了学界对中国与世界的现实和未来最高水平的解读与分析。

✤ 皮书荣誉 ✤

皮书系列已成为社会科学文献出版社的著名图书品牌和中国社会科学院的知名学术品牌。2016年,皮书系列正式列入"十三五"国家重点出版规划项目;2013~2019年,重点皮书列入中国社会科学院承担的国家哲学社会科学创新工程项目;2019年,64种院外皮书使用"中国社会科学院创新工程学术出版项目"标识。

中国皮书网

（网址：www.pishu.cn）

发布皮书研创资讯，传播皮书精彩内容
引领皮书出版潮流，打造皮书服务平台

栏目设置

关于皮书：何谓皮书、皮书分类、皮书大事记、皮书荣誉、
皮书出版第一人、皮书编辑部

最新资讯：通知公告、新闻动态、媒体聚焦、网站专题、视频直播、下载专区

皮书研创：皮书规范、皮书选题、皮书出版、皮书研究、研创团队

皮书评奖评价：指标体系、皮书评价、皮书评奖

互动专区：皮书说、社科数托邦、皮书微博、留言板

所获荣誉

2008年、2011年，中国皮书网均在全国新闻出版业网站荣誉评选中获得"最具商业价值网站"称号；

2012年，获得"出版业网站百强"称号。

网库合一

2014年，中国皮书网与皮书数据库端口合一，实现资源共享。

权威报告·一手数据·特色资源

皮书数据库
ANNUAL REPORT(YEARBOOK)
DATABASE

当代中国经济与社会发展高端智库平台

所获荣誉

● 2016年，入选"'十三五'国家重点电子出版物出版规划骨干工程"

● 2015年，荣获"搜索中国正能量 点赞2015""创新中国科技创新奖"

● 2013年，荣获"中国出版政府奖·网络出版物奖"提名奖

● 连续多年荣获中国数字出版博览会"数字出版·优秀品牌"奖

成为会员

通过网址www.pishu.com.cn访问皮书数据库网站或下载皮书数据库APP，进行手机号码验证或邮箱验证即可成为皮书数据库会员。

会员福利

● 已注册用户购书后可免费获赠100元皮书数据库充值卡。刮开充值卡涂层获取充值密码，登录并进入"会员中心"—"在线充值"—"充值卡充值"，充值成功即可购买和查看数据库内容。

● 会员福利最终解释权归社会科学文献出版社所有。

社会科学文献出版社 皮书系列
SOCIAL SCIENCES ACADEMIC PRESS (CHINA)

卡号：666345871752

密码：

数据库服务热线：400-008-6695
数据库服务QQ：2475522410
数据库服务邮箱：database@ssap.cn
图书销售热线：010-59367070/7028
图书服务QQ：1265056568
图书服务邮箱：duzhe@ssap.cn

基本子库
SUB DATABASE

中国社会发展数据库（下设 12 个子库）

全面整合国内外中国社会发展研究成果，汇聚独家统计数据、深度分析报告，涉及社会、人口、政治、教育、法律等 12 个领域，为了解中国社会发展动态、跟踪社会核心热点、分析社会发展趋势提供一站式资源搜索和数据分析与挖掘服务。

中国经济发展数据库（下设 12 个子库）

基于"皮书系列"中涉及中国经济发展的研究资料构建，内容涵盖宏观经济、农业经济、工业经济、产业经济等 12 个重点经济领域，为实时掌控经济运行态势、把握经济发展规律、洞察经济形势、进行经济决策提供参考和依据。

中国行业发展数据库（下设 17 个子库）

以中国国民经济行业分类为依据，覆盖金融业、旅游、医疗卫生、交通运输、能源矿产等 100 多个行业，跟踪分析国民经济相关行业市场运行状况和政策导向，汇集行业发展前沿资讯，为投资、从业及各种经济决策提供理论基础和实践指导。

中国区域发展数据库（下设 6 个子库）

对中国特定区域内的经济、社会、文化等领域现状与发展情况进行深度分析和预测，研究层级至县及县以下行政区，涉及地区、区域经济体、城市、农村等不同维度。为地方经济社会宏观态势研究、发展经验研究、案例分析提供数据服务。

中国文化传媒数据库（下设 18 个子库）

汇聚文化传媒领域专家观点、热点资讯，梳理国内外中国文化发展相关学术研究成果、一手统计数据，涵盖文化产业、新闻传播、电影娱乐、文学艺术、群众文化等 18 个重点研究领域。为文化传媒研究提供相关数据、研究报告和综合分析服务。

世界经济与国际关系数据库（下设 6 个子库）

立足"皮书系列"世界经济、国际关系相关学术资源，整合世界经济、国际政治、世界文化与科技、全球性问题、国际组织与国际法、区域研究 6 大领域研究成果，为世界经济与国际关系研究提供全方位数据分析，为决策和形势研判提供参考。

法律声明

"皮书系列"（含蓝皮书、绿皮书、黄皮书）之品牌由社会科学文献出版社最早使用并持续至今，现已被中国图书市场所熟知。"皮书系列"的相关商标已在中华人民共和国国家工商行政管理总局商标局注册，如 LOGO（ ）、皮书、Pishu、经济蓝皮书、社会蓝皮书等。"皮书系列"图书的注册商标专用权及封面设计、版式设计的著作权均为社会科学文献出版社所有。未经社会科学文献出版社书面授权许可，任何使用与"皮书系列"图书注册商标、封面设计、版式设计相同或者近似的文字、图形或其组合的行为均系侵权行为。

经作者授权，本书的专有出版权及信息网络传播权等为社会科学文献出版社享有。未经社会科学文献出版社书面授权许可，任何就本书内容的复制、发行或以数字形式进行网络传播的行为均系侵权行为。

社会科学文献出版社将通过法律途径追究上述侵权行为的法律责任，维护自身合法权益。

欢迎社会各界人士对侵犯社会科学文献出版社上述权利的侵权行为进行举报。电话：010-59367121，电子邮箱：fawubu@ssap.cn。

社会科学文献出版社